主编 张 涛

周易

文化研究

ZHOUYI WENHUA YANJIU

第六辑

社会科学文献出版社

SOCIAL SCIENCES ACADEMIC PRESS (CHINA)

《周易文化研究》编辑委员会

目　录

《汉唐经学论稿》序

田昌五

张涛和金河写了一本《汉唐经学论稿》，要我说上几句话。我对经学缺乏研究，只能谈点感想。

何为经学？我认为就是三代特别是周代遗留下来的典籍，其中有些原本是有文字的，有些是传习下来的，经后人特别是孔子及其后学整理，共有六部，即：《易》《诗》《书》《礼》《乐》《春秋》。汉以前统以《诗》《书》称之，入汉以后始称之为经。经一般有传，如《周易大传》《尚书大传》《春秋》三传（左氏、公羊、穀梁），等等。传以解经，故后世一并入经。由于秦始皇下令焚毁民间《诗》《书》，项羽又烧掉了秦朝的官方藏书，这些古代典籍几乎失传。汉代秦后，广为搜罗，除《乐经》不可复得外，其余诸经相继问世。但这些典籍来自民间，传授不同，文字亦异，在内容和篇章上也有出入，故而发生了今古文之争。其实，这个问题并不重要，反正是前世传授下来的古代典籍，一并存之就是了，有什么可争的呢？之所以争，无非是能不能列为官学，把经学变为政治资本而已，但经学的是非毕竟不能由政治来左右，所以这场争论不久就平息了。

汉代去古已远，这些古籍重见天日之后，还有一个解读的问题。要能看得懂，读得通，知其义，晓其理。于是，治经成了一门大学问。当时的儒生无不治经，或习一经，或习数经，通经之士，代有传人。西汉开其端，东汉总其成，经学粲然可观矣。

各类学校的教学内容也起了变化。在秦始皇下令焚书之前，《诗》《书》、百家之言都是可以聚徒传授的，朝廷设立的博士官就更不用说了。此后官方只设立法律学校，除博士官以外，民间传授《诗》《书》、百家之言概予禁止。入汉以后，首开民间《诗》《书》、百家之禁。至武帝时，更把五经列为官学，经学由此大盛，诸子之学和法律文书虽仍可传习，但均不列于学官。自此以后，经学始终是中国教育的主要内容，历经近二千年而不变。

谈到经学，有不少人常把它和儒学等同起来，其实这是不对的。毫无疑

1

问，儒学和经学是有着密切的关系，有时我们也把经学家称为儒者，但二者之间毕竟不能画等号。严格说来，经学属于音义注疏之学，而儒学则是一个学术思想流派。儒学可以凭借经学而产生，但经学并不是依托儒学而产生的。否则，六经岂不全是儒家创作的了吗？六经不全是儒家的制作，经学家即使博通群经而没有自己的学术思想体系，也很难称其学为儒学。

理解这一点很重要。要在经学不仅为儒学所取资，而且也为儒家以外的其他派别所取资。如陆贾的思想本于黄老，同时也从经学中吸取不少有用的成分。晁错以法家著称，却从伏生受《尚书》。过去我们谈儒法斗争，实际上自武帝以后儒法交相为用，已无所谓斗争。汉代诸子，思想体系和学术倾向各不相同，但无不习经，更不要说博通群经的大师如马融和郑玄了。究其原因，盖由社会思想有其相对的独立性，后代的思想必借助于前代积累下来的思想资料而形成。经书是中国古代主要的思想资料宝库，因而为多方所取法焉。

有人可能以为，这只是汉代的事，至魏晋则不然。魏晋玄学勃兴，经学式微，已无所谓儒学了。实则不然，经学仍然是士人安身立命之所，治家安邦之本。其时，有不少传经学者，但玄学世家并不多见。不仅如此，即使那些有名的玄学家，也多半同时治经。他们和汉代经学家不同的，无非是兼治老庄，并与佛学互通声气而已。但这样的玄学，既不足以治国，又不可以安家，所以几经浮沉之后，就烟消云散了。据此，说魏晋士人大都改换门庭，放弃经学，到玄学中去讨生活了，这是不切实际的。魏晋设九品中正之制，未闻以玄学作为高品之标准者。尽管我们可以举出一些玄学家身为上品的例子，但以此为通则，殊不可取。汉代以经学取士，尚有经学大师而不为官者，何况魏晋并无玄学取士之制，玄学也从未列为官学乎？我这样说，决非有意否认玄学的思想价值和地位；相反，我是很热爱并推崇玄学的，但我绝不会因推崇玄学，就贬低以至否定经学的地位。

魏晋以降，玄学逐渐销声匿迹，在思想文化领域开始形成所谓儒、佛、道三足鼎立之势。这是为什么呢？我认为，除了其他各种原因，就其本身而言，则在于：佛学有自己的经典，道教也有了自己的经籍，所谓儒学典籍则更加充实，而玄学的经典则缺如也。无经可传，无典可据，犹如无本之木，无源之水，怎么能长盛不衰呢？

但佛教要出世，道教要成仙，人间的学问就只有经学了。所以，隋唐行科举，有明经、明法、明算和进士等科，未见以佛、道取士者。经学由此进入了一个新时期。此是后话，就不说了。

末了，简单地交代一个问题：尊经读经是不是封建主义糟粕，要全盘予以否定呢？我看未必。大道理不说，只引几句民族英雄文天祥的《正气歌》就够了。"孔曰成仁，孟曰取义；读圣贤书，所为何事；而今而后，庶几无愧。"同是一套经书，可以培育出正、反两方面的人才来。

就说这些吧！拉拉杂杂，蜻蜓点水，了无章法。好在序言不过是个引子，能引发新意就好，能引出新路更好。路是靠人走出来的。能不能走出一条新路，就看我们师生的修炼了。愿为此言，以勉吾生，兼以自勉。学不可以已，勉乎哉！勉乎哉！

1996. 1. 12

编者识语：

田昌五先生（1925~2001）是当代著名学者，早年毕业于北京大学历史系，留校任教。后调入中国科学院历史研究所（今中国社会科学院历史研究所），曾担任国学大师郭沫若先生的助手，担任历史学家尹达先生的学术秘书，晚年担任山东大学历史研究所所长、教授、博士生导师。田先生勤于治学，在史学理论、文明起源、古史分期、农民战争与农民问题、封建社会发展规律等多个领域均有重大建树，自成一家，著述颇丰，对经学、易学也有独特精到的认识和见解，在学术界影响深远，而其道德人品，更是高山仰止，堪称楷模。本人早年有幸获得机缘，师从田先生攻读博士学位。先生关于经学、易学的谆谆教诲，我一直铭记于心。正是先生的"命题作文"，使我走上了学《易》、研《易》、用《易》、弘《易》的学术道路，且一去不复返。2001年10月，先生因病逝世，这是学术界的沉痛不幸和重大损失。明年也就是2015年，是先生诞辰90周年。为了表达对先生的深切缅怀和崇高敬意，为了使人们更好地了解、研究先生的人格风范和学术贡献，更好地传承、弘扬先生的治学理念和学术精神，《周易文化研究》编辑部特别选录了本文。应该说明的是，我与师兄李金河教授当年计划推出的《汉唐经学论稿》由于种种原因一直未能出版，而本文乃先生为该书撰写的序文，自然也是首次公开问世。

张涛识于 2014 年 11 月

以"生生"为本论《易传》的哲学思想

王丽梅　魏后宾

摘　要："生生"是《易传》提出的重要范畴，一直以来人们都以"《易》以道阴阳"来解《易》，却忽略了"生生"在《易传》中的重要地位。本文通过探讨何为易，考察了"生生之谓易"的学理依据。由于前人对"生生之谓易"的释义不尽完整，笔者从三方面对其进行了补充阐释：即生生中的易简、生生中的变易、生生中的不易。同时笔者不否定"《易》以道阴阳"及易与阴阳的密切关系。本文认为《易传》构造了一个以生生为本、阴阳为用的易学体系和宇宙生成论体系。

关键词：易传　生生　阴阳　体用

一　何为易

历代研究《周易》的成果灿若星河，但是都有一个绕不开的问题：何为易？对于这个问题的回答，笔者拟从两方面入手，一是从"易"字的本义出发，即通过训诂学来解释何为易；二是直接在义理上对"何为易"进行梳理。二者似分实合，训诂是为了给义理找根据，而义理是在训诂的基础上进行阐释和发挥，也就是说义理的阐释必须有所依凭。下面就此进行详细的论述。

（一）训诂学上的易

历代学者对于"易"字的解释有很多，归纳起来有以下几种。

1. 蜥蜴或阴阳之象形

《说文解字·易部》对"易"字有两释：一曰："易，蜥蜴、蝘蜓、守宫也。象形。"一引秘书曰："日月为易，象阴阳也。"① 把易当作蜥蜴，这一解

---

① 许慎撰，段玉裁注：《说文解字注》，上海古籍出版社，1981，第777页。

4

释在于蜥蜴因环境而改变自身颜色，取其改变之义。另一解释以"日月为易"，源于秘书。段玉裁解释"秘书谓纬书"①，即当时流行的谶纬神学。但这种解释只不过是望形生义，难免穿凿附会。段玉裁指出"纬书说字多言其形而非其义。此虽近理，要非六书之本，然下体亦非月也。"② 易的下面是勿，不是月。"日月为易，象阴阳也"，是以阴阳交替为易，这种说法可以从义理的角度解《易》。庄子有言"《易》以道阴阳"，《系辞》也说"一阴一阳之谓道"，但这都是后起之义，不是本义，因而不能用作考释。考之于甲骨文、金文中的"易"字，非但"阴阳为易"不成立，"易"为蜥蜴之说也站不住脚。在甲骨文中易字作 ⚡ 或其反形，金文与之类似作 ⚡。大都用作"锡""赐"字，意为赐予、赏赐，如"易贝""易金""易田""易臣妾"等等。无论在字形还是在字义上，与蜥蜴或日月阴阳之说皆都相去甚远。《说文》中的蜥蜴或阴阳之象形，仅仅是在小篆 易 的基础上立说的，故不足为凭。

2. "易"是"益"字的简写

随着考古文物尤其是《德方鼎》《德鼎》《德簋》《叔德簋》的出土，学者对"易"字的演变有了新的认识。《德方鼎》铭文中，"王易德贝廿朋"，易字作 ⚡，而《德簋》《德鼎》"王易德贝廿朋"中的易分别为 ⚡ 和 ⚡，《叔德簋》中"王易叔德臣台十人，贝十朋，羊百"③ 的易为 ⚡。郭沫若先生在《由周初四德器的考释谈到殷代已在进行文字简化》一文中对之进行考释，认为《德方鼎》之易字为其余三德器之易字的简化字，"易（⚡）字作益（⚡），可以看出易字是益字的简化"，而"益乃溢之初文，象杯中盛水满出之形，故引伸为增益之益。益字既失其本义，后人乃另创溢字以代之……益既引伸为增益，故再引伸为赐予。赐予即是使无者有之，有者多之。"④ 这里，易、溢二字在音和形上还说的通，但如同李孝定"易字后案语"所说，"然易、益二字之义，又相去悬远，了不相涉。"⑤ "易""益"虽形似音同，但是"易"的基本意思是变化，而"益"的基本意思却是溢出，两者很难相通。值得庆幸的是，在此基础上又发现了甲骨文中的另一个更为复杂的"益"字"⚡"，其象手持壶倾倒酒。倒酒的动作，就是把酒从一个地方移到

---

① 许慎撰，段玉裁注：《说文解字注》，第 778 页。
② 许慎撰，段玉裁注：《说文解字注》，第 778 页。
③ 梁方健：《〈周易〉名义新解》，《哲学研究》2011 年第 5 期。
④ 郭沫若：《由周初四德器的考释谈到殷代已在进行文字简化》，《文物》1959 年第 7 期。
⑤ 于省吾主编《甲骨文字诂林》第四册，中华书局，1999，第 3386 页。

另一个地方，把壶中的酒倒入杯中，就有了变换之意。"益"和"易"同源，对比其简化前后，不难看出"易"字是器皿的把手。

3. 易，飞鸟形象也

此说由西安交通大学客座教授、陕西省社会科学院汉字研究中心特聘研究员唐汉先生提出，是根据《德簋》《德鼎》等出土文物铭文中的"𖤍"字创立的新说。他认为"易"作为象形字，甲骨文是竖刻状态。调整 90 度，如图𖤍，就是一只鸟儿奋翅飞起时形态。在殷商人民的观念里，鸟类不仅能在地上走，还能在水里游，更能在高空展翅翱翔。这三种状态的自由转换是上古先民可望而不可即的。故"易"的本义为鸟儿从一种状态到另一种状态的变换。同时又因人不能飞，而鸟却能一跃上天引申出"容易"的含义。这里我们不难看出，这一解释也颇多附会。因为甲骨文中的"易"不止一种写法，只注重这一种而忽略其他，有以偏概全之嫌，不具有很强的说服力。

总结对比上面对"易"字的不同解释可知，"易"的本义不是蜥蜴的变色，不是日月的交替，也不是鸟儿振翅欲飞。它是一个由𖤍→𖤍→𖤍的简化过程，用向杯中倒酒的寓意来表示变换、变更、交换之意，是符合《周易》"唯变所适"的原则的，这可以作为阐发易理的基础。

（二）义理学上的易

"易"在义理学上的阐释，使其成为"群经之首，大道之源"。历来学者们解"易"，一般都着眼于义理学之易，而非训诂学之易。目前从义理学角度释易的结论主要有以下几种。

1.《易》以道阴阳

阴阳是中国哲学的重要范畴之一，也是《易传》最基本的哲学范畴。《周易》在《易经》部分虽未明确提出"阴阳"的概念，但却无处不蕴藏着"阴阳"之意，易象就是通过阴爻"－－"和阳爻"—"两种基本符号组成"四象"（太阴、少阴、少阳、太阳）与"八卦"（坤、艮、坎、巽、震、离、兑、乾）的，然后由八卦相重而得六十四卦，在卦名中也出现了"乾"—"坤""泰"—"否""剥"—"复""损"—"益"等相对的概念范畴，故《系辞》云："是故《易》有太极，是生两仪，两仪生四象，四象生八卦，八卦定吉凶，吉凶生大业"[①]。两仪符号、对立卦名以及卦爻辞用

---

① 黄寿祺、张善文：《周易译注·系辞上传》，上海古籍出版社，2010，第 392 页。

语，都体现出《易经》是以"阴阳"观念为基础构建起来的符号体系，但其距离"阴阳"哲学概念的提出还差一步。到了《易传》，有关"阴阳"的论述频频出现，把"阴阳"提到了一个新的高度，赋之以博大精深的含义，并明确提出了阴阳之道："一阴一阳之谓道，继之者善也，成之者性也。仁者见之谓之仁，知者见之谓之知，百姓日用不知，故君子之道鲜矣！"①

阴阳两爻的内涵得到不断地充实和深化，以至于世间一切事物乃至事物的内部构成与外在形式，都可用"阴""阳"这一对范畴来考究、分析和处理。除了"卦"本义上的一阴一阳，《易经》还将"阴阳"当成事物的性质及其变化的法则，把许多具体的（自然的和社会的）事物都赋予了"阴阳"的含义。从自然现象来看："天为阳、地为阴，日为阳、月为阴，暑为阳、寒为阴，明为阳、暗为阴，昼为阳、夜为阴，……"②。从社会现象来看："男为阳，女为阴，君为阳，民为阴，君子为阳，小人为阴，……"③。除以上两个方面的现象外，《易经》对自然和社会中共有的现象也以"阴阳"来解释，并赋予其"阴阳"的涵义。如：刚、柔，健、顺，进、退，伸、屈，贵、贱，高、低，等等。

与阴阳处于同一层次的是"刚柔"，刚柔是阴阳的延伸与发展。《系辞》中有关刚柔的论述很多："刚柔相摩，八卦相荡""刚柔相推，而生变化""刚柔相易""刚柔杂居""阴阳合德""刚柔有体"。《周易·说卦》云："观变于阴阳而立卦，发挥于刚柔而生爻"④，即指天地万物有阴有阳，因而创立阴阳两类卦象以象征之；阳为刚，阴为柔，万物有刚有柔，将物之刚柔两性加以发挥，并创造刚、柔两类爻象以象征之。因而其又云："立天之道曰阴与阳，立地之道曰柔与刚。"乾道刚健以生物，坤道柔顺以成物。宇宙万物虽极其纷繁，变化莫测，然归根究底，这些现象的根源无非是以阳刚与阴柔为代码的两种属性的互斥互补、对立统一。阳刚、阴柔的观念成了贯穿中国思想史的基本观念。《易经》的卦象就是建立在阴、阳二爻两个符号的基础上的，这两个符号按照阴阳二气消长的规律，经过排列组合而成八卦。八卦的构成和排列，就体现了阴阳互动、对立统一的思想。八卦又经过重叠排列组合而成六十四卦，阴阳就是其核心。

其实将阴阳与易结合起来的是庄子。庄子在《天下篇》中明确提出

---

① 黄寿祺、张善文：《周易译注·系辞上传》，上海古籍出版社，2010，第381页。
② 黄宝先：《试论〈易传〉的基本哲学范畴》，《周易研究》1998年第2期。
③ 黄宝先：《试论〈易传〉的基本哲学范畴》，《周易研究》1998年第2期。
④ 黄寿祺、张善文：《周易译注·说卦传》，第427页。

"《易》以道阴阳",其历来为学者所继承和发扬。但是需注意一点的是,庄子说"《易》以道阴阳",并非《易》就是阴阳,很多学者直以阴阳解《易》,却不免偏离了庄子本意及文本意愿。对庄子这句话的理解,从《易传》中可以找到精确的答案:"乾坤其易之蕴也。乾坤成列,而易立乎其中矣。乾坤毁则无以见易,易不可见,则乾坤或几乎息矣。"①又曰:"乾坤其易之门邪?乾,阳物也;坤,阴物也。阴阳合德,而刚柔有体。"②乾坤(阴阳)是《易》之门户,想要进入《易》之境地,应该从乾坤(阴阳)着手。乾坤(阴阳)非常重要,一旦其毁灭,《易》也几乎消亡了。但需要注意是,是几乎消亡而不是完全消亡。我们可以从两方面来理解:一、从卦象上来说,乾坤生六子。坎离、巽兑、震艮六卦是由乾坤产生的,更进一步说,三百八十四爻也是乾坤产生的,所以乾坤为《易》之门户,因而乾坤毁灭就是《易》的毁灭。二、"《易》有太极,是生两仪,两仪生四象,四象生八卦,八卦定吉凶,吉凶生大业"③,这里我们可以看到乾坤(两仪)不是自生,而是由太极生成的,之所以"几乎息"是因为还有太极,因此阴阳不是易的根本,而是《易》的门户,是每个知《易》学《易》者的必经之路,从这种层面上说,以阴阳解《易》是有其欠缺的。

2. 易有三义

学界解《易》还有一个绕不过去的说法,就是"易有三义"说。这三义即易简、变易、不易,最初是由《易纬·乾凿度》提出的:"《易》一名而三义,所谓易也,变易也,不易也。管三成德,为道苞龠。"并对这三义进行了论述:"易者,以言其德也……变易者,其气也……不易也者,其位也。"④郑玄则在此基础上将此三说定论,易含三义:简易一也,变易二也,不易三也。孔颖达在《周易正义》中对三义说做了总结性的诠释:

> 郑玄依此义作《易赞》及《易论》云:"易一名而含三义:易简,一也;变易,二也;不易,三也。"故《系辞》云:"乾坤其易之缊邪?"又云:"易之门户邪?"又云:"夫乾确然示人易矣。夫坤,聩然示人简矣"。"易则易知,简则易从",此言其"易简"之法则也。又云:"为道也屡迁,变动不居,周流六虚,上下无常,刚柔相易,不可为典要,

---

① 黄寿祺、张善文:《周易译注·系辞上传》,第396页。
② 黄寿祺、张善文:《周易译注·系辞上传》,第412页。
③ 黄寿祺、张善文:《周易译注·系辞上传》,第392页。
④ 郑康成注:《周易乾凿度》卷上,《钦定四库全书》卷六,经部六,易类六。

唯变所适。"此言顺时"变易",出入移动者也。又云:"天尊地卑,乾坤定矣。卑高以陈,贵贱位矣。动静有常,刚柔断矣"。此言其张设布列"不易"者也。①

其后,许多儒者在谈及《易》之大义时,都摆脱不了三义说,如朱熹认为:

> 《易》有两义,一是变易,便是流行底。一是交易,便是对待底。交易是阳交于阴,阴交于阳,是卦图上底。如"天地定位,山泽通气"云云者是也。变易是阳变阴,阴变阳,老阳变为少阴,老阴变为少阳,此是占筮之法。如昼夜寒暑,屈伸往来者是也。②

"交易"实际上讲的就是"不易"之位,因此朱熹只是将三义简化为二义,并未有特别论说。

清朝易学家毛奇龄在《仲氏易》中总结前人基础,提出了"五易"说,认为:"《易》有五易,谓变易、交易、转易、对易、移易,而实有不易之理该乎其中",这里不难看出毛奇龄只是在总结了前人论述三义的成果,并将其细化,分出转易、对易和移易,但在总体上还是逃不出易有三义说的框架。

由此可见,"易有三义说"在易学史上几乎被视为定论。不过,如果问易是什么,答:易简、不易、变易——这在诠释学上是以己解己的悖论,无异于说易就是易,实际上等于没解释。而易简、变易、不易这三义,实际上是对易的分类,它只是对易的概括,不是解释。就好比我们问什么是人?答:男人、女人。这显然是牛头不对马嘴的答案,是说不通的。如果说"一阴一阳之谓道"这才算正确的回答,那么三义应该称"三易",而非易的三种诠释。

3. 生生之谓易

"生生之谓易"出自于《系辞上》:"富有之谓大业,日新之谓盛德,生生之谓易。"与此句相照应的是《系辞下》中的"天地之大德曰生。"和"天地缊缊,万物化醇;男女构精,万物化生。"历代学者对"生生"进行了多种多样的解释。

晋韩康伯补王弼《周易注》:"阴阳转易,以成化生。"③《周易集解》引

---

① 李学勤主编《十三经注疏·周易正义》卷首,北京大学出版社,1999,第5页。
② 黎靖德编,王星贤点校《朱子语类》卷六十五,中华书局,1985,第1602页。
③ 楼宇烈:《王弼集校释》,中华书局,1980,第543页。

荀爽曰："阴阳相易，转相生也。"① 阴阳的更相交替，进而生成万物就是"生生"。

孔颖达《正义》曰："生生，不绝之辞。阴阳变转，后生次于前生，是万物恒生，谓之易也。前后之生，变化改易。生必有死，易主劝戒，奖人为善，故云生，不云死也。"② "后生次于前生"，就像人类一代接着一代繁衍生息一样，虽然"生必有死"，但是生命相续延绵不绝。

北宋张载认为"生生，犹言进进也。"③ 进进，两个动词在一起，是运动与运动连绵不息的意思。联想到进取之意，则进进可以看做是一种积极向上的运动，这就类似于"日新"的状态，是"天行健君子以自强不息"的写照。

明代来知德《周易集注》释"生生"为"始终代谢，其变无穷"。这里的"生生"是一种变化与变化连续不断的状态。

民国尚秉和认为是"阳极生阴，阴极生阳，转相生。"④ 这与韩康伯和荀爽的解释一样，是一种阴阳交替的状态。

综上，历代解《易》者对"生生"的释义，大概可分为两种：第一，"生生"是一种阴阳更相交替化生万物的恒生状态。韩康伯、荀爽、孔颖达、尚秉和的解释可归为此类。第二，"生生"是一种变化与变化衔接不断的状态，即运动不息。张载和来知德的解释当纳入此种。

当代学人余治平对"生生"进行语义学的诠释，他说："'生生'可以被理解为一种双动词关系，生而接着又生，强调的是'生'作为一种生命活动或生存活动的不间断性，运动与运动之间永远是没有间隙的；也可以被理解为双副词结构，指物的存在情状，物始终在生成的状态之中，始终处于生化变易的过程之中。也就是说，物永远在运动着，不断地生成更新其自身。"⑤ 余先生的解释虽然出发点不同，但这有助于我们对"生生"同时也是对易的理解。

《朱子语类》中表述道："《正义》谓'易'者，变化之总号，代换之殊称，乃阴阳二气生生不息之理。"这里虽然讲变化，但归因于"生生"，因而"生生"回答了何为易的问题。后世儒者（以宋明儒为最甚），对"生"进

① 李鼎祚：《周易集解》，九州出版社，2003，第810页。
② 孔颖达：《周易正义》，九州出版社，2004，第610～611页。
③ 《张载集·横渠易说》，中华书局，1978，第190页。
④ 尚秉和著，常秉义批点：《周易尚氏学》，中央编译出版社，2012，第228页。
⑤ 余治平：《"生态"概念的存在论诠释》，《江海学刊》2005年第6期。

行阐释发挥并将其与天、理、仁、心打通，可以说宋明理学的产生是建立在宋明儒者对《易传》中"生"和"生生"的重新阐释上，可见"生生"是对易的比较合理和完满的解释，换言之，何为易？生生之谓易。

虽然生生为易，但以上对"生生"的释义，也暴露了另外一个问题：无论是两种释义中的哪一种，其诠释都只是以"变易"为基础，基本上忽略了三义中的另外两义：易简和不易。《系辞》以"一阴一阳之谓道"开篇，奠定了一个基调，《易》讲的是阴阳之道，也可以说是乾坤之道。而前文对易的定位是"《易》与天地准，故能弥纶天地之道"，所以此章所讲的"阴阳之道"是对前一章"天地之道"的进一步深化，后文有"天地设位，而易行乎其中矣"以及"乾坤成列，而易立乎其中矣"的说明。因此这里的"生生之谓易"是在天地（阴阳）之中的易，其义不仅仅只有变易一种意思，应该还包括易简和不易。高亨先生也认为："《周易·系辞上》曰：'生生之谓易。'以变易之义释筮书之名，恐不可以。"① 这需要我们重新审视"生生"。

二 "生生之谓易" 新解

前人以"生生"解《易》，重点都落在阴阳变动上：所谓"生生之谓易"，是说阴阳生生，即阳生阴，阴生阳，阳又生阴，阴又生阳，生生无穷，无有止息。在此笔者试着从另一个角度来解读"生生"之义，以期更有力的诠释"生生"以及何为"易"。《易》有三易：简易、变易、不易，前文已经论述，这里不再赘述，笔者认为易之三义在"生生"二字上都有淋漓尽致的体现。

1. 生生中的易简

"生生"是宇宙大化流行的基本模式。首先，万事万物的出现本身就是生；其次，万事万物的运行也是一个生的过程。这种出现、运行的模式是宇宙大化流行的基本模式。《系辞》有言："乾以易知，坤以简能；易则易知，简则易从"，"夫乾确然示人易矣，夫坤聩然示人简矣"。这实际上暗示阴阳所体现的就是易简，故其下文说"易简而天下之理得"，即把握了乾坤之门、阴阳之道，那么就把握了天下的道理。而这些道理有的太简单了，以至于"百姓日用不知"。前文"《易》以道阴阳"一节讲了世间的万事万物都可以以阴阳来区分，这正是易简的体现。"孤阴不生，独阳不长"，这个"生"

---

① 高亨：《周易古经今注·周易琐语》，中华书局，1984，第6页。

"长"的过程就是"男女媾精，万物化生"的具体体现，其说明了易简的模式就是"阴阳转相生"而已。由阴阳而衍生出的刚柔、动静亦是易简之理的体现。最后，《易传》的作者将易、善、德联系在一起提出了"易简之善配至德"的观点，与"天地之大德曰生"一脉相承。程颢说："生生之谓易，是天之所以为道也。天只是以生为道。继此生理者，即是善也。"①

2. 生生中的变易

"生生"的过程本身就是变化的。生与生的转换是一个变化的过程。宇宙中的万事万物，每时每刻都在变化，这个变化就是不断地"生"的过程。《系辞下》曰：《易》之为书也不可远，为道也屡迁，变动不居，周流六虚，上下无常，刚柔相易，不可为典要，唯变所适。"② 其"为道也屡迁"是指阴阳之气在宇宙中变动不居，相互转化，没有固定的法则，如果说有的话，那就是变。孔颖达《周易正义》："夫易者，变化之总名、改换之殊称。"③ 程颐《易传序》："易，变易也，随时变易以从道也。"④ 均言其变易之义，故《易纬·乾凿度》说："变易者，其气也。天地不变、不能通气。五行迭终，四时更废，君臣取象，变节相移，能消思者，不专者败。此其变易者也。"⑤ 其用易中特有的象思维向我们展示了变易的特性。"变"在《易传》中有两种解释：一为"阖户谓之坤，辟户谓之乾。一阖一辟谓之变。"门户的一开一闭，就是"变"。这里的变可以理解为阴阳（乾坤）的开合，即"阴极生阳，阳极生阴"的阴阳转换就是变。另一为"化而裁之谓之变"。变是化的中断，也就是说其本身就是变化的。这些论述都体现着生生的变易性。同时，在《易》的占筮中，解卦亦注重变爻、变卦；以变爻、变卦论吉凶，体现的也是变易思想。在生生过程中的运动、变化、发展，是一个此消彼长、物极必反的过程，其无时无刻不在向我们传达"动者尚其变"的信息。

3. 生生中的不易

"生生"的过程是不息的。这个连续不断的生成过程，没有一刻停息，也就是人们常说的"一切皆变，唯变不变"，此其一不易也。正如南宋杨万里在《诚斋易传》中所云："《易》者何物也，生生无息之理也。"《系辞》中"一阖一辟谓之变，往来不穷谓之通"和"化而裁之谓之变，推而行之谓

① 《二程集·河南程氏遗书》卷二上，中华书局，1981，第29页。
② 黄寿祺、张善文：《周易译注·系辞上传》，第417页。
③ 孔颖达：《周易正义·卷首》，九州出版社，2004，第4页。
④ 《二程集·易传序》，中华书局，1981，第689页。
⑤ 郑康成注：《周易乾凿度》卷上，《钦定四库全书》卷六，经部六，易类六。

之通"中的"通"就有不变之意，其门户的一开一合，往来不绝就是"通"，以及对变化之道的推行也是"通"。这两个"通"字体现的都是变易中的不易，对此具有点睛之笔的言辞是："易，穷则变，变则通，通则久"①。"生生"之位是不变的，此其二不易也。生生可以理解为两个名词，则是并列之意，并列的两个生命体自然具有平等平行的位置。《易纬·乾凿度》曰："不易者其位也，天在上，地在下，尊南面，臣北面，父坐子伏，此其不易也。"② 此正与《系辞上》："天尊地卑，乾坤定矣，卑高以陈，贵贱位矣，动静有常，刚柔断矣"遥相呼应。天地、卑高、贵贱、动静、刚柔、君臣、父子等等这些东西是既定的，无法改变。《序卦下》："有天地然后有万物，有万物然后有男女，有男女然后有夫妇，有夫妇然后有父子，有父子然后有君臣，有君臣然后有上下，有上下然后礼义有所错。"③ 自然界的法则和社会中的伦常关系是不变，这就是生生之位不易的体现。

三　生生与阴阳

从上面"生生之谓易"的论述中可以看出，虽然是以生生解《易》，但其中还是绕不开"阴阳之道"，因为"生生"本就是"阴阳相易转相生也"。也就是说"《易》以道阴阳"和"生生之谓易"交织在一起，构成了《易》的表里精粗和全体大用。

《系辞上》云："《易》有太极，是生两仪，两仪生四象，四象生八卦，八卦定吉凶，吉凶生大业。"这段话历来被认为是《易传》对万物生成论的精辟概括，"太极"即天地未分时的元气，"两仪"即天地，乾坤（两仪）作为《易》的门户，上通太极，下生万物，直接将世界分为形而上者的道世界和形而下者的器世界。《序卦传》说："有天地然后万物生焉。盈天地之间者唯万物"，《系辞上》言："天地设位，而易行乎其中矣"，可见《易》既包括乾坤之上的道世界，又包括乾坤之内的器世界。而《易》之所以能够从形而上的道世界下贯于形而下的器世界，表面上是通过阴阳这个门户打开的，实际上其背后则贯穿着易道的根本，即生生之理。《易传》认为乾以"大生"，坤以"广生"，正是在乾坤之大生、广生中，六十四卦相继产生。其一而二，二而四，四而八，八而六十四的过程就如同天地化生万物一样，是一

---

① 黄寿祺、张善文：《周易译注·系辞上传》，第402页。
② 郑康成注：《周易乾凿度》卷上，《钦定四库全书》卷六，经部六，易类六。
③ 黄寿祺、张善文：《周易译注·系辞上传》，第381页。

个以"生生"为根本的演化过程。"夫乾，其静也专，其动也直，是以大生焉；夫坤，其静也翕，其动也辟，是以广生焉。"① 程颐说："《易》者变易而不穷也，故既济之后，受之以未济而终焉。未济则未穷也，未穷则有生生之义。"② 朱熹在《周易本义》中指出："六十四卦，三百八十四爻，皆所以顺性命之理，尽变化之道也。"③ 意思是说，《易》之为书，是讲事物发展变化的道理，其之所以终于未济，是向人昭示易理是生生不息的。其中，对"生生之谓易"的大化流行模式论述最为精妙且影响最大的当属周敦颐的《太极图说》，其中对宇宙化生万物的过程做了精彩论说：

> 无极而太极，太极动而生阳，动极而静，静而生阴，静极复动。一动一静，互为其根，分阴分阳，两仪立焉。阳变阴合，而生水、火、木、金、土。五气顺布，四时行焉。五行一阴阳，阴阳一太极，太极本无极也。五行之生也，各一其性。无极之真，二五之精，妙合而凝。乾道成男，坤道成女；二气交感，化生万物，万物生生而变化无穷焉。④

周敦颐勾勒了一个由无极→太极→阴阳→五行→万物的生化图，这个生化的过程正是易道生生不息、延绵不绝的体现，可名之为"化生"；其"太极动而生阳，动极而静，静而生阴，静极复动"正是"生生"之理的阴阳交替相生、"原始反终"的状态，可名之为"更生"；"一动一静。互为其根，分阴分阳，两仪立焉"则是阴阳的对等存在，其相互依赖而生，不可分割，可名之为"对生"。这"三生"正可以作为"生生"之理的具体体现，如同易有三义，生也可以有三义：即化生、更生、对生。天地之间是无时不生、无处不生的，张载在论述"天地之心"时对天地"以生物为本"做了更有力地发挥："大抵言'天地之心'者，天地之大德曰生，则以生物为本者，乃天地之心也。地雷见天地之心者，天地之心惟是生物，天地之大德曰生也。雷复于地中，却是生物。《象》曰：'终则有始，天行也。'天行何尝有息？"⑤ 天地以生物为心，何尝有息！一方面诠释了"天地之大德曰生"，另一方面则说明了生生无处不在、无时不在。程颢则将生物之心上升为道体：

---

① 黄寿祺、张善文：《周易译注·系辞上传》，第383页。
② 《二程集·周易程氏传》卷四，第1022页。
③ 朱熹：《周易本义·序》，上海古籍出版社，1986，第1页。
④ 《周敦颐集·太极图说》卷一，中华书局，1990，第3页。
⑤ 《张载集·横渠易说》，中华书局，1978，第113页。

"生生之谓易，是天之所以为道也。天只是以生为道。继此生理者，即是善也。"① 可见生生确实为易之本。至于生生和阴阳的关系，北宋邵雍曾说过："天生于动者也，地生于静者也。一动一静交而天地之道尽之矣。动之始则阳生焉，动之极则阴生焉。一阴一阳交而天之用尽之矣。静之始则柔生焉，静之极则刚生焉。一刚一柔交而地之用尽之矣。"② 阴阳交而天之用现，刚柔交而地之用现，也就是说阴阳刚柔不是道之体，乃是道之用。因此，生生与阴阳是体用的关系，一为《易》之本，一为《易》之用。如此，《易》才能兼顾形上之道和形下之器，并将其贯通。

四 总结

综上所述，《易传》通过对《周易》义理的发挥实际上构造了一个以"生生"为本体、以"阴阳"为大用的易学体系。阴阳之道将万物融入自己的门户中，生生之理则使其鼓动。也就是说，阴阳无生生，则阴阳之道不行；生生无阴阳，则生生之理不明。生生之理要通过阴阳之道才能显现，阴阳之道要依靠生生之理才能运转，两者是体用表里的关系。

易道弥纶天地，因而易是宇宙之易，生生自然是宇宙之生生。《易传》所构造的生生——阴阳体系揭示了宇宙最深刻的哲理：生而又生，生生不已。这是宇宙的本然状态，即宇宙本身就是生生。如果去掉生生，宇宙自然也就不会存在。宇宙没有所谓的实在本体存在，生生本身就是宇宙的存在，如果以宇宙大爆炸理论来说，那宇宙就是生生创造的。因而，宇宙本身也是以生生为本、阴阳为用的存在，可以说易是统于阴阳，归于生生。

作者单位：湘潭大学

---

① 《二程集·河南程氏遗书》卷二上，第 29 页。
② 黄宗羲：《宋元学案·百源学案上》卷九，中华书局，1986，第 368 页。

言行荣辱与人心相感

——《易传》言行荣辱观的伦理学辨析

陈仁仁

摘　要：《易传》谈到了言行与荣辱之间的关系问题，其核心观点是：言行决定荣辱。其理论中介是"人心相感"。"人心相感"就是两个道德主体之间的心灵"相感"。它是善恶荣辱之道德判断的理论前提。因而从这个意义上看，《易传》的言行荣辱观具有理论伦理学的内涵。

关键词：《易传》言行　荣辱　人心相感

我国传统哲学思想中荣辱观的资源很丰富，对中国传统文化与中华人格的影响十分深远。孔子讲"行己有耻"（《论语·子路》），"恭近于礼，远耻辱也"（《论语·学而》），孟子讲"仁则荣，不仁则辱"（《孟子·公孙丑上》），"羞恶之心"（《孟子·公孙丑上》），"人不可以无耻，无耻之耻，无耻矣"（《孟子·尽心上》），荀子讲"先义而后利者荣，先利而后义者辱"（《荀子·荣辱》）。以至于有论者认为以儒家文化为主导的中国传统文化是"耻感文化"，以与西方基督教的"罪感文化"相比对。这种说法有一定道理，但我们也必须认识到，这些原始儒学大师们创立的荣辱观，主要是告诉我们要有荣辱观念；何为荣，何为辱；如何言行为荣，如何言行为辱。这些都主要是实践伦理学的范畴，而不是理论伦理学的范畴，因为他们并没有在一般意义上分析言行与荣辱之间的关系问题。明确地表述了一般意义上的言行与荣辱之间的关系问题并展现出其在理论上的层次结构的是《易传》，《易传》的这种荣辱观在先秦荣辱观中最具理论伦理学的性质，是值得我们仔细研究和认真分析的。

一　言行与荣辱的结构性关联

言行与荣辱之间是什么关系？荣辱是自己的言行带来的吗？荣辱是别人

对你的言行的评价，还是自己内心的一种感受？别人对你的言行的评价与你自己内心的感受又是什么关系？别人通过什么途径与我们发生关联？人与人之间的心灵可以相通吗？如何相通？这一系列问题都是理论问题。《易传》对这一系列理论问题都有简要的回答，或深或浅，或明或暗。在言行荣辱观问题上，这种理论上的自觉与细致，在先秦诸子那里似乎难以找到。荀子在专论"荣辱"问题时也是从言行入手来谈的。《荣辱篇》开篇即说："憍泄者，人之殃也。恭俭者，偋五兵也。虽有戈矛之刺，不如恭俭之利也。故与人善言，煖于布帛；伤人之言，深于矛戟。"可知他对善言善行的看重，亦表明其与荣辱有关。但到底是何种关系，似乎并没有一种理论伦理学意义上的理论自觉，至多也只是表明善言善行得荣，恶言恶行致辱这样一种实践意义上的伦理学规则。

下面我们来看看《易传》是如何回答这些理论问题的。关于言行与荣辱的关系或结构问题，集中在下面这一段：

> 鸣鹤在阴，其子和之。我有好爵，吾与尔靡之。"子曰："君子居其室，出其言善，则千里之外应之，况其迩者乎？居其室，出其言不善，则千里之外违之，况其迩者乎？言出乎身，加乎民；行发乎迩，见乎远。言行，君子之枢机。枢机之发，荣辱之主也。言行，君子之所以动天地也，可不慎乎？[1]

这里对言行与荣辱的关系问题的直接回答是这样一个判断："言行，君子之枢机。枢机之发，荣辱之主也。"何谓枢机？据高亨先生考证，古书所谓枢机有二义，一为门户之枢机，一为弩弓之枢机。高先生所取是弩弓之枢机义。他说："枢机谓弩弓之枢机也。……弩弓之发或中或否，犹言行之发或得或失。得则荣至，失则辱来，故为荣辱之主。"[2] 从义理上来讲，不管枢机是以上二义中的哪一义都无妨，它们都是"制动之主"[3] 的意思，也就是"关键""开关"。所以，言行为君子之枢机，是个比喻的说法，意思是言行是君子与人交往的关键，也就是说，君子要表现或表达自己就是靠自己的言行。进一步，言行的发出，就决定了或荣或辱的到来。所以，其根本或核心观点是：言行决定荣辱。

---

① 《系辞上》。
② 高亨：《周易大传今注》，齐鲁书社，1998，第391页。
③ 阮元：《十三经注疏（附校勘记）》，中华书局，1980，第79页。

那么，言行如何决定荣辱，言行与荣辱之间进一步细致的关系或中间的环节是什么？这里有一个理论结构的问题。对于这个结构《易传》是有自觉的。

上引《系辞上》语是对《中孚》卦九二爻辞的理解与发挥。爻辞本来的意思只不过是通过描述两只鹤的相互鸣叫应和，以及我有好酒邀人共饮，来象征着人与人之间一种友好和谐的关系，根本没有专谈言行的意思，更没有讲荣辱的意思。把这条爻辞解成言行，而且解成言行与荣辱的关系就纯是《易传》作者的发挥了。所以这是《易传》的思想而不是《易经》的思想，这是需要特别注意的。当然《易传》的发挥也并非与其发挥的对象绝不相关，还是有某种相关的契机的。如鹤的鸣叫象征着"言"，人的饮酒则是"行"。所以虽然爻辞不谈言行，但可以引申发挥出言行来。然后《易传》用一套理论术语把它建构成一种思想理论，这又是《易传》之所以为哲理书之所在。

我们具体来看看《易传》在此处是如何来建构言行与荣辱之间的结构的。"言出乎身，加乎民；行发乎迩，见乎远。"其间就有一个核心的结构关系，两大主体要素：身（近）与民（远），也就是言行的主体与对象。主体是施动者，对象是受动者。言行的主体与对象都是人。如果言行的对象不是人而是物，那么这一言行就不具备伦理的意义，也无从作道德价值判断。因为无意识无目的的物是不会对人的言行作出意义回馈的，就如对牛弹琴是没有意义的一样。可见，言行的对象不能只"受"而不"动"，而是应该有一个回应，不管这个回应是肯定性的还是否定性的。这个回应就是主体与对象两大要素之间发生联结的第二道桥梁。第一道桥梁就是言行，是从主体到对象。第二道桥梁是回应，是从对象到主体。这个"回应"用《易传》的术语来讲就是"感"（其理论内容与意义详下文）。肯定性的回应即"应"，否定性的回应即"违"。应，是一种肯定性的评价；违，是一种否定性的评价。应与违，对于对象来讲就是接受或不接受主体的言行，对于主体来讲就是其言行发出之后的得与失。得则荣，失则辱。所以，从荣辱的直接决定因素来讲，是对象的回应，而对象的回应又要视主体施与何种言行而定。在《易传》作者看来，善言善行就可以得到对象的"应"，恶言恶行将得到对象的"违"。于是，荣辱的决定因素就从对象的回应又回到主体的言行了。即自己的荣辱是由自己的言行决定的。也即荣辱受决定于主体言行的善恶与否。这就是《易传》在此处集中表述的言行与荣辱之间的结构关系问题。至于善言善行的标准是什么，言行如何决定荣辱等进一步细致深入的理论问题，主要需要从"回应"也即《易传》"感"这一范畴入手来分析。

二 人心相感：言行如何决定荣辱及其伦理学辨析

言行决定荣辱有一个中介，即"感"。但是单从上引《系辞上》的话来看，不管这个"感"是肯定性的还是否定性的，不管是对主体还是对对象而言，它看上去似乎都是消极被动的。因为这个"感"只是对象而不是主体作出的，而从对象而言，其"感"又是对主体言行的感，因而受制于主体的言行。从《易传》整体思想来看，这种理解是不全面的，我们还必须联系《易传》其他地方的表述，而不是仅仅在对《中孚》九二爻辞的义理发挥这一段所提出的关系结构来理解言行如何决定荣辱的问题。

在《易传》哲学思想中，"感"有两个层次，一是形上本体意义上的感，一是理论意义上的感。在这两个层次中，"感"都表现为一种积极的动力。上文所提到的消极意义上的"感"，只是形而下的现象表象。形上本体意义上的"感"，就如《系辞上》所言："易，无思也，无为也，寂然不动，感而遂通天下之故。"这表明，"感"是无思想无作为寂然不动的"易体"的内在动力，"易体"正因为有了这个"感"，它才能通晓天下一切之事（故，事也，已成之迹）。易是本体，事是现象，只有易本体才能说一感全通，有限的人的"身体上不能说感而遂通，不能说一通全通"①。因而此相"感"的两者之间根本不是一种对等的关系，也根本不是感觉的感。而具体的理论意义上的"感"，则是对等的两个实体之间的"互感"了。当然此意义上的"感"也并不与感觉的"感"相同。从言行与荣辱关系问题来看，其"感"是后一种意义上即理论意义上的"感"。而这种"感"又可分为两种：一是"感人心"，即人与人之间的相感；二是"感天地"，即人与天地之间的相感。上引《系辞上》对《中孚》九二爻辞的阐释就是先从"感人心"的意义上谈，后从"感天地"的意义上谈的。所谓"千里之外""应之""违之"即表示"人心相感"；所谓"言行，君子之所以动天地也，可不慎乎"，即表示"感（动）天地"。"感人心"首先要从伦理学意义上去看，"感天地"则主要从易学哲学意义上看。当然从根本意义上说，"伦理学必须成为哲学的，它必须就是哲学"②。但本文只从伦理学意义上作辨析，关于其易学哲学意义容另文申说。

---

① 牟宗三：《周易哲学演讲录》，华东师范大学出版社，2004，第114页。

② 〔美〕弗兰克·梯利：《伦理学导论》，何意译，广西师范大学出版社，2002，第13页。

（一）"人心相感"的含义

人与人之间的相感，说到底是"人心"之相感，而不是触觉等感觉知觉之间的相感。人与人之间能相感，正是由于每个人都有"心"。从字源的意义上讲，感字从心，其本义就是感动人心的意思。即《说文》所谓"感，动人心也"。此义正是《易传》思想中"感"这一范畴的核心意义。

《咸·象》曰："咸，感也。……天地感而万物化生，圣人感人心而天下和平。""天地感"与"圣人感人心"，在"感"的结构上其实是一样的，天地感，是天地之间相感。圣人感人心，是圣人与其他人之间的相感。都是两个对等实体之间的相感。区别只在于：第一，天地感是自然相感，从而化生自然万物；第二，圣人与人相感是人类社会内的相感，从而造就和谐的社会状况；第三，"圣人感人心"在语法结构上与"天地感"不同，其实是将"圣人与人相感"与"圣人与人的相感是心上的相感通"两个意思合并一处讲，把前一个意思潜藏在里面了，后面的意思是对前面那个意思的进一步深入。其中包含着对"人与人之间以何相感""相感何以可能"这一问题的回答。答案就是"人同此心"。这一点也是孟子思想所强调的，也即所谓"心之所同然"（《孟子·告子上》）。

（二）人心相感：道德判断的前提

"人心相感"的前提是"人同此心"。把它放在言行与荣辱的关系问题上来看，言行的受动者之所以对施动者的言行有回应，也正是因为两者都有"心"。对言行的回应正是"心"的回应。既然同样是心，那么是什么原因，使得这种回应有"应"与"违"之别呢？前面提到，直接的原因是善言善行得"应"，恶言恶行招"违"。只要再进一步，我们就知道了，善言善行之所以为"善"，是因为此言行乃与其受动者是"同心"之言行，所以被视为善而得"应"。同理，恶言恶行之所以为"恶"，是因为此言行乃与其受动者是"不同心"之言行，所以被视为恶而招"违"。言行之善恶、对言行的"违""应"及由此而生的荣辱等，都是道德判断。而它们的前提都是人心之相感。也就是说，因为人心相感，所以有对言行善恶的评价；因为人心相感，所以有对言行的违应；因为人心相感，所以有荣辱。于是，在这里，"人心相感"也就成为道德判断的前提了。《系辞上》所谓"二人同心，其利断金；同心之言，其臭如兰"，正是在这个意义上说的。前两句讲行，后两句讲言。同心之行才会有断金之利这样的好结果，同心之言才会如兰之香得到他人的喜爱。反之，不同心之言行就得不到好结果与他人的喜爱了。

道德判断的前提是人心之相感，而道德判断有善恶荣辱之别，人心之相感亦有应与违之别。违应之别固由言行受动者之心作出，而其所针对的对象则是言行施动者所发出的不同的言行。言行发出者，其言行之不同，又可追溯至施动者不同的心灵状态与道德品性。反过来就可以说，从不同的心灵与品性将发出不同的言行。《系辞下》云："将叛者其辞惭，中心疑者其辞枝，吉人之辞寡，躁人之辞多，诬善之人其辞游，失其守者其辞屈。"即是此意。从不同的心灵发出不同的言行本无道德判断可言，要对此言行作道德判断就必须与另外一个心灵发生关系，这就是相感。另外一个心灵又依据自己的心灵意志判断或感受其与己心是否"同"，同则为善而荣之，不同则为恶而辱之。正是从这些意义上来看，我们认为，《易传》的言行荣辱观具有典型的理论伦理学意涵。

伦理学研究的是道德现象。道德问题的核心之一是道德判断。道德判断的对象是人的行为，言语可以包含在行为当中。但并不是所有的人的行为都可以成为道德判断的对象。人的行为要能成为道德判断的对象必须至少符合两个条件：一是此行为是有意识有目的的人出于自身意志的行为；二是此行为对其他相关的人具有道德价值。前者保证了道德主体的存在，后者则保证了道德主体之间存在某种关系。这就保证了伦理学通过研究人的行为而研究人与人之间的关系，或者在人与人之间的关系中来研究人的行为。这种行为其实就是所谓的"道德行为"。所以说伦理学是研究人的道德行为的。《易传》的言行荣辱观中的言行就是典型的道德行为。因为它具有两个道德主体，其保障就是"心"。而且两个道德主体之间有一种关系，其保障就是"感"。此关系具有道德价值，因为由此生发出了善恶荣辱的判断。

人与人之间的关系有许多种，不同的人与人之间的关系，就有不同的伦理规则。我国传统的伦理规则是众多伦理规则之一种，其所体现的人与人之间的关系也是众多人与人之间的关系类型中的一种。《说文》云："伦，辈也。"段注云："军发车百辆为辈。引伸之，同类之次曰辈。"因而，我国传统的"伦理"乃具体指人与人之间的尊卑等级的次序，而不是一般意义上的人与人之间的关系。对人伦尊卑等级次序的具体规定只是具体的伦理规则，而不是伦理学的一般原理。从上文的分析来看，《易传》在"人心相感"的意义上论言行荣辱观，是从伦理学一般原理上来谈的。

不过它只谈到，对言行善恶的判断是根据相感之心"同心"与否。既不向上、也不向下进一步谈"同心"的根据。所谓"向上"是说进一步抽象地找哲学根据，所谓"向下"是说进一步找具体的伦理规则上的根据。实际上，在"感"所具有的"感天地"一义上，正是"同心""向上"的易学哲学的根据，而"向下"的伦理规则根据则是以一个不言自明的尊卑等级的社会结构理念为背景的。

三 余论

《易传》强调的道德主体的言行决定其荣辱，荣辱是由自己的言行带来的等看法，不能作简单化理解。其大体思路是：言行决定荣辱的中介是彼一道德主体对此一道德主体之言行的回应，而彼一道德主体对言行的回应要视言行之善恶与否。善言则应之，不善之言则违之。因而，彼一道德主体的回应要受制于此一道德主体言行之善恶。而事实上，彼一道德主体的回应并非唯一地受决定于此一道德主体的言行。有时彼一道德主体受自己主观情绪的控制，即使此一道德主体所施之言行都是善的，他也有可能作出"违"的回应而辱之。所谓"忠言逆耳"是也。直言进谏而受辱的事情所在多有。对此，《易传》的言行荣辱观有理论上的解决。其解决的途径即依靠"感"这一概念。彼一道德主体对此一道德主体之言行的回应只是"感"的一方面。"感"的另一方面是此一道德主体对彼一道德主体的"感"。如此方可谓"相感"或"互感"。由此亦可知，《易传》是认为人的心灵是可以通过"相感"而相通的。具体而言，主体言行的善恶与否并非是自身自足而不必与另一个心灵发生关系。也就是说，此一道德主体言行之善恶是通过与彼一道德主体的"相感"而形成的。彼一道德主体通过自己的心灵对出自另一个心灵的言行作出违应、善恶、荣辱的判断，实际上是看对方的心灵是否与自己的心灵相通。而此一道德主体若要自主地从彼一道德主体那里获得某种好的价值判断，那就必须有感于对方的心灵。所以，与其说言行的善恶是通过彼一道德主体的违应而表现出来的，不如说是通过彼此两个道德主体的"相感"而实现的，即"同心"为善，"不同心"则为恶。也正是在这个意义上说，是人心相感而不是单单某一方的心灵是道德判断的前提。

这样一种言行荣辱观理论架构的最大优点是各要素之间能实现一种超平衡和稳定，其最大弱点是容易造成内封闭的诠释循环。造成内封闭的诠释循环的原因是，它缺乏一种善恶荣辱之"客观性"概念。这里的善恶荣辱是在道德主体之间通过双方的心灵感通互诠而形成的。这在进入实践伦理领域时很容易造成一个一团和气的人情社会。此外，这种言行荣辱观因为总是在考虑别人的感受，因而在进入实践伦理领域时很容易使人在待人接物时养成一种消极意义上的谨言慎行的习惯或性格。

作者单位：湖南师范大学

《周易》时间观的当代价值

季晓峰

　　摘　要："时间"是现代西方哲学讨论的重要范畴，是西方哲学完成近现代范式转换的核心线索。而《周易》的原发性时间观所展现出的正是对西方经典时间观的颠覆，它所涉及的"适时""待时""与时偕行""时变""时中"等有别于建立在人与世界二元分离基础上的客观时间，而与对人的生存形势的领会相通。《周易》时间观是对将时间客观化、形式化的观念纠正，这使古老的《周易》展现出重要的当代价值。

　　关键词：《周易》　时间　西方哲学

　　《周易》是先秦古籍中最集中而深入地关注与论述时间问题的一部典籍，虽然《周易》古经几乎不及"时"字，但一卦一爻无不与"时"关联。元人吴澄说："时之为时，莫备于《易》。"①《周易》的筮符结构就是它的时间结构，这种时间结构不像西方哲学那样作"内时间"和"外时间"的区分，它表达了古人于天人之际对命运的关切，而"知几"就是对时间的追问和领会。《易传》中"时"的概念基于阴阳理论，以天人合一的思维特点，建立了天道与性命贯通的理论，显示儒家对现实人生的关注。这种时间意识不是对象化的，因为人不是这个现成世界的客观拷问者，而是不断介入到有待于形成的某个时境的身体力行者。因此，时间从根本上讲是不能被主题化的，它不是一个"know what"的问题，而是类似一个"know how"的问题，这种时间观是"时间"地思考与体验人及其世界。西方近代科学和哲学的时间观，将时间体验还原为时间表象，将时间纯化的同时却丢失了时间鲜活生动的内容，《周易》时间观的当代价值正是对西方近代认识论对待时间问题的缺陷的纠正。

---

　　① 吴澄：《吴文正公集》卷22《时斋记》，转引自钱穆《中国学术思想史论丛》第6册，台北：东大图书有限公司，1978，第66页。

一 《周易》的原发性时间观

《周易》中组成八卦的最基本单位阴爻（－－）和阳爻（—）不仅仅象征两类基本的存在形态。《系辞》上章六说："阴阳之义配日月。"日月在古人那里是与命运相关的"时"的来源。阴阳之义关注的不是任何事实或实体，而是意味着互相交错和引发。《系辞》里说"一阴一阳之谓道。……生生之谓易，……阴阳不测之谓神"。易象在"通变"和"生生"中展现的"天下之至变"就是原发性的时间。《周易》中的"时"是在阴阳互变中涌现的，这种"时"不是现成的时间质料，无法对象化和实体化，因为它除了各种"趋向"及其"相互媾生"之外无任何规定性。《系辞》下章八说"《易》之为书也，不可远，为道也屡迁。变动不居，周流六虚，上下无常，刚柔相易，不可为典要，唯变所适。其出入以度，外内使知惧。"这里把六爻说成"六虚"，意思就是卦象以几变为本，其"自性"是虚无的，卦理在"不居""不可为典要"的"周流"和"出入"中构生出各种时境。要把握这种"时"就必须"依时间来理解的时间"，因为它是原发性的时间，先于我们任何对时间的主题化的认知，所谓"原发"（originally happening）意思是它不可还原为任何"什么"，而是出自时间体验自身的发生。这种时间按西方哲学来形容就是一种"初生状态的逻各斯"。在我们的精神切断这不断"化生着的"境域而将时间对象化之前，原发的时间已经将我们带入充满蓬勃生机的意义世界。

这种微妙的原发时间不是线性的、客体属性的，而是氤氲醇化而生的时境、时气，把握这种"相推而生"的原发时间就是"知几"，也就是知时机。当然，这种"知"不是认识论意义上的对象化的认知，而是存在论意义上的领会，是中国人的实践哲学。《易传》论乾卦，称"六位时成，时乘六龙以御天"，其"广大配天地，变通配四时"，"变通者，趣时者也"；说坤卦"承天而时行"，君子仿效，"待时而动"；言大有卦"其德刚健而文明，应乎天而时行"；随卦"而天下随时，随时之义矣哉"；观卦"观天之神道，而四时不忒"；贲卦"观乎天文，以察时变"；大过卦时应"大过"，则运必有反，故曰："大过之时大矣哉"；坎卦示喻重重险陷，"险之时用大矣哉"；遁卦表征人生之退避，此当"与时行也"，"遁之时用大矣哉"；睽卦喻乖背之理及因时而运化，所谓"睽之时用大矣哉"；损卦言减损之道，故发"损刚益柔有时，损益盈虚，与时偕行"之论；革卦"革之时义大矣哉"，又"动静不失其时""天地盈虚，与时消息"。至于蹇卦、解卦、姤卦、艮卦等等的卦义解读，都与"时"紧密关联，《象辞》是《周易》中谈到"时"最多的，《象》的作者一再赞叹它们的"时用大矣哉"，表现出对"时"的重要性的深刻领会。

不难发现，《周易》里的这种"时"不是外在的，这不是物理意义而是命理意义上的"时"，基本上可以把它理解成时机、时势。这种原发的命理之"时"显示出古今互逆、互为主体的、天与人紧密的内在关联，它不是与人无关的直线时间，而是主客体统一的、天人互动的、知行合一的、积极的、能动的、双向的时间。六十四卦的每一卦都示喻着某种"卦时"，刻画着那样一个时刻的形势和人所应取的态度，每一爻位（初、二、三、四、五、上）都包含特定的时机含义，所谓否极泰来，时来运转之类，都应在这个"时"字上。正如王弼《周易略例》里所说："夫时有泰否，故用有行藏；卦有大小，故辞有险易。一时之制，可反而用也；一时之吉，可反而凶也。"[1]能够把握"时"的变化，就能把握卦之好坏，"时"在卦中的运用在于配合天时，顺理而动，时惕、时宜、时用，以止于时中，贞定元神。"知几"就是要进入阴阳不测、唯变所适的时境中，从而与时偕行。为把握这种阴阳变化，解释易象按照这个原则来进行：阴阳交遇则通、则吉，阴阳不交则受阻、有咎。这既指一个卦的上下卦关系，又指六爻之间的关系。而不同形势的交遇或互相引发用现象学的观点来看就意味着"相异者、相对者摆脱开自己的现成属性而完全投入一个相互转化的形势之中，从而化生出新的时机和对此时机的领会"[2]。阴阳交遇而止于时中，《蒙·象》曰："蒙亨，以亨行，时中也。"时中可以理解为"时行适得其中"，也就是"合时"——人道与天道和地道所取得的和谐。由阴阳相交而发生并维持的"中"是《周易》原发时间观里精微深邃之所在。

二　从客观时间返回生存时间：当代西方哲学对时间的反思

《周易》原发时间观是"一种'时间优先'地看待与处理世界的理念与方法"[3]。这种理念和方法正是当代西方哲学，尤其是现象学——诠释学传统瓦解近代哲学认识论模式下的客观时间所采取的根本方法。因此，对照当代

---

① 楼宇烈：《老子周易王弼注校释》，台北：华正书局，1983，第604页。
② 张祥龙：《从现象学到孔夫子》（增订版），商务印书馆，2011，第215页。
③ 王振复：《〈周易〉时间问题的现象学探问》，《学术月刊》，2007年11月。

西方哲学所做的工作，有助于我们理解《周易》时间观的当代价值。

在西方，古希腊人从本原上追问时间，在赫拉克利特和巴门尼德那里，我们可以看到古希腊人对"生成""变化"的惊讶和玄思。赫拉克利特提出"时间是第一个有形体的本质"，其意为时间是火的变化，即时间是变化本身。巴门尼德提出真理（确定性）与意见（不确定性）的两条道路，时间具有不确定性，因此被排除在"真理"之外。柏拉图延续了巴门尼德的哲学，时间被理解为造物主摹仿永恒的摹本。从这里我们可以看出希腊人善于静观的特点与中国人善于在变动中把握和谐的差异。亚里士多德提出时间是"依先后而定的运动的数目"，开创了西方哲学史影响深远的"物理学——神学"时间观。中世纪奥古斯丁提出时间是心灵的延伸，开始了对"内时间"问题的探讨。可以这么认为，在西方近代哲学发生认识论转向之前，时间仍然是与人有关的。自从近代哲学转向以"自我"思维的至上性、明证性为基础的知识论以后，时间从根本上讲就与人的存在与否无关了，成了一种客观的、均质的、不可逆的单向流逝。比如在康德的哲学中，我们的时间体验被还原为纯粹的感性形式，失去了它与人最根本的原初关联。当代西方哲学重新思考人的生存的时间性这一根本主题，认为我们对时间进行对象化的理解是错误的，时间是我们的生存活动打开的一个境域，要理解它，我们不能按照认识论"自我"意识的逻辑，而要通过时间去理解时间的具体结构，在时间中考虑时间。

在西方近代认识论哲学中，在主客二元对立的模式下，时间作为一种原初的时间体验被还原为时间表象，精神的这种"过分主动性"实质上是试图截断时间之流并对被给予的意识经验加以主题化，但它受制于与前反思的时间体验。当代西方哲学挑战近代认识论哲学的关键点也正在于此，近代认识论专注于知识的明证性却整个地丢失了人与世界充满生机的原初关联，而时间正是在这种原初关联中涌现的。当代西方哲学中，现象学——诠释学传统对时间问题的关注与《周易》的原发时间观有较多接近之处。海德格尔《存在与时间》中的"此在"（Dasein，亦或可译为"缘在"）就是一个时间性主体，这从根本上有别于西方近代哲学的开创者笛卡尔"我思故我在"的那种无时间的纯粹思维主体；伽达默尔在《真理与方法》中更进一步从理解的角度指出时间性不是人理解世界的限制，而是根本方式，重要的不是像近代认识论那样排除时间性而是以一定的方式进入时间性。法国当代重要的哲学家梅洛·庞蒂从身体的角度重新激活被对象化的时间，认为时间不是我能把它记录下来的一种实在过程，一种实际连续，时间产生于身体与世界的关系。

这个"身体"既不是纯粹主动的"我思"也不是纯粹被动的物质身躯，而就是投身于世界的某个有可能性的实际生命，这种主动性与被动性的互逆与交织在"命运"的不断呈现中逼出了被近代认识论所排除的时间性主题。梅洛·庞蒂说："如果我们是绝对的精神，那么还原就不会有问题。但既然恰恰相反，我们在世界上存在，既然我们的反省处在它们试图截取的时间流动之中，那么就没有包括我们所有思维的思维。"① 这表明，科学的还原论思维必然要求排除原发的时间，但人与世界的生存关系要先于认知关系，我们必须从时间表象返回时间现象，也就是从客观时间返回生存时间。

当代西方哲学所要实现的"生活世界转向""语言学转向""后现代转向""历史和实践转向"等主题无不蕴含着对传统哲学知识论意义上时间观的革命。在这点上，我们发现中国古老的《周易》里所展现出的原发时间观与当代西方哲学所要实现的革命有很多接近的地方。《周易》的天时观讲的正是在人与世界最紧密的生存层面而非认知层面上对人的生存形势的领会。当然，当代西方哲学对时间的反思是按照西方哲学内部哲学发展的线索展开的，它里面所展现出的个人体验色彩较重，尽管这不是近代主客体对立意义上的；而《周易》的时间观通过阴阳的"媾生"势态和机理来领会时机的构成特点，对时间的领会更加丰富和活泼。这里我们仍然可以看出西方精于详审地分析和追究，而中国善于活灵活现地"呈现"之中西差异。

三 《周易》时间观对西方科学主义时间观的矫正

与当代西方哲学对近代科学主义时间观的挑战类似，《周易》时间观也是对科学主义时间观的矫正，尽管其方式和特点与当代西方哲学不同。《周易》不是象征和描摹认识论意义上的"自然规律"的书，其根本上是一部"参天时"的书：通过卦象和解释来领会阴阳、天人相交相背之时的种种形势和处身之道。这展现出一种超出西方科学分类原则的一种原发混成的智慧。《周易》的符号系统不同于西方哲学中的概念系统，是为了构设出、参与到时机领会或原发时间的媾生之中。

《周易》时间观与当代西方哲学都挑战科学主义的线性时间观，主张时间的可逆性。在科学主义的客观思维中，过去、现在、将来的连续是客观思维将时间对象化的结果，是被意识的主动性加工后的产物。海德格尔认为时

① 〔法〕梅洛·庞蒂：《知觉现象学》，姜志辉译，商务印书馆，2003，第10页。

间化不是一种绽出的连续，将来不是在过去之后，过去不是在现在之前，时间性作为走向过去和来到现在的将来被时间化。这告诉我们，时间作为我们的生存活动打开的一个境域，它是可逆的。时间就是在进行中的生活运动，除了体验它、进入它，没有其他方法能实现它，表象主义看似使时间在线性的顺序中明晰化，实则取消了时间。《周易》里通过"适时""失时""得时""与时偕行""与时消息""时中""待时"等等所反映的"时间"与整个生存情境息息相关。线性时间客观地存在于我们的外部，而《周易》里的时间存在于我们与世界的紧密交融中，现实被感知为事物在某一刻的特定的展开，而对现实的安排则依赖于对这一个时刻的把握。时间是人出自于通过时间体验自身的循环闭合或发生，是阴阳之变的本性，是阴阳相互引发的，这是动态的、非线性的可逆时间。要把握这种时间，无法将其对象化，只能适时而行，当我们从认识论的角度说时间在均匀流逝时，我们已经预设了一个作为客观世界目击者的意识主体。由于对象化意识并不加入事物之中，主体和客体的隔岸对视成为无视时间的最可靠方式。只有从世界的客观拷问者回到委身于世界的身体力行者，原发时间才真正涌现。

当然，说《周易》的原发时间不是外在的时间，这也不同于认识论中的纯粹"内在性"的时间。时间既不存在于客观事物中也不存在于内在精神中，只有打破精神和外物的二元区分，才可能有原发的时间。事实上，时间的意识破坏了时间。在康德的认识论哲学中，时间被他当成是"内感官"的形式，是"心理事实"最普遍的特征，它是先天的、纯粹的，对主体而言，时间是纯主观的，对物体（现象）而言，时间又是实在的。胡塞尔将康德的先验原则发展到极致，进一步把时间和主体"绑定"在一起，认为时间是前对象地为我们所意识到的，是最原初的现象，意识作为体验流的多样性的综合统一便是时间性，它的构成是意识内部地"知道"的，因此是一种"内在时间意识"。实际上，胡塞尔将时间纯化为彻底的先验主观性原则是把认识论原则推向极致。"在现象学事态的本质中包含着：每个'过去'都可以以再造的方式变化为一个再造的'现在'，这个现在本身又具有一个过去。而这是所有时间法则的现象学基础。"① 胡塞尔意向性理论最大的困境在于意识的指向性不是来自一个中心的我（Je），而是来自后面拖着它的保持界域、前面被它的向将来的延伸拉着的我的体验场本身，这是一个无法还原到先验主观性的原初境域。胡塞尔"内时间"的困难也代表着西方科学主义立场根本

---

① 〔德〕胡塞尔：《内时间意识现象学》，倪梁康译，商务印书馆，2009，第 244 页。

缺陷，而《周易》时间观的情境性及其所展现出的意义的无限性与永恒的创新性，正可以矫正近代科学主义认识论的时间观的缺陷。如果说科学主义的时间综合是在意识中"构成的综合"，那么，《周易》原发时间是在人与形势动态关联中的"转变的综合"。《周易》时间观体现了中国人的实践智慧：这就是我们不需要一种"综合"从外面把各个时刻集中在一种唯一的时间里，因为每一个时刻已经在本身之外包含了一系列开放的其他时刻，在里面与它们建立联系，因为"生命联系"是和时间的绽出一起出现的。只有当时间不是完整地展开，只有过去、现在和将来不是在同一个方向，才可能有时间。对时间来说，重要的是生成和消失，不完整地被"构成"。

可以这么认为，《周易》的时间观的生命力在于它原初的含混，它不是单纯的理想主义或自然主义，或者说它既是理想主义的又是自然主义的，作为一种未分割的原初的理性，它与人的命运直接关联。或许有人认为《周易》时间观妨碍了人们对物质实体的考察，它过于强调"时"（知几）的作用，没能把"时"与实体分离开来并进行单独的实体研究，阻碍了科学思维在中国文化中的萌芽。但这种含混的好处在于，它让我们能不断重新学会看世界，使我们始终保持新的可能性，这样我们就不会陷于任何一种"主义"的窠臼。这种"含混"比之科学主义的时间观是更彻底的理性。

四　结语

《周易》时间观与中国传统哲学的实践哲学、行动哲学的特征是一致的。其关注的视角不是形而上的体和道，不是时间的自然属性；而是形而下的用和器，是时间的社会属性；时间的体和道就包含在时间的用和器之中，只有进入具体的社会、人生和历史的境域，才能把握时间的意义。中国传统哲学之所以很少去思考和建构时间的自然性、时间本体论、时间形而上学，因为这种建构不具备实践和行动的意义，也就是排除了真正的时间。这种时间观把时间作为前对象化的联系的整体来认识，其重要的当代价值就是使科学的时间观回到它"初生状态的逻各斯"，它不但不与科学的时间观相矛盾，反而使科学的时间观能更好地理解其自身，使我们重临物、真、善为我们建构的时刻，教导我们什么是客观性的真正条件，提醒我们什么是认识和行动的任务。

作者单位：上海立信会计学院

卜甲卜骨源流考论

张金平

摘　要：从殷商时期上溯到史前时期，卜筮习俗产生和发展的历史可谓源远流长。殷商时卜筮工具可分为两类：一是卜甲、卜骨，属于象占；一是蓍草，属于数占。象占和数占这两种占筮方法产生都很早，几乎是并驾齐驱，很难断定谁早谁晚，但是有一点是可以肯定的，那就是，龙山时代以前，象占工具是卜骨，数占工具是卜甲，这是异于殷商时期的。到了龙山时期，数占工具卜甲已经很少见，且偶有作为象占工具的卜甲。合理的推测是，这个时期卜甲逐渐由数占工具变成象占工具，而数占由蓍草来承当，到了殷商时期最后定型。

关键词：数占　象占　卜筮　卜骨　卜甲

一　卜筮释义

卜筮是龟卜（包括骨卜）和蓍筮的合称。龟卜（包括骨卜）是通过验看钻灼后的龟甲兆纹以断吉凶的占卜方法，属于象占；蓍筮是通过蓍草分合编排而得筮数，根据筮数判断吉凶，或由筮数组合而得卦象，再根据卦象判断吉凶的方法，属于数占。《周易·说卦传》："观变于阴阳而立卦"。韩康伯注云："蓍，数也。"《左传》云："龟，象也；筮，数也。"

占卜用龟源于灵龟崇拜的观念。高广仁、邵望平曾搜集了8处出土龟甲的史前墓葬，在分析了出土龟甲墓葬的随葬品，以及龟甲所摆放位置等特点后，认为史前"龟灵"观念出现很早。高、邵在文中总结道："我们认为海岱地区及长江流域史前文化中以龟随葬的文化现象及其所反映的'龟灵'观念，乃是商殷文化中'龟灵'、'龟卜'的渊源。也就是说在新石器时代晚期至夏、商时代初期，商人逐步接受了其东方与南方早已存在的龟灵观念，并从那里取得神龟（或以政治势力保证的贡品），与先商文化原有的占卜习俗

31

结合而产生了龟卜。大约是在商代后期，即殷墟文化的前期，龟卜才盛行起来。"① 高、邵两位先生对"龟灵"的论述是极有见地的，但他们认为"在商代后期，即殷墟文化的前期，龟卜才盛行起来"，却未必。史前卜甲的大量发现已确凿无疑地将龟卜的渊源上溯到贾湖文化时期，只不过史前卜甲属数占，而殷商龟卜属象占。这是需要强调说明的。

诚然，史前龟甲的出土集中发现在公元前 4000～前 3000 年间，这与殷商龟卜盛行期之间有一千余年的间隔。在此断层缺环期间，卜甲出土甚少。我们认为，之所以存在这一现象，是因为承担数占功能的龟甲到了龙山文化时代，让位于蓍草，而蓍草在地下埋藏，易于腐烂无痕，故龙山时代少见卜甲出土，取而代之的是属于象占工具的卜骨材料的大量出土。

《礼记·礼运》云："何为四灵？鳞、凤、龟、龙，谓之四灵。"② 龟作为四灵之一被视为"大宝"。《尚书·禹贡》："九江纳锡大龟"，孔传注云："尺二寸曰大龟，出于九江水中，龟不常用，锡命而纳之。"③ 夏王朝对龟的重视，是对之前灵龟崇拜观念的承接。《尚书·大诰》："宁王遗我大宝龟，绍天明即命。"④ 周人将龟称之为"大宝龟"，且与国家的命运相联系。

因为龟的长寿和旺盛的生命力，古人认为它能够通灵，故取以为占卜工具，用来预测未知。《史记·龟策列传》："神龟出于江水中，庐江郡常岁时生龟长尺二寸者二十枚输太卜官，太卜官因以吉日剔取其腹下甲。龟千岁乃满尺二寸。王者发军行将，必钻龟庙堂之上，以决吉凶。今高庙中有龟室，藏内以为神宝。"⑤《说文解字》段注引刘向曰："蓍之言耆，龟之言久，龟千岁而灵，蓍百年而神，以其长久，故能辨吉凶。"⑥《论衡·卜筮》："子路问孔子曰：'猪肩羊膊，可以得兆，藋苇藁芼，可以得数，何必以蓍龟？'孔子曰：'不然。盖取其名也。夫蓍之为言'耆'也；龟之为言'旧'也。明狐疑之事，当问耆旧也。'"⑦

据《史记》记载："蓍生满百茎者，其下必有神龟守之。"⑧ 这段记载揭

① 高广仁、邵望平：《中国史前时代的龟灵与犬牲》，载中国考古学研究编委会编《中国考古学研究——夏鼐先生考古五十年纪念论文集》第 1 辑，文物出版社，1986，第 63 页。
② 王文锦：《礼记译解》，中华书局，2001，第 302 页。
③ 孔安国传，孔颖达疏：《尚书正义》卷第六，北京大学出版社，2000，第 181 页。
④ 孔安国传，孔颖达疏：《尚书正义》卷第十三，第 405 页。
⑤ 司马迁：《史记》卷一百二十八，中华书局，1959，第 3227 页。
⑥ 许慎撰，段玉裁注：《说文解字注》，浙江古籍出版社，2006，第 678 页。
⑦ 黄晖：《论衡校释》卷第二十四，中华书局，1990，第 998～999 页。
⑧ 司马迁：《史记》卷一百二十八，中华书局，1959，第 3226 页。

示了龟与蓍之间的关联。古人除以龟甲占卜，也把蓍草作为筮占的工具。

蓍草是一种多年生的草本植物，这异于"一岁一枯荣"的"离离原上草"。《文选·张衡〈思玄赋〉》"文君为我端蓍兮"，旧注引刘向云："蓍百年，而一本生百茎。"《说文·艸部》："蓍，蒿属。生十岁，百茎。"《太平御览》卷七九七引《说文》作："生千岁，三百茎。"段玉裁《说文解字》注同此。《艺文类聚》卷八二引《逸礼》云："筮千岁，三百茎者，先知也。"

蓍与龟相似的特性——高龄，使先民们相信，蓍与龟一样，能够通灵，故亦取以为占卜的工具。《楚辞·九怀·匦机》"蓍察兮踊跃"，王逸注引："蓍，筮也。"《国语·晋语一》"爱疑决之以卜蓍"和《晋语四》"公子亲蓍之"，韦昭注云："蓍曰筮。"《汉书·张禹传》"择日絜斋露蓍"，颜师古注云："蓍，草名，筮者所用也。"朱熹《诗集传》注《曹风·下泉》"冽彼下泉，浸彼苞蓍"云："蓍，巫草也。"《系辞上》："探赜索隐，钩深致远，以定天下之吉凶，成天下之亹亹者，莫大乎蓍龟。"《搜神记》卷三："使者沉吟良久而悟，乃命取蓍筮之。"

《论衡·卜筮》："子路问孔子曰：'猪肩羊膊，可以得兆，雚苇藁芼，可以得数，何必以蓍龟？'孔子曰：'不然，盖取其名也。夫蓍之为言耆也。龟之为言归也。明狐疑之事，当问耆旧也。'"[1]《礼记·曲礼上》"凡卜筮日"，孔颖达疏引刘向云："蓍之言耆。"《广雅·释草》："蓍，耆也。"以上记载都说明，古人以龟、蓍为卜筮工具的重要原因之一，便是它们的高龄。

古人取蓍草为卜筮工具的原因之二是：蓍草形异。

上述引文已提到蓍草外形之奇特。无论一株"百茎"，还是"三百茎"，都可以想见其郁郁苍苍。蓍草枝茎高崇，挺拔有序。《说文》"蓍"条，许慎曾言："《易》以为数：天子蓍九尺，诸侯七尺，大夫五尺，士三尺。"[2]《仪礼·少牢馈食礼》"乃释韇立蓍"，郑玄注云："卿大夫之蓍长五尺。"许慎、郑玄皆东汉人。汉制，一尺相当于现在的24厘米。《论衡》云："周以八寸为尺。"若以周制，汉代八寸相当于周代一尺[3]。无论用汉制还是用周制换算，"九尺"之蓍，都达到了两米左右的高度。蓍草伟哉壮哉的外形之出众，自不容疑。

商周时期龟卜、筮占并行。《礼记·曲礼》云："龟曰卜，蓍曰筮。"在

---

① 黄晖：《论衡校释》卷第二十四，第998～999页。
② 许慎：《说文解字》，第20页。
③ 黄晖：《论衡校释》卷第二十八，第1135页。

先秦文献记载中经常卜筮并用，如《尚书·君奭》云："故一人有事于四方，若卜筮，罔不是孚。"《尚书·洪范》"九畴"条下有对卜筮并用以权衡形势占断决策的记载："稽疑：择建立卜筮人，乃命卜筮。曰雨、曰霁、曰蒙、曰驿、曰克、曰贞、曰悔，凡七：卜五，占用二，衍忒。立时人作卜筮，三人占，则从二人之言。汝则有大疑，谋及乃心，谋及卿士，谋及庶人，谋及卜筮。汝则从，龟从，筮从，卿士从，庶民从，是之谓大同。身其康强，子孙其逢吉。汝则从，龟从，筮从，卿士逆，庶民逆，吉。卿士从，龟从，筮从，汝则逆，庶民逆，吉。庶民从，龟从，筮从，汝则逆，卿士逆，吉。汝则从，龟从，筮逆，卿士逆，庶民逆，作内吉，作外凶。龟筮共违于人，用静吉，用作凶。"①

春秋时期，《易》的应用虽然义理化，但其占筮功能依然是主要的，《左传》《国语》中的筮例可为证。兹不赘述②。

二　史前卜甲属于数占

商周以前用龟甲占卜的历史十分悠久。考古发现证明，至迟在距今 9000 年至 7000 年前的贾湖文化中就有用于占卜的龟甲。然而，需要指出，史前卜甲不同于商周时的卜甲。对史前卜甲和商周卜甲，应首先区分其差异，摆脱将两者等同的思维定势，重新审视其不同的功能。

截至目前，收集到的史前龟甲单个数有 200 多个，出土地点有 16 个。其中，时代最早的舞阳贾湖就出土了 90 多个，其他有出土 20 个的，有出土 9 个的，最少的出土一个。从时间上看，舞阳贾湖遗址最早，其他的大多数集中在大汶口文化时代，最后一直延续到龙山文化晚期。

通过对史前卜甲的研究，可以发现，史前卜甲属于数占，而这不同于商周属于象占的卜甲。

史前卜甲属于数占的理由如下：

其一，史前卜甲与商周卜甲的形态不同。商周卜甲有钻、灼、凿的痕迹，而史前卜甲并无这些痕迹。

其二，史前时期，卜甲出土的同时，也有卜骨的出土。卜骨上有灼、钻、凿的痕迹。可见卜甲和卜骨担当着不同的职能。卜甲属于数占，卜骨属于

---

① 孔安国传，孔颖达疏：《尚书正义》卷第十二，北京大学出版社，2000，第 371～372 页。

② 张金平，杨效雷：《〈左传〉〈国语〉引〈易〉类析》，《辽东学院学报》（社会科学版）2014 年第 2 期。

象占。

其三，史前部分卜甲中有骨针、小石子，可以印证卜甲属于数占工具。林忠军先生认为："早期筮法不超过六位数，六个数在筮占中当与龟卜不同的兆纹一样具有不同的意义。筮者借助于某一工具，随机取数，依据筮占所获取的数，推断吉凶。"①

有学者认为史前发现的卜甲属于食用龟，不属于占卜龟，我们认为不妥。

其一，在发现的史前龟甲中，有的龟甲发现涂红，这无疑表明具有巫术内涵。在墓葬中发现撒红色粉末的现象最远可追溯到山顶洞人时代。有学者认为对墓葬撒红色铁矿粉比较可信的解释为：红色象征血液，是生命必须之物，撒赤铁矿粉于死者身上及周围，有期望死者再生，或让逝者灵魂在彼岸长存的寓意②。另外，史前出土的卜骨也发现有涂红的例子，可为佐证。

其二，史前龟甲大多有穿孔。其穿孔不像是为了穿绳悬挂。若结合含山凌家滩发现的龟甲中所含的玉版四边上的穿孔，则穿孔当有巫术意味。

其三，龟甲出土位置多在墓主腰间。将龟甲放置腰间，是触手可及的位置，说明墓主生前应该是龟甲不离手的巫术用品。山东宁阳堡头遗址发掘的几个出土龟甲的墓葬，墓主手中执有大兽牙，巫术之物③。

1959年江苏文物工作队对江苏省邳县新石器时代遗存进行了发掘，在遗址发现了52座墓葬，有9件穿孔龟甲出土。其中发表者根据随葬品的多寡和墓葬在墓群的位置，推测墓主应为掌握着占筮及氏族权力的酋长。墓主的腰部或腿部置发现龟甲，这类龟甲应属巫术内涵的文化遗存。

认为龟甲始终是象占工具的最根本的错误在于忽视了数占在漫长的史前阶段演变发展的过程。只有抓住龟甲属于数占这一关键性的连接点，方能将史前的龟甲数占与现在已经确认了的商周数占《易》卦联系起来，才能达到探本溯源的效果。

三 史前卜骨属于象占

数占和象占是商周时两种典型的占断方法。象和数的区分及结合问题，学界论述颇多。追溯源流，数与象孰先孰后，至今莫衷一是。

《左传·僖公十五年》记载："龟，象也；筮，数也。物生而后有象，象

① 林忠军：《试论易学象数起源与〈周易〉文本形成》，《哲学研究》2012年第10期。
② 贾兰坡、甄朔南：《原始墓葬》，《史学月刊》1985年第1期。
③ 杨子范：《山东宁阳县堡头遗址清理简报》，《文物》1959年第10期。

而后有滋，滋而后有数。”其观点为：象先于数，数源于象。西晋杜预注云：“言龟以象示，筮以数告，象数相因而生，然后有占。”在这里，杜预没有明确表明“象”与“数”孰先孰后，只是说“象数相因而生”，而且值得注意的是，杜预指出，象与数不可或缺。孔颖达疏云：“谓象生而后有数，是数因象而生也。若《易》之卦象则因数而生，故先揲蓍而后得卦。是象从数生也。”① 孔颖达折衷“象本论”和“数本论”，认为从不同的角度来看，“象本论”和“数本论”各有道理。

商周时，用甲骨占卜，用蓍草占筮。占卜以象断，占筮以数判。也就是说，象占的功能由卜甲承担，数占的功能由蓍草承担。但是，在史前时期，数占的功能由卜甲承担，而象占的功能由卜骨承担。

我们认定史前卜骨属象占的主要理由是，大部分卜骨上都有灼、钻等痕迹。少量卜骨（姑且称之为卜骨）上无灼、钻等痕迹，估计是尚未付诸实用的待用品。另外，史前时期发现的卜骨，早期灼、钻痕迹少，晚期灼、钻痕迹多，而且愈到晚期，从形态上看，与商周时期的卜骨愈接近。这也是我们认定卜骨属象占的理由之一。

这里有一个事实需要澄清，史前属于数占的龟甲并不是到了商代才突然变成了象占工具。如，山东禹城县邢寨汪龙山文化晚期出土卜甲、卜骨十余片，卜甲、卜骨均有凿、有灼②。此例说明，在史前时期，龟甲也偶尔和卜骨一样作为象占工具使用，发展到殷商时期，它取代卜骨，成为主要的象占工具。龙山文化晚期龟甲的象占特征与我们此前提及的龟甲属数占工具的判断并不矛盾，它是龟甲由数占工具发展为象占工具的过渡。

殷商以后，提及象占，人们首先想到的是卜甲。其实，根据民俗学材料，在史前时期，卜骨应十分流行。司马迁云：“三王不同龟，四夷各异卜，然各以决吉凶。”③ 对于“四夷”，即我国古代的少数民族占卜的情况，宋兆麟等人曾做过详细的调查：“我国少数民族地区有许许多多占卜方法，如苦聪人实行草卜、鸡蛋卜；佤族实行牛肝卜、鸡骨卜、手卜；黎族实行鸡卜、石卜、泥包卜；景颇族流行竹卜；傈僳族实行刀卜、贝壳卜、竹卜；彝族流行羊肩胛骨卜、木卜、鸡卜、竹卜、鸡蛋卜；羌族有鸡蛋卜、羊毛绒卜；等等。原始占卜方法很多，千差万别。”④ 以上所涉及的千差万别的占卜方法中便有

① 孔颖达：《春秋左传正义》卷十三，北京大学出版社，2000，第439页。
② 陈骏：《山东禹城县邢寨汪遗址的调查与试掘》，《考古》1983年第11期。
③ 司马迁：《史记》卷一百三十，第3318页。
④ 宋兆麟、黎家芳、杜耀西：《中国原始社会史》，文物出版社，1983，第494页。

骨卜。

骨卜虽见之于民俗学材料，但文献记载中的确罕见，以至于陈梦家先生曾做出如下判断："中国古代的文献中，除了述及边裔或少数民族风俗，从来没有记载骨卜的。"① 考古发现弥补了文献记载的不足。迄今为止，考古发现的最早的卜骨出现在仰韶文化晚期，如内蒙古巴林左旗富河沟门出土的富河文化卜骨②、武山傅家门遗址出土的卜骨③、淅川下王岗卜骨④。龙山时代出土的卜骨渐多，山东、河南、陕西、河北、辽宁、内蒙古等地皆有发现。张忠培先生说："从龙山时代始，骨卜成了中国的普化宗教，至今，我们虽不知骨卜宗教普化的具体过程及其出现的原因，却应指出的是，骨卜宗教的普化，是影响深及商周文化具有重大意义的宗教革命。"⑤

总之，通过上面分析，我们得出从史前到殷商时期存在着数占和象占两种占筮方法，而其占筮工具经历了变化的结论。为了更好的直观的说明，我们列表如下：

数占、象占使用工具材料演变表

	龙山时代前	龙山时代	殷商时期
数占	卜甲	卜甲、蓍草	蓍　草
象占	卜骨	卜骨、卜甲	卜骨、卜甲

作者单位：天津师范大学

---

① 陈梦家：《殷虚卜辞综述》，中华书局，1988，第9页。
② 徐光骥：《内蒙古巴林左旗富河沟门遗址发掘简报》，《考古》1964年第1期。
③ 赵信：《甘肃武山傅家门史前文化遗址发掘简报》，《考古》1995年第4期。
④ 河南省文物研究所、长江流域规划办公室考古队河南分队：《淅川下王岗》，1989，第200页。
⑤ 张忠培：《窥探凌家滩墓地》，《文物》2000年第5期。

甲骨文伏羲女娲探踪

朱彦民

摘　要：甲骨文中有一字，作$\delta\delta$、$\mathbf{\gamma\gamma}$、$\mathbf{\gamma\gamma}$、$\mathbf{\gamma\gamma}$、$\mathbf{\gamma\gamma}$等形，诸家学者对此字已多有论述，可惜多一带而过，未得其要领。有人认为此字即是古代伏羲与女娲的形象，笔者认为此说实为卓识。本文通过对甲骨文"蚰"字形分析，并结合后世伏羲女娲图像进行论证，再对甲骨卜辞"蚰"内容说解，可以推测，出现在甲骨文中的大部分"$\delta\delta\,\mathbf{\gamma\gamma}\,\mathbf{\gamma\gamma}\,\mathbf{\gamma\gamma}\,\mathbf{\gamma\gamma}\,\mathbf{\gamma\gamma}\,\mathbf{\gamma\gamma}$"，都是作为被商人顶礼膜拜和隆重祭祀的神灵，它极有可能就是后世神话中的伏羲与女娲的早期形象。

关键词：甲骨文　后世图像　伏羲　女娲

一

甲骨文中有一字，作$\delta\delta$、$\mathbf{\gamma\gamma}$、$\mathbf{\gamma\gamma}$、$\mathbf{\gamma\gamma}$、$\mathbf{\gamma\gamma}$、$\mathbf{\gamma\gamma}$等形，金文也有此字，作$\mathbf{\gamma\gamma}$（战国鱼贞頁匕）形，云梦睡虎地秦简作$\mathbf{\gamma\gamma}$（秦二），宋郭忠恕《汗简》也收有此字，作$\mathbf{\gamma\gamma}$，均为并列二虫之形，为一会意字。

《说文》："蚰，蟲之总名，读若昆。"又《蟲部》："蟲，有足谓之蟲，无足谓之豸。从三虫。"段玉裁注曰："凡经传言昆蟲，即蚰蟲也。二虫为蚰，三虫为蟲，蚰之言昆也。"高鸿缙认为，虫、蚰、蟲三字实一字，虫是本字，蚰乃复体，蟲为籀文。"许书分为三字，今以所从之偏旁观之，知其意无别，字音亦当为一音之分化。"① 陈梦家亦云：蚰，"虫之通称，虫、蚰、它为一字也。"② 但是裘锡圭认为，甲骨文"蚰"字，跟《说文》的"蚰"

---

① 高鸿缙：《中国字例》，第二篇象形，三民书局，1984。
② 陈梦家：《古文字中的商周祭祀》，《燕京学报》第 19 辑，1936。

（昆之本字）究竟是否一字，还有待研究①。

罗振玉最早考释此字，认为是"蚰字"②。王襄也认为是"古蚰字"③。但二人对此字均无解说。

陈邦福认为："审卜辞之蚰与虫相假，正商汤左相仲虺也……此云燎于蚰，犹后编之彰于伊尹也。"④ 屈万里认为："疑蚰为灵圣之地，殷人祀之，故为地名，亦为神祇之称也。"⑤ 饶宗颐认为："战国器蚰匕铭，言蚰为水虫，殷人祀蚰，所以侑雨，知为水神，故与水旱有关。"⑥ 李孝定认为："当为殷先公若旧臣之名。"⑦ 日本学者白川静也认为，此字所指乃是蟲的神灵⑧。而詹鄞鑫认为，卜辞中受到祭祀的"蚰"，乃是昆仑山神⑨。以上诸家所论，皆是蜻蜓点水，一带而过，未能深入，也不得要领。

对此字进行潜心研究而有所收获者，是台湾艺术史家刘渊临先生。他详细考证了甲骨文中作为祭祀对象的神灵"蚰"字，认为是古代伏羲与女娲的形象⑩：

> 甲骨文蚰字是两条蛇的形状，恰好侯家庄 1001 号大墓中亦出土了一件蛇形器，根据其五六页上的描述：
>
> 一、一头二身蛇形器头尾长约 1.365 公尺，头端较尾端厚约 0.03 公尺，平面。大致葫芦形，头"饕餮形"，左身弯曲成正 S 纹，右身反 S 纹，两相交叠在二 S 纹之中腰处，右身在上。二身皆饰同样的同心棱纹，刻线精细。上面全部涂朱红色。二身上面皆微凸，并非平面。发现时头右部右身之尾已被毁，二身上尚有小伤痕数处。……
>
> 这是仪仗器物中的一种，可惜的是这一层埋葬情形已被盗坑破坏了……

---

① 裘锡圭：《文字学概要》，商务印书馆 1988，第 134 页。

② 罗振玉：《殷虚书契考释》第 39 页上，永慕园刊行，1915；《增订殷虚书契考释》卷中第 33 页下，东方学会，1927。

③ 王襄：《簠室殷契类纂》正编第十三卷第 58 页下，天津河北博物院，1929。

④ 陈邦福：《殷契说存》，第 3 页，自写石印本，1829；《殷契辨疑》，第 3 页，自写石印本，1829。

⑤ 屈万里：《殷虚文字甲编考释》，中研院历史语言研究所，1961，第 295 页。

⑥ 饶宗颐：《殷代贞卜人物通考》，香港大学出版社，1959，第 149 页。

⑦ 李孝定：《甲骨文字集释》，中研院历史语言研究所，1965，第 3923 页。

⑧ 白川静：《媚蛊关系字说——关于中国古代巫术仪礼的一面》，《甲骨金文学论丛》第七集，平凡社，2008，第 92 页。

⑨ 詹鄞鑫：《神灵与祭祀——中国传统宗教宗论》，江苏古籍出版社，2000，第 67 页。

⑩ 刘渊临：《甲骨文中的"蚰"字与后世神话中的伏羲女娲》，《中研院历史语言研究所集刊》，第 41 本第 2 分册，1969。

这蛇形器很可能就是虵。虵为当时祭祀的对象之一……芮（逸夫）先生认为侯家庄 1001 号大墓的蛇形器，即是流传于后世的东汉武梁祠及唐高昌国绢上的伏羲、女娲画像，他的这种说法，我非常赞成……虵是殷代的神祇，而这神祇在后代的神话中称之为伏羲、女娲。伏羲、女娲是晚于殷代的名称，也许在殷代的伏羲、女娲就称为虵。

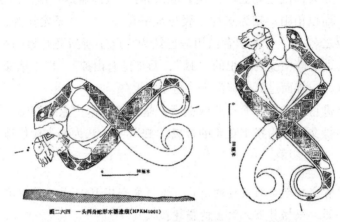

图二六四　一头两身蛇形木器塗绘（HPKM1001）

殷墟侯家庄西北岗大墓 1001 出土两头交尾蛇木器纹饰

刘先生称引芮逸夫曾云殷墟大墓交尾两蛇图案，就是后世伏羲女娲交尾图，惜乎未见其文。其实张光直先生也曾有如此说法，可以辅证：

> 商代安阳西北冈殷王大墓出土木雕中有一个交蛇的图案，似乎是东周楚墓交蛇雕像与汉武梁祠伏羲女娲交尾像的前身[1]。

刘先生认为"虵"即两蛇交尾的会意文字，这与发现于商代器物纹饰上的"人首蛇身"或"双蛇交尾"形象一致，即汉代画像伏羲女娲交尾图像的雏形，由此推断伏羲女娲对偶神话在商代即已存在。这一观点新颖有致，对研究上古神话学来说，我认为是极有参考价值的，因此同意他的说法。

在古代传说中，伏羲时代遭遇洪水，人类灭绝，伏羲与妹妹女娲结合，传下华夏后代，伏羲、女娲既是兄妹关系，又是夫妻关系，他们是中华民族的远古始祖、创世神灵。例如汉应劭《风俗通义》云："女娲，伏希（羲）之妹。"《春秋世族谱》云："华胥生男子为伏羲，女子为女娲。"唐李冗《独异志》："昔宇宙初开之时，只有女娲兄妹二人在昆仑山……咒曰：'天若

---

① 张光直：《中国青铜器时代》，三联书店，1983，第 226～227 页。

遣我兄妹二人为夫妻，而烟悉合，若不，使烟散。'于烟即合。其妹即来就兄。"卢仝《玉川子集·与马异结交诗》云："女娲本是伏羲妇。"都说明了这个问题。

四川简阳东汉画像石棺上的交尾图中有"伏希""女娃"的题榜，一般以此推断汉代就应当有关于伏羲女娲夫妇的说法了。而据董楚平先生对长沙子弹库战国《楚帛书甲篇》的解读，他认为伏羲女娲二神生了四个儿子。这四个儿子后来成为代表四时的四神，四神懂得阴阳参化法则，开辟大地①。

如果董先生的这一研究可信的话，说明伏羲女娲这一中国早期唯一完整的创世神话，早在先秦时期（战国时代）就已经出现了。这比以汉代文献记载和实物资料来推测伏羲女娲的故事原型，进步了许多。而刘先生依据殷墟考古资料和甲骨文字形来研究此问题，则是直接运用最早的更为原始的材料，对这一神话故事进行溯源性质的探索了。

下文拟对于甲骨文"蚰"字形分析，并结合后世伏羲女娲图像进行论证，再对甲骨卜辞"蚰"内容说解，算是对刘先生这一大胆论点做一些自己的补充。

二

在后世的伏羲女娲交尾图像中，如汉画像石中和新疆墓葬出土的帛画中，伏羲女娲大多作交尾状。这正如殷墟 1001 大墓两蛇交尾状，如图 1、图 2：

图1　山东省沂南北寨汉墓画像石伏羲女娲交尾图

---

① 董楚平：《中国上古创世神话钩沉》，《中国社会科学》2002 年第 3 期。

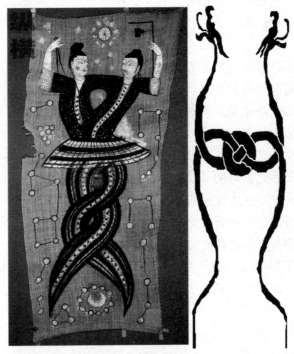

图2　新疆吐鲁番古墓帛画、马王堆汉墓帛画中的伏羲女娲交尾图

但也有两者并列不作交尾状者，如图3、图4、图5：

图3　徐州汉画像石中的伏羲女娲图

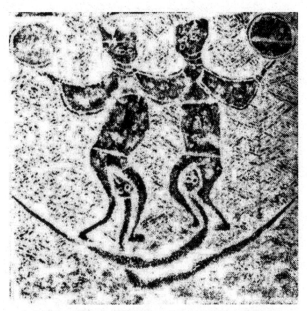

图4　重庆璧山县蛮洞坡崖墓中的伏羲女娲图

图5　安徽省宿县褚兰镇墓山孜出土汉画像石伏羲女娲图

甲骨文中的"蚰"，其字形造型正呈伏羲女娲并列而不交尾状。

三

在后世神话传说中，有将伏羲女娲和西王母放在一个系统中的做法。这在汉画像石中也有此类题材的表现。如山东省微山县两城镇出土汉画像石中，西王母居中，伏羲女娲在其左右服侍者。如图6、图7：

西王母与伏羲女娲

图6　山东省微山县两城镇出土汉画像石

图7　山东汉画像石中西王母与伏羲女娲图

　　而在甲骨文中也有"东母""西母"（见图8），即所谓的东王公、西王母，与伏羲女娲一样，也是神话中人物。

　　　贞：于东母侑……（《合集》14336）

　　　己酉卜，殻贞：燎于东母九牛？（《合集》14337）

　　　贞：燎于东母三牛？（《合集》14339）

贞：燎于东母三豕？（《合集》14340）

壬申卜，贞：侑于东母西母，若？（《合集》14335）

图8　甲骨文中的东母、西母（《甲骨文合集》14335）

我们认为，甲骨文中既有东母、西母，就有可能出现伏羲、女娲。

四

那么，让我们看看，在甲骨文中，代表伏羲女娲这对神祇的"蚰"，是以一种怎样的形象出现在商代人们的占卜记载中的。

1. 贞：乎舞于蚰？（《合集》1140 正）

2. ……其戈，蚰……昌？（《合集》7009）

3. 丁未卜，王其逐在蚰鹿获？允获鹿七。一月。（《合集》10951）

4. 今日燎于蚰豕？（《合集》14697）

5. 今日燎蚰于豕？（《合集》14698）

6. 壬辰卜，翌甲午燎于蚰羊有豕？　（《合集》14702、《合集》14703）

7. 辛卯卜，燎于蚰？（《合集》14704）

8. 壬辰卜，翌甲午燎于蚰羊豕？（《合集》14705）

9. 庚戌卜，殻贞：蚰壱我？五月。庚戌卜，殻贞：蚰不我壱？（《合集》14707）

10. ……侑父册不……蚰载王事？（《合集》21905）

以上带有"蚰"字的十条甲骨卜辞，按照内容可以分为两组，其中1、2、4、5、6、7、8、9八条卜辞为第一组，这里的"蚰"可能就是伏羲女娲神祇。在这些辞例中，"蚰"作为祭祀对象，享受比较隆重的祭祀，或者被燎祭（即后世柴祭），祭祀用牲有羊有豕，或者被舞祭（一种求雨之祭）；它具有极高的神之权能，可以对人间君王或人臣降灾致祸（"㦰""㞢我""不㞢我"），所以人们要对其进行祭祀。以伏羲女娲二神对于人类的巨大贡献，他们是当得起后人如此的崇敬的。而另外一组，即3、10两条卜辞辞例，"蚰"字不具有伏羲女娲神祇的性质，3辞中的"蚰"可能是地名，所以在这里进行狩猎，能在这里捕获七头野鹿；而10辞中的"蚰"，更像是商王朝的守边将领或分封诸侯，所以能够在商王朝遇到战争威胁时，能够前来勤王救驾。我们知道，甲骨文中同一个字作不同义项使用时，这些义项用法之间大多数是有所关联的。那么，作为地名和人名的"蚰"，究竟与作为神灵的"蚰"（伏羲女娲）有何关联，惜乎限于材料，暂不可考。

也就是说，出现在甲骨文中的大部分"蚰"，都是作为被商人顶礼膜拜和隆重祭祀的神灵，它极有可能就是后世神话中的伏羲与女娲的早期形象。

另外，从古代的记载来看，伏羲姓风。《帝王世纪》："庖犠氏，风姓也。"又《竹书纪年》曰："太昊伏羲氏，以木德王，为风姓。"《三坟》曰："伏羲氏，燧人子也，因风而生，故为风姓。"而"風"字从虫，《说文》亦云："风动虫生"。所以，在甲骨文中用二虫字来表示伏羲女娲，当是有其历史依据的。

当然，以上所论，多属推测，不当之处，敬请批评指正。

作者单位：南开大学

中国逻辑史视域下的《左传》《国语》筮例分析

吴克峰

摘　要：《左传》《国语》中所记载的筮法例子，不仅是先秦易学研究的重要内容，而且为中国古代逻辑史的研究提供了大量珍贵史料，极具重要价值。有必要从逻辑的角度对这些筮法例子进行分析梳理，以期展示古筮法中蕴含的逻辑理论与意义。

关键词：古筮法　语法　语义　语用　推类

先秦筮法的实际例子以《左传》《国语》中的记载最为确实和有实际价值，后世治《易》者对此十分重视，纷纷循此窥觅古筮踪迹而著述不绝。中国逻辑史视域下对筮法的分析，主要是是探寻其推理的逻辑理论与意义。

中国逻辑史的发展到后期墨家总结出了逻辑推理理论，指出推理是在类与类之间进行的，即"推类"，并以"推类"概括出中国逻辑的核心特点。如《墨子·小取》中所说"以类取，以类予"①，《大取》中所说"夫辞，以类行者也"②，就是对推类的概括与说明。此外，主要是名墨两家，还总结出一些推类要遵守的原则，如推理要"依类相推"，即"以类度类"③"类不悖，虽久同理"④（《荀子·非相》）等等，同时也注意到了推类中的注意事项，如"异类不比"⑤，"推类之难，说在之大小"（《墨子·经下》）⑥，强调推类要"以名举实"（《墨子·小取》）⑦，指出"狂举不可

---

① 孙诒让：《墨子间诂》。
② 孙诒让：《墨子间诂》。
③ 王先谦：《荀子集解》。
④ 王先谦：《荀子集解》。
⑤ 孙诒让：《墨子闲诂》。
⑥ 孙诒让：《墨子间诂》。
⑦ 孙诒让：《墨子间诂》。

以知异"（《墨子·经下》）①，否则不能保证推类的正确性。针对推类的复杂性，《吕氏春秋·似顺论》曾明确指出："类固不必可推知也"②，《淮南子·说山训》则进一步指出："类不可必推"③，丰富了推类的逻辑思想。易学中的逻辑推理与理论，是中国逻辑史研究的重要课题之一，《周易》中的逻辑理论在《易传》中说得较明确，是对早期《周易》推理的总结，诸如"方以类聚、物以群分"（《系辞》），"以类族辨物"（《象传》），"其称名也，杂而不越、于稽其类"（《系辞》），"引而伸之、触类而长之"（《系辞》），"与类行"（《象传》）等等都是对推类的理论说明。《左传》《国语》中遗留筮法的实际例子也都循此推类的逻辑推理规则。

《左传·闵公二年》中一筮例：

> 成季之将生也，桓公使卜楚丘之父卜之，曰："男也，其名曰友，在公之右；间于两社，为公室辅。季氏亡，则鲁不昌。"又筮之，遇《大有》（䷍）之《乾》（䷀）。曰："同复于父，敬如君所。"及生，有文在其手曰'友'，遂以命之。④

此筮例周山将之列为"据象推类"。⑤ 筮例是讲鲁桓公的小儿子成季"友"出生时，桓公令卜楚丘的父亲为之占筮，初筮推断道："男也，其名曰友，在公之右；间于两社，为公室辅。季氏亡，则鲁不昌。"杨伯峻注曰："鲁国有两社……其实亦总治朝内朝言之"⑥，且留下一悬念"季氏亡，则鲁不昌"，于是又再一次占筮，这次遇到大有之乾的情况，并推断道："同复于父，敬如君所。"大有卦六五阴爻变为阳爻即成乾卦，按照朱熹的说法，这是一爻变，应以"以本卦变爻辞占"⑦，而流行本《周易》大有卦六五爻辞是"厥孚交如，威如，吉"，所以此筮例是根据卦象来推理的，杨伯峻注引高亨《〈左传〉〈国语〉的〈周易〉说通解》云：乾为父，离为子，大有上卦的离变为乾，象征子与父同德，所以说"同复于父"，乾又为君，离又为臣，离变乾又象征臣与君同心，常在君之左右，所以"敬

---

① 孙诒让：《墨子间诂》。
② 《吕氏春秋》。
③ 高诱：《淮南子注》。
④ 杨伯峻：《春秋左传注（修订本）》，中华书局，2009，第263～264页。
⑤ 周山：《易经新论》，辽宁教育出版社，1991，第88～89页；温公颐、崔清田：《中国逻辑史教程》，南开大学出版社，2001，第22页。
⑥ 杨伯峻：《春秋左传注（修订本）》，第263～264页。
⑦ 李光地：《周易折中》，九州出版社，2002，第1105页。

如君所"。① 从逻辑的视角来看，乾父、君，离子、臣，天在上、离火炎上，且变在九五这个与君相关之爻上，这样归类后自然看出父君与子臣、天上与炎上、九五之变与君之间在类上的相同性，进而同类相推，是个类似演绎的逻辑推类。

《左传·僖公十五年》一筮例：

> 卜徒父筮之，吉："涉河，侯车败。"诘之。对曰："乃大吉也，三败，必获晋君。其卦遇《蛊》（☶）曰：'千乘三去，三去之余，获其雄狐。'夫狐蛊，必其君也。《蛊》之贞，风也；其悔，山也。岁云秋矣，我落其实，而取其材，所以克也。实落、材亡，不败，何待？"②

此筮例周山将之列为"象辞结合推类"。③ 卜徒父在秦穆公伐晋之前占筮，筮得蛊卦，指明晋军必败，必获其侯，其断辞为："千乘三去，三去之余，获其雄狐"，按照朱熹的说法，这是六爻皆不变，应以"占本卦象辞，而以内卦为贞，外卦为悔"④，流行本蛊卦中并不见该辞，故杨伯峻注并引杜预曰："此盖其爻词。今《周易》无其文，故杜注谓'此所言盖卜筮书杂辞'……《蛊》之外卦为艮，《九家易》，《艮》为狐，是其象为狐，主五爻，五为君位，是其象为雄狐……古人以雄狐喻君"。⑤ 卜徒父根据卦象和不见于流行本《周易》的卦辞做出推理，指出了秦军伐晋一定擒获其君。其后的一段话是此推断的进一步说明，蛊卦艮上巽下，艮为悔卦代表晋国，巽为贞卦代表秦国，秦国像大风掠山一样，锐不可当，山石树木俱摧，又如秋风扫落叶一般，因此秦国胜且必擒晋侯。此筮例中，从逻辑视角看到的还是以艮类狐，以五爻类君，以巽下艮上的蛊卦类大风掠山、摧枯拉朽，最终推类出秦军获胜结果。此筮例又是一个较典型的逻辑论证，"千乘三去，三去之余，获其雄狐"是论题，后一段话的说明是论证过程，是在推类基础上的论证过程。

其实从逻辑的角度来考察《左传》《国语》的筮例时，《周易古筮考》亦是应该被重视的著作。该书是尚秉和"发愤搜辑，上自春秋，下迄明清传

---

① 杨伯峻：《春秋左传注（修订本）》，第 264 页。
② 杨伯峻：《春秋左传注（修订本）》，第 353 ~ 354 页。
③ 周山：《易经新论》，第 93 ~ 94 页。
④ 李光地：《周易折中》，第 1104 页。
⑤ 杨伯峻：《春秋左传注（修订本）》，第 353 页。

记所载"之筮案，逐条分析，得"百六条，一百一卦，揲筮之法灿然大备"①，其分析总结出不同时代《周易》筮法的推理总规则，"春秋太史局于辞象，后之人能兼用五行也"②，具体又与朱熹《启蒙》互为印证发明，分列出细致推理规则，即"静爻""一爻动""二爻动""三爻动""四爻动""五爻动""六爻动"共凡七种，涉及《左传》《国语》占筮的有"静爻"六条（其中《左传》五条、《国语》一条）、"一爻动"十三条（《左传》）、"三爻动"两条（《左传》《国语》各一条）、"五爻动"一条（《左传》），这些关于筮法"推"的分析，为中国逻辑史中对于易学逻辑的研究提供了重要的史料，所以该书不仅是对《周易》古筮法的总结，而且是对易学逻辑推理规则的总结，对中国逻辑史的研究有重要的参考价值。

此外，从逻辑理论分析，尚有以下几处值得注意。

第一，具体筮占内容的解释与规则是否相符的问题，应该放在语形、语义和语用的相互关系中来解释。

《左传》《国语》中筮例的实际占法与朱子所论变占规则并不完全相符，对此李光地云："考之《春秋》内外传，盖无论变与不变，及变之多寡，皆论卦之体象与其象辞。即一爻变者，虽占爻辞，而亦必先以卦之体象与其象辞为主。"③ 张善文说：《周易古筮考》"以证《周易》筮法的基本程式及其文化内涵"④，"筮法的基本程式"用以逻辑意义即是指推理的语法规则，即语形规则；"文化内涵"是指与筮法基本程式即语形规则相关的解释，就是逻辑上的语义解释。尚秉和论"静爻"时，以《国语·晋语》"董因筮重耳返国""遇泰（䷊）之八"；《左传·僖公十五年》"秦伯伐晋筮获晋君"，其卦遇蛊（䷑）；《左传·成公十六年》"晋败楚鄢陵筮得复"，其卦遇复（䷗）为例分析，黄寿祺循此规则亦列出三例，即"【黄批】按左昭元年尚有医和论蛊一条，左昭二十九年尚有史墨论乾＿条，左昭三十二年尚有史墨论大壮一条。"⑤ 指出："朱子曰：六爻不动，占本卦象辞。按，古人成例，故以占象辞为常。然象辞往往与我不亲，则视其所宜者而推之。斯察象为贵耳。"⑥ 亦指出，朱子所论与筮占实际往往不符，当出现"象辞与我不亲"情况下，

① 尚秉和：《周易古筮考自叙》，《尚氏易学存稿校理》第一卷，中国大百科全书出版社，2005，第1~2页。
② 尚秉和：《周易古筮考自叙》，《尚氏易学存稿校理》第一卷，第1页。
③ 李光地：《周易折中》，第1123页。
④ 张善文：《周易古筮考校理述例》，第1页。
⑤ 《尚氏易学存稿校理》第一卷，中国大百科全书出版社，2005，第2页。
⑥ 尚秉和：《周易古筮考》卷二，《尚氏易学存稿校理》第一卷，第13页。

要"查象为贵""视其所宜者而推之",这种"彖辞"与"象"矛盾的实质是逻辑语法、语义、语用的冲突与矛盾。

第一条筮例《国语·晋语》"董因筮重耳返国":"遇泰（䷊）之八。曰：是谓天地配享，小往大来。今及之矣，必有晋国。"①《泰·彖》曰："小往大来，吉，亨。"从逻辑的角度来看，周山将之列为"象辞结合推类"②，但是注意泰是语形，董因的解释是语用并与泰彖辞语形相一致，是不变，这就是"静爻"；第二条筮例《左传·僖公十五年》"秦伯伐晋筮获晋君"："对曰：乃大吉也，三败必获晋君。其卦遇蛊（䷑），曰千乘三去，三去之余，获其雄狐。夫狐蛊，必其君也。蛊之贞风也，其悔山也。岁云秋矣，我落其实而取其材，所以克也。实落材亡，不败何待？三败及韩，果获晋君。"③《蛊·彖辞》云："元亨而天下治也。利涉大川，往有事也。"周山亦将此筮例列为"象辞结合推类"④，尚秉和认为此占不是用《彖辞》推出的，但是如果仔细对照《蛊·彖辞》的内容，就会发现卜徒父的占辞实际上与《蛊·彖辞》的主体意思是相似的，或者说是有一致性的，只是具体内容不同。第三条筮例《左传·成公十六年》"晋败楚鄢陵筮得复"："成公十六年，晋楚遇于鄢陵，晋侯筮之。史曰：吉，其卦遇复（䷗）。曰南国蹙，射其元，王中厥目。国蹙王伤，不败何待？公从之。及战，吕锜射其王，中目。楚师败。"⑤周山将之看成"据辞推类"⑥，《复·彖辞》曰："'复，亨'，刚反；动而以顺行，是以'出入无疾，朋来无咎'。'反复其道，七日来复'，天行也。'利有攸往'，刚长也。复，其见天地之心乎？"⑦尚秉和分析此占也不用象辞，但细究之，《复》卦辞有"反复其道，七日来复。利有攸往"之语，张善文据王国维之《生霸死霸考》所考周初七日记日法，认为此语"申说刚阳'来复'之快"⑧，所以"利有攸往"，因此《复·彖辞》的核心是古天文的依据，由此可知史占辞"南国蹙，射其元，王中厥目"与《复·彖辞》的古天文依据主旨并不冲突。实际上从《系辞》中"大衍之数"所记占法来看，诸如分二象两、挂一象三、揲四象四时、归扐象闰、五岁再闰、天地之

---

① 尚秉和：《周易古筮考》卷二，《尚氏易学存稿校理》第一卷，第13～14页。
② 周山：《易经新论》，第92～93页。
③ 尚秉和：《周易古筮考》卷二，《尚氏易学存稿校理》第一卷，第15页。
④ 周山：《易经新论》，第92～93页。
⑤ 尚秉和：《周易古筮考》卷二，《尚氏易学存稿校理》第一卷，第15页。
⑥ 周山：《易经新论》，第91页。
⑦ 黄寿祺、张善文：《周易译注》，上海古籍出版社，1989，第205页。
⑧ 黄寿祺、张善文：《周易译注》，第204～205页。

数、"乾之策二百一十有六、坤之策百四十有四，凡三百有六十，当期之日"等等都与先秦历法紧密相关，或者从根本上说是以那时天文历法为根据推类展开的，这也就是《系辞》所说"引而申之、触类而长之"的道理。尚秉和引杜预注："复，阳长之卦。阳气起子，南行推阴，故曰南国蹙也"①，古代用兵有背建向破、背生击死之说，即与此类同。黄寿祺批注曰"尚云，乾为元首，为君王，离为目。而阳气自北射南，乾离同中。"又批曰："汪琬曰，外卦坤为国，又为西南方之卦，故曰南国，内震木克外坤土，故曰蹙。"② 因此《周易古筮考》中所引第三条占例在原则上并不与《复·象辞》冲突，但是第二、第三占例的分析内容确又有许多与所对应《象辞》不同之处。究其原因，从逻辑的角度分析，泰、蛊、复三卦象是语形，对卦象的解释是语用，但是语用解释往往又不限于一个或某几个固定的系统，这是逻辑学上的公识，因此在第二条、第三条占例中的解释很显然是用了筮者认为可行的系统，这种解释可能在某些方面与语形有所差异，但这只是形式上的，因为这种解释必须要有语形上的根据，实际上第二条选择了"元亨而天下治也。利涉大川，往有事也"，第三条选择了"'反复其道，七日来复'，天行也。'利有攸往'，刚长也"，正是语形与语义关系的反映。语用是基于语义解释上的使用，是对语形语义的应用，语用不仅同语形语义相关，而且也同使用者本身的认知状态与所处环境相关，从上述三个占例来看，筮者显然是在对先秦诸国形势、敌我双方实力对比等情况了然于胸的基础上，选择了自己倾向的解释系统和自己倾向的使用系统。由此看来，所谓上述筮卦解释与象辞不合就不足为怪了，但是无论如何语义语用都是基于语形的，脱离语形的解释显然是无效的，所以尚秉和特别强调了"《象辞》往往与我不亲，则识其所宜而退之。查斯象为贵耳"③，"须就事以取辞，查象而印我，弃疏而用亲"，④ 正是对于语法、语用、语义三者关系的另项说明。

第二，对《周易》"五爻动"筮例推理规则的另有逻辑解释。

举一"五爻动"实际占例"穆姜筮往东宫"。《左传·襄公九年》："穆姜薨于东宫。始往而筮之，遇《艮》之八（☷☶）。史曰："是谓《艮》之《随》（☱☳）。《随》，其出也。君必速出！"姜曰："亡。是于《周易》曰：'《随》，元、亨、利、贞，无咎。'元，体之长也；亨，嘉之会也；利，义之

---

① 尚秉和：《周易古筮考》卷二，《尚氏易学存稿校理》第一卷，第 16 页。
② 尚秉和：《周易古筮考》卷二，《尚氏易学存稿校理》第一卷，第 16 页。
③ 尚秉和：《周易古筮考》卷二，《尚氏易学存稿校理》第一卷，第 13 页。
④ 尚秉和：《周易古筮考》卷三，《尚氏易学存稿校理》第一卷，第 31 页。

和也；贞，事之干也。体仁足以长人，嘉德足以合礼，利物足以和义，贞固足以干事。然，故不可诬也，是以虽《随》无咎。今我妇人，而与于乱。固在下位，而有不仁，不可谓元。不靖国家，不可谓亨。作而害身，不可谓利。弃位而姣，不可谓贞。有四德者，《随》而无咎。我皆无之，岂《随》也哉？我则取恶，能无咎乎？必死于此，弗得出矣。"①

此筮例为"五爻变"，朱熹云："五爻变，借以之卦不变爻占"，李光地注曰："穆姜往东宫，筮遇艮之八，史曰'是为艮之随'。盖五爻皆变，惟二得八，故不变也。法宜以'系小子失丈夫'为占，而史妄引随之象辞以对，则非也。"② 而随卦六二爻辞正是"系小子失丈夫"。周山将此筮例列为"据辞推类"③，尚秉和指出："朱子曰：以之卦不变爻占。任启运曰：以不变爻占。按，如朱子之说，则舍本卦不用。如任氏之说，则本卦、之卦并用，只取其静者耳。而按之古人筮案，皆不尽然。朱子未详考，只引左传艮之随为例，为当以随不变系小子、失丈夫为占，亦成其说。岂知即穆姜言观之，仍以系词为占耳。"④ 对此，黄寿祺批注："朱子曰：是谓艮之随，盖五爻皆变，惟二得易，故不变。顾炎武曰：二体独变，则名之六。余爻皆变，而二爻独不变，则名之八。"又批曰："杜注：言不诬四德，乃随遇无咎。明无四德者，则为淫而相随，非吉事。"⑤

此占例解释可以补充上一条，即可以用语法、语用、语义三者关系说明。此外，这条还是一典型的相容选言推理，我们分析如下：

《随》，元、亨、利、贞，无咎。然，故不可诬也，是以虽《随》无咎（有四德者，《随》而无咎）。

（元∨亨∨利∨贞）→无咎

（m∨n∨o∨p）→q

m：元，体之长也；体仁足以长人。

n：亨，嘉之会也；嘉德足以合礼。

o：利，义之和也；利物足以和义。

p贞，事之干也。贞固足以干事。

¬m：固在下位，而有不仁，不可谓元。

---

① 杨伯峻：《春秋左传注（修订本）》，第964~966页。
② 李光地：《周易折中》，第1106页。
③ 周山：《易经新论》，第98~90页。
④ 尚秉和：《周易古筮考》卷七，《尚氏易学存稿校理》第一卷，第91~92页。
⑤ 尚秉和：《周易古筮考》卷七，《尚氏易学存稿校理》第一卷，第92页

¬n：不靖国家，不可谓亨。

¬o：作而害身，不可谓利。

¬p：弃位而姣，不可谓贞。

¬m∨¬n∨¬o∨¬p→¬q（我皆无之，岂《随》也哉？）

¬（m∨n∨o∨p）¬q

第三，对《周易》古筮占推理规则的逻辑总结——推类。

《墨经·小取》曰："以类取，以类予。"这里讲了中国古代逻辑学的主导推理类型和主导推理特征——推类。

《左传·昭公元年》"医和论蛊"："赵孟曰："何谓蛊"对曰："淫溺惑乱之所生也。于文，皿虫为蛊。谷之飞亦为蛊。在《周易》，女惑男，风落山，谓之《蛊》（䷑）。皆同物也。"①

《左传·宣公六年》"郑伯廖论丰之离"："郑公子曼满与王子伯廖语，欲为卿。伯廖告人曰：'无德而贪，其在《周易》丰（䷶）之离（䷝），弗过之矣。'间一岁，郑人杀之。"②

此两条占例，按朱子之说当在"六爻皆不变，则占本卦象辞"和"一爻变，则以本卦变爻辞占"③，在《周易古筮考》中列在"静爻"（黄寿祺批注）和"一爻动"，但是从中国古代逻辑的视角分析，则符合中国古代逻辑的特色——推类，周山将之归为"据象推类"和"据辞推类"④。"医和论蛊"中，医和用《蛊》卦分析晋侯疾病，指出沉溺于女色而生惑蛊之疾，这种由淫而生的病，是"室疾"，叫作"蛊"，如同陈积之谷物生出飞虫，都是不好的、不正常的状态，与女惑男、风落山是同类，即"皆同物也"，杜预注为"物犹类也"，同类相推，当然女惑男也是不好的病态了（这里实际上是晋侯自己沉溺女色，说女惑男只是西周男性社会的反映）。这个类在《周易》里就是"风落山"的《蛊》卦。（蛊卦上艮下巽，艮为山，巽为风，所以是风落山。唐·李鼎祚《周易集解》中引伏曼荣曰："蛊，惑乱也。万事从惑而起，故以蛊为事也。"⑤）上述很明显地，"医和论蛊"并非按照"静爻"之"占本卦象辞"的规则推论的，而是根据事物的"类同"来进行推类说理的，这里我们看到了春秋时代《周易》古筮法中的逻辑推类在传统医学

---

① 杨伯峻：《春秋左传注（修订本）》，第1223页。

② 杨伯峻：《春秋左传注（修订本）》，第689～690页。

③ 李光地：《周易折中》，第1104～1105页。

④ 周山：《易经新论》，第86、87、92页。

⑤ 李鼎祚：《周易集解》卷五，中国书店，1984。

中的影响。"郑伯廖论丰之离"这一筮例，尚秉和注解为："丰上六变为纯离也。《周易》论变，故虽不筮，必以变言其义。丰上六曰：'丰其屋，蔀其家，窥其户，阒其无人，三岁不觌，凶。'义取无德而大其屋，不过三岁必亡也。"① 这个占例是说，宣公六年，郑公子曼满对王子伯廖说，自己想做卿相。王子伯廖私下里对别人说："曼满这个人无德而贪婪，在《周易》为雷火丰卦变为离火卦。"因为丰卦的上六爻变而为纯火离卦，而丰卦的上六爻辞的意思是：房屋非常宽大，高大的树影遮蔽了宅门，窥其门户，三年之间不见其露面，非常凶险（黄寿祺、张善文认为："丰之极，体柔昏暗，而'丰大其屋，障蔽其家'，又高处深藏之象；乃至'窥户无人'，三年不见其露面，犹如居'丰大'之世而自绝于人，故为凶兆。"②），所以过不去三年。果然不出其所料，不过三年，郑公子曼满就被郑国人杀了。分析这一占例，尚秉和将之归为"一爻动"，其言"一爻动"规则，"朱子曰：一爻变，则以本卦变爻辞占"，但这仅仅是一般规则，所以尚秉和又指出"按，此论其常耳。古人殊不尽取动爻辞，以辞往往与我疏，故弃而不用，用其象之亲于我者以推我事。"③ 又特别指出此占例"此亦即事取义，非筮得之卦，而亦无不验。"④ 说明该占例的分析并非完全按朱子所言规则推论的，而是按照古代逻辑推类原则进行的。在这个历史故事中，王子伯廖是正是通过丰卦上六爻来类比公子曼满的无德贪婪就像居大屋而自绝于人，必然没有什么好的后果，事实结果证明了他推类的正确。

其实就中国古代逻辑而言，关于类的认识，《史记·律书》有一段细致的说明："神生于无，行成于有……故曰神使气，气就形。行理如类有可类。或未形而未类，或同行而同类，类而可班，类而可识。"⑤

第四，注意《周易》古占之外的逻辑探索。

黄寿祺在《周易古筮考·卷八·纳甲考》后所附《纳甲考》所说："故吾疑三家嫡系易，亦或纳甲也。惟其纳甲学之不易，故易亡耳"⑥，暗指《左传》《国语》亦尚有其他占法，故亦当探究其逻辑意蕴。如《国语·晋语四·秦伯纳重耳于晋》："董因逆公于河，公问焉，曰：'吾其济乎？'对曰：

① 尚秉和：《周易古筮考》卷三，《尚氏易学存稿校理》第一卷，第39页。
② 黄寿祺、张善文：《周易译注》，第459页。
③ 尚秉和：《周易古筮考》卷三，《尚氏易学存稿校理》第一卷，第31页。
④ 尚秉和：《周易古筮考》卷三，《尚氏易学存稿校理》第一卷，第39页。
⑤ 司马迁：《史记》第四册，中华书局，1982，第1252页。
⑥ 《尚氏易学存稿校理》第一卷，第119页。

'岁在大梁，将集天行。元年始受，实沈之星也。实沈之墟，晋人是居，所以兴也。今君当之，无不济矣。君之行也，岁在大火。大火，阏伯之星也，是谓大辰。辰以成善，后稷是相，唐叔是封。瞽史记曰：嗣续其祖，如谷之滋，必有晋国。臣筮之，得泰（䷊）之八。'"① 这是说鲁僖公二十三年七月，晋惠公卒，时岁在大梁之次，大梁即酉，自胃七度至毕十一度。僖公二十四年正月，秦穆公送晋公子重耳返国，僖公二十四年重耳即位为晋文公，时岁在实沈，实沈即参，自毕十二度至东井十五度。鲁僖公五年，重耳出奔，时岁在大火，自氐五度之尾九度，大火即辰，辰是晋祖唐叔所以封。重耳即位时岁在参，参即实沈，所以重耳是"以辰出，以参入，皆晋祥也，而天之大纪也"②。又，按三统，商白统在丑十一月，而"《瞽史之纪》曰：'唐叔之世，将如商数。'"③ 这里我们清楚地看到了，巳酉丑合金局而商德在金，申子辰合水局而金生水，以及大梁酉与大火卯对冲关系。这是对"泰之八"这一语形基础上以至天地配享，必有晋国的另有系统的语义语用解释。按卢央的观点，古天文由实际观测到干支推演，是古代星占形式化的过程。④ 实际上这一过程，也正是中国古代逻辑学由实质论证到中国特色形式化论证的过程，《左传》《国语》时期这种实际天象观测与形式化推类相间驳杂的记录，确实是那个时期中国古人思维水平由实质过渡到抽象的真实体现。

研《易》须明古法，尤其是《左传》《国语》所载古筮法是"最古之《易》师"⑤，同理研究古代易学逻辑也要首先明了古筮法，这是《左传》《国语》所载筮法的学术价值所在。

作者单位：南开大学

① 徐元诰：《国语集解（修订本）》，中华书局，2002，第343~345页。
② 徐元诰：《国语集解（修订本）》，第345页
③ 徐元诰：《国语集解（修订本）》，第325页
④ 卢央：《中国古代星占学》，中国科学技术出版社，2007，第453页。
⑤ 《滋溪老人传》，《尚氏易学存稿校理》第一卷，中国大百科全书出版社，2005，第5页。

春秋筮占特征及文化分析

王社庄

摘　要：《左传》《国语》利用《周易》进行占筮往往都能应验。对于这一奇特的文化现象，历史上有不少学者进行了探讨。结合当时的历史文化可知，春秋时期的巫史之所以能做到预测异常准确，与他们的地位、知识结构以及《周易》本身的作用等有着密切的联系。

关键词：春秋　占筮　应验

《左传》《国语》利用《周易》进行占筮，结果往往都能应验如神。如《左传·闵公元年》，毕万筮仕于晋，辛廖占之曰"吉"。后来，毕万果然被封于魏地，成了魏国的祖先。《左传·僖公十五年》，秦伯筮伐晋，卜徒父预言"三败必获晋君"。在秦晋大战中，秦穆公最后三次打败晋国，俘获了晋惠公。《左传·庄公二十二年》，周史筮敬仲，预言其将"五世其昌，并于正卿，八世之后，莫之与京"。到公子完五世孙陈桓子时，开始在齐国参与政权，鲁哀公十七年，他的八世孙掌握了齐国政权。其他如《左传·昭公十二年》"南蒯筮叛"、《左传·闵公二年》筮"成季之生"等，也大都灵验如神。对于这种超乎寻常的灵验，历史上有不同的看法。

一

前人基本有以下几种态度。

持排斥怀疑态度。东晋范宁《春秋谷梁传序》称："左氏艳而富，其失也巫。"① 唐杨士勋《谷梁传疏》曰："云其失也巫者，谓多叙鬼神之事，预言祸福之期。"② 尽管范、杨二人有持今文学立场排斥左氏古文学的意味，

---

① 李学勤主编《春秋谷梁传注疏》，北京大学出版社，2000，第12页。
② 李学勤主编《春秋谷梁传注疏》，第13页。

但他们的说法也并不是空穴来风，《左传》大量灵验的筮占，总给人以口实。

宋代学者程颐、吕祖谦、朱熹也持相同论点。吕氏《春秋左氏传说》卷二评论陈完、毕万占筮之事说："看左氏所载敬仲、毕万之言，盖左氏之生，适当战国之初，田魏始兴，故夸诬其祖，以神下民。当时民无有知者，故皆信之。左氏亦惑于流俗之见，不能于流俗之外着一只眼，故于敬仲、毕万之事亦从而书之。"朱熹一方面认为《易》本为卜筮而作，另一方面又从史学角度对《左传》筮例持否定态度。有学者问朱熹，《左传》载卜筮，有能先知数世后事，有此理否？朱熹答："此恐不然，只当时子孙欲僭窃，故为此以欺上罔下耳。如汉高帝蛇，也只是脱空。"①

清代学者毛奇龄，近代学者高亨、李镜池等都在一定程度上肯定了《左传》《国语》筮例在易学发展史上的重要价值，并进行了具体的疏解和分析，但对其中神秘色彩却予以排斥。

持赞同观点者。战国时期，就有对春秋筮例相当重视的学者。西晋武帝时期，汲郡人不准盗发古墓，发现大批竹简古书，有很多有关《周易》的书。其中关于《师春》，《晋书·束皙传》云："书《左传》诸卜筮。'师春'似是造书者姓名也。"②杜预也说："又别有一卷，纯集疏《左氏传》卜筮事，上下次第及其文义皆与《左传》同，名曰《师春》。'师春'似是集者人名也。"③《师春》集疏《左传》卜筮，不管是为了实际应用，还是集录研究以备参考，都说明时人对《左传》卜筮的重视。

史学家司马迁撰写《史记》，很多材料取材于《左传》，他对于《左传》筮例的态度集中体现在《史记·田敬仲完世家》篇末之论赞：

> 盖孔子晚而喜《易》，《易》之为术，幽明远矣，非通才达人孰能注意焉！故周太史之卦田敬仲完，占至十世之后；及完奔齐，懿仲卜之亦云田乞及常所以比犯二君，专齐国之政，非必事势之渐然也，盖若遵厌兆祥云。④

司马迁认为，用于占筮的《周易》之术"幽明远矣"，神奇灵异，只有"通才达人"才能得其真髓。可见，司马迁是相信筮例的真实与神奇的。

---

① 黎靖德编，王星贤点校《朱子语类》卷八三，中华书局，1986，第2151页。
② 房玄龄等：《晋书》，中华书局，1974，第1433页。
③ 李学勤主编《春秋左传正义·后序》，北京大学出版社，2000，第1983页。
④ 司马迁：《史记》，中华书局，1959，第1903页。

班固在《幽通赋》中，有"妫巢姜于孺筮兮，旦算祀于契龟"①之语，"妫"指的是陈姓，"巢"指居住，"姜"指齐国，"孺"指小孩子。该句指的也是《左传》所记载的周史为幼年的陈公子完占筮之史

那么究竟如何看待《左传》《国语》筮例呢？对于其中预言的神奇灵验，我们既不可全信而不敢有任何怀疑，也不可遽加否定与排斥。只有把它们还原到当时思想文化发展的大背景之下考察，才会得出比较符合实际的结论。

二

巫术是人类科学文化较幼稚的一种形态，是人类文化发展不可逾越的一个必然阶段。②春秋时期正是蒙昧与文明、神秘主义与人文理性相互混合，共同发展时期。一方面占卜、筮占、梦占、星占、鸟情占等各种原始宗教巫术充斥着社会的各个角落，神秘主义深深地影响着人们的生活。另一方面重礼、重德、民本、重贤等人文理性思想潜滋暗长，但尚未挣脱卜筮文化的影响。

掌握巫术的巫师是当时社会的知识精英，他们精通天文历法，深谙国家政治，参与国家管理。

在殷周时，卜筮是王权的一部分，王也是大巫。陈梦家在论述商代的巫时也说："王者自己虽为政治领袖，同时仍为群巫之长。"③甲骨卜辞中经常出现"王占曰"，就是王亲自进行占卜。文王、周公同时也是巫师。《尚书·大诰》载，武王崩，成王年幼，周公摄政，三监及淮夷叛。周公是通过占卜决定出兵平叛的。"用宁（文）王遗我大宝龟，绍天明"。《尚书·金縢》载，武王病重，"周公乃卜三龟，自以为功"，要以自身代成王受天之责。可见文王、周公虽为行政长官，但也兼行通神之巫事。

史最初是巫祝的一部分。太史在祭祀中的职能与太卜相同。④《礼记·礼运》云："王前巫而后史，卜筮瞽侑，皆在左右。"而"卜辞中卜、史、祝三者权分尚混合，而卜史预测风雨休咎，又为王占梦，其事皆巫事而皆掌之于史"⑤。

① 萧统编，李善注：《文选》卷十四，上海古籍出版社，1986，第641页。
② 王树人、喻柏林：《传统智慧再发现》，作家出版社，1996，第59~60页。
③ 陈梦家：《商代的神话和巫术》，《燕京学报》，1936年第20期。
④ 张强：《史官文化与巫官文化及宗教神话之关系》，《江苏社会科学》1994第4期。
⑤ 陈梦家：《商代的神话与巫术》，《燕京学报》1936年第20期。

直至春秋时期，史官而行巫祝之事的惯例还在延续。《左传》《国语》筮例中，涉及到卜、筮五人，史十一人，其他十二人，卜史占百分之五十七。其中十一人史官中，有八人从名字上可以看出为史官，其他如董因、辛廖、蔡墨也为史官。

由于巫、史等阶层丰富的知识结构和较高的历史地位，既精通天文历算，熟悉占卜筮法，又对国家政治和命运有深刻的认识。因此，他们在占筮时总能够对现实生活做出"合理"的解说。他们的占筮活动与其说是筮法的灵验，不如说是卜史之官的丰富的历史经验和政治智慧的高妙发挥。

从筮例的内容来看，众多的筮例都与当时的政治生活密切相关，即便是反映个人及家族命运的筮案，如《左传·闵公元年》筮"毕万仕于晋"、《左传·闵公二年》筮"成季之初生"、《左传·襄公九年》筮"穆姜出于东宫"、《左传·庄公二十二年》"筮敬仲"等，也都与当时的国家情势紧密相连，并为史官发挥他们的理性精神提供了广阔的历史舞台。相反，若仅仅是平民之间的邻里纠纷、个人际遇，占筮的效用性必然大打折扣。

春秋占筮异常准确，也跟当时人们的思维习惯有关。人类学研究表明，在科学欠发达的古代，人们的直觉思维非常发达，但随着人类理性的发展，这种直觉能力渐渐萎缩甚至丧失。古人融天文、历史、地理、气象、巫术、科学、政治于一炉，集经验、知识于一身，"远取诸物，近取诸身"，"以通神明之德，以类万物之情"。他们综合各种条件，结合历史经验，从直觉思维出发，往往能迅速抓住事物的本质，作出准确的预测和解释。这是我们生活在今天的现代人无法与之比拟的。春秋时期人们的科学理性思维尚欠发达，直觉思维在卜筮中起到了很大的作用。用我们今天的知识苛求古人，或不加分析而对其一概排斥、嗤之以鼻，都不是科学的做法。

同时，占筮异常准确，也与作者对材料的选取有关。马林诺夫斯基以为在人类的记忆中，积极的证据总是强于消极的的证据。巫术行为尽管常常失败，但却被解释为其他某种原因造成的反作用，巫师仍然受到信任，因为他们成功过，在巫术氛围下他是成功的。① 毋庸讳言，春秋时期失败的筮例也不在少数，《左传》《国语》作者在编撰成文是肯定进行了严格的筛选。对政治影响比较大且灵验的筮例被作者选中编入了文本，而对那些缺乏政治影响甚或失败的筮例没有选编。比如在一次战争开始之前，双方都会对战争的结果做出预测。双方预测的结果将会一样——会取得胜利，否则将不会开战。

---

① 〔英〕马林诺夫斯基：《巫术、科学、宗教与神话》，上海文艺出版社，1987，第101页。

但最终的结果只会一方取胜。毫无疑问，作者在对战争结果预测材料取舍时，肯定会选取预测准确一方的材料。因为这一方面会增强神秘性，同时也能够吸引读者。如果我们认为当时的卜史集团真正能够做到未卜先知，或卜筮就能预测未来，那就是上了古人的当。

三

《周易》特殊的文本结构也加强了它应验的神秘性。和《诗》《书》等不同，《周易》的结构既包括文字系统的卦名、卦爻辞，还包括符号系统的阴阳爻、八卦、六十四卦。卦画的抽象性，卦名、卦爻辞的多义性，是占筮异常准确的又一重要原因。①

《周易》的符号之象包括阴爻、阳爻，八卦、六十四卦。宇宙中任何一对具有相对性的事物都可以用阴 – –、阳爻━这两种符号来表示。可以包括男女、老少、天地、刚柔、君臣、奇偶等自然和社会相对的各种事物及其关系。八卦也有广泛的涵盖性，《说卦传》介绍了八卦基础卦象，包括宇宙之象，乾为天，坤为地，震为雷，巽为风，坎为水，离为火，艮为山，兑为泽；家庭之象，乾父也，坤母也，震长男，巽长女，坎中男，离中女，艮少男，兑少女；人身之象，乾为首，坤为腹，震为足，巽为股，坎为耳，离为目，艮为手，兑为口。还包括动物之象、运动之象、方位之象，等等。除了基本卦象外，根据八卦之象又衍生出其他众多卦象，学者可以参看尚秉和先生《焦氏易林注》的有关内容。后来，汉、宋学者对八卦之象又有新的发展。由八卦推衍而成的六十四卦以及本卦和之卦代表了更为复杂的事物及其关系。这就为占筮者"引而伸之，触类而长之，天下之能事毕矣"创造了条件。

卦名与卦爻辞是《周易》的文字系统。文字系统语义本来应该相对固定，但事实并没有这么简单。汉字本身就有多意的特点，学者在对字词解释的过程中往往又根据不同的理论方法，所以作出的解释往往千差万别。如，同是对卦名解释，《序卦传》和《杂卦传》的解释往往不同。在解释卦爻辞的过程中不仅要考虑卦爻辞的本意和引申义，还要结合承、乘、比、应、当位、据位、象数、义理等易例。解释者的哲学思想、理论方法各异，对卦爻辞的解释也往往相去甚远。以《乾》初九："潜龙，勿用。"为例。《周易乾凿度》云："易气从下生。"郑玄注说："《易》本无形，自微及著，故气从

---

① 孙国珍：《〈周易〉与占筮》上篇，《内蒙古电大学刊》，1994 年第 2 期。

下生，以下爻为始也。"《周易正义》云："龙者变化之物。言天之自然之气，起於建子之月，阴气始盛，阳气潜在地下。故言'初九潜龙也'。"《周易乾凿度》《郑注》《正义》均从卦气说作解。根据卦气说，乾初九配十一月子。十一月阴气尚盛，但阳刚渐增，头角始露。崔璟曰："龙下隐地，潜德不彰，是以君子韬光待时，未成其行。"《子夏易传》云："龙之为物，能飞能藏，故借龙比君子之德。"崔璟和《子夏易传》以乾初九含君子之德，君子此时察时机未到，故暂行潜藏而已。近代学者闻一多先生把"初九"解释为"秋分的龙星"。各家解释不一而足，由此可见一斑。再以《左传·襄公九年》为例：

> 穆姜薨于东宫。始往而筮之，遇《艮》之八。史曰："是谓艮之随。随其出也。君必速也。"姜曰："亡！是于《周易》曰：'随，元亨利贞，无咎。'元，体之长也；亨，嘉之会也；利，义之和也；贞，事之干也。体仁足以长人，嘉德足以合礼，利物足以和义，贞固足以干事。然，故不可诬也，是以虽随无咎。今我妇人，而与于乱。固在下位，而有不仁，不可谓元。不靖国家，不可谓亨。作而害身，不可谓利。弃位而姣，不可谓贞。有四德者，随而无咎。我皆无之，岂随也哉？我则取恶，能无咎乎？必死于此，弗得出矣。"

穆姜是鲁宣公的夫人，成公的母亲。宣公去世后，她与大夫叔孙侨如私通。成公十六年，侨如与穆姜合谋妄图废成公并兼并孟孙氏和季孙氏，结果图谋失败，侨如奔齐，穆姜被迁东宫。穆姜初迁时，用《周易》占得艮之八，史官说艮之随。史官根据"随"有"出"意，因此说"随，其出也，君必速出！"，认为穆姜很快就会被迁出。而穆姜根据卦辞结合自己的德行认为自己不可能那么幸运。穆姜认为，"元"为仁之体，君子以仁心为体可为人之尊长；"亨"为美好的汇合，吉、凶、宾、军、嘉，五礼嘉和足以合礼；"利"为施利于物，"君子体此利以利物，足以合于五常之义"；"贞"为保持贞固的节操，君子坚持贞固就可以办好事务。而自己作为夫人参与作乱，不可为"元"；不安国家，不可为"亨"；作乱又危害自身，不可为"利"；抛弃尊位又私通，不可为"贞"。具备随卦的四德，会没有灾祸，自己四德全都没有，因此必然遭灾，一定会死在此地，不会出去了。筮史和穆姜对于未来的预测，根据的是相同的卦爻辞，但得出的结论却相反。

卦爻辞本身具有多义性，现实生活和《周易》文本提供的场景存在着巨大的差异，占筮者只有重新编码解码才会得出答案。一般情况下，占筮者总能找到"据象说理"的根据，使占筮"完美"完成。所有这一切也都为占筮者进行占筮活动创造了发挥自己聪明才智的条件。

《周易》本身是一部占筮之书，它的主要功能在于预测吉凶。由于卦象和卦爻辞与预测之事之间并不存在逻辑关系，不可能做出科学的预测。但它为什么能够广为流传，借助现代统计学有助于我们对这一问题的探讨。周豹荣先生对《易经》的吉凶休咎曾做过统计。大吉、元吉出现 21 次，占 4%；有利 103 次，占 19%；吉祥 125 次，占 24%；无咎、无悔 124 次，占 24%；悔、吝、咎、不利 65 次，占 12%；凶 56 次，占 11%；厉 27 次，占 6%。比较可以看出吉祥类断辞达 71%，远远超过非吉祥类断辞 29%。[①] 这说明，在卜筮文化背景之下，《易经》的编撰者充分考虑了人们趋吉避凶的价值追求，能够最大限度地满足人们的心理诉求。毫无疑问，这是春秋乃至后世占筮易学得以广泛传播的主要原因之一。

作者单位：新乡医学院

---

① 周豹荣：《〈周易〉与现代经济科学》，吉林人民出版社，1989，第 251 页。

《易纬》占术

——帝王享国及遭厄占

崔朝辅

摘 要：《易纬》一书中涵括大量古代占术信息，六十四卦主岁推帝王享国及遭厄术即是其一。应该就相关文本，对该部分内容作一简单说明和探析。

关键词：《易纬》 六十四卦主岁 占术

《易纬》以《易》为包覆万有之"道"，以大衍筮法为由"道"下贯万物的过程，并以六十四卦主岁，以主岁之卦的轨数比附帝王享国之数，以帝王即位之年所主岁之卦推其享国数及遭厄数。下面我们就相关问题一一进行剖析和探讨。

一 策轨术推帝王享国数

六十四卦策轨术是通过六十四卦主岁推演帝王享国数的术数，《稽览图》卷下载推之术："置天元甲寅以来，数之受命之年数，以三十二数除之，不足除者，以乾、坤始数，算末即得主岁之卦。"其术以天元甲寅至某帝王受命的累积年数除以六十四卦主岁的周期三十二，以乾坤二卦主岁为一数起，取所得之余数以合受命之岁的所主之卦，再由受命之岁所主卦求得其轨数，该轨数即为此帝王享国数。求主岁之卦依据前面六十四卦主岁的顺序内容，求卦轨数则另有所论，究其实亦源于大衍筮法。《系辞传》论大衍筮法：

> 乾之策二百一十有六，坤之策百四十有四，凡三百有六十，当期之日，二篇之策，万有一千五百二十，当万物之数也。

《易纬·乾凿度》释云：

阳析九，阴析六，阴阳之析，各百九十二。以四时乘之八而周，三十二而大周。三百八十四爻，万一千五百二十析也。故卦当岁，爻当月，析当日。

《系辞传》以阳爻为九，阴爻为六，则乾卦策数为 9×6（爻数）$\times 4$（四时）$=216$，坤卦策数为 6×6（爻数）$\times 4$（四时）$=144$。乾坤策数之和为 $216+144=360$，即为"期之日"。六十四卦一卦六爻，共计三百八十四爻，其中阳爻一百九十二，阴爻一百九十二，阳爻策数为 9×4（四时）$=36$，阴爻策数为 6×4（四时）$=24$，则阳爻总策数为 $192 \times 9 \times 4$（四时）$=6912$，阴爻总策数为 $192 \times 6 \times 4=4608$，阴阳爻总策数之和为 $6912+4608=11520$，此即为万物之数。《乾凿度》以六十四卦二卦一组主三十二岁。六十四卦一卦六爻共三百八十四爻，其中阴阳爻各一百九十二，以二卦一组共主一岁三百六十日，则六十四卦主三十二岁，共计一万一千五百二十，与阴阳爻总策数同。以阴阳爻总策数除以六十四卦总爻数三百八十四得商为三十，当一月之日数。故有卦主岁（二卦主一岁），爻主月（一爻主一月），析主日（阴阳爻总析数与六十四卦主岁日数同为11520，合一析当一日）之论。[①]

明了了六十四卦阴阳爻的策数来源，《稽览图》卷下以乾、坤二卦为例又给出了推轨之术：

纯德有七，其三法天，其四法地。（郑注：天三者，三六十八。地四者，四六二十四。）

六十四卦策术曰：阳爻九（郑注：以四时乘之，得三十六。）阴爻六（以四时乘之，得二十四。）

轨术曰：阳爻九七（郑注：各以四时乘之，而并倍之，得一百二十八。）

阴爻八六（郑注：各以四时乘之，而并倍之，得一百一十二。）

假令乾六位，老阳爻九，（注：四时乘之，四九三十六。）以三十六乘六爻，得二百一十六。少阳爻七，（注：以四时乘之，四七二十八。）以二十八乘之六爻，得一百六十八。已上二数，合得三百八十四，因而倍之，有七百六十八。假令坤六位，老阴爻六，（注：四时乘之，四六二十四。）以二十四乘六爻，得一百四十四。少阴爻八，（注：四时乘

---

① "策"指筮占所用的蓍草根数，一根蓍草为一策。在《易纬》中，"析""策""折"三字通用。

之，四八三十二。）以三十二乘之六爻，得一百九十二。已上二数，合得三百三十六，因而倍之，有六百七十二。乾坤二轨数合，有一千四百四十。（注：他卦随阴阳爻倍之。）凡阳爻用六十四为法，乘得倍之。凡阴爻用五十六为法，乘得数倍之。推一百九十二爻。

术曰：置六十四卦，折半有三十二，以六乘之，得阳爻一百九十二，阴爻亦一百九十二，合二数，得三百八十四。又法六爻，以八乘之，得四十八，又八乘四十八，得三百八十四爻也。

观《纬》文所论，其推轨之法即由阳爻轨数为阳爻之象、变与四时之积，并因而倍之，即（9×4＋7×4）×2＝64×2＝128，阴爻轨数为阴爻之象、变与四时之积并因而倍之，即（8×4＋6×4）×2＝56×2＝112。六十四卦主岁各以其阴阳爻数顺推其主岁各卦的轨数及主岁二卦的总轨数。以乾、坤二卦主岁为例。乾卦六阳爻，其轨数为128×6＝768。坤卦六阴爻，其轨数为112×6＝672。乾、坤两卦主岁的总轨数为768＋672＝1440。其余可依例类推。现依据《稽览图》卷下"六十四卦流转图"列六十四卦主岁策轨表，并按郑玄所注标明世爻及初爻贞辰（见表1）：

表1　六十四卦策轨表

岁	主岁卦	世爻纳支	初爻纳辰	二合折	二轨合	分各折	分各轨
1	乾	戌	子	360	1440	216	768
	坤	酉	未			144	672
2	屯	寅	寅	336	1408	168	704
	蒙	戌	巳			168	704
3	需	申	辰	384	1472	192	736
	讼	午	卯			192	736
4	师	午	午	312	1376	156	688
	比	卯	丑			156	688
5	小畜	子	申	408	1504	204	752
	履	申	亥			204	752
6	泰	辰	戌	360	1440	180	720
	否	卯	酉			180	720
7	同人	亥	子	408	1504	204	752
	大有	辰	未			204	752

续表

岁	主岁卦	世爻纳支	初爻纳辰	二合折	二轨合	分各折	分各轨
8	谦	亥	寅	312	1376	156	688
	豫	未	巳			156	688
9	随	辰	辰	360	1440	180	720
	蛊	酉	卯			180	720
10	临	卯	午	336	1408	168	704
	观	未	丑			168	704
11	噬嗑	未	申	360	1440	180	720
	贲	卯	亥			180	720
12	剥	子	戌	312	1376	156	688
	复	子	酉			156	688
13	无妄	午	子	384	1472	192	736
	大畜	寅	未			192	736
14	颐	戌	寅	360	1440	168	704
	大过	亥	巳			192	736
15	坎	子	辰	360	1440	168	704
	离	巳①	卯			192	736
16	咸	申	午	360	1440	180	720
	恒	酉	丑			180	720
17	遁	午	申	384	1472	192	736
	大壮	午	亥			192	736
18	晋	酉	戌	336	1408	168	704
	明夷	丑	酉			168	704
19	家人	丑	子	384	1472	192	736
	睽	酉②	未			192	736
20	蹇	申	寅	336	1408	168	704
	解	辰	巳			168	704
21	损	丑	辰	360	1440	180	720
	益	辰	卯			180	720

① 笔者案：离世辰原为"子"，而离纯卦，依例世辰应为上爻"巳"，据例正之。

② 笔者案：睽世辰原为三爻"丑"，依例应为四爻酉。据正之。

岁	主岁卦	世爻纳支	初爻纳辰	二合折	二轨合	分各折	分各轨
22	夬 姤	酉 丑①	午 丑	408	1504	204 204	752 752
23	萃 升	巳 丑	申 亥	336	1408	168 168	704 704
24	困 井	寅 戌	戌 酉	360	1440	180 180	720 720
25	革 鼎	亥 亥	子② 未③	384	1472	192 192	736 736
26	震 艮	戌 寅	寅 巳	336	1408	168 168	704 704
27	渐 归妹	申 丑	辰④ 卯	360	1440	180 180	720 720
28	丰 旅	申 辰	午 丑	360	1440	180 180	720 720
29	巽 兑	卯 未	申 亥	384	1472	192 192	736 736
30	涣 节	巳 巳	戌 酉	360	1440	180 180	720 720
31	中孚 小过	未 午	子 未	360	1440	192 168	736 704
32	既济 未济	亥 午⑤	寅 巳	360	1440	180 180	720 720

（注：原图中谬误之处有七，均同于前六十四卦贞辰所云。今均据《纬》文原意及前贤意见校而正之。）

《易纬》认为，由以上所论之六十四卦主岁及策轨数加上某帝王得位年内容即可推求该帝王的享国数，亦即该帝王所属朝代的天命年数。

《乾凿度》卷下以周文王为例载推帝王享国之术曰：

① 笔者案：姤世辰原为三爻"酉"，依例应为初爻"丑"。据正之。
② 笔者案：革初爻所纳辰原文作"未"。按张惠言总结的规律，应纳"子"，据改。
③ 笔者案：鼎初爻所纳辰原文作"寅"。按张惠言总结的规律，应纳"未"，据改。
④ 笔者案：渐初爻所纳辰原文作"午"。按张惠言总结的规律，应纳"辰"，据改。
⑤ 笔者案：未济世辰原为五爻"未"，按例应为三爻"午"，据以改之。

今入天元二百七十五万九千二百八十岁，昌以西伯受命，入戊午部，二十九年伐崇侯，作灵台，改正朔，布王号于天下，受录应河图。

此云自天元甲寅至姬昌以西伯受命积岁为2759280年，以该数除以六十四卦主岁一大周之数32，得商为86227，余数为16。由六十四卦主岁表，以乾、坤主岁为一数起，则第十六为咸、恒二卦主岁，由以上六十四卦策轨表可知，咸、恒轨数均为720，由此推知周代享国数为720年。此由《乾凿度》卷下所载郑玄之注亦可侧面证之。郑玄氏注云：

一轨享国之法：阳得位以九七，九七者，四九、四七者也。阴得位以六八，六八者，四六、四八也。阳失位，三十六。阴失位，二十四。

四九为三十六，四七为二十八，合得六十四。四六为二十四，四八为三十二，合得五十六，此文王推父为一世，凡七百二十岁。岁轨是其居位年数也，得位者，兼象变而已，有德者重也，故轨七百二十岁。

由《纬文》及郑注可知，七百二十岁为周文王自推之享国数当为不虚。由之，推帝王享国数为以该帝王受命得位之年所积岁数与六十四卦主岁一大周之数三十二相除所得之余数为据，按六十四卦二卦一组流转主岁的顺序推求该年所主岁之卦，然后依六十四卦策轨表内容，该主岁之卦的轨数即为该帝王的天命享国年数。

二 推帝王在位之期（忌）

以上论述的是推求某个朝代帝王总的享国数，《易纬》另载有关于推同一朝代内不同帝王各自统治期限的方法。《稽览图》卷下载推之术：

置天元甲寅已来，至受命，以三十二除之，馀不足除者，从乾坤始数算外主卦而取世阴阳断之，世阳从阳，（注：阳爻三十六）世阴从阴。（注：阴爻二十四）阳从九除，阴从六除，商得数阳以三乘之，阴以二乘之，因而半之，即是忌[1]耳。每取卦月乘之。

术曰：已上各三十二乘之，即得其数，乘轨折之数；世属阳卦者，

---

[1] 张惠言曰："书中的'忌'字，乃与'期'通。"张惠言《易纬略义》，严灵峰编《无求备斋易经集成》，第161册，台北成文出版社有限公司，1976，第78页。

以九除之，以三乘所得，因而半之，则是即位期也。[1] 能过此者，三乘所半之数，即终矣。世属阴卦者，以六除之，以二乘之，所得因而半之，则得即位期也，能过此者，加所得，即中期也。复能过此者，以二[2]乘所半之数，即终矣。以九除之，皆尽无馀者，阳以三乘所[3]则其年当数也，以九六除之有馀者，以所得乘之，阳得正位，增九于所乘，阴得正位，增六于所乘，则是位之数也。用阳日者，属阳卦，用阴日者，属阴卦。

结合经文及后人所附益之注，可得推帝在位期法：

一、求即位之卦。自天元甲寅以来至该帝王即位之年的积年数，除以三十二，求得余数，自乾坤始，推得主岁之卦，该主岁之卦即此帝王即位之卦。

二、确立主岁卦之阴阳。以主岁之卦世爻的阴阳属性确定该主岁之卦的阴阳，世爻为阳爻的该卦属阳，世爻为阴爻的，该卦属阴。

三、推忌（期）。分两种情况：主岁之卦为阳；主岁之卦为阴。主岁卦为阳时，阳爻三十六，阳从九除，所得之商以三乘之，因而半之，即得初忌；能过此者，以二乘所半，即为中忌；复能过此者，以三乘所半，是谓末忌。阳爻得正增九于所乘，即在原来三忌的基础上加上九的二倍之数，其和即为该帝王在位之期。当主岁之卦为阴时，阴爻二十四，阴从六除，所得之商以二乘之，并因而半之，即为初忌；能过此者，以二乘所半之数，即为中忌；复能过此者，以三乘所半之数，即谓末忌。阴爻得正增六于所乘，即在原来三忌的基础上加上六的二倍之数，其和即为该帝王在位之期。

如文中所例举推之法：

（阴卦）推世之所属阴卦者，假令即位年得遁卦，七月申也，遁六月二阴爻，阴爻二十四，以六除之得四，以二乘之得八，因而半之，得四，则即位之期也。能过此者，所乘八岁之中期也。复能过此者，三乘所半十二岁终矣。阴得正位增六，于所乘为三十六年终矣。

（阳卦）推世之所属阳卦者，假令即位年得贲卦，十月亥也，贲初阳爻三十六，以九除之得四，以三乘之得十二，因而半之，则得六，则是即位之期也。能过此者，如所乘得一十则中期也。复能过此者，三乘

---

① 笔者案：此处似少二乘所半之中期数。
② 笔者案：此处之"二"似为"三"。
③ 张惠言曰："脱'得'字。"张惠言《易纬略义》，严灵峰编《无求备斋易经集成》第161册，第78页。

所半六，得十八年终矣。阳得正位增九，以所乘为五十四。

即位年得遁卦，遁卦初爻为申，世爻为六二阴爻，该卦即为阴卦。其初忌推法即为：二十四除以六为四，以二乘四为八，八之半为四，即为初忌。能过初忌，则复一倍，得八，即为中忌。复能过中忌，则三倍之初忌为十二，则为末忌。合三忌数为二十四，又遁卦世爻为阴且得二爻正位，阴爻得正复增爻数之一倍即六加六为十二。如此一来，该帝王在位总数为二十四再加上十二共为三十六年。

即位年为阳卦时，如贲卦，初爻为亥，世爻为初九阳爻，该卦为阳卦。阳卦初忌推法：以三十六除以九为四，以三乘四为十二，十二之半为六，六即为该帝王之初忌。能过初忌，复增一倍，六之倍为十二，即是中忌。复能过中忌，则增三倍之初忌，六乘三为十八，十八即为终忌。合初、中、末三忌数共为三十六。又阳得正位复增爻数九之二倍十八，则该帝王总的在位年数即为三十六加十八之和，即为五十四年。

另，文中还载有后人附益之阴阳卦失位时的推法，颇觉不经，故不取。笔者以为，览纬文之意，以阴阳得位增九、六之倍数，由之推测，如阴阳失位，或许不增九、六之数，或者仅增九、六之数而不倍之。是为一说，以待高明。

三　推厄所遭法

《易纬》还载有推某一帝王享国期间所遭水旱兵饥等灾厄的方法。《乾凿度》卷下曰：

> 欲求水旱之厄，以位入轨年数，除轨算尽，则厄所遭也。甲乙为饥，丙丁为旱，戊己为中兴，庚辛为兵，壬癸为水。必除先入轨年数，水旱兵饥得矣。如是乃救灾度厄矣。

《稽览图》卷下亦有相同的记载：

> 推厄所遭法：以入位年数除轨数，算尽，厄所遭，甲乙为饥，丙丁为旱，戊己为中兴，庚辛为兵，壬癸为水。

于此法，张惠言注如：

"此法以受命年卦为轨，以通入位年除之，余算以受命年太岁依次呼之。"①

观纬文及张注，则以某帝王受命之年求得卦轨，以入位年数除轨数所得之余数为准，由受命年太岁依次数之，甲乙为饥荒，丙丁为旱灾，戊己为中兴，庚辛为兵祸，壬癸为水灾。《稽览图》卷下附益有刘宋术士的推厄内容，正用此法。

"宋轨七百三十六，庚申岁，至今甲子岁，宋元嘉元年甲子，宋高祖第二息文帝义隆年号，为入位五年，以五除轨数，上所得积周一百四十七，馀所一，厄所遭也。丙寅岁入位七年，以七除轨数，上得积周一百五，轨命得庚寅，主兵，其年起兵荆州，谢晦也。……"

宋轨七百三十六，受命年太岁为庚申，至元嘉元年甲子，入位五年，以五除轨数七百三十六，得商为一百四十七而余数为一，同于受命年太岁庚，则主其年有兵灾；丙寅岁入位七年，以七除轨数七百三十六，得商为一百零五余数为一，轨命亦为庚，主其年有兵灾，据考其年起兵荆州。……余皆仿此，不复赘述。

由此可知，《易纬》推厄所遭法即首先以某帝王受命之岁求得主岁之卦及其轨数，以推得该帝王总的享国数，然后以该帝王已在位年数与享国数相除之余数推厄。推所遭之厄的主要参照对象为该帝王受命年之干支数，以该受命年之干支为序数一顺数，按六十花甲的顺序，以余数所在之年的干支确定所遭之厄。其中甲乙为饥荒，丙丁为旱灾，戊己为中兴，庚辛为兵祸，壬癸为水灾。

四　结语

综览《易纬》所载古代占术，多为附会浮夸之论。如策轨术推帝王享国数，纬文只以周王朝为例证明该术的准确性，周王朝的实际建国年代历史上并没有确切记载，准确与否本身就是个谜。而稍有历史常识的现代人便可轻易辨出此术的虚伪和荒谬之处。自周以降，包括大秦帝国在内的短命王朝不在少数，而策轨术所载代表帝王享国的二卦所主轨数，乾卦最高，为768年，坤卦最低，为672年，且不论乾坤共同代表一个朝代时享国数相差悬殊的问

① 张惠言：《易纬略义》，《无求备斋易经集成》第161卷，第84、77页。

题如何解决，熟悉古代史的人们都清楚，我国历史上统治超过 500 年的朝代屈指可数，难道那些享国达不到基数 672 年的王朝都不在该术的涵盖范围之内么？谎言不攻自破！后所论帝王在位之忌及推厄所遭法，亦均为古代术士哗众取宠、危言耸听之论。我们今天研究《易纬》，只可把它们当作背景知识，以之再现当时的社会文化思潮和人们的思想问题意识，而不能迷信、沉溺、以讹传讹。

作者单位：贵州民族大学

论《易纬·乾坤凿度》的易学思想

任蜜林

摘　要：《乾坤凿度》是《易纬》之一，其书并非伪作，而且具有独特的易学思想，对于《周易》的源流、作者、结构等方面都有着自己的看法，其中有些思想不乏真知灼见，因此，其在汉代易学史乃至整个中国易学史上有着不容忽视的作用和地位。

关键词：《乾坤凿度》纬书　易学　象数

在现存的《易纬》八篇中，《乾坤凿度》的真伪历来受到怀疑。大多数学者认为其是宋人伪造。我们在前面通过考证，证明其并非伪作，而是原本就有的《易纬》之一。① 由于受到认《乾坤凿度》伪造思想的影响，《乾坤凿度》中的易学思想也很少受到人们关注。在现有的《易纬》研究中，大多把它和《乾凿度》放在一起，而忽略了其独特的易学思想。本文意在前贤研究的基础上对《乾坤凿度》的易学思想作一深入的探讨。

一　《乾坤凿度》论《易》起源与作者

就现有的文献来看，最早对《周易》的起源与作者论述的是《易传》。《易传·系辞下》说："古者包牺氏之王天下也，仰则观象于天，俯则观法于地，观鸟兽之文与地之宜，近取诸身，远取诸物，于是始作八卦，以通神明之德，以类万物之情。"这是说八卦是由伏羲氏观测自然界中所显现的纹理和表象而作的。《系辞下》又说："《易》之兴也，其当殷之末世，周之盛德邪？当文王与纣之事邪？""《易》之兴也，其于中古乎？作《易》者，其有忧患乎？"这是说《易》形成的时间是在殷末周初。这里所说的《易》是指《易经》六十四卦卦爻辞，同时，也说明《易》的形成与文王有关。

---

①　参见拙文《〈易纬〉各篇形成考》，《中国哲学史》2009 年第 3 期。

《易纬》对于《周易》起源的说法沿袭了《易传》，也认为八卦是伏羲氏所作。《乾凿度》卷上说：

> 孔子曰：方上古之时，人民无别，群物无殊，未有衣食器用之利，于是伏羲乃仰观象于天，俯观法于地，中观万物之宜，始作八卦，以通神明之德，以类万物之情。故易者，所以经天地、理人伦而明王道。……伏羲氏之王天下也，始作八卦，结绳而为网罟，以田以渔，盖取诸离。质者无文，以天言，此易之意。夫八卦之变，象感在人，文王因性情之宜，为之节文。

这完全袭取了《易传》的说法，并有所引申。不过值得注意的是，这里把八卦分成两个方面，一是"质"的方面，一是"文"的方面。"质"的方面由伏羲所作，而"文"的方面则由文王所作。"质"的方面可能指伏羲所作八卦还比较质朴，没有文饰；文王才把八卦用于人事。

对于《周易》经传的形成，《汉书·艺文志》说：

> 《易》曰："宓戏氏仰观象于天，俯观法于地，观鸟兽之文与地之宜，近取诸身，远取诸物，于是始作八卦，以通神明之德，以类万物之情。"至于殷、周之际，纣在上位，逆天暴物，文王以诸侯顺命而行道，天人之占可得而效，于是重《易》六爻，作上下篇。孔氏为之《彖》《象》《系辞》《文言》《序卦》之属十篇。故曰《易》道深矣，人更三圣，世历三古。

这是说《周易》的八卦、六十四卦、"十翼"分别由伏羲、文王和孔子所作。同时也说明《周易》非一时形成，也非一人所作，这种看法应该是比较正确的。其实在《乾坤凿度》中就已经提到了类似的说法，其卷下说：

> 庖氏著《乾凿度》上下文，娲皇氏，《地灵母经》。炎帝皇帝，有《易灵纬》。公孙氏。《周易》。孔子附，仲尼，鲁人。生不知《易》本，偶筮其命得旅，请益于商瞿氏，曰："子有圣智而无位。"孔子泣而曰："天也，命也，凤鸟不来，河无图至，呜呼，天命之也。"叹讫而后，息志停读，礼止史削，五十究《易》，作"十翼"，明也，明《易》几教。若曰，终日而作，思之于古圣，颐师于姬昌，法旦，作九问十恶，七正八叹，上下系辞，大道大数，大法大义。《易》书中为通圣之问，明者以为圣贤矣。

这段话比较拗口，不过大致意思还是能够明白。伏羲作有《乾凿度》，女娲有《地灵母经》，炎帝有《易灵纬》，然后有《周易》，有《易传》。其中说到公孙氏，不知是何人，也不知道《周易》是否和他有关。因为如果把他和《周易》断为一句，则《周易》就成了他作的了。不过按照郑玄的解释，应该断为二句，也就是说《周易》不是公孙氏所作。郑玄注"公孙氏"曰："公孙氏，老孙氏，名轩辕，文法改籀篆，理文作契，典坟、八册、九简、十牍，咸《易》变大道之理，法一依上。大庖氏之制也，作《易》八坟，文释八卦之理，性体元义，增之一如上法，遭之阳九百六，不沉于泉，天降圣文，万代不泯，后附之。"郑玄的注文并不比原文好懂，这里说的公孙氏是指"轩辕"黄帝，他演绎古代的文字（籀篆），作了"典坟、八册、九简、十牍"等来说明《易》的"大道之理"，然后大庖氏又用"八坟"来解释八卦。这与《乾坤凿度》题目下写的"庖羲氏先文，公孙轩辕氏演籀，苍颉修为上下二篇"是一致的，不过这里的大庖氏似乎与伏羲氏不应为一人。在《周易》下郑玄注曰："文王姬昌之修，明修作之始也。圣教多难，唯圣与贤知之，于太古垂训，至孙公之后，大百六数终遇雨大浩。"郑玄认为《周易》是文王所作，不过按照文意似乎《周易》应为公孙氏所作，或文中有脱文。文中还说了孔子作"十翼"的情况，其中提到"商瞿氏"。按《史记·儒林列传》说："自鲁商瞿受《易》孔子，孔子卒，商瞿传《易》，六世至齐人田何。"《汉书·儒林传》也说："自鲁商瞿子木受《易》孔子，以授鲁桥庇子庸，子庸授江东䎣臂子弓，子弓授燕周丑子家，子家授东武孙虞子乘，子乘授齐田何子装。"据此，商瞿是孔子传《易》的弟子，但《易纬》说："孔子附，仲尼，鲁人。生不知《易》本，偶筮其命得旅，请益于商瞿氏。"似乎是孔子请教商瞿，未知其所据。盖《乾坤凿度》作者误把"受"读成"授"，故有此误解。

书中还对孔子作"十翼"的情况作了论述，说孔子"五十究《易》，作'十翼'，明也，明《易》几教。若曰，终日而作，思之于古圣，颐师于姬昌，法旦，作九问十恶，七正八叹，上下系辞，大道大数，大法大义。"这里的"十翼"是不是现在通行的"十翼"还值得怀疑。因为其下又说孔子"作九问十恶，七正八叹，上下系辞，大道大数，大法大义"。如果按照这个说法，则这里的"十翼"是指《九问》《十恶》《七正》《八叹》、上下《系辞》《大道》《大数》《大法》《大义》，文献不足征，除了《系辞》之外，余未知其说为何。不过当时解释《易经》的著作，并非仅《易传》的十种，是可以肯定的。因为1973年湖南长沙马王堆出土的帛书《周易》中的"易传"

与通行《易传》不同，除了《系辞》之外，还有《二三子问》《易之义》《要》《缪和》《昭力》等。据此，有学者考证战国及汉初，有多种《易传》流行。① 西晋太康二年（281年），在汲郡曾由于盗墓者而发现魏襄王墓（公元前318～前296年）中的《周易》，与当时流行的《周易》有所不同，"其《易经》二篇，与《周易》上下经同，《易繇阴阳卦》二篇与《周易》略同，《繇辞》则异，《卦下易经》一篇，似《说卦》而异。"（《晋书·束皙传》）这说明在战国时候有不同的《易传》流行，而马王堆的出土更为证实了这一点，且汉代把那些解释《易经》的书，也称为《易》或《易传》，如《易纬》也简称《易》，京房的解《易》著作也称《京氏易传》。所以《易纬》所说的"九问十恶，七正八叹，上下系辞，大道大数，大法大义。"可能也是当时《易传》一类的书。我们除了知道《系辞》之外，其余皆未所闻。《九问》可能是与帛书《二三子问》《缪和》《昭力》相似，是孔子弟子或旁人向孔子问《易》的书，《大义》可能与《易之义》相似，是说明《易》之大义的书，《大道》《大法》大概讲《易》的总的道理和法则，可能与帛书《要》相似，其余如《十恶》可能是孔子借《易》而批判"十恶"的（古有"十恶"之罪，未知与此有关否），《七正》《八叹》可能也是孔子读《易》而阐发的，具体未详其所指，《大数》可能是讲《易》数的。不过《春秋说题辞》又说："《易》者，气之节，含五精，宣律历，上经象天，下经计历，《文言》立符，《象》出期节，《彖》言变化，《系》设类迹。"又提到《文言》《象》《彖》等，与通行《易传》同。

从上面我们还可以看出，《乾坤凿度》认为《周易》是从古代文字演化而来的，"庖羲氏先文，公孙轩辕氏演籀"。《乾坤凿度》卷上说：

> 太古文目：先《元皇介》而后《垂皇策》，而后有《万形经》，而后有《乾文纬》，而后有《乾凿度》，而后有《考灵经》，而后有《制灵图》，而后有《河图八文》，而后有《希夷名》，而后有《含文嘉》，而后有《稽命图》，而后有《坟文》，而后《八文大籀》，而后有《元命包》，一十四文大行，帝用《垂皇策》与《乾文纬》《乾坤凿度》，此三文说《易》者也。

《元皇介》《垂皇策》《万形经》《乾文纬》《乾凿度》等都是古代的十四

---

① 王博曾撰文指出当时存有多种《易传》。见其《从帛书〈易传〉看今本〈系辞〉的形成过程》，《道家文化研究》第3辑，上海古籍出版社，1993。

种文字，后来《垂皇策》《乾文纬》与《乾坤凿度》被用来说《易》。其实在《易纬》中，八卦就是由古文八字演化而来。"☰古文天字，今为乾卦，重圣人重三而成，立位得上下，人伦王道备矣，亦川字，覆万物。☷ 古地字，附于乾，古圣人以为坤卦。此文本于《坤凿度》录，后人益之，对乾位也。"（《乾坤凿度》卷上）"重圣人重三而成"中"重圣人"的"重"字，据下文可能为"古"字，或为衍文。其他如巽卦卦象为古风字、艮卦卦象为古山字、坎卦卦象为古坎字、离卦卦象为古火字、震卦卦象为古雷字、兑卦卦象为古泽字。可见《乾坤凿度》作者认为八卦是从古文字而来的，其卷上又说："黄帝曰：观上古圣驱駉元化，劈槷万业，徒得为懋，训究体译，元肇颐浚澳作沐，悬心，轮薄不息，以启三光，上飞篇风雨，下突济河沱，得元气，澄阴阳，正《易》大行，万汇生。上古变文为字，变气为《易》，画卦为象，象成设位。"这段文字佶屈聱牙，多不可晓。大概意思是说，上古圣人打破元气，促使万物，然后按照天地所显示的纹理作成字和《易》，从而产生卦象和卦位。

二 《乾坤凿度》论乾坤二卦

无论在《易经》还是在《易传》中，乾坤二卦都占有非常重要的地位。在《易经》中，乾坤二卦据于前二位，且"用九""用六"的爻辞为其他六十二卦所无，显示了乾坤二卦的特殊性和重要性。在《易传》中，除了《文言》对乾坤二卦单独作解释以外，《系辞上》还说："乾坤，其《易》之缊邪？乾坤成列，而《易》立乎其中矣。乾坤毁，则无以见《易》。《易》不可见，则乾坤或几乎息矣。""乾坤，其《易》之门耶？乾，阳物也；坤，阴物也。阴阳合德，而刚柔有体。以体天地之撰，以通神明之德。"帛书《周易》中的《易之义》也说："《易》曰：有名焉曰乾。乾也者，八卦之长也。九也者，六爻之大也。……《易》有名曰坤，雌道也。……子曰：《易》之要，可得而知矣。乾、坤也者，《易》之门户也。"可见，不论是通行《易传》还是帛书《易传》都把乾坤二卦看作《易》的门户，也就是说，我们通过乾和坤才能了解《易》的根本大义。乾坤二卦之所以能占有如此的地位，可能与其卦象的特殊性有关，因为二卦的六爻皆为阳或阴。而阴阳是《周易》一个非常重要的特征，《庄子·天下》说："《易》以道阴阳。"而且在《说卦》中乾坤为父母卦，其余六卦都是由此二卦所生，然后又推出六十四卦。

《易纬》作者认为乾坤二卦在《周易》中有着非常重要的作用，《乾凿度》卷上说："孔子曰：乾坤，阴阳之主也。……乾坤者，阴阳之根本，万物之祖宗也。"这显然受到《易传》思想的影响。

在《乾凿度》的基础上，《乾坤凿度》对乾、坤二卦也作了具体的论述。其解释乾曰："乾者，天也，川也，先也。川者，倚竖天者也。乾者，乾天也，又天也。乾，先也。乾，训健，壮健不息，日行一度。"此文意颇有些难懂，大概是说乾有天、川、先、健等意思。天、健二意为《说卦》所有。"川"可能是从其字形与乾卦卦象相似而言的，"先"可能是说乾在古文八卦中最先产生。"乾者，乾天也，又天也"可能是说乾卦由三画重为六画，所以说"乾、天也，又天也"，即乾卦代表"乾"和"天"相重或两"天"相重。对于坤卦，《乾坤凿度》卷下作了详细的说明。《易纬》作者认为《坤凿度》是"太古变乾之后，次《坤凿度》"，即圣人在作完《乾凿度》之后才作的《坤凿度》，因为"坤"在形成上要晚于"乾"。作者分别论述了"坤有十性""坤有八色""坤属""坤性体""坤有变化"等"坤"的性质。所谓"坤有十性"是指：坤为人门、坤德厚、坤有势、坤多利、坤元有信、易平（按：二字当为衍文）坤道平易、坤有大策、坤纯阴正、坤法为人腹、坤道有闭。除了"人门"外，其余皆能在《周易》经传中找到根据。如"坤德厚。坤有势"，《象传》有"地势坤，君子以厚德载物"；"坤法为人腹"，《说卦》有"坤为腹"；"坤道有闭"，《文言》有"天地闭，贤人隐。《易》曰：'括囊，无咎无誉'"等等。"人门"指《乾坤凿度》卷上提到的"乾、坤、巽、艮四门"，其中乾为天门、坤为人门、巽为风门、艮为鬼冥门。书中还论述了"坤有八色""坤属""坤有变化"等，如"坤有八色：东下西上，北黑南轻，中殷甘滋，厥土厚肌。东咸西淡，南污北荒"，这里数不足八，未知其所指。可能指地（坤）上八方的地理情况。"坤属"是指离、巽、兑三卦皆属于坤，因为此三卦在《说卦》中皆由坤所生。"坤性体"是指"坤"有刑杀、默塞、沉厚三种性质和作用。"坤有变化"是指"坤"有虚、简顺、洁凝三种变化形态。可以看出，《乾坤凿度》虽然对乾坤二卦作了解释和论述，但多数思想都能在《易经》或《易传》中找到根据，这说明《易纬》对《周易》经传的内容作了进一步地引申和阐发。

《乾坤凿度》还对乾坤二卦的关系作了论述，其卷下说：

坤道成，坤大辅，上发乃应。庖氏曰：坤辅于乾顺，亨贞。辅依乾而行，乾一索而男，坤一索而女，依乾行道。乾为龙，纯颗气，气若龙，

坤为马。乾为父，坤为母，皆靳顺天道，不可违化。乾君坤臣。乾称德三，坤以奉六，故成乾九。乾二十五，坤靳三十。乾位六爻，坤承奉六。右乾覆坤，乾元三含两坤，乾大策含坤小策，大含小，下靳上，圣人裁以天地，膊靳而养万源，正其道。

这显然受到《易传》思想的影响。《易传》认为乾为坤之主宰，而坤附属于乾，如《坤·象传》"至哉坤元，万物资生，乃顺承天。"《坤·文言》"坤道其顺乎！承天而时行。"《乾坤凿度》对这一思想进行了发挥，认为坤附于乾，"依乾行道"，所以乾为龙、为君、为父，而坤为马、为臣、为子。同时认为乾包含坤，"乾覆坤"，所以"乾元三含两坤，乾大策含坤小策"。所谓"乾元三含两坤"可能是指乾（天）数三包含坤（地）数二。"乾大策含坤小策"是指乾之策数二百一十六包含坤之策数一百四十四。

三 《乾坤凿度》的"四门""四正"说

八卦是《周易》最为基本的卦，所以又称为"八经卦"，前面我们已经说了八卦是由古代文字而来的。《说卦》专门论述八卦，而《乾坤凿度》也对八卦作了特殊的安排，认为"乾、坤、巽、艮"四卦为"四门"，"坎、离、震、兑"四卦为"四正"。

对于乾、坤、巽、艮"四门"，《乾坤凿度》卷上曰：

> 乾为天门，圣人画乾为天门。万灵朝会众生成，其势高远，重三三而九，九为阳德之数，亦为天德，天德兼坤数之成也，成而后有九。《万形经》曰：天门辟元气，《易》始于乾也。

> 坤为人门，画坤为人门，万物蠢然，俱受荫育，象以准此坤能，德厚迷远，含和万灵，资育人伦，人之法用，万门起于地利，故曰人门。其德广厚，迷体无首，故名"无疆"。数生而六，六者纯阴，怀刚杀德，配在天，坤形无德，下从其上，故曰"顺承"者也。

> 巽为风门，亦为地户。圣人曰：乾坤成气，风行天地，运动由风气成也。上阳下阴，顺体入也。能入万物，成万物，扶天地，生散万物，风以性者。圣人居天地之间，性禀阴阳之道，风为性体，因风正圣人性焉。《万形经》曰：二阳一阴，无形道也。风之发泄，由地出处，故曰地户。户者，牖户通天地之元气，天地不通，万物不蕃。

> 艮为鬼冥门。上圣曰：一阳二阴，物之生于冥昧，气之起于幽蔽，

《地形经》曰：山者，艮也，地土之余，积阳成体，石亦通气，万灵所止，起于冥门，言鬼，其归也，众物归于艮。艮者，止也，止宿诸物，大齐而出，出后至于吕申，艮静如冥暗，不显其路，故曰鬼门。

乾为"天门"，因为其象象天，乃天下万物朝会之处。而九为天德，乾为万物之始出，故言之也。坤为"人门"，因为坤有厚德，天下万物俱受其滋育，人伦亦不例外。且能为人效法，万门皆起于此，故为"人门"。"无疆""顺承"皆《象传》文。其数为六，六为纯阴，其德以杀为主，因此，坤没有德性，只能与天相配，所以《象传》说："至哉坤元，万物资生，乃顺承天。"巽为"风门"，乾坤成气，其行皆由风气成也。风能出入万物，扶持天地。圣人能够居于天地之间，禀持阴阳之道，都是因为风能正圣人之性。意似《论语·颜渊》之"君子之德风"。又因风从地出，故曰地户。艮为"鬼冥门"，因艮卦卦象为一阳二阴，且初爻为阴，故言"物之生于冥昧，气之起于幽蔽"也。又因艮有止义，能止万物而为万物之归，故又称鬼门。冥言其始而鬼言其归，故曰"鬼冥门"也。

对于坎、离、震、兑"四正"，《乾坤凿度》卷上曰：

月，坎也，水魄，圣人画之，二阴一阳，内刚外弱。坎者水，天地脉，周流无息。坎不平，月水满而圆，水倾而艮（疑为"月圆而艮，水满而倾。"），坎之缺也。月者阙，水道，圣人究得源脉，浏涉沦涟，上下无息，在上曰汉，在下曰脉，潮为浍随，气曰濡，阴阳礴礚为雨也。月，阴精，水为天地信，顺气而潮，潮者，水气来往，"行险而不失其信"者也。

日离，火宫，正中而明，二阳一阴，虚内实外，明天地之目。《万形经》曰：太阳顺四方之气。古圣曰：烛龙行东时肃清，行西时瘟暵，行南时大暵，行北时严杀。顺太阳实元，煖燠万物。形以鸟离，烛龙四方，万物向明，承惠煦德，实而迟重，圣人则象，月即轻疾，日则凝重，天地之理然也。

雷木震，日月出入门。日出震，月入于震，震为四正德，形鼓万物不息。圣人画之，二阴一阳，不见其体，假自然之气，顺风而行，成势作烈，尽时而息。天气不和，震能飜息，万物不长，震能鼓养。《万形经》曰：雷，天地之性情也。情性之理自然。

泽金水兑，日月往来门，月出泽，日入于泽。四正之体，气正元体，圣人画之，二阳一阴，重上虚下实，万物燥。泽可及天地怒，泽能悦万

形恶，泽能美应天顺人。承顺天者，不违拒，应人者，泽滋万业，以帝王法之，故曰：泽润，天地之和气然也。

在《说卦》中，坎既为水，又为月，故《乾坤凿度》以二者释之。其为水，则为天地之脉，流动不息。如果坎象不平，则月、水皆会有相应变化，月圆则昃，水满则倾。圣人究得天地源脉，则能上下不息。水又代表天地之信，故能"行险而不失其信"（《象传》）。离则为火为日，其卦象为二阳一阴，阴居内故虚，阳处外故实。内虚外实，所以明天地之目也。此处"烛龙"表示太阳，其所居方位不同，作用也会有所不同。离亦为日，因此也说明了离卦的作用。太阳行在四方，天下万物皆能受其实惠。圣人效法天地之象，亦应知其不同之作用。震卦为"日月出入门"，表示日出月入之处。其体无形，借自然之气而发挥作用。其兴时也猛烈，其尽时也无息。如果天地不和、万物不长，震皆能起到挽救之作用。兑卦为"日月往来门"，表示月出日入之地。其卦象为二阳一阴，一阴居上，二阳居下，故"上虚下实"。泽卦有容天地之怒、悦万物之恶、应天顺人等三种作用。此亦本于《象传》："兑，说也。刚中而柔外，说以'利贞'，是以顺乎天而应乎人"。

可以看出，所谓"四正"是就《说卦》"帝出乎震"一章的八卦方位而言的。在这种卦位中，坎、离、震、兑四卦分别居于北、南、东、西之正位。因此，它们被称为"四正"。《乾坤凿度》卷上说："包犠氏画四象，立四隅，以定群物，发生门，而后立四正。"郑玄注曰："已上四正，八象四正于气也。"所谓"画四象，立四隅"指上面所说的乾、坤、巽、艮四门，因此四卦在后天卦位中皆居于东南、东北、西南、西北四隅。然《乾坤凿度》又说："四正者：定气一，日月出没二，阴阳交争三，天地德正四。"此盖明"四正"卦之作用也。"定气一"大概是说四正卦能定四方之气；"日月出没"是说四正卦所象与日、月有关，如坎为月，离为日，震为日月出入门，兑为日月往来门；"阴阳交争三"是说四正卦卦象皆由阴阳二爻构成；"天地德正四"大概是说四正卦有正天地之德的作用。

从上面分析可以看出，虽然《易纬》把八卦分为"四门"和"四正"，然皆能在《周易》经传中找到根据。如乾为天、坤德"无疆"、巽为风、艮为止、坎为水、离为火、震为雷、兑为泽等。

《乾坤凿度》的"四门""四正"思想显然受到《说卦》的影响。其说：

帝出乎震，齐乎巽，相见乎离，致役乎坤，说言乎兑，战乎乾，劳乎坎，成言乎艮。万物出乎震，震东方也。齐乎巽，巽东南也，齐也者，言万物之絜齐也。离也者，明也，万物皆相见，南方之卦也。圣人南面而听天下，向明而治，盖取诸此也。坤也者，地也，万物皆致养焉，故曰致役乎坤。兑，正秋也，万物之所说也，故曰说言乎兑。战乎乾，乾西北之卦也，言阴阳相薄也。坎者水也，正北方之卦也，劳卦也，万物之所归也，故曰劳乎坎。艮，东北之卦也，万物之所终，而所成始也，故曰成言乎艮。

这里把八卦与方位配合起来，宋儒称之为后天卦位（见图1）：

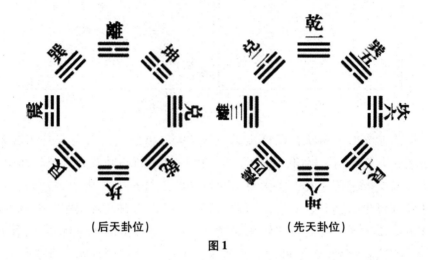

（后天卦位）　　　　　　　　　（先天卦位）

图1

可以看出，在此方位中，乾、坤、巽、艮四卦分别位于西北、西南、东南、东北四个方位，因此，《乾坤凿度》称它们为"四门"。古人认为天倾西北，地陷东南，如《河图·括地象》说："天不足西北，地不足东南。西北为天门，东南为地户。天门无上，地户无下。"因此与八卦相对，乾为天门，巽为地户。坎、离、震、兑四卦则分别位于北、南、东、西四个方位，因为它们在居于正位，故为"四正"。"天门"一词可能出于道家。老子说："天门开阖，能为雌乎？"（十章）庄子说："入出而无见其形，是谓天门。天门者，无有也。万物出乎无有，有不能以有为有，必出乎无有。"（《庚桑楚》）在道家那里，天门是万物生成的根源。《乾坤凿度》亦有此意，"天门阛元气，《易》始于乾也。"

《乾坤凿度》的"四门"思想与古代的式盘有着密切的关系。北宋杨维德《景祐六壬神定经》说："造式：天中作斗杓，指天罡；次列十二辰；中列二十八宿，四维局；地列十二辰、八干、五行、三十六禽；天门、地户、人门、鬼路四隅讫。"① 这是式盘的基本构造，其中提到天门、地户、人门、鬼门等四门的思想。下面的两只铜式（见图2、图3）分别藏于中国历史博物馆与上海博物馆，二者上面均标出天、地、人、鬼四门。

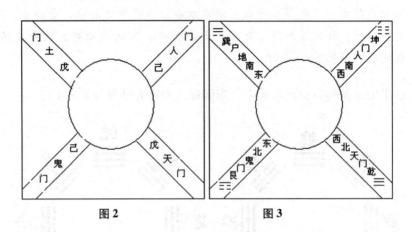

图2　　　　　　　　　　　　　　图3

图2大约出于东汉，仅标出天、地、人、鬼四门，未与八卦相联系。图3约在六朝晚期，标出天、地、人、鬼相对应的四卦及其卦象。据学者研究，从文献记载来看，式作为实际存在的工具至少在战国时就已出现。其来源或可推到商代，甚至新石器时代。② 但式盘与八卦相配，大概在西汉中后期才出现。我们在朝鲜乐浪遗址王盱墓出土的东汉初年的式盘上，就能看到这种配合。③ 这可能受到河内女子逸《易》的影响。有研究者认为，式铭的天、地、人、鬼四"门"，与《周易》天、地、人、鬼四"谦"有着密切关系。④ 所谓四"谦"是指谦卦《象传》："天道亏盈而益谦，地道变盈而流谦，鬼神害盈而福谦，人道恶盈而好谦。"然四"谦"仅是说明谦卦的，何以与乾、坤、巽、艮发生关系？因此，天、地、人、鬼四门的思想仍需探讨。

我们在《焦氏易林》中也能看到"天门""地户"的思想。如小畜之泰说："天门开辟，牢户窦廓。桎梏解脱，拘囚纵释。"尚秉和注曰："乾坤皆为门户，而乾居戌亥，故曰天门。"这是按照后天卦位，乾居西南，故为天门。除了后天卦位外，尚秉和认为焦氏易学中亦有先天卦位（见图2、

---

① 杨维德：《景祐六壬神定经》，《丛书集成初编》，商务印书馆，1939，第26～27页。
② 李零：《中国方术正考》，中华书局，2006，第85～86页。
③ 李零：《中国方术正考》，第70～75页。
④ 邢文：《帛书周易研究》，人民出版社，1997，第109页。

图 3）。所谓先天卦位，是指北宋邵雍根据《说卦》"天地定位"章所作，其方位为乾南、坤北、离东、坎西、兑东南、巽西南、震东北、艮西北。可以看出，在先天卦位中，艮亦为天门，兑亦为地户。其说："既济之损云：'天门地户'。按《损》上艮，故曰天门；下兑，故曰地户。《内经》以'戌、亥为天门，辰、巳为地户'。戌、亥者，西北也。……既济之损云：'天门地户'。《损》下兑，故曰地户。《内经》以'辰、巳为地户'。辰、巳者，东南。"① 可见，天门、地户的看法完全是根据方位来的。焦氏易学中，先天、后天并存，因此，乾、艮皆天门，巽、兑皆地户。《乾坤凿度》的形成在刘歆之后，要晚于焦延寿，② 因此，其四门的思想可能受到焦氏易学的影响。

四　《乾坤凿度》的象数观

象和数无疑是《周易》思想中最重要的内容。《左传·僖公十五年》韩简说："龟，象也；筮，数也。物生而后有象，象而后有滋，滋而后有数。"这说明象和数的不同，同时也说明数是由象而来的。其实《周易》经传对象和数也作过非常重要的论述，虽然《易经》没有明确提及象和数，但处处体现着象和数，如乾卦中的"龙""乾乾""初九""九二"等，其余诸卦也是如此。《易传》对象和数作了比较详细的论述，如《象传》《说卦》中对象作了系统的论述，《系辞》中论述了"天地之数""大衍之数"、乾坤的"策数"等。而且《易传》还对象与数的关系作了说明，如"通其变，遂成天下之文；极其数，遂定天下之象"（《系辞上》），"昔者圣人之作《易》也，幽赞于神明而生蓍，参天两地而倚数，观变于阴阳而立卦，发挥于刚柔而生爻，和顺于道德而理于义，穷理尽性以至于命"（《说卦》）。这一方面说明象是数的基础，"参天两地而倚数"；另一方面也说明数对象起有很重要的作用，"极其数，遂定天下之象"。

《乾坤凿度》对象和数也作了系统的论述，而且对《周易》中的象数思想有所解释和阐发。对于象，《乾坤凿度》卷上论述了"大象八""圣人索象画卦"等。所谓"大象八"是指八卦的卦象，因为它们是八种最基本的象。而"圣人索象画卦"是指"配身，取象，裁形，取物，法天地宜，分上下

---

① 尚秉和：《焦氏易诂》，中国大百科全书出版社，2005，第 7~8 页。
② 参见拙文《〈易纬〉各篇形成考》，《中国哲学史》2009 年第 3 期。

属"等。所谓"配身"是指把八卦和人的身体部位对应起来，"乾为头首，坤为胃腹，兑口，离目，艮手，震足"，此本于《说卦》"乾为首，坤为腹，震为足，巽为股，坎为耳，离为目，艮为手，兑为口"；"取象"是指人们效法卦象而用于人事，"养身法颐，匹配法咸，造器设益，聚民以萃"，此皆本于《周易》经传，如《序卦》"颐者，养也。……萃者，聚也"，《系辞下》"斲木为耜，揉木为耒，耒耨之利，以教天下，盖取诸益"等；"裁形变文"指观察自然纹理而造文，"顺天文为贲，设人文夬，参鸟文离，象兽文革"，"天文""人文"出于《贲·彖传》"刚柔交错，天文也；文明以止，人文也。观乎天文，以察时变；观乎人文，以化成天下"，"鸟文""兽文"出于《系辞下》"古者包牺氏之王天下也，仰则观象于天，俯则观法于地，观鸟兽之文与地之宜，近取诸身，远取诸物，于是始作八卦"。然把四者与卦名对应起来，应属《易纬》首创。但这种对应，可能也本于《周易》经传，如"鸟文"对应于离卦，可能本于《说卦》"离为雉"，"兽文"对应于革卦，可能本于革卦初九爻辞"黄牛之革"。这同时也说明古人据自然纹理造卦的过程。"取物""法天地宜"主要说明人们效法卦象而用，与《系辞》《序卦》《杂卦》中的一些内容相似。"分上下属"是说把《周易》分为上下经，上经三十卦，下经三十四卦，此本于《序卦》。按：八卦及六十四卦本来是人们观察自然的现象而作的，"仰则观象于天，俯则观法于地，观鸟兽之文与地之宜，近取诸身，远取诸物，于是始作八卦"，但其一旦形成，又对人们的生活起着指导作用，如《系辞下》说："作结绳而为网罟，以佃以渔，盖取诸离。……斲木为耜，揉木为耒，耒耨之利，以教天下，盖取诸益。日中为市，致天下之民，聚天下之货，交易而退，各得其所，盖取诸噬嗑。……"从上面可以看出，《乾坤凿度》也沿袭了《周易》中的这种思想，前者如"裁形变文""索象画卦"，后者如"取象法物""取物制度"。

《乾坤凿度》对于数也作了详细的论述，不但论述了《易传》中的"天地之数""大衍之数""策数"等，而且还论述了《易经》中的数。卷上说：

> 天数：一、九、二十五、三万九千七百五十五。地数：二、六、三十、八万六千四百二十。卦数：三千八百四，又位大二十二万八千二十四卦数。爻数：三百八十四，通二万二千八百二十四。衍天地合和数：天地合一二得三，合九六，合二十五及三十。乾策二百一十六：一策三十六，策满六千九百一十二。坤策一百四十四：一策二十四，策满四千六百八。八策：万一千五百二十。日力月力：日八百四千八万八千九百

七十六分，月一千五百八十七万九千八百八十四十小分。八象大尽数：二百二十八万二千四百，九百八十七分。生天数：天本一而立，一为数源，地配生六，成天地之数，合而成性。天三地八，天七地二，天五地十，天九地四。……天地合策数五十五：所用法古四十九，六而不用，驱之六虚。

此大多本于《系辞上》"大衍之数五十，其用四十有九。分而为二以象两，挂一以象三，揲之以四以象四时，归奇于扐以象闰；五岁再闰，故再扐而后挂。天数五，地数五。五位相得而各有合，天数二十有五，地数三十，凡天地之数五十有五，此所以成变化而行鬼神也。《乾》之策二百一十有六，《坤》之策百四十有四，凡三百有六十，当期之日，二篇之策，万有一千五百二十，当万物之数也。……天一，地二；天三，地四；天五，地六；天七，地八；天九，地十。"然其中亦有不可晓的，如"八象大尽数""日力月力"等。

在《系辞》中，"其用四十有九"是讲"大衍之数五十"的，而此讲天地之数五十有五，未知何据。对于"其用四十有九"，其解释说："所用法古四十九，六而不用，驱之六虚。"此是说"五十五"中有六个数不用，因为它们用在六爻位，所以"其用四十有九"。卷上还说："一百岁方生四十九茎，足承天地数，五百岁形渐干实，七百岁无枝叶也，九百岁色紫如铁色，一千岁上有紫气，下有灵龙神龟伏于下。《轩辕本经》曰：紫蓍之下，五龙十朋伏隐，天生灵折，圣人采之而用。四十九，运天地之数，万源由也。"与上一种说法不同，所以"用四十九"，因为蓍草有四十九茎，而且经过一千年，蓍草才有神性，然后圣人用之。据此，"四十九"为天地数，可能与上面所说的一样，是指"天地之数五十有五"。

《乾坤凿度》还对《易经》中的数作了解释，认为其中所用的数皆有意义。如卷上说："屯：十年乃字（注曰：何不以七年与五年。按：屯卦六二爻辞曰：'女子贞不字，十年乃字'）。需：三人（注曰：三阳。按：需卦上六爻辞曰：'有不速之客三人来'）。讼：户三百，（注曰：不言二百、一百，象中有数。按：讼卦九二爻辞曰：'不克，归而逋其邑人三百户，无眚'），三褫（按：讼卦上九爻辞曰：或锡之鞶带，终朝三褫之）……"按照郑玄的注解，《易经》所用的数字不是随意的，而是有特殊意义的。

在象数关系上，《乾坤凿度》作者也认为象在数前，数由象生。"易起无，从无入有，有理若形，形及于变而象，象而后数。"（卷上）这显然受到

《左传》"象而后有滋，滋而后有数"思想的影响。

从上面的分析可以看出，《乾坤凿度》对于《周易》的源流、作者、结构等都有着自己独特的看法，其中有些思想不乏真知灼见。因此，其在汉代易学史乃至整个中国易学史上有着不容忽视的作用和地位。

作者单位：中国社会科学院

魏相易学政治思想论略

文 平

摘 要：魏相易学在"卦气说"的理论上具有开创性作用，这主要表现在卦气说和政治伦理思想相结合的初创作用。卦气说的政治功能自魏相起开始理性化，带有浓厚的象数思维特征。这种体系通过皇权的认可，具有直接参与政治经济的管理，调整君王的言行的作用。

关键词：魏相 《易经》 卦气 政治 伦理

魏相是汉宣帝时期的易学家，他在易学史上的影响主要体现在他讨论卦气的思想。虽然他流传下来的易学论著很少，但通过史料记载的魏相论《易》，足以表明魏相在易学和政治伦理思想上的结合是独具特色、自成一体且具有开风气先的作用，梳理魏相易学，对于卦气学的全面研究是有帮助的。现据《汉书》记载，对魏相的易学政治思想做出概要论述。

一 魏相的"卦气说"

《汉书》载："魏相字弱翁，济阴定陶人也，徙平陵。少学《易》……相明《易经》，有师法，好观汉故事及便宜章奏，以为古今异制，方今务在奉行故事而已。"这一段话指明了魏相易学的总体特征，那就是把易学和政治紧密结合起来，使之具有经世致用的功能。魏相曾为宣帝时丞相，他的易学思想仅见于《汉书》的一段文字中：

> 臣闻《易》曰："天地以顺动，故日月不过，四时不忒；圣王以顺动，故刑罚清而民服。"天地变化，必继阴阳，阴阳之分，以日为纪。日冬夏至，则八风之序立，万物之性成，各有常职，不得相干。东方之神太昊，乘"震"执规司春；南方之神炎帝，乘"离"执衡司夏；西方之神少昊，乘"兑"，执矩司秋；北方之神颛顼，乘"坎"执权司冬；

中央之神黄帝，乘"坤""艮"执绳司下土。兹五帝所司，各有时也。东方之卦不可以治西方，南方之卦不可以治北方。春兴"兑"治则饥，秋兴"震"治则华，冬兴"离"治则泄，夏兴"坎"治则雹。明王谨于尊天，慎于养人，故立羲和之官以乘四时，节授民事。君动静以道，奉顺阴阳，则日月光明，风雨时节，寒暑调和。三者得叙，则灾害不生，五谷熟，丝麻遂，草木茂，鸟兽蕃，民不夭疾，衣食有余。若是，则君尊民说，上下亡怨，政教不违，礼让可兴。夫风雨不时，则伤农桑；农桑伤，则民饥寒；饥寒在身，则亡廉耻，寇贼奸宄所繇生也。臣愚以为阴阳者，王事之本，群生之命，自古贤圣未有不繇者也。天子之义，必纯取法天地，而观于先圣。高皇帝所述书《天子所服第八》曰：大谒者臣章受诏长乐宫，曰："令群臣议天子所服，以安治天下。"相国臣何、御史大夫臣昌谨与将军臣陵、太子太傅臣通等议："春夏秋冬天子所服，当法天地之数，中得人和。故自天子王侯有土之君，下及兆民，能法天地，顺四时，以治国家，身亡祸殃，年寿永究，是奉宗庙安天下之大礼也。臣请法之。中谒者赵尧举春，李舜举夏，兒汤举秋，贡禹举冬，四人各职一时。"大谒者襄章奏，制曰："可。"孝文皇帝时，以二月施恩惠于天下，赐孝弟力田及罢军卒，祠死事者，颇非时节。御史大夫朝错时为太子家令，奏言其状。臣相伏念陛下恩泽甚厚，然而灾气未息，窃恐诏令有未合当时者也。愿陛下选明经通知阴阳者四人，各主一时，时至明言所职，以和阴阳，天下幸甚！①

这段文字当是卦气说的先声。虽然整体来看颇显粗糙，但是基于儒家政治伦理思想的体系却是一贯的，它用卦爻的象数形式，初步结合了阴阳数术的一些观念，企图建立一个新的时空体系。这种世界观，已经颇不同于董仲舒的儒家神学伦理政治，毋宁说它开始理性化，带有浓厚的象数思维特征。这种体系通过皇权的认可，具有直接参与政治经济的管理，调整君王的言行的作用，这种开创意义，应该值得认真探讨。

清代学者唐晏未将魏相归于任何一个易学派别，但是他又说"相明《易经》，有师法"，却并未指出师法渊源，又说"相所治《易》未知何家，然彼时施、孟、梁丘盛行。考之虞氏《易》说震为春、兑为秋、坎为冬、离为夏

---

① 班固：《汉书·魏相传》。

之说，与此正同，则相所治亦孟氏《易》也。"① 单凭孟氏易盛行，而虞翻易学所载四正卦与魏相相合就说魏相所治乃孟氏《易》，未免失之偏颇，孟氏《易》偏向自然哲学，虽有焦京之徒附以人事，但已经稍稍偏离孟氏《易》本意。孟氏《易》者，主要在于卦气之说，因此这里有必要对魏相"卦气说"的来源做一番说明，以与孟氏《易》区别开来。

二 魏相易学来源考索

魏相易学并非来自同时代首倡"卦气"的孟喜，孟喜因为改师法，不得宣帝之用，身为丞相的魏相当然就不会不明事理而学孟氏。魏相与孟氏大有不同，但四正还是一致的，四正产生既古，记叙者下笔寥寥，如《汉书·五行志》所记夏侯始昌论四正一节："于《易》，震在东方，为春为木也；兑在西方，为秋为金也；离在南方，为夏为火也；坎在北方，为冬为水也……春与秋，气阴阳相敌，木病金盛，故能相并，唯此一事耳。祸与妖、痾、祥、眚同类，不得独异。"② 夏侯所论，可分为两个部分，一是四正卦及其所配时空秩序；另一个就是汉人习用的阴阳灾变之说。其与魏相不同在于，魏相不仅说灾变，"阴阳未和，灾害未息"，更重要的是讲究天道人心，"天地变化，必繇阴阳，阴阳之分，以日为纪。""天地以顺动，故日月不过，四时不忒；圣王以顺动，故刑罚清而民服。"并以此为据干预时政，企图影响君王言行，希望君王能尚德而行。"君动静以道，奉顺阴阳，则日月光明，风雨时节，寒暑调和。"君王兴德，天下也就大治了，如不然则王事岌岌可危也，"夫风雨不时，则伤农桑；农桑伤，则民饥寒；饥寒在身，则亡廉耻，寇贼奸宄所繇生也。"

观魏相所论，颇同于《说卦》，因此魏相易学很可能来自《说卦》。《说卦》曰："帝出乎震，齐乎巽，相见乎离……坎者，水也，正北方之卦也，劳卦也，万物之所归也，故曰劳乎坎。艮，东北之卦也，万物之所成终而所成始也，故曰成言乎艮。"这就是所谓后天八卦方位配四时图所出，魏相也有言："东方之神太昊，乘'震'执规司春；南方之神炎帝，乘'离'执衡司夏；西方之神少昊，乘'兑'，执矩司秋；北方之神颛顼，乘'坎'执权司冬；中央之神黄帝，乘'坤'、'艮'执绳司下土。兹五帝所司，各有时

---

① 唐晏：《两汉三国学案》，中华书局，1986，第66页。

② 班固：《汉书·魏相传》。

也。"《说卦》讲圣人画卦，是为了和顺道德，使人人有序、知序方为大智，这集中表现在两段文字中："昔者圣人之作《易》也，幽赞于神明而生蓍，参天两地而倚数，观变于阴阳而立卦，发挥于刚柔而生爻，和顺于道德而理于义，穷理尽性以至于命。""昔者圣人之作《易》也，将以顺性命之理。是以立天之道曰阴与阳，立地之道曰柔与刚，立人之道曰仁与义。兼三才而两之，故《易》六画而成卦；分阴分阳，迭用柔刚，故《易》六位而成章。"而魏相以阴阳立论，指出阴阳大纪实通于治世之道，逆阴阳而行只会出现灾殃。因此他认为"阴阳者，王事之本，群生之命，自古贤圣未有不繇者也。天子之义，必纯取法天地，而观于先圣。"并分别引述高祖、文帝、景帝故事，指出春夏秋冬天子所服，当法天地之数，中得人和。上至天子下至百姓都要"法天地，顺四时，以治国家"，魏相强调政治当效法天道运行而备四季之官，这样才会有效治理，天下和合，并且表达了自己阴阳协调、政治清明的心愿："臣相伏念陛下恩泽甚厚，然而灾气未息，窃恐诏令有未合当时者也。愿陛下选明经通知阴阳者四人，各主一时，时至明言所职，以和阴阳，天下幸甚！"根据《说卦》和魏相论《易》的比较，可见《说卦》与魏相的政治伦理精神是很一致的。另外，《说卦》对八卦方位从各卦卦性及其相互关系方面进行了阐述，"天地定位，山泽通气，雷风相薄，水火不相射，八卦相错。数往者顺，知来者逆，是故《易》逆数也。""雷以动之，风以散之，雨以润之，日以烜之，艮以止之，兑以说之，乾以君之，坤以藏之。"等等。而魏相则多是从不遵循卦气而动、"不能宣广教化"的角度将导致的恶劣后果论说，如"日冬夏至，则八风之序立，万物之性成，各有常职，不得相干。""东方之卦不可以治西方，南方之卦不可以治北方。春兴'兑'治则饥，秋兴'震'治则华，冬兴'离'治则泄，夏兴'坎'治则雹。"，以此说明四时四方均与人事相连，它是一个巨大的自然以及伦理政治图式。《说卦》和魏相的表述途径不一，但是思想内核是基本一致的。

"卦气说"的各个因素来源其实都很早，四正也是如此，除了汉武帝时期夏侯始昌论易之四正，同时的《淮南子》也有相关述说，虽然没有明确将八卦配以四时四方，但是它把天干地支、五行八风、星宿运行、音乐韵律等等囊括在一个系统之中，已然具有四正图式。往前溯的《月令》《十二月纪》《夏小正》皆是如此，夏侯始昌讲得简易，而魏相与《说卦》最为吻合，因而有理由说魏相易学思想来自《说卦》。《说卦》也是孟喜卦气的一个基础，是总结历来论说卦气的一篇论文，卦气说的完全成型离不开《说卦》。为何魏相、孟喜都在宣帝时期论《易》之卦气？这可能与发现《说卦》相关。有两段文字记载说明此事：《论衡》之《正说篇》曰："至孝宣皇帝之时，河内女子发老屋，得逸《易》《礼》《尚书》各一篇，奏之。宣帝下示博士，然后《易》《礼》《尚书》各益一篇，而《尚书》二十九篇始定矣。"又《隋书》之《经籍志》载："及秦焚书，《周易》独以卜筮得存，唯失《说卦》三篇。后河内女子得之。""逸《易》"和"《说卦》三篇"在内容上应该是接近的，当包括《说卦》的内容。根据刘建国的研究，孔子作《易传》无差。他将《左传》记载的易事与今传本十翼进行比较，认为春秋中期就已经存在《易传》，孔子经过修改就成了今传本十翼。他说："《易传》并不是孔子之后才有的，而是在春秋中期就早已存在，最晚也是在庄公二十二年（前672 年）前形成的。并且有一个较稳定的本子，只不过在占筮时因对象不同而结合一些实例而已。这个春秋时期的《易传》很可能就是当时流传过而后又遗失，后被韩宣子观书于鲁太史所见之《易象》，事在《左传》昭公二年（前 540 年，即孔子 11 岁时）。如果这个论断不错的话，作《左传》之左丘明见过原《易传》，孔子也是在此基础上进行修改而成为今本十翼的。后原《易传》失传。"① 孔子十翼到西汉中叶也有佚失，宣帝时《说卦》的发现就说明了这点。但是李镜池否定十翼为孔子所作，他说："在西汉末刘歆校书以至班固作《汉书》时，这十篇之目恐怕尚在传说中。"又以逸《易》只有一篇而《隋书》又讲三篇，因篇目不一所以说《隋书》是讲的传说或者是想象。② 然后又以京房等人讲了卦气，而认为《说卦》是京房等人加进去的，所以说《说卦》不出于焦京之前。其实古史辨派的说理比较有根据，但是不能因此否定《史记》《汉书》等正史的记载，徐芹庭将《论语》和《易传》有关语句进行仔细对比，并引经据典说明孔子实为《易传》作者，③ 他又引《日知录》《经义考》等的传统说法对李镜池等人进行了详细的批驳。④ 高汉民在仔细分析《说卦》的思想后认为，《说卦》为圣人所作，分为三个部分，只不过"《隋志》的'说卦'三篇，为此三部分之'分'，而《论衡》之'一篇'是指三部分之'合'。"⑤ 笔者认为这个讲法是有道理的。《说卦》佚失，宣帝得见，而这时恰是魏相、孟喜、京房、焦延寿等人提出系统卦气说的主张的时候，这一定不是偶然的，"《说卦传》虽不是讲卦气的，但是易卦

① 刘建国：《先秦伪书辨正》，陕西人民出版社，2004，第 14 页。
② 李镜池：《周易探源》，中华书局，1978，第 320 页。
③ 徐芹庭：《易经源流》，中国书店，2008，第 149～158 页。
④ 徐芹庭：《易经源流》，第 165 页。
⑤ 高汉民：《先秦易学史》，广西师范大学出版社，2007，第 172 页。

与方位、四季结合之始，是以后这些说法形成之基础。"① 可以说，当时的易学家就是在《说卦》的基础上开始形成自己的特色，据此，魏相《易》是有别于其他诸家论《易》的。

三 魏相易学的政治伦理思想

魏相易学资料虽然流传下来的不多，但通过以上所说，由于《说卦》的发现而有了一个新的自然和人事的图式，这就是卦气说。魏相因为顺应了这个潮流，因而他的地位应当得到足够的重视，说他是卦气说的先行者是不为过的。这个先行，是植根于当时发现的《说卦》以及长期以来人们谈论卦气诸因素的综合结果。这是一个不同于董仲舒时代的新的理性的要求，是时代精神的必然结果。董仲舒的"天人合一"是一整套阴阳五行的神学目的论，充满了神秘主义色彩，是符合统治者的需要的，魏相易学的不同则是企图通过理性化的卦气设计干预政事，这种理性化是一种全新的时空框架，以卦爻为其表现形式，尽管是在初始阶段，某些方面还不能完全脱离臆想成分，但是整体已经具有了象数思维的理性推理特征，更重要的是它具有儒家思想的核心要素，即仁政德治的主张。这种主张既非说教，亦非简单的推己及人的领悟，它把自然运行的价值落实在君王官吏、封建政治的治理效果上，这就具备了不仅仅是道德调整，更重要的是政治调整的功能。而道德调整主要是考察君王以及君王与臣民之间的伦理关系，其重心是在君王，于是道德调整也就势必贯彻着政治调整。而政策设计和实行，它的功效以一种天人相连的外在卦气得到评判，这种评判最终也就落实到君王官吏的道德考察了，二者是相辅相成的关系。总的来说，魏相易学的政治伦理思想主要表现在以下几个方面。

第一，提出"天地以顺动，故日月不过，四时不忒；圣王以顺动，故刑罚清而民服"的政治理想的总原则，也即是人的行为，尤指君王的行为以符合自然的和谐运行为第一要义。自然和谐运行是指人效法天道的规则，以阴阳和合、阴刑阳德为手段，因时治理，这样就会上下和合，秩序井然。为此，魏相用卦气设计了这种理想图示。"东方之神太昊，乘'震'执规司春；南方之神炎帝，乘'离'执衡司夏；西方之神少昊，乘'兑'执矩司秋；北方之神颛顼，乘'坎'执权司冬；中央之神黄帝，乘'坤'，'艮'执绳司下

---

① 梁韦弦：《汉易卦气学研究》，齐鲁书社，2007，第11页。

土。兹五帝所司，各有时也。"震、离、兑、坎是四正卦，配上了四方四时，另外用坤和艮卦配以中央之地，但是这里并未讲清楚配置何时。不管怎样，这是一个全新的系统。这种自然的和谐在于各自守分，"日冬夏至，则八风之序立，万物之性成，各有常职，不得相干。"而人事之和谐在于尊天而动，"明王谨于尊天，慎于养人，故立羲和之官以乘四时，节授民事。"

第二，强调阴阳运行的重要性，强调阴阳对待的辩证性，特别指出有违于天道将导致惨重的灾害咎殃。"阴阳未和，灾害未息"，其原因是天和人相互感应，上天阴阳失调，则人亦有事；人不能讲究伦理道德，则会在天道上有所显现。君王臣民莫不如此，若臣民"奉职不修，不能宣广教化"，也会受到上天谴责，故可知魏相易学除了重心在于调整君王，对臣民也提出了遵行的标准。天道以阴阳表现，阴阳表现莫大于日月运行，所以他说："天地变化，必繇阴阳，阴阳之分，以日为纪。"不顺应时动会发生灾害，"东方之卦不可以治西方，南方之卦不可以治北方。春兴'兑'治则饥，秋兴'震'治则华，冬兴'离'治则泄，夏兴'坎'治则雹。"

第三，这个图式具有告诫君王的作用，是一种沟通天人的政治治理模式。封建时代的政治治理在很大程度上有赖于君王的贤明，即便有贤臣，而无贤君，要有一个治平之世也是徒唤奈何而已。在这一点上，这种新的易学体系由于具有鲜明的自然人文的和谐总标准，并且有一定的征咎劝诫程序，因此在当时来说是有一些功效的。故魏相说："臣愚以为阴阳者，王事之本，群生之命，自古贤圣未有不繇者也。天子之义，必纯取法天地，而观于先圣。"并把君王言行与阴阳运动结合起来进行论说："君动静以道，奉顺阴阳，则日月光明，风雨时节，寒暑调和。三者得叙，则灾害不生，五谷熟，丝麻遂，草木茂，鸟兽蕃，民不夭疾，衣食有余。若是，则君尊民说，上下亡怨，政教不违，礼让可兴。"指出君王不以阴阳运行规律而动势必导致麻烦，有危于政治的稳定，"夫风雨不时，则伤农桑；农桑伤，则民饥寒；饥寒在身，则亡廉耻，寇贼奸宄所繇生也。"

第四，魏相引高帝、孝文、孝景帝故事，以此说明天道运行与人间治理方法的一致性，并赋予其权威的色彩，表示这种图式是不能任意更改的。这进一步加强了孔子《易传》以来社会整体和谐思想的重要性："高皇帝所述书《天子所服第八》曰：大谒者臣章受诏长乐宫，曰：'令群臣议天子所服，以安治天下。'相国臣何、御史大夫臣昌谨与将军臣陵、太子太傅臣通等议：'春夏秋冬天子所服，当法天地之数，中得人和。故自天子王侯有土之君，下及兆民，能法天地，顺四时，以治国家，身亡祸殃，年寿永究，是奉宗庙安天下之大礼也。臣请法之。中谒者赵尧举春，李舜举夏，兒汤举秋，贡禹举冬，四人各职一时。'大谒者襄章奏，制曰：'可。'孝文皇帝时，以二月施恩惠于天下，赐孝弟力田及罢军卒，祠死事者，颇非时节。御史大夫朝错时为太子家令，奏言其状。臣相伏念陛下恩泽甚厚，然而灾气未息，窃恐诏令有未合当时者也。愿陛下选明经通知阴阳者四人，各主一时，时至明言所职，以和阴阳，天下幸甚！"此中还强调了设立四季职官的重要性，这也秉承了《周官》以来天人合一的政治伦理思路。

和谐思想自古以来就有，周朝以后则更加强调人的主观能动作用，周代的"修德配命""旌德配天""敬德保民"等思想实则是强调天人合一图式下人的道德觉醒，"'天命'——'敬德'——'保民'三者统一（或曰宗教、道德、政治融为一体），其中的关键一项，就是'敬德'，充分体现了周人对道德作用的自觉和重视。"[1] 其后儒道诸家纷纷贯彻和谐之道，儒家讲"礼之用和为贵"，道家讲"冲气以为和"，虽然落脚点不一，但大致是一致的。作为儒家经典的《易传》当然也会秉承发扬这种重要思想，如《系辞》上篇的开头一段就是对以往和谐思想的整合："天尊地卑，乾坤定矣。……易知则有亲，易从则有功。有亲则可久，有功则可大。可久则贤人之德，可大则贤人之业。易简，而天下之理得矣。天下之理得，而成位乎其中矣。"这也可视为儒家以天道推人道，以人道证天道的经典论述。不仅如此，《易传》还有大量关于"太和""中和""时中"的论述，这些论述秉承孔子"中庸"之道，在具体的伦理境遇中讨论具体的应用原则和方法，因此比之《论语》要深入和系统得多。围绕这个传统，自汉初以来，田何传《易》，遵循的是义理论述的路子，而经由漫长历史时期的卦气之说在宣帝之时终于成为一种崭新的天人图示，它由卦象符号结合一年节气阐论天人，劝导君王，其功不可谓不大。魏相的主要作用也就表现在这一点上，只不过魏相易学流传下来的资料较少，其思想结构的体系性不够强大，不过这个图式的作用已经开始发挥出来，在这个关键的历史时期启发了孟喜、京房、焦延寿等人，卦气说终于呈现出成熟的形态，其政治伦理作用也日益显得重要了。

作者单位：贵州财经大学

---

① 朱贻庭：《中国传统伦理思想史（增订本）》，华东师范大学出版社，2003，第14页。

《太极图》的哲学思辨

李仕澂

摘　要：在《周易》哲学中，人分阴阳、物分阴阳，都在遵依着天地自然规律随阴阳消长在变化发展。"道"就是"无极"之时，就是"浑沌"一片，就是《先天图》中"天根""月窟"之所。从物理角度看，"月窟"就是粒子被加速到了光速，处于绝对运动（纯波动）的状态；"天根"就是粒子被冷却到了绝对零度，一切运动都停止（纯粒子）的状态。"天根"是万物的归寂地也是万物化生的"玄牝之门"。

关键词：《太极图》　天根　月窟　绝对零度　光速　混沌

一　"先天图"

笔者在《玻尔"并协原理"与〈八卦太极图〉》[①] 等文章中都提到，明来知德《心易发微伏羲太极之图》《先天画卦图》和清胡渭《天地自然之图》《古太极图》的"阴阳鱼"周围排列着《伏羲八卦方位》（图 1c），而南宋张行成《易先天图——浑天象》周围排列的是《伏羲六十四卦方位》（图 1d）。这两幅"伏羲卦图"和另外两幅《伏羲八卦次序》（图 1a）与《伏羲六十四卦次序》（图 1b）一起，被统称为"先天图"。此四图原载南宋朱熹《周易本义》卷首。[②]（见图 1）。

据朱熹注释说：这"伏羲四图"由北宋邵雍"发明"出来，但传自宋初华山著名方士陈抟（字图南，号希夷先生），而它的原始思想则跟东汉魏伯阳的炼丹巨著《周易参同契》有关，根源于《周易·系辞传》："是故《易》有太极，是生两仪……"

---

① 李仕澂：《玻尔"并协原理"与〈八卦太极图〉》，《周易研究》1994 年第 4 期。
② 朱熹：《周易本义》，上海古籍出版社，1987。

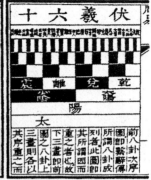

图1a　伏羲八卦次序　　　　　图1b　伏羲六十四卦次序

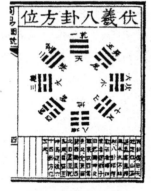

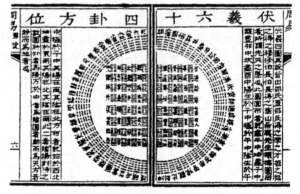

图1c　伏羲八卦方位　　　　　图1d　伏羲六十四卦方位

　　《周易参同契》中所阐明的炼丹技术，经海内外化学专家们考证，不仅方法早于西方，而其技术之先进，也优于西欧早期的化学成就。它的炼丹"返还"思路给拉瓦锡以极大启发，从而他在近代化学革命的历史进程中作出重大贡献①。

二　"二进制"与"光学码盘"

　　渗透着《周易参同契》炼丹"火候"思想的"伏羲四图"，在18世纪初（1701年4月）由法国在中国的传教士白晋（Fr. J. Bouvet，又直译为鲍威特）赠送与德国数学家、哲学家莱布尼茨（G. W. Leibniz）之后，莱布尼茨敏感地注意到《伏羲六十四卦方位》（见图1d）中阴阳二爻呈规则排列，使其联

---

　　① 孟乃昌：《周易参同契考辨》，上海古籍出版社，1993。

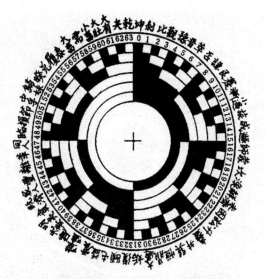

图2　窝成圆圈的《伏羲六十四卦次序图》

想到自己的"二进制（binary）"。

当他用自己刚刚创建不久的二进制算法对该图进行编码、并转换成十进制数码时，他惊异地发现，《伏羲六十四卦次序》和《伏羲六十四卦方位》完全按0～63自然数的规律排列，从而证实了他创建的二进制算术的可行性。于是，在1703年发表了论文《谈二进制算术》[①] 或曰《关于仅用0与1两个记号的二进制算术的说明，并附有其效用及关于据此解释古代中国伏羲图。讨》[②]。从此推动了当今风行于世的时序计算机的出现和飞速发展。

当我们把图1b《伏羲六十四卦次序》（即横图）弯折窝成一个圆圈时，即成图2这副模样。图中卦名下方0～63的数字，就是按莱布尼茨之意取"阴爻为0、阳爻为1"进行二进制编码，再转换成十进制之后所得到的数值。（见图2）

如果抹去外圈六十四个卦名及0～63的数值，就与当今广泛用于卫星定位、雷达跟踪、数控机床、航空、航海、水文以及各种精密测角、测长仪器等许多方面的"光学码盘（optical encoder）"[③] 的图案一样。这种码盘结构，在现代计量技术中叫做绝对式（absolute）的自然码（natural code）。图3是

---

① 董光璧：《易图的数学结构》，上海人民出版社，1987，第54页。

② 〔英〕E.J. 爱顿：《莱布尼兹、中国、二进制》，《科学史译丛》，中国自然科学史研究所，1985年第1期。

③ 李仕澂：《〈易〉与天地准——现代科技中的〈易经〉图象》，《周易》与现代化第四后国际学术讨论会，《中华易学》（台湾）十四卷第四～第五期，1993年6～7月。

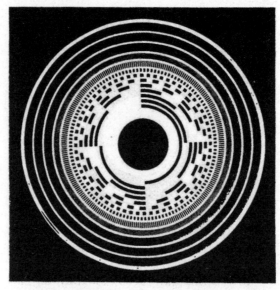

图3 十三码道（8192位）自然码光学码盘

南京光学仪器厂提供给笔者的十三码道（8192位）实用自然码光学码盘图样。由于图中第11、12、13码道的划分很细密，在本文印制时已连成一片，几乎成了一条黑带。

实用中，码盘的结构形式很多，有格雷码（Gray code）、周期码（periodic code）、反射码（reflected - binary code）等。但不论哪一种结构，都离不开用透光与不透光两种状态来表示代码"1"与"0"。其实，它们都脱不出中国古代（远取商周、近取宋代）用阴、阳二爻表示《易经》图象的模式。

三 "一分为二"与"合二而一"

图2原本是六码道自然码"光学码盘"的图样，已为南宋高宗绍兴年间的一位叫做洪迈（字紫微）的著名学者绘制出来了，洪氏把它称做《六十四卦生自两仪图》。（见图4）

大概限于当时的生产技术条件，它没有应用到今天的自动控制中，而被用来解释"阴阳消长"的哲理。洪迈这张图与他同时代的朱熹的《伏羲六十四卦次序》在阴阳结构上完全一样，都是表明"两仪"如何"生四象""生八卦""生六十四卦"的。人们大概不难看出，图4与图1d、图2、图3一样，都是把前一圈（或前一行）的黑块或白块再分成一黑一白两块，而且都呈黑白相间。依此法你尽管分下去，图3这样码盘已经分到了十三层，据说，国外已经做出了二十几层的码盘。如果技术上解决得好，你还可以继续细分下去，做得更精密。

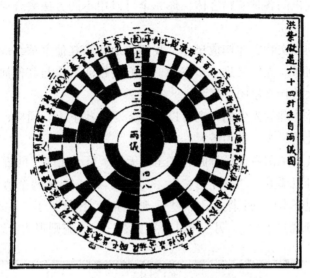

图4　南宋·洪迈《六十四卦生自两仪图》

这就是历史上有名的北宋邵雍的"加一倍法"，今天称之为"一分为二"的方法。其实，这种方法还应该追溯到战国时代《庄子》中的名言："一尺之垂，日取其半，万世不竭"①。

在詹姆斯·格莱克著《混沌：开创新科学》（James Gleick CHAOS；Making a New Science）② 中介绍的"曼德勃罗集"表明，通过一个个越来越精细尺度上的"分形"放大获得渐增的集合，其复杂性始终不减。虽然只介绍了七张彩图，相信还可以继续分形放大下去，如《易》图。

另外，这种思辨，对于我们研究基本粒子的物理学家们，也许会有一种启发，任何物体都包含着构成它们自身的子部。也就是说，今天发现的基本粒子，或许明天还能在这些基本粒子内部，找到构成它们自身的更细微的什么粒子（比如层子、夸光等）。按"先天图"的结构规律，今后可能会发现什么"毫"粒子、"微"粒子、"毫微"粒子、"微微"粒子……。只要仪器合适、方法对路，你可以花些气力尽管找下去！终究还会有新的、更细小的

---

① 陈鼓应：《庄子今注今译》，中华书局，2007，第952页。
② 〔美〕J·格莱克著，张叔誉译：《混沌：开创新科学》，上海译文出版社，1990。

粒子被发现。

反之，如果我们从图外往里看，人们又将发现，事物又都是"合二而一"的。电子、质子的合构成原子，不同原子的合构成性状各异的分子，而分子又组合成世间各种实物客体，你完全可以用不同方法去合成许许多多新材料。

大量不同的实物客体构成星球。我们的地球和其他星球组成太阳系，进而再组成银河系。人们又进一步发现，我们的银河系再与其他河外星系，统属于某个更大的什么星团、星系。

研究天体物理的先生们，也可以无穷无尽地找下去。同样，到头来谁也无法找到何处是尽头，谁为最大。

这也许就是中国古代贤哲们的"至大无外、至小无内"的哲学思辨吧。

这里还可以看出，"一分为二"和"合二而一"这两个哲学概念，在"先天图"里是同一回事，只不过是观察角度不同罢了：一个从里往外看——"仰则观象于天"；另一个从外往里看——"俯则观法于地"而已。

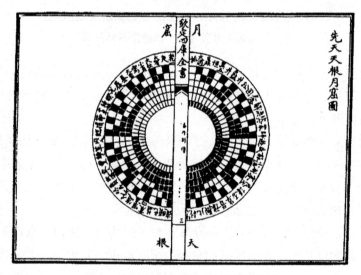

图5　南宋·俞琰《先天天根月窟图》

四　"天根""月窟"与"混沌"

据说，北宋邵雍"发明"的"先天图"体系中，有一幅叫做《天根月窟图》的图画。不知什么原因，南宋朱熹未曾将其收编于《周易本义》之中。

人们今天所见到的《天根月窟图》却是出自宋末元初的苏州道教学者俞琰用来解释《周易参同契》的撰著《易外别传》①。（见图5）

图5与图2、图4的结构稍有不同，似乎是将图2、图4的右半部分扭转了180°，使之与《易传》："天地定位、山泽通气、雷风相薄、水火不相射"叙述一致，从而也与图1d《伏羲六十四卦方位》相吻合。

朱熹曾注释说："此图圆布者，乾尽午中，坤尽子中，离尽卯中，坎尽酉中。阳生于子中，极于午中；阴生于午中，极于子中。其阳在南，其阴在北。"

图5与南宋张行成《易先图——浑天象》②（见图6）很相似，只是图中央少了那个描述阴阳消长的"黑白四互、中央有两个黑白眼"的阴阳鱼。也许正说明宋、元之时《阴阳太极图》尚未广为流传。所以，朱熹和俞琰的图式中央均为空白或写有"太极"二字。图5的上下方标有"天根、月窟"的字样，顾名思义就称之为《先天天根月窟图》了。

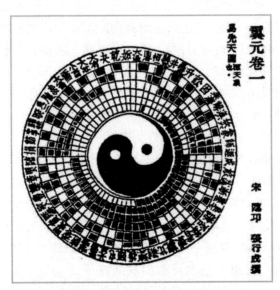

图6　南宋·张行成《易先图——浑天象》

在述说"天根""月窟"与"浑沌"的关系之前，让我们先了解一下什么是"天根""月窟"。

北宋邵雍（字尧夫，谥号康节先生）在其著作《伊川击壤集·观物吟》

---

① 俞琰：《易外别传》，《钦定四库全书·子部》，上海古籍出版社，1987。
② 张行成：《翼玄》，《丛书集成》，商务印书馆，1936。

中曰："耳目聪明男子身，洪钧赋与不为贫。因探月窟方知物，未蹑天根岂识人。乾遇巽时观月窟，地逢雷处看天根。天根月窟闲来往，三十六宫都是春。"① 邵雍这里是以《伏羲八卦方位》而立说的。（见图1c。）"乾遇巽时观月窟"，是指图中乾卦与巽卦之间，"月"代表阴，"月窟"就是孕育着阴而阴将诞生的地方；"地逢雷处看天根"，由图1c可见，"坤"代表地、"震"代表雷，所以，坤卦与震卦之间就是"天根"，它是孕育着阳而阳将降生的地方。而图1d《伏羲六十四卦方位》是通过"一分为二"的方法演化出来的，它反映出来的阴阳消长关系比《伏羲八卦方位》更细密些。

邵雍在《皇极经世·观物外篇》中解释此图时说："无极之前，阴含阳也；有象之后，阳分阴也。阴为阳之母，阳为阴之父。故母孕长男为复，父生长女为姤。是以阳起于复，而阴起于姤也。"可见，"姤卦"表示一阴生，"复卦"代表一阳生。所以在《先天天根月窟图》中，"月窟"标在乾卦、姤卦之间，而"天根"则标在坤卦与复卦之间。

前面说过，《周易参同契》及"先天图"的作者们，都是借卦位排列来反映炼丹过程中的"火候"（进火、退火的时刻）关系的。因而，在此图四周还排列着代表时间和方位的符号：子、丑、寅、卯等十二地支时刻；冬至、春分等二十四节气及东、西、南、北方位等。所以，邵雍用此图来说明一年四季的阴阳变化时说："冬至之子中，阴之极；春分之卯中，阳之中；夏至之午中，阳之极；秋分之酉中，阴之中。"

那么，"天根""月窟"有什么意义呢？

邵雍《击壤集·冬至吟》曰："冬至子之半，天心无改移。一阳初起处，万物未生时。玄酒味方淡，大音声正希。此言如不信，更请问庖牺。"又说："何者谓之几，天根理极微。今年初尽处，明日未来时。此际易得意，其间难下辞。人能知此意，何事不能知。"又云："读书每到天根处，长惧诸公问极玄。"可见，"天根"是指冬至将至而未至之时，而"月窟"则是夏至将至而未至之时。而"天根"之名可能出自《庄子·应帝王》"天根游于殷（阴）阳，至蓼水之上，适遭无名人……"或《道德经·成象》"玄牝之门，是谓天地根。"②

其实，"天根""月窟"就是邵雍自己说的"无极"，《庄子》《淮南子》说的"浑沌"，《易纬》《左传》《白虎通》说的"混沌"，《庄子》说的"鸿

① 邵雍：《伊川击壤集·观物吟》，转引自朱伯崑：《易学哲学史》中册，北京大学出版社，1988，第147页。
② 陈鼓应：《老子注释及评介》，中华书局，1984，第85页。

濛",朱熹说的"浑沦"以及《周易》说的"氤氲",《道德经》说的"道"或"恍惚"等。[①]

《周易·系辞下传》曰:"天地氤氲,万物化醇。"《道德经·赞玄第十四》曰:"视之不见名曰夷,听之不闻名曰希,抟之不得名曰微。此三者不可致诘,故混而为一。其上不皎,其下不昧。绳绳不可名,复归于无物。是谓无状之状,无物之象,是为忽恍。迎之不见其首,随之不见其后。"意思是说,"道",既无形象亦无方所,看不见它的形象,听不到它的声音,抓不着它的形体,捉不着它为何物,寻之不见其首,巡之不着其尾,真是难以形容,不可名状。在《道德经·虚心第二十一》中又说:"道之为物,唯恍唯惚。惚兮恍兮,其中有物;窈兮冥兮,其中有精;其精甚真,其中有信。自古及今,其名不去,以阅众甫。"也就是说,"道"又是一样东西,虽然它恍恍惚惚没有固定的形体,然而,在恍恍惚惚之中,又有其形象;恍恍惚惚之中,却又有物质存在;深远暗昧之中,包含着真实不虚的精气;从古至今,"道"这个东西常在不灭,而且世间万事万物皆由"道"而始生。

魏伯阳《周易参同契》[②]说:

> 晦朔之间,合符行中;混沌鸿濛,牝牡相从。滋液润泽,施化流通;天地神明,不可度量。利用安身,隐形而藏。

魏伯阳说的"晦朔之间",实际上就是《先天天根月窟图》中的"天根"。他认为,这里是阴阳交会之处,混沌一片、鸿濛未开,似阴非阴、似阳非阳,连天地神明都说不清这里是什么情状,但是它却是万事万物安身孕育的场所。

他又说:

> 元幽远渺,隔阂相连;应度育种,阴阳之原。寥廓恍惚,莫知其端;先迷失轨,后为主君。

意思是说,从天上最高元穹到地下最低幽冥,尽管它们相距亿万里之遥,甚至渺不相涉,然而它们之间却没有什么隔阂,都是阴阳交会所造成的,只是交会的情况及程度不同罢了。阴阳交会之时,一片寥廓、恍惚不清。莫知其序("无极")。然而就在迷茫之中,忽然真种出现,一阳初生有了具体形

---

① 苗东升、刘华杰:《浑沌学纵横论》,中国人民大学出版社,1993。
② 朱熹:《周易参同契考异》,天津古籍出版社,1988。

象，出现"有象之后阳分阴"的太极循环。

五 "道"到底是什么？

中国古代的贤哲们始终认为，"道"是无法用语言文字叙说清楚的东西。它就是"无极"之时，就是"浑沌"一片，就是"恍惚"之状，就是"鸿濛"未开，就是天地"氤氲"万物化醇之地，也就是"先天图"中"天根""月窟"之所。

《周易·系辞上传》曰："一阴一阳之谓道。继之者善也，成之者性也。"《道德经·体道第一》曰："'道'，可道，非常'道'；'名'，可名，非常'名'。无名，天地之始；有名，万物之母。"意即，"道"或"混沌"这个东西，是说不清楚的、无法名状的。如果能说清楚或有其具体情状的话，它就不是我们所说的"道"了。正因为它无法名状，才是天地形成之前的"氤氲"状态，一旦可以名状了，就开始构成世间万事万物。所以魏伯阳说："道之形象，真一难图""玄冥难测，不可图画"。

尽管这位丹经之祖魏伯阳一再告诫人们"'道'之形象，真一难图""玄冥难测，不可图画"，然而，像陈抟、邵雍等一帮子"好事之徒"，却仍然千方百计去寻找它的图像。经过多少代人的煞费苦心，他们终究寻觅出来符合天地自然规律的"先天图"，并且画出了像张行成《易先天——浑天象》（图6）、明来知德《先天画卦图》（图7）之类的《阴阳太极图》。

那么，《阴阳太极图》是否描绘出了"混沌"的图像呢？其实没有。北宋另一位与邵雍同时代的哲学家周敦颐（字茂叔，人称濂溪先生），曾在《太极图说》中曰："无极而太极。太极，动而生阳，动极而静，静而生阴。一动一静，互为其根；分阴分阳，两仪立焉。"邵雍自己不也说："无极之前，阴含阳也；有象之后，阳分阴也。"确切地说，《阴阳太极图》并未曾描绘出"无极"——"混沌"的图像。它描述的是"有象之后阳分阴"和"阴含阳"的万物循依阴阳互为消长的生灭过程。

尽管陈抟、邵雍、周敦颐之流，历尽艰辛都不能对"道"或"混沌"或"无极"的形象有个确切的描绘。邵雍只能吟叹"恍惚阴阳初变化，氤氲天地乍回旋，中间些子好光景，安得工夫入语言。"（《击壤集·恍惚吟》）正因为知道它在那里却又说不出它的形象，所以会说"读书每到天根处，长惧诸公问极玄。"然而，邵雍还是把"混沌"之所、"氤氲"之地在"先天图"中用"天根""月窟"将其标示了出来（见图5），还特别指出："何者谓

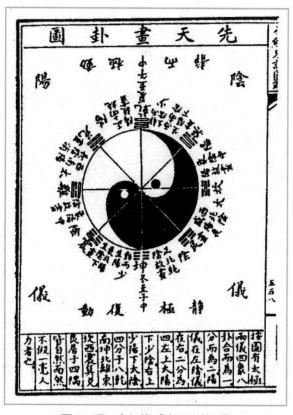

图7 明·来知德《先天画卦图》

'之几',天根理极微。今年初尽处,明日未来时。此际易得意,其间难下辞。人能知此意,何事不能知。"

六 "天根""月窟"的哲学思辩

在拙作《玻尔"并协原理"与〈八卦太极图〉中,曾根据中国古代贤哲们提出的动静阴阳观,把《八卦太极图》(图8)之阳鱼(仪)部分看作事物的运动(波动)属性,而把阴鱼(仪)部分看成它的静止(粒子)属性,从而证明德布罗意的"波——粒二象性"和玻尔的"并协"观念是正确的。

文中,曾把光速($c \approx 3 \times 10^8 \text{m/s}$)看作事物运动的最高速度;绝对零度($T = 0\text{K}$)为事物运动速度为零的绝对静止点。在邵雍的"先天图"中,前者为"月窟"点,后者即"天根"处(见图8)。此二处是当今科学家们竭尽所能,千方百计想到达却又无法进入的"混沌"之地。

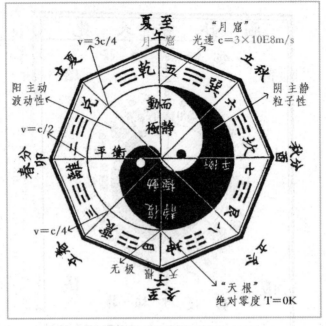

图8 《八卦太极图》

当人们把电子加速到1GV、10GV、100GV时，已经观测到了许多变幻莫测的现象。若果能造出光子火箭的话，人们真能跌入"月窟"中的"警幻仙境"。"月窟"也许就是天文学家们努力寻找的"白洞"。

"天根"（绝对零度）也是物理学家们极想步入的境地。在这附近，人们发现了超导等现象。法国物理学家利布沙伯（A. Libchaber）在液氦温度下观察到了像"先天图"那样的一分为二式的倍频。另外，在图8《八卦太极图》的物理特性天文学上，"天根"也许就是星体坟场的"黑洞"。

日本著名物理学家、诺贝尔奖获得者汤川秀树对"基本粒子"被不断发现，引起人们怀疑"基本粒子是不是基本的"时，提出了一个大胆的物理假说：万物中最基本的东西，不是基本粒子，而是混沌。这种混沌没有固定的形式，却具有分化出一切基本粒子的可能性，但事实上还没有分离。他读过《庄子》之后曾写道："最近，我又发现了庄子寓言的一种新的魅力。我通过把倏和忽看成某种类似基本粒子的东西而自得其乐。只要它们还在自由地到处乱窜，什么事情也不会发生——直到它们从南到北相遇于混沌之地，这时就会发生像基本粒子那样的一个事件。按照这一蕴涵着某种二元论的方式来看，就可以把混沌的无序状态看成把基本粒子包裹起来的时间和空间。"

《庄子·应帝王》曰："南海之帝为倏，北海之帝为忽，中央之帝为浑沌。儵与忽时相与遇于浑沌之地，浑沌待之甚善。儵与忽谋报浑沌之德，曰：'人皆有七窍以视听食息，此独无有，尝试凿之。'日凿一窍，七日而浑沌死。"

《庄子》这里描述的混沌之帝，实际上是视之不见、听之不闻、抟之不得的无状之状、无物之象的浑然一体的"恍惚"，它是"形而上者"的"道"。由于其中有物、其中有精，且其精甚真、其中有信，当好心的儵、忽二帝将其凿出七窍，使之成为"形而下者"的"器"时，"混沌"的自然状态也就随之消失、死亡。

庄子借自《楚辞·天问》里的居南北海的儵、忽之帝，其实就是《易经》中的"阳"与"阴"或"刚"与"柔"、"乾"与"坤"。

《周易·系辞》曰："阴阳不测之谓神"。这大概就是汤川秀树认为的儵、忽二帝自由自在地到处乱窜。然而，"精气为物，游魂为变""刚柔相推而生变化"，当儵、忽二帝在混沌之地相遇了，"天地氤氲"，"男女（阴阳）构精"，它们"范围天地之化而不过，曲成万物而不遗"。莫说"基本粒子"，世间万事万物将由此"化醇""化生"。（孔）子曰："'乾坤'，其《易》之门邪。'乾'，阳物也。'坤'，阴物也。阴阳合德而刚柔有体，以体天地之撰，以通神明之德。"《系辞》还说："刚柔者，立本者也；变通者，趣时者也。"可见，汤川秀树关于"基本粒子"的大胆假说，不无道理。

中央之帝——混沌，所居又在何方？

《道德经·成象第六》曰：

谷神不死，是谓玄牝。玄牝之门，是谓天地根。

《系辞》曰：

是故阖户谓之坤，辟户谓之乾。一阖一辟谓之变。

周敦颐说：

无极而太极，太极动而生阳，动极而静，静而生阴。

邵雍说：

无极之前，阴含阳也；有象之后，阳分阴也。

在"先天图"里，就是"天根""月窟"之所。在这里，阴极尽而阳未生（"天根"），或阳极尽而阴未生（"月窟"），似阳非阳，似阴非阴，混沌一片。

从物理角度看，它处于粒子被加速到了光速，粒子处于绝对运动（纯波动）状态下，或粒子被冷却到了绝对零度，一切运动都停止（纯粒子）状态下。（见图8）。

现代物理的许多新发现，多出自这两个极地附近。越靠近"月窟"宝殿，高能物理获得的新成就将会越多。越接近"天根"殿宇，低温物理领域的新发现也将层出不穷。

七　结语

第一，"混沌"本身是"视之不见，听之不闻，抟之不得"的"无状之状，无物之象"，"迎之不见其首随之不见其后"的东西。所以说："道之形象，真一难图""玄冥难测，不可图画"。

第二，当今西方科学研究的"混沌（chaos）"，是可视、可听、可以捕捉，迎之可见其首，随之可见其后的东西。它可以用数学方程描述，可以用计算机描绘，已经不是那"无状之状，无物之象"的"混沌之帝"了。在中国古代贤哲们眼里，这种chaos顶多是被倏、忽二帝好心凿开了七窍的、死去了的"混沌之帝"。或者说，今天的chaos是接近混沌之地而没有（也不可能）进入到混沌殿堂开发出来的东西。他们找到的可能是混沌殿堂周围的巡山大士或者某级守护神。他们虽然根本见不着"混沌之帝"的真面目，却也有助于人们了解"混沌"近旁的一些情状，工作还是令人十分欣慰的。

第三，"先天图"体系中的《阴阳太极图》告诉我们，任何客观物体的运动都不可能逾越光速（当今认识到的最高速度）之上，也不可能被冷却到绝对零度（当今认识到的最低温度）以下。任何粒子若被加速到光速之后，必然走入混沌，然后是速度减慢（波动性变弱）、粒子性变强。最后，粒子的一切运动被冻结，寂然不动而死亡。其实，谁也无法用人工方法将实物客体加速到光速，也无法将它们冻结到绝对零度。

第四，"天根"是万物的归寂地，是它们的坟场。在天文学上称之为"黑洞"。然而，"天根"却又是万物化生的"玄牝之门"，是新生万事万物的生长点。

第五，越过光速之后的粒子是原来的粒子，还是新粒子，或者出现负粒子？

《阴阳太极图》所显示的阴阳消长规律明确告诉我们，越过光速之后的粒子应该是原来的粒子，但是它却走向寂静和死亡，绝对不会变成负粒子。

第六，《周易》哲学告诉我们，人分阴阳、物分阴阳，而且"物物各有太极"，都在遵循着天地自然规律随阴阳消长在变化发展。以人生为例，在120岁的人生周期里，60岁应是其阳气最旺的时刻（在"月窟"点）。正如《庄子·天下》中惠施的辩说："日方中方睨"。这里却是人生旺长与衰亡的交界处。越过"月窟"或称为"更年期"，人还是你这个人，但是已经不是60岁以前旺长的你，而是走向衰老死亡的你了。绝对不会过了"更年期"出现性别上的突变。

第七，中国古代贤哲们为什么那样看重"天根"？在炼丹师眼里，"天根"是丹砂生成的关键时刻、关键地。魏伯阳称其为"道枢"，是"阴阳之始，玄含黄芽"之处，是"五金之主，北方河车"之地。

在仙道家眼里，这里是他们修炼的枢机，是"元阳""真气"运行的起始和转折点。能否返阴还阳，能否得道成仙，就看他们能否对"之几"有个大彻大悟了。"天根"是世间万事万物的起始点，万物由此而生；又是万物的归寂处，万物至此由于阳消已尽、阴盛至极而死亡。有一点必须清楚的是，在"天根"处新生的事物绝对不是已经死亡的事物的再现。它不像越过"月窟"点的事物仍保留着原来的躯壳。

第八，由此看来，被吸入到"黑洞"的星系亦将彻底坍塌死亡，被化解成混沌状态。而经"黑洞"释放出的新星系，将是弱不经风的稚幼星系，它们在那无垠的天际间慢慢漂泊成长，一时间还不会引起天文学家们的注意。相对于它们的长成，人世间似乎短暂得可怜。

当物体真能被冻结到"天根"处，那么，它们也将被彻底分化、瓦解成混沌状。走出"天根"则将有貌似前物却非前物的新生物体诞生。

作者单位：东南大学

周敦颐哲学思想的易学基础

陈代湘

摘　要：周敦颐在哲学史上给人以"横空出世"的感觉。但是，他的哲学思想却也并非无源之水，无本之木。周敦颐哲学思想最重要的来源就是《周易》，是以易学为基础建立起来的。有必要从"依易学立论""宇宙论与道德本体论""善恶论与性论""修养功夫论"等几个方面对这一问题进行论述。

关键词：周敦颐　哲学思想　易学

在中国哲学史上，著书少而影响大的人物有两个，一个是老子，一个是周敦颐。老子以五千言而成为道家的鼻祖；周敦颐著述比老子还少，哲学著作只有一篇二百多字的《太极图说》和不满三千字的《通书》，[①] 但却在宋明理学中占有极其重要的位置，被誉为理学开山，"得圣贤不传之学"，为"有宋理学之宗祖"，有"破暗"之功：

> 孔、孟而后，汉儒止有传经之学，性道微言之绝久矣。元公崛起，二程嗣之，又复横渠诸大儒辈出，圣学大昌。故安定、徂徕卓乎有儒者之矩范，然仅可谓有开之必先。若论阐发心性义理之精微，端数元公之破暗也。[②]

周敦颐在"阐发心性义理之精微"方面有破暗发端之功，他的义理精微之处主要是在他的哲学著作《太极图》《太极图说》和《通书》中得到阐述的。

周子之学纲领是《太极图》和《太极图说》，而《通书》则是对《太极图》和《太极图说》意蕴的深入阐发。实际上，《太极图》过于简约，

---

① 《太极图说》249 字，《通书》2832 字。
② 黄宗羲：《濂溪学案上》，《宋元学案》卷十一，中华书局，1986，第 482 页。

周敦颐又有《太极图说》加以说明，《太极图》和《太极图说》是密不可分的。朱熹把周敦颐的《太极图》和《太极图说》看成一个有机整体。《太极图说》比《太极图》当然要详明多了，但一篇二百多字的文章建立了一个宇宙本体论体系，事实上还是极其简约的。所以周子后来又写作《通书》来进一步阐发《太极图》和《太极图说》。周敦颐哲学的宇宙论、道德本体论、善恶论、人性论、功夫论，就在这两部著作中得到阐述。《太极图》和《太极图说》是周子之学的纲领，而《通书》的精微阐发，既让人对《太极图》和《太极图说》有更深入明白的理解，又成为宋明理学的"观念库"。周敦颐提出或在前人基础上进一步阐明的哲学范畴，皆为尔后的理学家所反复讨论发扬。

周敦颐在哲学史上给人以"横空出世"的感觉。但是，他的哲学思想却也并非无源之水，无本之木。周敦颐哲学思想最重要的来源就是《周易》，是以易学为基础建立起来的。

一　依易学立论

周敦颐深究易学，精于易理，何平仲称赞他说："智深《大易》知幽赜，乐本咸池得正声。"[1] 周敦颐哲学著作中的《通书》，又称《易通》，基于《周易》而通论大旨，阐发哲学思想。另外，据周敦颐生前好友潘兴嗣所撰《濂溪先生墓志铭》记载，周敦颐又著有《易说》一书，[2]基本性质是逐卦说《易》，只不过，此书的具体内容今已不可见。

周敦颐的哲学思想是以易道哲学为基础建立起来的，其《太极图说》依《周易》立论。《太极图说》全文如下：

> 无极而太极。太极动而生阳，动极而静，静而生阴，静极复动。一动一静，互为其根。分阴分阳，两仪立焉。阳变阴合，而生水、火、木、金、土。五气顺布，四时行焉。五行，一阴阳也；阴阳，一太极也；太极，本无极也。五行之生也，各一其性。无极之真，二五之精，妙合而凝。"乾道成男，坤道成女"，二气交感，化生万物。万物生生，而变化无穷焉。惟人也，得其秀而最灵。形既生矣，神发知矣，

---

① 何平仲：《赠周茂叔》，见《元公周先生濂溪集》，岳麓书社，2006，第121页。

② 潘兴嗣《濂溪先生墓志铭》："尤善谈名理，深于易学，作《太极图》《易说》《易通》数十篇，诗十卷，今藏于家。"（见《元公周先生濂溪集》，岳麓书社，2006，第136页。）

五性感动而善恶分，万事出矣。圣人定之以中正仁义，而主静，立人极焉。故圣人"与天地合其德，日月合其明，四时合其序，鬼神合其吉凶。"君子修之吉，小人悖之凶。故曰："立天之道，曰阴与阳；立地之道，曰柔与刚；立人之道，曰仁与义。"又曰："原始反终，故知死生之说。"大哉《易》也，斯其至矣！

《太极图说》开篇曰："无极而太极。太极动而生阳，动极而静，静而生阴，静极复动。一动一静，互为其根。分阴分阳，两仪立焉。"提出了宇宙生成论和宇宙本体论的命题，即源于《周易·系辞》："《易》有太极，是生两仪。两仪生四象，四象生八卦，八卦定吉凶，吉凶生大业。"

"乾道成男，坤道成女"直接引自《系辞》。

"二气交感，化生万物。万物生生，而变化无穷焉。"本于《系辞》"男女构精，万物化生"。

圣人"与天地合其德，日月合其明，四时合其序，鬼神合其吉凶"直接引自《乾·文言》。

接着，径引《说卦》文句："立天之道，曰阴与阳；立地之道，曰柔与刚；立人之道，曰仁与义。"说明圣人通晓天、地、人三才之道，一切行为符合天地、日月、四时的自然运行法则。

接下来引《系辞》语句："原始反终，故知死生之说。"

最后结语曰："大哉《易》也，斯其至矣！"表达了对《周易》的高度赞赏。

《太极图说》是周敦颐哲学的纲领，仅仅249字，就有上列如此多的内容直接来自《周易》。在《通书》中，周敦颐说："大哉《易》也，性命之源乎！"[①]提出《周易》是"性命之源"，并对损、益、家人、睽、复、无妄、蒙、艮等卦作了专门阐述，表明周敦颐对《周易》的极其推崇和深度运用，的确是在易学的基础上来构建他的哲学体系的。

二　宇宙论与道德本体论

周敦颐在短短二百多字的《太极图说》中，提出了独具特色的宇宙论（包括宇宙本体论和宇宙生成论）、万物化生论、人性论。周敦颐的宇宙论

---

① 周敦颐：《通书·诚上第一》。

不仅有生成论的一面，同时也有本体论的一面。宇宙生成论讲宇宙自然的生成和发展，实质上是一个实证问题，最终可通向科学；本体论讲世界的本源和第一存在，是一个思辨问题，始终与哲学紧密相联。周敦颐的宇宙论直接来源于《周易》，已如上述。

在《通书》中，周敦颐提出"诚"作为他哲学的最高范畴，"诚"在周敦颐既是宇宙论的范畴，又是人生道德论的范畴，体现了儒家天人合一、道德秩序即是宇宙秩序的致思倾向。作为宇宙论最高范畴的"诚"，下贯而为人生和道德的本体，成为人生和道德论的最高范畴。他说：

> 诚者，圣人之本。"大哉乾元，万物资始"，诚之源也。"乾道变化，各正性命"，诚斯立焉。纯粹，至善者也。故曰："一阴一阳之谓道，继之者善也，成之者性也。"元、亨，诚之通；利、贞，诚之复。大哉《易》也，性命之源乎！①

"大哉乾元，万物资始""乾道变化，各正性命"，周敦颐的这两句引文直接来自《乾·彖传》。"一阴一阳之谓道，继之者善也，成之者性也。"则来自《系辞》。周敦颐发挥《周易》的观念，认为乾元是诚的根源，具有万物始基的本性。"乾道变化"而化育万物，各正其性命，人道之诚于此而立，体现了周敦颐天道性命相贯通的理论旨趣，从宇宙论的角度论述社会道德价值，为儒家的道德性命之说寻求宇宙论的依据。

那么，什么是诚？诚的特性是什么？周敦颐说：

> 无妄，则诚矣。②
> 诚，无为。③
> 寂然不动者，诚也。④
> "大哉乾元，万物资始"，诚之源也。"乾道变化，各正性命"，诚斯立焉。纯粹，至善者也。⑤

见可，诚的主要意思就是真实无妄，不加矫饰，杜绝人为。而诚的特性就是"纯粹至善"。《通书》字面上不用"无极"，但并非不讲无极之意，

---

① 周敦颐：《通书·诚上第一》。
② 周敦颐：《通书·家人暌复无妄第三十二》。
③ 周敦颐：《通书·诚几德第三》。
④ 周敦颐：《通书·圣第四》。
⑤ 周敦颐：《通书·诚上第一》。

"诚无为""寂然不动"等中的"诚"都同于"无极"。《通书》字面上使用"太极",与《太极图说》中太极的含义完全一样。如:

> 五行,阴阳;阴阳,太极。①

意思是五行等于阴阳,阴阳等于太极。《太极图说》中"五行,一阴阳也;阴阳,一太极也。"也是这个意思。我们可以说,周敦颐《通书》中的"诚",既同于《太极图说》中的"太极",也通于"无极"。从宇宙论上说,无极是宇宙本体论的范畴,太极则是宇宙生成论的范畴,诚则既是宇宙本体论的范畴,又是宇宙生成论的范畴。诚比无极和太极的任何一个涵盖面都要宽。

在周敦颐看来,以诚为核心的"圣人之道"的内容就是仁、义、礼、智、信等道德内容。周敦颐对仁、义、礼、智、信等道德内容的解释,既继承了传统儒家的本有之义,又有自己的独特阐发:

> 天以阳生万物,以阴成万物。生,仁也;成,义也。②
> 故圣人在上,以仁育万物,以义正万民。③
> 德:爱曰仁,宜曰义,理曰礼,通曰智,守曰信。④
> 礼,理也;乐,和也。阴阳理而后和,君君、臣臣、父父、子子、兄兄、弟弟、夫夫、妇妇,万物各得其理,然后和。故礼先而乐后。⑤
> 动而正,曰道。用而和,曰德。匪仁、匪义、匪礼、匪智、匪信,悉邪矣。⑥

三 善恶论与性论

在周敦颐看来,诚的主要意思就是真实无妄,不加矫饰,杜绝人为,其特性是"纯粹至善"。既然"诚"是纯粹至善的,那么,恶是如何来的呢?周敦颐用"几"这一概念来说明。

---

① 周敦颐:《通书·动静第十六》。
② 周敦颐:《通书·顺化第十一》。
③ 周敦颐:《通书·顺化第十一》。
④ 周敦颐:《通书·诚几德第三》。
⑤ 周敦颐:《通书·礼乐第十三》。
⑥ 周敦颐:《通书·慎动第五》。

诚无为，几善恶。①

寂然不动者，诚也；感而遂通者，神也；动而未形，有无之间者，几也。诚精故明，神应故妙，几微故幽。诚、神、几，曰圣人。②

周敦颐关于"几"的理论来源于《周易·系辞》："知几其神乎！……几者，动之微，吉之先见者也，君子见几而作，不俟终日。"又说："夫《易》，圣人之所以极深而研几也。惟深也，故能通天下之志；惟几也，故能成天下之务。"

"几"是指事物变化之初兆，吉凶来临之先兆。圣人深究宇宙之理，穷研事物之变，知几而作，开物成务。

周敦颐接受《系辞》中"几"的观念，作了创造性发挥，强调"几"的道德意义，用来说明人性中恶的来源。在他看来，"诚"至善无为，"几"则有善有恶。周敦颐用"诚"和"几"来对善与恶进行说明，同朱熹等人用天命之性和气质之性来说明善与恶有异曲同工之妙。

周敦颐说：

性者，刚柔善恶，中而已矣……刚善：为义、为直、为断、为严毅、为干固；恶：为猛、为隘、为强梁。柔善：为慈、为顺、为巽；恶：为懦弱、为无断、为邪佞。惟中也者，和也，中节也，天下之达道也，圣人之事也。故圣人立教，俾人自易其恶，自至其中而止矣。③

周敦颐说"刚柔善恶"之性是指气质之性，而"中"之性则是指本然之性。他说"圣人立教，俾人自易其恶，自至其中而止矣"，使人修养而止于"中"，把中看成是成德的最高境界。《大学》说"止于至善"，在周敦颐，诚就是至善，所以，周敦颐这里的"中"，是与至善之诚相通的一个概念，实际上相当于朱熹所说的天命之性或本然之性。

周敦颐对"刚柔善恶"的气质之性分析得很细致。因为"刚柔善恶"属于气质之性，气质之性则有善有恶。此前人们一般只看到"刚"和"柔"的善的一面，周敦颐则看到它们也有恶的一面。有"刚善"，也有"刚恶"；同样，有"柔善"，也有"柔恶"。"刚善""柔善"虽是善，但却是发自气质之性的善，是不可靠和不足恃的，义与猛、直与隘、严毅与

---

① 周敦颐：《通书·诚几德第三》。
② 周敦颐：《通书·圣第四》。
③ 周敦颐：《通书·师第七》。

强梁、慈与懦弱、顺与无断等之间，"如反覆手耳"，有时会出现以恶为善或善恶不辨的情况。只有作为本然之性的"中"，通于纯粹至善的"诚"，才是修养的最高境界。而恰恰因为气质之性中的善恶极易变化，所以"自易其恶，自至其中"的修养功夫就相当重要。

四　修养功夫论

周敦颐在很多地方谈到修养功夫的问题，但有一段话最可玩味：

> 君子乾乾不息于诚，然必惩忿窒欲、迁善改过而后至。①

"君子乾乾不息"源自《乾·九三》："君子终日乾乾，夕惕若。"以及该卦《象》文："天行健，君子以自强不息。"

"惩忿窒欲"直接引自损卦《象》文："君子以惩忿窒欲"。

"迁善改过"源于益卦《象》文："君子以见善则迁，有过则改。"

周敦颐运用《周易》哲学思想，阐述他的功夫论，核心观念有三：

其一，"乾乾不息于诚"，意即以诚为修养目标，时时提撕警醒，精进不已，亦含《通书》第二十章所说"圣可学"之意，只要乾乾不息，必可至诚境圣域。

其二，"惩忿窒欲"，即节制欲望。在《太极图说》中，周敦颐说："主静（自注：无欲故静）立人极。"提倡主静无欲，认为无欲故静。而在《通书》中，则说"惩忿窒欲"，既是惩忿，表明还是有"忿"，既是窒欲，亦说明还是有"欲"，只不过要对"忿"和"欲"进行惩窒减损，以达于诚之至善之境。周敦颐的弟子程颐说："人心私欲，故危殆。道心天理，故精微。灭私欲则天理明矣。"② 可以说是对周子"欲"的意旨的较好发挥。理学家讲"欲"或"人欲"一般是指"私欲"，周敦颐所谓"欲"亦是此意。程颐说"灭私欲"，表明人是有私欲的，正因如此，才需要艰苦地修养功夫来消除它。

其三，"迁善改过"。周敦颐特别强调"改过"，《通书》第八章说："人之生，不幸不闻过，大不幸无耻。必有耻，则可教；闻过，则可贤。"周敦颐的意思是人总会有过，最不幸的事就是不闻过从而不自醒其过，

---

① 周敦颐：《通书·乾损益动第三十一》。
② 周敦颐：《遗书》卷二十四，《二程集》，中华书局，2004，第312页。

不自醒其过就会不知羞耻，因此，要想自修而迁于至善之诚境，必从知过、改过开始，所以说"闻过，则可贤"。也就是说，闻过，是修德的入手之处。这一点，与后来的湖湘学派所重视的"观过知仁"亦为异曲同工。

作者单位：湘潭大学

李觏的易学与变法改革思想

刘炳良

摘 要： 李觏是北宋中期著名的易学家、政治家，他作推明易之"常道"，"急乎天下国家之用"，因而作《易论》，阐明《周易》的明体达用之学，以响应庆历之际的政治改革所提出的时代要求。同时利用《周易》关于变通和应变高超的阐述，采取"卦时说"，着眼于经世致用，针对宋代政治生活中的时弊，举屯、蒙、师、临、恒、涣、同人、损、益、贲等卦为例，论述君臣关系，研究为君之道和为臣之道。同时，李觏对于政治问题能特别注意到经济制度的重要性，这是其易学思想的独到之处。

关键词： 李觏 易学 庆历新政

李觏（1009～1059 年），字泰伯，江西南城人。他一生以教授自资，专注讲学和著述，曾创建盱江书院，学者常数十百人，学者称为盱江先生。李觏在北宋中期以积极倡导变法改革而著名，积极拥护庆历新政，在其晚年由范仲淹等推荐任太学助教，后又任直讲。李觏的学术思想对宋代理学的发展也有导引之功，时人誉为"理学大明，儒风蔚起，识者谓濂、闽、关、洛之学，皆先生有以启其绪焉"①。李觏的易学思想 ——"急乎天下国家之用"是与他的政治改革思想紧密联系在一起的。

一 "急乎天下国家之用"：李觏易学的宗旨

李觏的学术注重经世致用，强调事功，是宋代功利主义的代表，王安石的思想与之较为相近，他们两人共同开创了宋代的经世之学。

李觏的学术思想主要是本于《周礼》和《周易》，通过"诵味经籍，窥

---

① 陆瑶林：《李泰伯先生文集原序》，转引自王国轩点校《李觏集》，中华书局，2011，第 551 页。

测教意",撰写了《礼论》《易论》《周礼致太平论》《富国策》《平土书》《庆历民言》等大量政论著作,探寻变法改革之道。李觏通过自身的学术探索、体验认识到,从哲理性上来看,《周易》要比其他经典更为深刻。他说:"《易》者,三圣之所以教人,因时动静,而终之以德义,五经特是为深矣。"① "终之以德义"为明体,"因时动静"为达用,李觏也是认识到《周易》是明体达用之书,所以对《周易》特别推崇。

李觏作《易论》的目的在于推明易之"常道","急乎天下国家之用",阐明《周易》的明体达用之学,以响应庆历之际的政治改革所提出的时代要求。在其《易论》的最后总结中,他无限感慨地喊出了内心深处的期盼:"噫!作《易》者既有忧患矣,读《易》者其无忧患乎?苟安而不忘危,存而不忘亡,治而不忘乱,以忧患之心,思忧患之故,通其变,使民不倦,神而化之,使民宜之,则自天祐之,吉无不利矣。"这强烈地表达了李觏和他的同道们的心声,以浓郁的人文情怀研究《周易》,直面严峻的社会现实,关注社稷民生,探索拨乱反正、重建秩序的道路。李觏将《周易》中的"体"认识为"常道",他在《易论》中开篇就指出:"圣人作《易》,本以教人,而世之鄙儒,忽其常道,竞习异端。"② 着力扭转学习《周易》的不良风气,指出《周易》之"常道""炳如秋阳,坦如大逵。君得之以为君,臣得之以为臣。万事之理,犹辐之于轮,靡不在其中矣。"③而《周易》之"用"则是他所说的:"救弊之术,莫大乎通变","常者,道之纪也。道不以权,弗能济矣。是故权者,反常者也。事变矣,势异矣,而一本于常,犹胶柱而鼓瑟也。"④ 在这里,他认为"常道"为体,"通变"为用,知常而不知通变,则是有体而无用,无异于"胶柱而鼓瑟"。

二 "卦时"论:论证庆历新政的变法改革思想

政治实践需要理论和思想指导。北宋仁宗庆历年间(1041～1048年),如何配合新政探索出一种有效的改革理论和指导思想成为了亟待解决的时代课题。李觏对当时逐渐展开的庆历新政进行了理论上的论证,并热情地为新政呼喊。改革就是拨乱反正,化矛盾和混乱为和谐和秩序,为此就需要对客

---

① 李觏著,王国轩点校:《李觏集》卷二十七《上苏祠部书》,中华书局,2011,第314页。
② 李觏著,王国轩点校:《李觏集》卷三《易论第一》,第28页。
③ 李觏著,王国轩点校:《李觏集》卷三《易论第一》,第28页。
④ 李觏著,王国轩点校:《李觏集》卷三《易论第八》,第43页。

观形势进行全面分析研究，较为确切地把握全局，同时及时调整对策，采取妥当的措施。《周易》作为拨乱反正之书，对变通和应变有着高超的阐述，"卦时说"是其精髓之一。所谓卦时，是指《周易》的六十四卦，每卦各自象征某一事物或现象在特定背景中产生、变化和发展的原理及规律，而与卦义相伴随而存在的这种特定背景，《易例》就称之为"卦时"。六十四卦就代表六十四种各不相同的"时"，即塑造出六十四种"特定背景"，从不同角度喻示着自然界和人类社会中某些具有典型意义的事理和规律。如泰卦象征"通泰"之时，否卦则象征"否闭"之时，讼卦象征"争讼"之时，既济象征"事已成"之时，而未济卦则象征"事未成"之时，等等。六十四卦的每一卦都有六爻，六爻的变化情况都是限定在该卦特定的"时"中来反映出事物或现象阶段发展的规律性。因此，每一卦的《象传》往往断定该卦"之时义大矣哉"！

研究卦时是把握六十四卦的核心所在，卦时从总体上支配着六爻的具体形势，爻是服从于卦时的，必须根据卦时适时调整自己的行为和对策。行为本身并不能决定其后果如何，关键是要看行为是否适时，顺时而动则吉，逆时妄动则凶。所以义理派易学关注人事，当然就非常重视对卦时的研究阐述。王弼的易学研究以卦为时，代表客观形势；以爻为人，代表主体行为。通过研究卦与爻的关系，来论证客观形势与主体行为的关系，选择适宜的时机和妥当的对策。他说："夫卦者，时也。爻者，适时之变者也……卦以存时，爻以示变"。精辟地说明了卦与爻的关系。李觏的易学就是继承了王弼的这个思想，他"著《易论》十三篇，援辅嗣之注以解义，盖急乎天下国家之用"，① 把卦时作为易学研究的重点，以卦与爻的关系为核心来论证他的改革理论。他在《易论》中指出："时乎时，智者弗能违矣。先时而动者，妄也；后时而不进者，怠也。妄者过之媒，怠者功之贼也。"② 就是说智者要适时而动，先时而动是妄动，会招致过错，后时而不动也不对，是保守懈怠，会无功得咎。

理论上的系统架构问题容易解决，难处在于《周易》有六十四卦，三百八十四爻，而且"变动不居，周流六虚"，六十四种"时"和三百八十四爻的组合变化莫测，难以对其作出周全细致的分析研究。要想对其有较为透彻地了解和把握，针对具体情形采取妥当措施适时而动，是研究和把握卦时的

---

① 李觏著，王国轩点校：《李觏集》卷四《删定易图序论》，第 54 页。
② 李觏著，王国轩点校：《李觏集》卷三《易论第六》，第 39 页。

难点所在。朱熹对此曾说过："理不患其不一，所难者分殊耳！"所以，如何把变化无穷的时和事统一起来，是一个理论难题。对此，李觏在《易论》中有所阐述：

> 卦者，时也。爻者，适时之变者也。时既不一，事亦不同，不可相假者也……时虽异矣，事虽殊矣，然事以时变者，其迹也。统而论之者，其心也。迹或万殊，而心或一揆也。若夫汤汤洪水，禹以是时而浚川；黎民阻饥，稷以是时而播种；百姓不亲，契以是时而敷五教；蛮夷猾夏，皋陶以是时而明五刑。其迹殊，其所以为心一也。统而论之，谓之有功可也……苟不求其心之所归，而专视其迹，则散漫简策，百纽千结，岂中材之所了耶？①

这种思想就是基于《易传》所说的"天下同归而殊途，一致而百虑"而立论的。李觏的这个观点已经十分接近于后来程颐的"一本万殊"，以及朱熹的"理一分殊"的思想了。王弼指出："故名其卦，则吉凶从其类，存其时，则动静应其用。"现实问题就是，这里的"时"和"用"的具体内涵，也是因时而变的，不同的历史时代有着不同的内容和理解，义理派易学对"时"和"用"的分析体现了不同的时代特点和风貌。魏晋、隋唐和两宋时期的理解必然是不同的。

北宋前期，三先生和李觏等人虽然继承了王弼的义理派易学的传统，但都力图超越前代，有所创新。李觏就说过："古今解者，唯王辅嗣尤得其旨，然亦未免缺误。况此经变动无常，学者不能知所准的。觏常撮其爻卦，各有部分，仍辨辅嗣之失，因欲作《易论》十篇。"② 李觏针对他所处的时代背景，结合庆历之际变法改革事业的现实需要，在《易论》中对六十四卦的卦时"统而论之"，作了详细阐述。他指出：

> "有因时立事，事不局于一时，可为百代常行之法者，如仁、义、忠、信之例是也。故夫子于上、下《系》所称者，十有九爻未有言其时者，盖事不局于一时也。是故时有小大，有以一世为一时者，此其大也；有以一事为一时者，此其小也。以一世为一时者，否、泰之类也，天下之人共得之也；以一事为一时者，讼、师之类是也，当事之人独得之也。

---

① 李觏著，王国轩点校：《李觏集》卷三《易论第十一》，第48～49页。
② 李觏著，王国轩点校：《李觏集》卷二十七《上苏祠部书》，第314页。

借如今之世，泰之时也；天下所共矣。①

李觏把六十四卦的卦时分为了三类，分别是"事不局于一时"之时、"以一世为一时者"之时和"以一事为一时者"之时。第一类为"明体"，所谓"可为百代常行之法者"，"如仁、义、忠、信之例"都是"历世不可变者"。第三类是"达用"，"以一事为一时者"，用以处理各种分殊之事，而为"当事之人独得之"。第二类"以一世为一时者"之时则是对时代局势的评估和把握。李觏对庆历之际时局作了较为乐观的估计，认为当时正处于泰时："借如今之世，泰之时也；天下所共矣。"他说："泰者，君臣合好，君子在位，小人在野之世也。然物既大通，多失其节，故不具利正之德也。"②

李觏"急乎天下国家之用"的精神决定了他把研究卦时的重点放在了第三类的"达用"之时上。他详细列举了十六种"以一事为一时者"的卦时：

> 若其倥侗之质，求师辩惑，蒙之时也；立身向道，非礼勿行，履之时也；居其德义，以待施惠，井之时也；自远之近，观鉴朝美，观之时也；量能受任，各当其分，鼎之时也；夙夜在公，干君之事，蛊之时也；用其刚正，辩物之事，讼之时也；断其刑罚，无有不当，噬嗑之时也；出军遣将，以讨不庭，师之时也；险难在前，按兵观衅，需之时也；民有困穷，从而养之，颐之时也；事有所失，知而改之，复之时也；礼有过差，议而定之，节之时也；逸乐之情，约之以正，豫之时也；文饰之盛，反之于素，贲之时也；人有解慢，示之以威，震之时也。夫此之类，皆以一事为一时，而诸卦之时，君之所遇者多，以事无不统也。臣之所遇者寡，以事有分职也。③

李觏着眼于经世致用，对于庆历时局的重点把握放在对君主的要求上，因为"诸卦之时，君之所遇者多，以事无不统也。臣之所遇者寡，以事有分职也"。君主位居国家的权力中枢，事无巨细，无不总统，掌握最高决策的权力，其所思所为，一举一动都决定着时局的走向和国家的命运。虽然当时处于泰时，但"泰之极，则城复于隍；既济之极，则濡其首"。所以作为君主要时存警惕畏惧之心，勤谨为政，因为"祸福倚伏，诚可畏也"。④

---

① 李觏著，王国轩点校：《李觏集》卷三《易论第十一》，第49页。
② 李觏著，王国轩点校：《李觏集》卷三《易论第十二》，第52页。
③ 李觏著，王国轩点校：《李觏集》卷三《易论第十一》，第49页。
④ 李觏著，王国轩点校：《李觏集》卷三《易论第十二》，第52页。

　　李觏通过对卦时的研究，进一步分析了君主对于朝政中君子与小人政治势力的对比和对于新政改革成败所起的决定作用。他在《易论》中着力阐述了以下卦时：

　　　　乾坤何时也？

　　　　曰：乾者，圣人进取天位，非承平之时也。故初则潜，二则见，三则乾乾，四则或跃，五则飞，上则亢也。坤者，圣人防闲臣下，非大通之时也。故初则履霜，上则龙战，三则含章而不敢为首，四则括囊而后无咎，五则黄裳而后元吉。唯二居于下卦，履其中正，乃可任其自然也。

　　　　又问：大过之时，则务在救危；遁、明夷之时，则贵乎避难，何其不同也？

　　　　曰：大过之时，本末虽弱，而未见君之昏乱，臣之谗邪。是国家之难，何世无之？君子之义，不得不救也。遁则小人得志，明夷则暗主在上，忠良之士，徒见害而已，无足可为也。君子之智不得不避也……然则剥与明夷孰为大祸？

　　　　曰：小人虽盛，制之在君，故贯鱼以宫人宠，则无不利，是祸之小也。主之暗，则未如之何，故南狩得其大首，是祸之大也。

　　　　又问：屯也，蹇也，困也，名相近也，请言其别。

　　　　曰：屯者，动乎险中，可为之世也，然而足以有功矣！蹇者，见险而止，不可为之世也，然而足以无过矣！困者，刚见掩于柔，君子为小人所蔽，穷厄委顿者也。人之所患，莫斯之甚也。

　　　　比也，同人也，随也，义相类也，请言其异。

　　　　曰：比者，刚得尊位，上下应之，天下之人皆亲其君也。同人者，柔履中正，而应乎乾，同志相合，物各有党也。随者，刚来下柔，动而之悦，谓能下于人，动则人悦，莫不从其所为也。上之所务，莫斯之大也。①

　　在李觏看来，乾非承平之时，坤也非大通之时；有利的形势是比、同人和随之时，尤以随之时为好；屯、蹇之时尚可有功、无过；而困、剥、明夷之时则属不利形势，尤以明夷之时为甚。李觏之所以不惜笔墨，对卦时作了如此详尽的阐述，目的就是为庆历之际逐步推行的新政进行论证，研究其可行性，分析时局，寻求对策，适时而动。依照李觏的观点，当时的北宋正处

---

　　①　李觏著，王国轩点校：《李觏集》卷三《易论第十二》，第50～51页。

泰时，有利的形势是"君臣合好，君子在位，小人在野"，但也有"物既大通，多失其节，故不具利正之德"的不利因素。针对这种局面，为了使新政避免失败，取得成功，李觏提出了两项原则："天道之变，日星循环，占之而不舛者，以知其数也。人事之动，情伪交错，应之而不谬者，以知其势也。持之以正，用之以中，百禄之来，弗可辞也已。"① 即一方面要努力掌握客观处境，认清形势，做到"知其势"，另一方面要遵循中正之道，坚持道德原则，"持之以正，用之以中"，这是主持政局的君臣必须共同遵守的原则。但李觏深明守道之难，他说："非天下之至变，其孰能与于此哉"!② 北宋仁宗朝社会继续发展，虽已然形成了"积贫积弱"的局面，但尚能因循苟且时日，还没至于到了"天下之至变"，李觏岂非已经预见到了新政的失败？

三 论君臣之道

李觏对于君主的作用和帝王为君之道的认识无疑是十分清醒的，他尖锐地指出君主的意志决定着朝廷中政治势力的对比，决定了新政变法改革事业的成败。庆历新政和后来的熙宁变法均以失败告终的历史事实残酷地证实了他的判断，只有宋仁宗和宋神宗才是新政和变法运动的最高领导者，而范仲淹以及曾经一度得君行道的王安石等大臣只不过是具体的实行者，改革的最终命运还是操控在皇帝手中。

《周易》每卦的六爻分处六级不同的等次级别，称为爻位，象征事物发展的不同阶段和条件，或地位、身份的贵贱。其中以第五爻为君位，它的功能在于喻示君主在该卦所处卦时之情境下可能的行为及与周围环境的相互影响。第二爻为臣位，显示大臣的行为及其与君主的关系。

李觏的《易论》根据《周易》的基本原理，针对宋代政治生活中的时弊，举屯、蒙、师、临、恒、涣、同人、损、益、贲等卦为例，论述君臣关系，研究为君之道和为臣之道。他提出只有合理地处理君臣关系，按照刚柔相济、阴阳协调的原则结成和谐统一的政治共同体，才能取得改革事业的成功。这也是李觏易学的特色。

李觏在其《易论》中开篇就论述为君之道：

> 曰：然则请问为君之道。

---

① 李觏著，王国轩点校：《李觏集》卷三《易论第十》，第48页。
② 李觏著，王国轩点校：《李觏集》卷三《易论第十》，第48页。

曰：夫用贵莫若恭，用富莫若俭。恭则众归焉，俭则财阜焉。恭俭者，先王之所以保四海也。《损》六五曰："或益之十朋之龟，弗克违，元吉。"龟可决疑，喻明智也。以柔居尊，而为损道，明智之士，皆乐为用矣。非徒人助，天且福之。故《象》曰："六五元吉，自上祐也。"恭之得众也如此。《贲》六五曰："贲于丘园，束帛戋戋，吝，终吉。"丘园谓质素之地也。处得尊位，为饰之主，而每事质素与丘园相似，则费财物束帛乃戋戋众多也，俭之足用也如此。①

这里提出了"恭"和"俭"这两条"先王之所以保四海"的为君之道，主张作为君主应当"以柔居尊，而为损道"，礼贤下士，才能得道多助。对于君主如何分配社会财富，李觏指出：

夫上之利民，以财则不足也，百姓安堵而不败其业，利之大者也。《益》九五曰："有孚惠心，勿问，元吉，有孚惠我德。"谓因民所利而利之，惠而不费，则不须疑问，必获大吉，而物亦以信惠归于我也。夫溥爱无私，君之德也。反是则非益之谓也。《屯》九五曰："屯其膏，小贞吉，大贞凶。"膏，谓恩惠也。处屯难之时，居尊位之上，不能博施群小，而系应在二，所惠偏狭，于有司之贞则吉，于大人之贞则凶也。②

这是主张君主应以"溥爱无私"之君德广泛施惠于民，"因民所利而利之"，而不能"博施群小"，只顾及身边的亲近之人。这种观点对于北宋之时三冗剧增，民失其利的局面具有强烈的针对性。

关于君主应如何推行新政，施行法令，贯彻政策，李觏先是举比卦九五为例，说明君主应当遵循"执刚莫如体柔，责人莫如自修"的原则，否则"尚力取胜亦已劳矣。"他接着释同人卦九五曰："不能使物自归，而用其强直，故必大师克之，然后得志也"，这是不足取的。又释困卦九五曰："忿物不附，而行威刑，则异方愈不怀矣。而体在中直，能不遂迷，乃徐修德，则得喜说。履夫尊位，过而能改，以斯祭祀，必受福也。夫以至尊敌至贱，胜之不足为武也。"释夬卦九五曰："夬之时，以君子决除小人，而五处尊位，躬自决之，虽其克胜，未足多也。处中而行，足以免咎而已。故《象》曰：'中行无咎，中未光也。'夫安非福也，危非祸也，知危而惧，安莫如之。"

① 李觏著，王国轩点校：《李觏集》卷三《易论第一》，第28~29页。
② 李觏著，王国轩点校：《李觏集》卷三《易论第一》，第29页。

以上用以说明君主一方面要宽简为政，不能滥用权力，施行威刑峻法。并且实施政策时还要经常检查，过而能改。但另一方面，到了必须大力推行新政，进行改革之时，则要作出变通，严格法令，断而行之。他以否卦九五为例：

> 夫救弊之术，莫大乎通变。然民可与乐成，难与虑始，非断而行之，不足以有为矣。《巽》初六曰："进退，利武人之贞。"谓处令之初，未能服令，故进退也，则宜用武威以整齐之，乃能成命也。《革》上六曰："君子豹变，小人革面。"谓居变之终，变道已成，则小人变面以顺上也。①

因为人们习惯于保守，通常情况人都是"可与乐成，难与虑始"的，尤其是既得利益集团，对于改革有强烈的抵触，不守法令，甚至破坏改革。这时就要"用武威以整齐之"，等改革既成，变道已成，人们才会自觉地遵守新法。这种观点至今对于世人都有积极的启示意义，即使是在民主法制国家，亦是如此。李觏对上述不同的态度作了总结说明：

> 同人九五敌刚也。困九五来异方也。其欲胜敌怀远，不可暴也。舜于有苗，文王于崇，乃其迹也。巽之初六行令于吾人也。令善而众疑，不济以威，是终不可为也。周官凡出教令，必徇以木铎。曰："不用法者，国有常刑"，乃其事也。盖所施之异，胡可结以一言哉！②

精辟地揭示了推行新政，促进改革的通变之道。

关于君主的任官之道，用人之道关系到改革事业的成败，这也是李觏关注的重点，他的《易论第二》篇对此作了专门阐述，说明君主的首要职责是选用、委任大臣："为君之道，任官其急也。"他首先以井卦九五、兑卦九五和剥卦六五为例，说明在君主亲理朝政时，"刚正之主，不纳非贤，必须行洁才高，然后乃用也。"如若"处尊正之位，不说信乎君子，而说信小人，则小人道长而国有危也。"所以"人君所任，宜得贤才，不可说信小人，虽未能不加以宠，亦当处之散地，无俾乘势以消君子。"对于当君主不能亲自总理国政，而委之以大臣的情况，李觏认为这是"祸福之机也。事有不可不然，亦不可必然，在度宜而行之"，他列举了这样的几种具体情况并进行了分析：

---

① 李觏著，王国轩点校：《李觏集》卷三《易论第一》，第30页。
② 李觏著，王国轩点校：《李觏集》卷三《易论第一》，第30页。

《蒙》六五曰："童蒙吉。"谓委于二也。夫蒙之时，阴昧而阳明，五以阴质，居于尊位，不敢以其蒙昧自任，而委之阳刚，付物以能，故获吉也。《师》六五曰："田有禽，利执言无咎，长子帅师，弟子舆尸，贞凶。"谓柔非军帅，阴非刚武，故不躬行，必以授也。授不得主，众犹不从，故长子则可，弟子则凶。盖九二得中，可以任也。"自阃以外，将军制之"，用兵之法，亦其宜矣。《临》六五曰："知临，大君之宜，吉。"夫临，刚浸而长，君子道盛之时也。因而纳之，委以其事，则不劳而成功矣。任得君子，庸非智乎！《大壮》六五曰："丧羊于易，无悔。"羊，壮也。君大壮之时，以阴处阳，以柔乘刚，用壮之甚。敌寇之来，将失其居，故不待险难而先舍其壮，委任于二，则得无悔也。①

对于以上几种情况，李觏认为："此皆事之宜，不得不然也。历观众卦，此类颇多，率由阴居尊位，未得刚正，在上而废其聪明，委政于下也。得其人则民受其赐，非其人则职为乱阶，此不得不然也。"他最后对这几种情况作了总结：

《恒》六五曰："恒其德，贞妇人吉，夫子凶。"谓居得尊位，不能制断，而系应于二，专从其唱，以此为常，则妇人之吉，非夫子之道也。以言人君在位，苟不能独断，而牵于臣下，权时则可矣，以之为常，则非君之道也。《坤》初六曰："履霜，坚冰至。"戒其渐也。上六曰："龙战于野"。辩之不早，疑盛乃动，故必战也。此任官之要，先王其慎之也。②

告诫君主对委任大臣要慎之又慎，以免使自己的权力受到削弱。

关于为臣之道，李觏也援引易理，作了较为细致的阐述。兹略举其一二。他认为："事君尽礼，致恭存位，古之道也。""君唱臣合，理之常也。"他举卦例说明为臣之道，在于根据自身与君主关系的不同情况，审时度势，相机而动，做到进明退顺，不失其正。或不可苟进；或往必见任，志在大业；或刚以奉柔，自酌损其刚，以得合志；或得君行道，"内掌机密，外宣化命"；或"竭其忠信，志在立功，图国亡身"。特别是他释益卦六二说："夫忠臣之分，虽处险难，义不忘君也。"释蹇卦六二说："执心不回，志救王室"。这

---

① 李觏著，王国轩点校：《李觏集》卷三《易论第二》，第31页。
② 李觏著，王国轩点校：《李觏集》卷三《易论第二》，第31页。

些关于为臣之道的论述，真实地表达了李觏对范仲淹等推行新政的大臣们的热切期望。

总之，李觏着力对君臣之道进行了详实的研究，认为君臣关系事关政治大局，改革的成败，必须慎之又慎，最后，他还不忘提醒君主"昔大禹之训曰：'予临兆民，懔乎若朽索之驭六马。'夫能保万世无疆之休，其唯知懼者乎！"①

四 平土论：经济思想

李觏易学的特殊贡献是于政治问题上能特别注意到经济制度的重要性，要求进行全面彻底的政治经济改革。他提出了以"平土地"为中心的改革主张，认为要富国强兵安民，根本问题就是土地问题。"是政土地本也，耕获末也。无地而责之耕，犹徒手而使战也。"李觏把土地问题看成是一切社会问题的根本，他针对北宋不限土地兼并所造成的严峻社会现实，提出平土、均田、限田等主张，要求实行相对均平的经济政策，强调要防止巨商大贾的兼并，使用平准、平籴等措施加强国家对商业的控制，要求限制土地、财富的过度兼并和集中，改变贫富悬殊的状况，将《易传》的太和、中正思想落实到现实社会中，使各社会等级阶层和谐相处，以保持社会稳定。

他以为解决土地问题要靠法制，"法制不定，土地不均，富者日长，贫者日削，虽有耒耜，谷不可得而食也。食不足，心不常，虽有礼义，民不可得而教也……故平土之分，圣人先之"然而土地和法制都掌握在富人手里，不能指望他们制定出平土之法。李觏关于土地问题的分析是正确的，但却找不到正确的解决办法。

李觏虽然没有能得君行道，不曾在政治上得意，实践他的改革设想，但他以教授学术，培养人才自资，热切关注政治，重点在经济制度上阐述经典，强调事功，其政治思想成为王安石变法思想的先驱。

李觏的易学思想在宋代易学中是一个承上启下的中间环节，对后期的功利学派易学、朱熹易学等都产生了重要影响。研究李觏的易学思想，有助于对宋代易学思想乃至全部宋代学术思想的转型与发展的理解。

作者单位：北京建筑大学

---

① 李觏著，王国轩点校：《李觏集》卷三《易论第十二》，第52页。

以史证易学派易学普适化的学术努力及其关注

曾华东

摘　要：以史证易学术活动弘成了易学"两派六宗"之一的以史证易学派，其活动迫至清代以降。这一学派的学术关联却一直仁者见仁，各有表述。尽管朱伯崑先生在其《易学哲学史》专门谈到杨万里"引史证经"的学术活动"反映了一种易学观"，但没有引起后学者足够的重视，因此，"接着讲"几乎中断。如何发见以史证易学派易学普适化的学术努力及其关注，是需要开端引路之处。"惟此派易学在研究方法上仍有讨论之空间"，它的学术指归与努力和殊胜的史案元典分布，都勾勒出了该派在易学普适化方面的学术途经与主要着力点。

关键词：以史证易学派　易学普适化

在学术史上，以史证易学派虽然曾被一些封建文人所轻视，但仍不乏研究者。清代学者全祖望（1705～1755 年）在《宋元学案》中评价杨万里易学："《易》至南宋，康节之学盛行，鲜有不眩惑其说。其卓然不惑者，则诚斋之《易传》乎！其于《图》《书》九十之妄，方位南北之讹，未尝有一语及者。……中以史事证经学，尤为洞邃。予尝谓明辅嗣之传，当以伊川为正脉，诚斋为小宗，胡安定、苏眉山诸家不如化。"①"诚斋为小宗"已启评价之始。《四库全书总目提要》说："故《易》之为书，推天道以明人事者也。《左传》所记诸占，盖犹太卜之遗法。汉儒言象数，去古未远也。一变而为京、焦，入于禨祥，再变而为陈、邵，务穷造化，《易》遂不切于民用。王弼尽黜象数，说以老、庄。一变而胡瑗、程子，始阐明儒理，再变而李光、杨万里，又参证史事，《易》遂日启其论端。此两派六宗，已互相攻驳。"② 其"两派六宗"似为盖棺之论。《百年来杨万里研究述评》一文称：今人研究以

---

① 黄宗羲著，全祖望补修，陈金生、梁连华点校《宋元学案》卷四四《赵张诸儒学案》，中华书局，1986，第 1433 页。
② 永瑢等：《四库全书总目提要》卷一，中华书局，1965，第 1 页。

史证易学派"参证史事"易学（或曰："参证史事"易学、史事宗易学、史易学）始自 20 世纪 80 年代，陆续出现一些研究史事宗易学代表人物杨万里易学的文章和专题。① 综合各种资料，研究史事宗易学的大致可分为：

1. 探寻"参证史事"后面的易学观。其中最突出的当属朱伯崑先生，其《易学哲学史》专门有一节谈到杨万里"引史证经"。朱伯崑先生在《易学哲学史》中指出："所谓引史证经，无非是引用历代统治阶级的政治历史，特别是封建时代王朝兴替的历史，以附会《周易》的卦爻象和卦爻辞。这种附会反映了一种易学观，即把《周易》看成是封建统治者治理国家的一部教科书。这样，就更增强了《周易》一书在经学中的地位"，认为"引史证经"的学术活动"反映了一种易学观"。②

2. 讨论"参证史事"后面的"和"问题、革新思想、类辩方法。有张立文先生、唐明邦先生及至梅珍生、陈金清等。

3. 直陈"以史证易"并追寻背后的历史意义的世界。有傅荣贤、林忠军和张文修等。

其中，1、3 项的研究似可合流，即史事宗易学"参证史事"背后的易学观和历史意义的世界究竟是什么。这个问题至今似仍需进一步合理解答。

海外研究史事宗易学的有我国台湾的学者黄忠天、胡楚生等，尤其黄忠天先生似乎看出了什么，于是在《史事宗易学研究方法析论》一文中指出，《四库提要》将易学分成"两派六宗"，而今看来"惟此派易学在研究方法上仍有讨论之空间"，并认为以史证易学派直到清代方才下世。③ 其实何止"在研究方法上"，史事宗易学留下的众多史案元典及其"参证史事"的做法仍给我们以"讨论之空间"和考量的空间。

一　关于易学普适化可考量的理解与分殊

对史事宗易学"参证史事"背后的易学观和历史意义的世界的实质进行分析，可得出的结论是：以史证易学派史案元典分布及其"参证史事"的做法，二者实际上是一个问题。以史事宗易学的主要代表杨万里（另两位分别是北宋的李光、李杞）易学为例，他所用来以史证《易》的材料（包含南宋以前的所有史案甚或传说）总计有四百余条，其中包括反复出现的史案，或

① 肖瑞峰、彭庭松：《百年来杨万里研究述评》，《文学评论》2006 年第 4 期。
② 朱伯崑：《易学哲学史》第 2 卷，华夏出版社，1995，第 369 页。
③ 黄忠天：《史事宗易学研究方法析论》，《周易研究》2007 年第 5 期。

曰：证案。问题是，"以史证易"中这个重要的"证"字怎样理解？"证"的含义可分为证实和证解。《易》果可证实乎？果需要证实乎？否。这也正是一些封建文人轻视以史证易学派的原因，他们把"证"理解为证实而忽略了证解。

比如，元代就发生了"新安陈栎（对《诚斋易传》）极非之"的事情，以为（杨万里）"足以耸文士之观瞻，而不足以服穷经士之心"①。诚然，要想"证实"《易经》，当然"不足以服穷经士之心"，而"足以耸文士之观瞻"倒说出了杨万里易学的不可小觑。因此，以史证易学派通过"证解"来与《易》之理打通而达到以史设教，更重要的是要达到广泛推介即普适化《周易》的目的。因此，所谓"易学普适化"，是要让尽可能多的人（不止于君臣之间）学《易》、懂《易》，更重要的是用《易》，知往彰来，穷通化变，与时偕极。一言以蔽之，让"易学普适化"才是史事宗易学"参证史事"后面的根本易学观。

通过分析以史证易学派史案元典分布和揭示该学派让易学普适化的学术努力，我们的结论是，当今学人对该学派不但不应轻视，还要重视，对该学派的重视就是对《周易》本身的重视。通过对这一学派的重视与研究，我们能够进一步拓展易学研究的纵深，并对整个易学研究做出一份新的学术贡献。分析以史证易学派的史案元典分布不仅是要揭示该学派让易学"普适化"的学术努力，更是要让作为祖国传统文化典籍中六经之首的《易经》能在当代乃至未来获得"普适化"。这两个"普适化"看似分殊（一是针对古代，一是针对当代），实则旨归一致，都是要人们去学《易》、懂《易》，更重要的是用《易》，让易学得到光大。就研究的现实意义而言，我们的目标还是要让它更好地融入当今的"建设优秀传统文化传承体系"当中。这就要求我们关注易学普适化的学术指归和前人曾为之付出的努力。

二 易学普适化的学术指归与努力

探讨易学普适化的学术指归与努力需要我们首先整理清楚"以史证易"成为易学最后一宗是怎样成为可能的。在宋代，程、杨《易传》合刊流行，朱伯崑先生在其《易学哲学史》中还专门提到杨万里治《易》是秉承《程氏易传》的衣钵，但杨万里的易学观及其"易学普适化"的学术努力却分明有

---

① 永瑢等：《四库全书总目提要》卷一，第14页。

一种从代表儒理宗的程氏易学中独立出来的自觉。这就需要我们深入到程杨二家的易学中进行横向比较、分析。接下来我们还要弄清：为何别家易学是以史"证注"《易》，此宗易学却是以史"证解"《易》？要研究以史证易学术活动的流变、不同的以史证易学术指向、以史证易学派让易学普适化的学术努力及其易学重塑过程、其在光大祖国易学和在构建我国"优秀传统文化传承体系"中的作用，都要求我们深入到各家易学中进行考察、分析。

探讨以史证易学派"易学普适化"的学术努力首先要求我们研究对乾坤二卦的解读和史案元典的"证解"，以分析出它们的普适意蕴。此二卦在各类易传中均处纲领地位，在以史证易学派中同样处纲领地位。这就同样要求我们深入到各家易学中进行考察，分析比较各家史案元典"证注"的不同的分布情况及其解析途径，以得到以史证易学派较各家易学更为明显的"用《易》"的学术意旨。还要求我们对文本进行分析解读，研究以史证易学派的史案元典的布设、来由、分类及其普适意蕴（尤其是针对能表明《易传》"象断之意"的象辞的以史"证解"《易》、对史案元典的解读及其普适意蕴），甚至深入到64卦中进行研究，深入到各家易学，当然也包括在当代学者的研究成果中进行考察、分析，以弄清杨万里易学为何只在28个象辞中证解《周易》、为何一些史案元典出现频次较多。研究成果、效应同上。

比如，以朱伯崑先生提出的"引史证经"的学术活动"反映了一种易学观"为问题的入口，以各卦爻中的史案元典分布，尤其是"研究的主要内容"所列的史案元典所反映、所匹配的义理为纽结逐步展开，凸显以史证易学派将《易经》普适化的学术意旨以及这种普适化的可能性和现实性所呈现的易学样态。所谓"可能性"是指：不是任何事情都可以"普适化"，比如攀悬岩的活动就不能"普适化"，只有少数人才能做到。所谓"易学普适化"是在强化"易学之用"的同时膺负两大学术使命：第一，使尽可能多的人通晓《易经》而免于犯错误。子曰："加我数年，五十以学《易》，可以无大过矣"。第二，从《易经》本有的义理中通过以史证易演绎出"通古今之变"与"知进退存亡"之道——"通古今之变"是从过去到今天，"知进退存亡"是从今天到未来。让易学借助史事易同今人乃至后人进行持续的判读和沟通，避免人们舍本逐末及关注历史进程的"治少乱多"，让个人和社会能够更好地、理性地发展。

三　易学普适化的学术方法与重点、难点所在

把握易学普适化的学术指归与努力，需注意学术方法的采用，并掌握这一问题的重点、难点所在。综合考量各家方法，以下几种适可采用。一为文献整理和考据的方法：搜集和整理杨万里对于程颐《易传》所作注解、议论的所有重要材料，杨万里之后易学家关于史事宗易学其史案元典的注解、"证解"及其主要材料，并对这些材料做必要的考证，考订各种材料形成或提出的时间及在易学的形成和演变当中的意义和作用。二为比较研究的方法：将杨万里《诚斋易传》与《程氏易传》、杨万里同期各家的论著（如张栻）、朱熹等理学家关于各家易学的注解等做必要的比较研究，论述其间的同异，从而说明杨万里《诚斋易传》的哲学义理特色及其所产生的广泛影响。三为文本诠释的方法：对已掌握的史案元典"证解"进行认真的阅读，分析其中的主要问题和主要意义，对各种见解及其关系做出合理的有系统性的诠释。还可用历史与逻辑相统一的方法：将杨万里《诚斋易传》的形成过程及哲学思想与宋代易学的形成和演变密切地结合起来进行研究。史事宗的以史证易易学是怎样在一种更普适的基础上取得它的学术更新从而汇流到可传承的文化体系中，并使自身呈现一种新的易学形态的，这些都需要通过有效方法进行大量的学术甄别和建构。

易学普适化的学术重点如下：以史证易学派是由一系列史案元典构成的一种"特殊"的易学形态，或曰形成的一个"特殊"的易学体系，因此，在对这一学派的研究中，其史案元典无疑是一个重点。易学普适化及其易学观是需要关注的又一个重点。此外我们还需一并关注易学在当今甚或未来的普适化。易学普适化的可能性通道及其价值维度，也是需要着力解决的问题。最后，还有以史证易学派在"祖国优秀文化传承体系"中所彰显的易学的传承属性及其效用。"难点"则有以下几点：史事易学长期以来不被学界重视，历史上在封建文人那里又贬多于褒，建立完整的史易学学术体系需要刮垢磨光、激浊扬清，是一项浩繁的学术再造；史事易用大量史案以史"证解"《易》，史案繁多，实际上是在为易学作类似数学上的加法，而这个"加法"连接了《易》所本有的辩证思维和史案史例所典证的价值意蕴，由价值意蕴形成的《易》之理与史之理二者合流，实则又是交错，是我们认真辨识和梳理与理论分割的第二个难点。说到底，要鉴别"易学普适化"究竟是空穴来风，还是一种值得深究原有本末的见解，首先需要在以史证易学派的文本中

找到出处。现在的研究状况是，对它的研究已有眉目，但还需要进一步的发掘。

四　结语

第一，作为程门后学，《程氏易》对杨万里易学肯定有影响，但杨万里易学有一种程氏易学中独立出来的理论自觉，这一点亦不容置疑。第二，用大量史案以史"证解"《易》，这一做法实际上是在丰富、充实《易经》本有的内容和内涵，即史易学用历史本有的治乱兴替来与《易经》本有的穷通化变相匹配，治《易》者所彰显的经世致用思想和史证精神显见。第三，史易学这种以史设教与《易经》的以《易》设教合流，这种合流所产生的新的解读维度和它所膺负的学术使命使中华易学焕发出强大的生命力。尤其是它让易学普适化的学术努力，使易学文化传承得以实现。第四，易学得以传承，我们今天的文化建设和中央最近提出的"优秀传统文化传承体系"的构建就有了重要的源头活水。

易学普适化的学术努力还在于它不但注意"正方"对以史证易易学的观点，也重视"反方"的观点。同时，作为当代学人，我们还可以用当代人的视角考察史易学及其治《易》、治史的价值取向。同以往的研究不同，我们要充分挖掘范本中的史料资源，力争发掘出一个新的史易学系统。史事易运用史案元典让人们知古鉴今，"明于天人之分"，重视人事之用。它将易学普适化的学术努力使以史证易学派弘成易学一宗，取得了易学研究的新突破和易学内涵的重组与转生。

作者单位：南昌大学

李塨易学述论

杨效雷

摘　要：李塨（1659～1733年），字刚主，号恕谷，蠡县（今属河北）人，康熙二十九年（1690年）举人，从颜元学习，是清初颜李学派的代表人物之一。其哲学思想以实践实证、实学实用为要旨。其易学思想既为其哲学思想中不可割裂的部分，又自有其在《周易》诠释史上不可磨灭的成就。然而，二百余年以降，学者鲜有论及，或所论泛泛，不足以彰显李塨易学的特点及其价值。有鉴于此，有必要系统梳理李塨《易》注，条贯探究，详加论述，以使学者对李塨易学有更为充分的认识。

关键词：李塨　易学

一

自晋王弼注《易》以来，易学逐渐引入了佛道思想。及至宋代，学者多借易学谈"心""理""性""天道"等形而上的问题，蔚为一时之风气。杨万里看到了这种风气的流弊，因而在《诚斋易传》中多引史事以解《周易》，认为《周易》本是为人事而作，其中很多卦爻辞都是谈为人处世之道的，而当时人乃借以谈玄虚之学，歪曲了《周易》本旨。杨氏遂正之以人事。① 及清初，孙奇逢著《读易大旨》，亦谈及《易》为人事而作。② 至乾隆年间，王心敬在《丰川易说》中，也提出了"《易》是道人事之书"的看法。③ 居于孙奇逢和王心敬之间的李塨，则全面论证了"《易》为人事而作"的观点。通观李塨所著《周易传注》，可以说，李塨易学的最大特色就在于其"专明人事"的易学观。朱伯崑先生在其皇皇巨著《易学哲学史》第四卷论及李塨

---

① 杨万里：《诚斋易传》，《文渊阁四库全书》第14册，台湾商务印书馆影印，1986。
② 孙奇逢：《读易大旨》，《文渊阁四库全书》第39册。
③ 王心敬：《丰川易说》，《文渊阁四库全书》第51册。

易学时说："'专明人事'的易学观，是李氏易学的一大特色。"① 然而未展开论述，笔者试补此缺。

《周易》兼言天道、人事，这已经成为学者的共识。对此，李塨认为，《周易》虽然谈及天道，但其宗旨是言人事。他说："《易》为人事而作也。孔子于《大象》如天地健顺、云雷屯难而必曰'君子以之'，又曰'《易》道有四，以言，以动，以制器，以卜筮'，又曰'百物不废，惧以终始'，皆人事也。"又说："圣人之作《易》专为人事而已矣。何以明其然也？乾坤索而为雷风水火山泽，本天道也。伏羲因而重之，何不皆言天道，而蒙、需、讼、师、谦、履等卦即属人事。文王《象辞》于乾，系以'元亨利贞'，犹天道、人事兼言也，至坤'牝马之贞''君子攸行'等辞，专言人事，周公《象辞》则'勿用''利见大人''朝乾夕惕'，无非人事者。以下六十二卦言人事者勿论。如复、姤、泰、否明属天道，而'利有攸往''勿用取女''小人''大人'必归人事，乃知教人下学，不言性天，不惟孔门教法也，自伏羲、文王、周公以来皆然。"②

在《周易传注·凡例》中，李塨再次阐述了其"《易》之大旨乃言人事"的观点。他说："圣教罕言性天，观《易》亦可见。乾坤四德，必归人事。以下屯'建侯'、蒙'初筮'，每卦皆言人事。至于《大传》'乾大始''坤成物'合以贤人德业，阴阳性道归之仁知，君子'鼓万物而不与圣人同忧'以明圣人之崇德广业有忧患焉。其余专明人事。此《易》之大旨也。"③

为进一步强调《周易》对人事的关注，诠释比卦上六爻辞后，李塨又说："圣人于人事，欲其行而进故为之计者四卦，履、晋、升、渐是也；欲其亲附为之计者五卦，比、同人、随、萃、中孚是也；事必济险为之计者四卦，屯、蹇、涣、解是也；事成宜保为之计者四卦，泰、大壮、大有、丰是也；而其事始于夫妇为之计者六卦，姤、渐、归妹、咸、恒、家人是也。其余多一事一卦矣。"④

李塨重视人事，并不意味着忽视天道。相反，李塨认为天道正是人事的形而上的依据。他在《周易传注》自序中说："人，天所生也。人之事，即天道也。"诠释《系辞上》时，他又说："是则天设位于上，地设位于下，而

---

① 朱伯崑：《易学哲学史》第四卷，昆仑出版社，2005，第308页。
② 李塨：《周易传注》原序，《文渊阁四库全书》第47册，第2~3页。
③ 李塨：《周易传注》凡例，《文渊阁四库全书》第47册，第5页下栏。
④ 李塨：《周易传注》卷1，《文渊阁四库全书》第47册，第34页。

一阴一阳生生之易行乎其中，人得之而为知礼。"①

在极言人事本于天道的同时，李塨认为，天道虽然不可忽视，但士人更应关注现实，关怀人生，而不应将过多的时间精力用于不切实用的形而上的问题。李塨以一个非常形象的比喻表述了他的这一观点。他说："子，父母所出也，然有子于此，问其温清定省不尽，问其继志述事不能，而专思父母如何有身，如何坐蓐以有吾身，人且以妄骇目之矣，而谓之孝乎？"②

在这种认识的基础上，李塨指出，天道虽然是人事的形而上的依据，但是天道与人事毕竟不同，天道在上主化育，人事在下主经纶，人事与天道互相依倚而又各自独立，天道是人事的依据，人事是天道的体现，人当顺天立命，以求得亨通。他说："况天与人亦各有其事。天之事在化育，人之事在经纶。天而不为天之事而欲代人经纶，则天工废；人而不为人之事而专测天化育，则人绩荒。天工废则乾坤毁，人绩荒则宇宙乱，故天地人交相为赞而亦各不相能。三极之道也。"③

阐发义理，俾有益于人事经纶是李塨《周易传注》的主导思想，因此，李塨对汉易五行胜负、分卦直日等说一概芟除不录。他自述其如此处理的理由时说："伏羲画卦而后，文、周系辞孔子赞《易》，皆以成己成物为世道人心计也。若于三圣所言之外再出枝节，非小道术数，则曲说纤巧，《易》之亡晦，皆以此也。故于五行胜负、分卦直日及京房一世、二世、三世、四世、游魂、归魂诸说，俱不入。"④

李塨认为，《中庸》"举性天而归诸人事"是"引而近之"，程颐、杨时"举道行而归诸性天"是"推而远之"。究竟是"引而近之"还是"推而远之"，是学术世运的分水岭。他说："《中庸》曰'天命谓性，率性谓道，修道谓教'，此《易》教也，举性天而归诸人事也，引而近之也；程子曰'儒道本天，释道本心'，杨氏曰'教人以性为先'，此非《易》教也，举道行而归诸性天也，推而远之也。其言似同，其旨乃异。毫厘之差，千里之谬，学术世运于此分，不可不察也。"⑤

李塨主张实用的易学观深得四库馆臣赏识。四库馆臣在对《周易传注》所作的提要中说："其自序排击诸儒虽未免过激，然自明隆、万以后，言理

① 李塨：《周易传注》卷5，《文渊阁四库全书》第47册，第149页下栏。
② 李塨：《周易传注》原序，《文渊阁四库全书》第47册，第3页上栏。
③ 李塨：《周易传注》原序，《文渊阁四库全书》第47册，第3页上栏。
④ 李塨：《周易传注》凡例，《文渊阁四库全书》第47册，第6页下栏。
⑤ 李塨：《周易传注》原序，《文渊阁四库全书》第47册，第3页上、下栏。

者以心学窜入易学，率持禅偈以诂经；言数者奇偶黑白递相推衍，图日积而日多，反置象占辞变、吉凶悔吝于不问。其蠹蚀经术，实弊不胜穷。塨引而归之人事，深得圣人垂教之旨。其矫枉过直、惩羹而吹齑者，分别观之，不以辞害意可矣。"并称李塨的《周易传注》"颇为明切质实，不涉支离恍惚之谈"①。

李塨不主张奢谈"理气心性"等形而上的问题，以之为"虚"，而主张多谈"仁知孝悌礼乐"等现实问题，以之为"实"。诠释《乾·文言》"潜龙勿用，阳气潜藏"时，他说："理气心性，后儒之习谈也。《易》则不多言气。……《论语》以仁知孝弟礼乐为道，偶一及心一及性而无言理者，……与后儒虚实大有分矣。"②

李塨二十岁受学于颜元，颜元"不言《易》，惟以人事为教"。后来，李塨"归而玩《易》"，才发现颜元虽然没有给他讲《周易》，但传授给他的正是《易》道。他感慨地说："习斋先生不言《易》，而教我《易》者至矣！"于是，李塨开始根据颜元的思想注释《周易》，"日注一卦，骎然若解"。康熙四十二年（1703 年），也就是李塨 45 岁的时候，李塨注释《周易》至观卦。次年春，李塨注完了《周易》经文及《文言》《象辞》和《象辞》。同年秋，李塨开始将已完成的部分修订一遍。康熙四十五年（1706 年），李塨开始注释其余部分（《系辞传》《说卦》《序卦》和《杂卦》）。康熙五十一年（1712 年）腊月，《系辞传》《说卦》《序卦》和《杂卦》也注释完毕。李塨将《周易》经传统一重新修订一遍后，全书最终完工。李塨在自序中指出，《周易传注》的写作目的是与仁人君子"共期寡过，共立经纶"。他说："夫天下万世犹吾身也，意欲订校以公之斯世，以共期寡过，共立经纶，或亦仁人君子之所许也。"③

从《周易传注》的成书过程，我们可以看出，李塨写作《周易传注》带有强烈的实用目的，是借诠释《周易》阐发他从颜元那里接受的思想。在这种强烈的实用目的的作用下，李塨对《周易》义理的阐发，有些是《周易》固有的义理，有些则是李塨自己的发挥。李塨可能也意识到，别人会以其诠释未必尽合《周易》本义而贬斥之，因此，他在《周易传注·凡例》中说："《易》道广大，原赖发挥也。"又说："即象玩义，非谓象解必合圣心，不可

---

① 永瑢等：《四库全书总目》卷 6，中华书局，1965，第 40 页下栏。
② 李塨：《周易传注》卷 1，《文渊阁四库全书》第 47 册，第 13 页下栏。
③ 李塨：《周易传注》原序，《文渊阁四库全书》第 47 册，第 3 页下栏。

更移。如此活看，庶几观象玩辞之道也。"①

李塨《周易传注》的主旨虽然是阐发其义理，然而受清代易学氛围影响，李塨亦非常注重对卦爻象的探究。在《周易传注》中，李塨"以象解《易》"亦运用得非常普遍。《四库全书总目》称其"大抵以观象为主，而亦兼用互体，于古人多采李鼎祚《集解》。"② 李鼎祚《周易集解》在易学史上的主要功绩是保存了大量的"以象解《易》"的旧说，李塨"于古人多采李鼎祚《集解》"是对王弼、韩康伯尽扫《易》象的极端做法的否定。在《周易传注·凡例》中，他说："《易》有道，有数，有象，有占，然《系辞传》曰'《易》者，象也'，道寓象中，数、占即象而见。一言象，而《易》尽矣。六十四卦，六十四象也；三百八十四爻，三百八十四象也，而每爻中复具数象，则象不可胜穷，皆画虚象以待实徵，所以能尽天下之变也。王弼、韩康伯不知象而扫之，不足道。"③

李塨诠释《周易》时，既注重对《周易》义理的阐发，又不废象数，这是非常值得提倡的正确的解《易》思路。这一正确的解《易》思路，与顺治时期"御纂"《易经通注》所确立的"斟酌乎象数、义理，折以大中"④ 的编纂宗旨当不无关联。"斟酌乎象数、义理，折以大中"的编纂宗旨是清代四部"御纂"《易》著所共同体现出来的易学指导思想。康熙时期"御纂"《日讲易经解义》明言"于观象之中，深明经世之道"⑤，御纂《周易折中》则将"兼收并采，不病异同"⑥ 定为编纂原则，乾隆时期"御纂"《周易述义》更是明确指出："于宋易、汉易酌取其平。"⑦ 马克思和恩格斯在《德意志意识形态》中说："统治阶级的思想在每一时代都是占统治地位的思想。"⑧ 因此，清统治者所提倡的易学思想对有清一代易学的影响不可低估。

二

李塨诠释《周易》，经常不失时机地表达自己为人处世的见解和主张，

---

① 李塨：《周易传注》凡例，《文渊阁四库全书》第47册，第6页上栏。
② 永瑢等：《四库全书总目》卷6，第40页下栏。
③ 李塨：《周易传注》凡例，《文渊阁四库全书》第47册，第5页下栏，第6页上栏。
④ 永瑢等：《四库全书总目》卷6，第34页中栏。
⑤ 永瑢等：《四库全书总目》卷6，第34页下栏。
⑥ 永瑢等：《四库全书总目》卷6，第35页上栏。
⑦ 永瑢等：《四库全书总目》卷6，第35页中栏。
⑧ 《马克思恩格斯选集》第一卷，人民出版社，1995，第98页。

既可宣扬儒家的安身立命之道，又借以申明其"专主人事"的易学观。

诠释需卦九三爻辞时，李塨说："为九三计，必乾乾惕若，乃可出险不败耳。"① 诠释离卦初九爻辞时，他说："小心翼翼，无事不敬，虽有咎，亦辟而免矣。"② 诠释姤卦九三爻辞时，他说："惕厉以处，自鲜大咎。"③ 在这里，李塨阐明了惟有勤勉谨慎才能逢凶化吉，立于不败之地的为人处世之道。

诠释履卦卦辞"履虎尾，不咥人，亨"时，李塨说："涉危地而逊以行礼，万全之道也，亨可知矣。"④ 诠释同人卦初九爻辞"无咎"时，他说："卑以自牧，又谁咎？"⑤ 诠释豫卦初六爻辞"鸣豫，凶"时，他说："初六之豫，岂不鄙哉！身居卑贱，遇九四尊富，稍一借手，便沾沾得志，在九四本震，尚不自鸣，而遥借震势者，反鼓舞歌呼，色飞声王。呜呼！负贩之子，偶附人舆，遂若登天，已乐极而穷矣，欲不凶，得乎？"⑥ 在这里，李塨认为，谦逊而守礼是为人处世的"万全之道"，行之则"亨可知矣"；狂妄而骄逸，则会"乐极而穷矣"。

诠释乾卦九四《象辞》"或跃在渊，进无咎也"时，李塨说："量可而进。"⑦ 诠释师卦六四爻辞"师左次无咎"时，他说："兵法知难而退，常道也。"⑧ 诠释巽卦时，他说："用退为进而尚往，利见二、五之大人也。"⑨ 在这里，李塨强调，为人处世当讲求谋略，审时度势，随机应变，"量可而进"，"知难而退"，有时还须"用退为进"，以求吉免凶，趋利避害。

李塨对《周易》经传的诠释反映了其朴素的辩证法思想。如诠释蛊卦初六爻辞时，他说："蛊非一朝夕之故也，故原之于父。"反映了李塨对量变积累而发生质变的质量互变规律的直观、朦胧的认识。诠释《系辞上》时，他说："阳化阴，阴化阳，化而裁之谓之变。"⑩ 反映了李塨对矛盾着的对立面在一定条件下会互相转化的直观、朦胧的认识。诠释噬嗑卦时，

① 李塨：《周易传注》卷 1，《文渊阁四库全书》第 47 册，第 27 页下栏。
② 李塨：《周易传注》卷 2，《文渊阁四库全书》第 47 册，第 76 页下栏。
③ 李塨：《周易传注》卷 3，《文渊阁四库全书》第 47 册，第 105 页下栏。
④ 李塨：《周易传注》卷 1，《文渊阁四库全书》第 47 册，第 36 页下栏。
⑤ 李塨：《周易传注》卷 2，《文渊阁四库全书》第 47 册，第 43 页下栏。
⑥ 李塨：《周易传注》卷 2，《文渊阁四库全书》第 47 册，第 49 页下栏。
⑦ 李塨：《周易传注》卷 1，《文渊阁四库全书》第 47 册，第 11 页上栏。
⑧ 李塨：《周易传注》卷 2，《文渊阁四库全书》第 47 册，第 32 页下栏。
⑨ 李塨：《周易传注》卷 4，《文渊阁四库全书》第 47 册，第 130 页上栏。
⑩ 李塨：《周易传注》卷 5，《文渊阁四库全书》第 47 册，第 171 页上栏。

他说："观其卦位，则刚柔各分，不嗑何嗑？"① 反映了李塨对"没有矛盾的对立性，就没有矛盾的统一性"的直观、朦胧的认识。

李塨的历史观是变化发展的历史观。诠释革卦时，他说："天下之事，革旧则新，理有固然。"② 诠释《系辞下》时，他说："不尊古者，妄也；执古者，愚也。乌足以知《易》之穷变通久哉？乌足以知圣人之通变神化哉？"③ 李塨认为，《易》之宗旨是运动变化，然而引起变化的原因则是亘古不变的。他说："易，变也。然必有不变者而变者以生。"④ 又说："然不可为典要者，亦有典要焉。……变易之中有不易者在矣。"⑤ "变易之中有不易者在矣"可以使人联系到佛教三法印之"诸行无常"和"涅槃寂静"。诸行无常者，变易也；涅槃寂静者，不易也。

在认识论上，李塨坚持从物质到意识的认识路线，把实践提到第一的地位。诠释乾卦《文言》"或跃在渊，自试也"时，他说："必试而后知其可也。"⑥ 在《论语》中，孔子说："诵《诗》三百，授之以政，不达；使于四方，不能专对；虽多，亦奚以为？"⑦ 李塨继承了孔子的这一思想，认为读《周易》一定要学以致用，否则读之无益。他说："六十四卦、三百八十四爻，天时人事之列像也。读之而不能身心洞彻世事，弗知经济过误，虽读《易》，亦奚以为？"⑧ 在义理易学史上，王弼、韩康伯多以道家思想注《易》，程颐、朱熹多以理学注《易》，而李塨则常以颜李学派的思想注《易》，故李塨《易》注多与王、韩、程、朱之《易》注不同。

以提倡实践、注重实用为特征的清初颜元、李塨师生合创的颜李学派主张功利主义，这与南宋时期的陈亮与叶适的观点十分相似。李塨既唾弃置仁义道德于不顾的惟利是图的小人，又反对把仁义与功利绝对对立起来的程朱理学。与其师颜元一样，李塨认为仁义与功利并非水火不兼容的一对范畴，而是完全可以共存于一个矛盾的统一体中，君子正其谊，亦应谋其利。诠释小畜卦九五爻辞时，他说："君子非财无以转移小人。"⑨

———————————

① 李塨：《周易传注》卷2，《文渊阁四库全书》第47册，第158页下栏。
② 李塨：《周易传注》卷4，《文渊阁四库全书》第47册，第115上栏。
③ 李塨：《周易传注》卷6，《文渊阁四库全书》第47册，第174页上栏。
④ 李塨：《周易传注》卷5，《文渊阁四库全书》第47册，第160页下栏。
⑤ 李塨：《周易传注》卷6，《文渊阁四库全书》第47册，第180页上栏。
⑥ 李塨：《周易传注》卷1，《文渊阁四库全书》第47册，第13页上栏。
⑦ 杨伯峻：《论语译注》，中华书局，1980，第135页。
⑧ 李塨：《周易传注》凡例，《文渊阁四库全书》第47册，第5页下栏。
⑨ 李塨：《周易传注》卷1，《文渊阁四库全书》第47册，第36页下栏。

在天命与人事的关系上，李塨主张既要尊重天命，又要充分发挥人的主观能动性。首先，李塨认为，社会历史的发展具有不以人的意志为转移的客观必然性。诠释无妄卦时，他说："天命不助，虽欲行，行乎哉?"① 其次，李塨认为，在尊重天命的同时，一定要充分发挥人的主观能动性。诠释无妄卦六二爻辞时，他说："不知人事既亡，天佑安至?"② 由于天命不可人为，所以李塨认为，一个人的失败如果是由于客观原因所造成的，而不是由于主观原因，那么，虽凶而无咎。诠释困卦九二爻辞时，他说："时势至此，于己何咎?"③

三

《周易》的吉凶观非常强调道德义理标准。这是周代礼乐文明大兴的结果。从道德义理标准来解释《易经》卦爻辞，在《易传》中有比较充分的反映。如，同人卦九四爻辞"乘其墉，弗克攻，吉"，《易传》解释："乘其墉，义弗克也。"随卦九四爻辞"随有获，贞凶"，《易传》解释："随有获，其义凶也。"贲卦初九爻辞"贲其趾，舍车而徒"，《易传》解释："舍车而徒，义弗乘也。"复卦六三爻辞"频复，厉无咎"，《易传》解释："频复之厉，义无咎也。"明夷卦初九爻辞"君子于行，三日不食"，《易传》解释："君子于行，义不食也。"姤卦九二爻辞"包有鱼，无咎，不利宾"，《易传》解释："包有鱼，义不及宾也。"鼎卦九三爻辞"鼎耳革"，《易传》解释："鼎耳革，失其义也。"渐卦初六爻辞"小子厉，有言，无咎"，《易传》解释："小子之厉，义无咎也。"旅卦上九爻辞"鸟焚其巢"，《易传》解释："以旅在上，其义焚也。"既济卦初九爻辞"曳其轮，濡其尾，无咎"，《易传》解释："曳其轮，义无咎也。"

《易传》作者解释卦爻辞时强调道德义理，但事实上，"道德与否并非总是与结果的吉凶有着必然的联系，这一理论常常遭到来自生活的尖锐质疑"④。既然道德与否与现实吉凶结果未必相对应，就需以达观的心态面对吉凶，撇开功利目的，直接审视道德自身的价值。这种超越功利的吉凶观被李

---

① 李塨：《周易传注》卷2，《文渊阁四库全书》第47册，第66页下栏。
② 李塨：《周易传注》卷2，《文渊阁四库全书》第47册，第67页下栏。
③ 李塨：《周易传注》卷3，《文渊阁四库全书》第47册，第116下栏。
④ 朱翔飞：《孔子与〈易传〉——论儒家形上学体系的建立》，《周易研究》2002年第1期。

塨所继承。①

诠释坤卦卦辞"西南得朋，东北丧朋，安贞吉"时，李塨说："天下得丧何常，惟贞（正）是安。"② 这种不必顾及现实的得失，只管履践道德、坚守正道的超越功利的吉凶观使中国古代士人们能够无限自信地蔑视现世层面的暂时、相对的吉凶，而把关注投向终极意义上的绝对与永恒，因为他们认为，道德作为人事的一个组成部分源于天道，体现着天道，履践尊严而又崇高的道德就等于是在履践绝对、永恒的天道。

由于道德仁义具有形而上的天道的依据，具有超越功利的审美价值，所以历代士人都非常重视道德仁义。李塨亦然。诠释需卦《彖辞》"刚健而不陷"时，他说："刚健在己，不陷于险者，德也。"③ 诠释既济卦初九爻辞时，他说："皆义之当然，何疚。"④ 诠释《系辞上》时，他说："德参天地，尚何违？"⑤

不符合道德仁义者，虽然在现实社会未必凶，但李塨为了表达其"困正者终将自困"的人生信念，出于倡扬道德仁义的目的，一概以凶论断，以"为持世御物训"⑥。诠释困卦初六爻辞时，他说："刚不可困也，困刚者必将自困。"⑦ 从理论层面，小人终将失败；从现实层面，小人确实难去。因此，李塨感慨地说："小人之难去如此，君子去小人之难如此，厉哉！"⑧

公私之辩是中国古代思想史上的一个重要问题。当人们一切从现实的功利效果出发，将道德视为与时俱化的社会规则，遵循新的观念，左右逢源，获取现实利益时，"私"占上风；当人们守死善道，特立独行，以道义的永恒价值肯定自己，以悲壮的殉道精神面对社会时，"公"占上风。应该说，中国传统思想观念文化的主流是公而忘私。这种公而忘私的思想观念在李塨的《周易传注》中亦有所体现。诠释师卦九二《象辞》时，李塨说："锡主

---

① 李塨拥有超越功利的吉凶观，并不意味着李塨不讲功利。相反，以提倡实践、注重实用为特征的清初颜元、李塨师生合创的颜李学派是主张功利主义的。然而，颜、李的功利主义非牺牲道德的惟利是图，而是以恪守道德为前提条件的。如注随卦六三爻辞时，李塨说："有求而得，固非意外，但因而为佞，则非矣。"（《周易传注》卷2）
② 李塨：《周易传注》卷1，《文渊阁四库全书》第47册。
③ 李塨：《周易传注》卷1，《文渊阁四库全书》第47册。
④ 李塨：《周易传注》卷4，《文渊阁四库全书》第47册。
⑤ 李塨：《周易传注》卷5，《文渊阁四库全书》第47册。
⑥ 李塨：《周易传注》卷2，《文渊阁四库全书》第47册。
⑦ 李塨：《周易传注》卷3，《文渊阁四库全书》第47册。
⑧ 李塨：《周易传注》卷4，《文渊阁四库全书》第47册。

帅者，所以怀万邦也，岂有私焉？"① 诠释比卦九五爻辞时，他说："夫九五之比，非隐庇而私昵也。"② 诠释同人卦时，他说："此同人也，不且有以通天下之志乎？……言同人之无私也。"③

无私者只是对"公"而言，而面对小人肆意侵夺自己的利益，也是决不能容忍的。李塨说："非贤奸并包之为无私，而能好能恶之为无私也。"④ 与小人斗争的根本目的是为大多数君子造福谋利。诠释解卦上六爻辞时，李塨说："盖小人不去，君子徒劳，雷霆四击，乃布甘雨，解之道也。"⑤ 公私是统一的，公不足，私也将受损。诠释剥卦上九爻辞时，李塨说："不知阳庐一摧，己将安庇，茫茫宇宙，容身无所，阴诡之术尚安用哉？"⑥

在文化的比较研究中，有一个误区，即只要发现两种思想之间有相通之处，便习惯于认为：一种思想是受另一种思想的影响。其实，两种文化完全有可能是各自独立地产生的。它们之间的相通是真理的唯一性和人类认识的共同性所致。正如《周易·系辞下》所说："天下同归而殊途，一致而百虑。"《论语》作为一部儒家经典，其中不乏与道家思想相通的地方。如，"无为而治""不言之教"本是道家的政治主张，然而儒家经典《论语》竟然也把"无为而治""不言之教"作为最理想的统治。在《论语·卫灵公》中，孔子说："无为而治者，其舜也欤！"对"无为而治"给予了高度评价。在《论语·阳货》中，孔子对他的学生子贡说："予欲无言。"子贡说："子如不言，则小子何述焉？"孔子说："天何言哉？四时行焉，百物生焉。天何言哉！"这些论述与老子所说的"是以圣人处无为之治，行不言之教"如出一辙。再如，"退隐"一般认为属道家思想范畴，然而《论语》中的许多记载使我们可以明显地看到，孔子思想中亦含有退隐的成分。在《论语·公冶长》中，孔子说："道不行，乘桴浮于海。"评价宁武子时说："宁武子，邦有道则知；邦无道则愚。其知可及也，其愚不可及也。"在《论语·述而》中，孔子对颜渊说："用之则行，舍之则藏，惟我与尔有是夫。"在《论语·先进》中，孔子让他的学生子路、曾皙、冉有、公西华各自谈一谈他们的志向。曾皙说："莫（暮）春者，春服既成，冠者五六人，童子六七人，浴乎

---

① 李塨：《周易传注》卷3，《文渊阁四库全书》第47册，第31页下栏。
② 李塨：《周易传注》卷1，《文渊阁四库全书》第47册，第34页下栏。
③ 李塨：《周易传注》卷2，《文渊阁四库全书》第47册，第43页下栏。
④ 李塨：《周易传注》卷2，《文渊阁四库全书》第47册，第44页下栏，第45页上栏。
⑤ 李塨：《周易传注》卷3，《文渊阁四库全书》第47册，第97页下栏，第98页上栏。
⑥ 李塨：《周易传注》卷1，《文渊阁四库全书》第47册，第64页上栏。

沂，风乎舞雩，咏而归。"对这种田园诗般的隐士生活，孔子竟说："吾与点也。"在《论语·宪问》中，当孔子的学生原宪问什么是羞耻时，孔子说："邦有道，谷；邦无道，谷，耻也。"总之，道家的"无为而治""不言之教"以及"退隐"等思想在《论语》中也有，只不过，这些思想在《论语》中居于矛盾的次要方面，而在《老子》中则居于矛盾的主要方面，从而决定了《老子》的要旨是"无为""不言""退隐"，而《论语》的要旨则反之。

李塨作为一名儒者，其思想的主要方面归属于儒家是毫无疑问的，然而，由于儒道相通的缘故，其《周易传注》中亦不乏传统认为属于道家的成分。如诠释坤卦《文言》"天地闭，贤人隐"时，李塨说："天地闭塞，先觉之贤人必谨而隐。"① 反映了李塨思想中"退隐"的道家成分。诠释晋卦上九爻辞时，他说："进之道宜柔不宜刚，故柔爻皆优，刚爻皆绌也。"② 反映了李塨思想中"贵柔"③ 的道家成分。诠释谦卦《象辞》时，他说："地道筑而高则风雨剥之，坎而下则流水注之。"④ 反映了李塨思想中"处下"⑤ 的道家成分。诠释颐卦上九爻辞时，李塨说："口容不宜动宜止，故震三爻皆凶，艮三爻皆吉。"⑥ 反映了李塨思想中"崇静"⑦ 的道家成分。

四库馆臣在总述经部《易》类时，曾对历代《周易》研究做了"两派六宗"的经典划分。"六宗"之中有参证史事一宗，认为起于李光、杨万里。今人余敦康先生认为，参证史事一宗的"真正的开创者应为北宋的史学大师司马光"⑧ 此说虽较四库馆臣的认识进了一步，但仍感不足。其实，参证史事一宗完全可以上溯至马融、郑玄和干宝。如马融注明夷卦九五爻辞和革卦九五爻辞时，郑玄注乾卦上九和用九爻辞、坤卦六五爻辞、否卦九五爻辞、大有卦卦辞、随卦卦辞、临卦卦辞、离卦《象辞》和六二爻辞、遯卦卦辞以

---

① 李塨：《周易传注》卷1，《文渊阁四库全书》第47册，第18页下栏。

② 李塨：《周易传注》卷3，《文渊阁四库全书》第47册，第88页下栏。

③ 《老子》第三十六章："柔弱胜刚强。"第四十三章："天下之至柔驰骋天下之至坚。"第五十二章："守柔曰强。"第七十六章："人之生也柔弱，其死也坚强；草木之生也柔脆，其死也枯槁。故坚强者死之徒，柔弱者生之徒。"第七十八章："天下莫柔弱于水，而攻坚强者莫之能胜。"因此，"贵柔"历来被认为是传统的道家思想。

④ 李塨：《周易传注》卷2，《文渊阁四库全书》第47册，第47页上栏。

⑤ 《老子》第六十六章："江海之所以能为百谷王者，以其善下之，故能为百谷王。"

⑥ 李塨：《周易传注》卷2，《文渊阁四库全书》第47册，第71页下栏。

⑦ 《老子》第十六章："致虚极，守静笃。"又说："归根曰静，静曰复命。"第二十六章："重为轻根，静为躁君。"第四十五章："静胜躁，寒胜热，清静为天下正。"第五十七章："我好静，而民自正。"第六十一章："牝常以静胜牡。"因此，"崇静"历来被认为是传统的道家思想。

⑧ 余敦康：《内圣外王的贯通——北宋易学的现代阐释》，学林出版社，1997，第54页。

及《系辞下》"黄帝尧舜垂衣裳而天下治"时，均参证了史事。至晋干宝，引史注《易》的特点更加明显。①

李塨在诠释《周易》时，亦不时引据史事，以证明《易》道广大，切近人事。如总结需卦时，他说："需有二道。有需而后平险者，如周亚夫坚垒不动，待七国之敝（弊）而乘之是也；有需而其险已平者，如陆逊料昭烈有伏兵，不往应之，而其伏自出是也。"②诠释大有卦六五爻辞时，他说："光武之待马援，笑语简易而真天子之威已行陇蜀，故曰'朕于天下亦欲以柔道治之'。"③诠释无妄卦上九爻辞时，他说："宋明儒者如司马君实变新法而过，朱晦庵门人欲杀陈同甫，明之东林党人偏而激亢，以致祸及家国，孔子所谓'无妄，灾也'，不亦验哉?"④

李塨为何要不厌其烦地引史证经呢？因为历史是最关乎人事的，引史证经正体现了李塨"专明人事"的易学观，而引据史事，以证明《易》道广大，切近人事，似乎更具说服力，使立论更牢固。一般而言，以史事证《易》有两种情况，一是揭示《周易》卦爻辞中所包含的历史事实；二是以非《周易》卦爻辞所固有的历史事实证明《周易》的哲理。显然，李塨所做的工作主要是后者，因为他写作《周易传注》的主要目的在于求其实用，即发掘《周易》对人事实践的指导意义，而他的频繁引用史事，也是他所信奉的《易》"专明人事"的易学观的流露。自然，李塨在对史事和爻象卦辞关系的处理上，难免存在着一些牵强附会之处。但是，客观上，李塨将哲学的智慧和历史的智慧有机地结合了起来，使之融会贯通，使易学研究更加丰富多彩，从治《易》方法论的角度评价，是有其积极意义的。

作者单位：天津师范大学

---

① 林忠军：《象数易学发展史》（第二卷），齐鲁书社，1998。
② 李塨：《周易传注》卷1，《文渊阁四库全书》第47册，第27页下栏。
③ 李塨：《周易传注》卷2，《文渊阁四库全书》第47册，第46页下栏。
④ 李塨：《周易传注》卷2，《文渊阁四库全书》第47册，第68页上栏。

略论罗典《凝园读易管见》的
学术成就与教育功效

兰甲云

摘　要：《凝园读易管见》的作者是清代岳麓书院著名山长罗典。作为岳麓书院的山长，罗典长期从事教育工作，培养了一大批杰出的具有经世致用情怀和能力的人才。这和罗典运用儒家经典再结合自己的见解教育学生是分不开的。本文着重分析《凝园读易管见》的乾坤两卦解释，以及其他一些卦爻辞，从而探究罗典的易学学术成就，以及罗典将儒家经典作为教学课本的实际功效。

关键词：罗典　《凝园读易管见》　易学教育功效

《凝园读易管见》的作者是清代岳麓书院著名山长罗典，罗典不仅仅著有《凝园读易管见》，还著有经学阐释著作多种，譬如《诗管见》《春秋管见》《今文尚书管见》以及《凝园诗钞》《罗鸿胪集》等书。由这些著作可见，罗典是一位经学家。然而罗典不仅仅是经学家，更是一位以经学培养人才的教育家和实践家，他以经学培养了一大批经世致用的人才，罗典执掌岳麓书院山长达27年，培养了陶澍、欧阳厚均、严如煜等朝廷栋梁之材，再传弟子有曾国藩、左宗棠等皆为朝廷中兴之重臣。严如煜赞叹三十年来弟子中举进士进官场为朝廷服务或以文学著名于世为社会服务的人才多达几百人，人才济济，书院历史上从来没有见过这种兴旺局面。所谓"三十年来大湖以南，人才辈出，登甲第，内外蒙擢用，暨孝廉、明经，以行品、才猷、文学著名者，数百人。门墙之盛，为从来所未有。"罗典称得上是岳麓书院历史上伟大的经学家与教育家。

乾隆皇帝曾经表扬罗典为"正经老实人"，罗典生于1719年，孔圣有仁者寿之语，罗典无疑是一位仁者，享年九十，有《尚书》所说的"考终命"之福，于1808年无疾而终，端坐迁化于岳麓书院任上。朝廷敕命祀于乡贤，奉旨入祀湖南乡贤祠。

罗典字徽五，号慎斋，湖南湘潭人。为人勤谨，笃志于道，深于学问，真诚老实。据严如煜《乐园文钞·清故鸿胪寺少卿慎斋先生传》所说："少倜傥，负奇节，状貌瑰伟"，年轻时长相不一般，但是家里却很穷，"家屡空"，常常揭不开锅，然而罗典却专心于读书学问，"笃志于学"。乾隆丁卯（1747年）举乡试第一，辛未（1751年）举进士。选庶吉士，授编修官。后转御史，历史、工二科掌印给事中，迁鸿胪寺少卿，两主河南乡试，督四川学政。

1782年入主岳麓书院，为山长。教育学生，其教育宗旨是"学宗邹鲁，礼门义路圣贤心"，其教育目标是"令学者陶泳其天趣，坚定其德性，而明习于时务。"教育方法是"晨起讲经义，暇则率生徒看山花、听田歌"，徘徊亭台楼阁之间，随时当机指点启发学生。教育的效果是使学生要有"龙虎气""圣贤心"，德性定，时务习。有气度、有品德、有实际能力，服务于社会、服务于国家。罗典为岳麓书院写的一副对联，典型地概括了湖湘大地人杰地灵、年轻学子很有培养潜力以及培养学生的宗旨、方法、途径。"地接衡湘，深山大泽龙虎气；学宗邹鲁，礼门义路圣贤心"，以孔子的儒学儒家经典六经为教材培养学生，以礼义之道趣向圣贤之路，效法先圣先贤，以圣贤之存心为学习榜样，以此激励学生、成就学生。

罗典教导学生有方，自己身体力行，德高望重，研究经学，不遗余力，对儒家经典《诗经》《尚书》《周易》《春秋》都有专门的学术专著问世，罗典的经学是其教导学生的教材，是为教育学生培养国家人才服务的，因此，他的经学是实学，他利用经学成功培养了一大批国家栋梁之材，这种现象值得我们深入研究。罗典的经学研究不仅仅是学问，更重要的是如何利用经学来培养人才，因此他更重视经学的功能和经学的实践教育。

我们学习罗典的《凝园读易管见》，也要明白罗典利用经学培养学生的用心与用意，在此基础上，我们会明白《凝园读易管见》一书中许多地方都谈为官做人之道，如何效法圣贤，都带有明显的功利与教育培养人才的目的。

《凝园读易管见》一书，是罗典学《易》治《易》的心得体会，罗典研究经典，十分重视字句贯通，重视义理融通。对于罗典如何治经，罗典的学生严如煜说："先生虽以制艺名一世，而精神专主，则在经。其治经也，以古人简质，文字无闲剩，即经诂经，字枇而句梳之。既皆有确切注脚，则通之一章，又通之全篇。全经有所窒，则废寝食，夜以继日，必得其融贯而后安。注《易》始京，寓之凝园，名曰《管见》。"

罗典治经，从一字一句地理解把握开始，一个字一个字地仔细琢磨体会，方法是以经典中的字句来理解经典，即以经诂经，这种方式方法，确实可靠，经得起检验，功夫扎实。由字到句子，再到章节，到全篇。常常为了一个字的准确理解而苦思冥想、废寝忘食。我们学习《凝园读易管见》，更要学习罗典这种严谨的治学精神。

《凝园读易管见》，虽然也有引用其他学者的文献，但比较少，只有四家，即《程传》《集说》《本义》《折中》，全书绝大部分内容主要是阐述罗典自己的看法和观点。

一部《凝园读易管见》，确立了罗典易学家的地位，在中国易学史上，罗典的许多见解与观点，值得我们后人研究，应该引起足够重视。尤其是罗典利用经学，包括易学，培养造就人才的做法，同样值得今天的教育界借鉴学习。

罗典易学的主要观点体现在《管见》之中，而犹以乾坤两卦为关键。因此，我们首先介绍罗典关于乾坤两卦的易学观点。把握了乾坤两卦，抓住这个易学的牛鼻子，其余的观点就会迎刃而解。

乾坤两卦之中，关键的关键，又在乾卦。罗典解释乾卦时，先引用《程传》以解释乾，认为"天者，天之形体。乾者，天之性情。乾，健也，健而无息之谓乾。"按照《程传》的观点看来，乾卦就是谈论天的性情的，天的性情就是健而无息。又引用《集说》，认为"孔氏颖达曰：天之体，以健为用。圣人作《易》，本以教人。欲使人法天之用，不法天之体。故名乾，不名天也。"孔颖达认为，天以健为用，圣人作《易》的目的，是教人法天之用。这些观点是罗典认可的。

所谓乾之性情，乾之健，乾之性命，都包含体现在乾卦的卦辞"元亨利贞"四个字里面，元亨利贞四个字，就是一部《周易》的总纲领。罗典认为："欲知乾之统天，当先观于天也。云行雨施，品物流形，此天之元亨也。知天之元亨，则于乾之统天，以共成为元亨者，亦可知也亦。"罗典认为，天之元亨，就是云行雨施，品物流形。罗典进一步加按语认为："盖天体纯阳，其云行雨施，则所谓大和也。阳以大和为正，天之贞，在是矣。以故乾之统天者，其元亨为万物资始。其元亨之利于贞，亦惟在于保合大和已也。"罗典提出一个非常重要的易学观点，就是天体纯阳，云行雨施，就是元亨，就是大和。所谓利贞，就是保合大和。因此，一部《周易》就是谈如何元亨，如何保合元亨这一大和，即利贞。只有纯阳，才能达到大和这一动态平衡局面。

罗典认为，大和为性命之正。乾卦六阳，皆有六龙之象。"乾道纯阳，纯阳则易亢，亢则戾于大和。此不免以任气质之偏，而失性命之正矣。"乾卦上九爻为亢，亢则有失大和，则性命不正。二五两爻虽然中正，但是往往敌应而不相与，如果敌应不相与，则不免近于亢，而不得大和。因此，罗典认为，乾卦的关键在于如何保合大和，即如何同体乾道，如何变化气质，如何各正性命，如何不偏于亢，然后才能保性命之大和，以合于天之大和。罗典的这一个易学观点，无疑具有十分重要的意义，是他深刻体会揣摩而得出的结论，完全合乎传统易学宗旨。

罗典解释坤卦，认为"坤，主人之顺……坤德之在人，为地之顺以承天，实为地之厚以承天也。此其所以称元亨与！""坤之元亨，其曰利牝马之贞者何？告六五耳。六五居尊，为主卦之主。欲其有以及万物，而致元亨，不能无所行也……坤之六五亦取象牝马者，象六五君子之有所行也。但牝马之行地无疆，惟从乎地类之类，以行而已。此见其柔顺而不见其贞也。贞则当行，而与其类行。不当行，则有不与其类行而止者。""坤位西南，而主于顺。艮位东北，而主于止。以西南之主于顺者，得朋行乎其所当行，利也。又以东北之主于止者，丧朋不行其所不当行，亦利也。"罗典总结坤卦的特点是主人之顺，坤卦之元亨在于地之顺以承天。坤位西南，主顺，得朋当行，则利。艮位东北，主止，丧朋不当行，也同样有利。顺而能行，顺而能止，皆利。贞则当行，不贞则当止。

罗典解释乾坤二卦卦辞时，抓住"元亨利贞"这个卦辞核心，联系乾坤二卦《象辞》，具体落实到乾坤二卦之中来解释元亨利贞的具体内涵。罗典认为，乾卦天体纯阳，其元亨的表现就是万物资始、云行雨施、品物流形。云行雨施、品物流形既是元亨，又是大和。保合这个元亨、大和，就是利贞。坤卦的元亨在于顺，在于地之顺以承天。坤卦西南，顺而当行，则利。艮止东北，顺而止，亦利。

在历代易学家对元亨利贞的解释当中，从《子夏传》开始，一般人都是把元解释为开始，亨解释为通达，利解释为有利，贞解释为贞正。许多易学家，也包括《文言传》作者，从人道谈元亨利贞，将元解释为体仁，亨解释为合礼，利解释为和义，贞解释为干事。因此，罗典的这种解释，在易学阐释史上，是具有重要价值与重要意义的。

在其余卦爻辞阐释当中，罗典新见迭出。譬如罗典解释师卦九二爻辞"在师中"的"在"字，认为这个"在"字应当作"察"字看，引用《虞书》"在璇玑玉衡"之"在"字就是察字。这个说法很有道理，具有说服力。

又如解释《同人·象》"君子以类族辨物"，罗典说："物之群萃者，为族类之者，如定土疆，叙职业，联姓氏，皆是也。至于族同而物不齐，乃复旌淑别忒以辨之，此足以通天下之志，而见同人之亨矣。"解释类族辨物，联系到定土疆，叙职业，联姓氏，颇有新意，并且切合当时的情况，因而很有说服力。

又如解释豫卦卦名《象辞》都有义理可据，切于人事物理。"雷出地，奋。此仲春雷乃发声之雷也。以雷鸣春，生气宣畅，故其象为豫，而以豫名。先王以作乐崇德，殷荐之上帝，以配祖考，则为卦中之六五，告以处豫之则也。豫莫甚于乐，故举乐言。然先王之作乐，其所得自用者，将以崇德也。岂其导欲而以为豫哉？"这里，将作乐崇德，殷荐之上帝，以配祖考的具体义理，落实到六五爻，表明六五爻作乐是为了祭祀上帝祖先，推崇歌颂上帝祖先功德，而不是为了自己作乐快乐满足自己的欲望。由此可见罗典解释《周易》卦爻辞，追求字字句句落实，合乎义理易理，学风平实踏实。

解释豫卦初六爻辞"鸣豫，凶"时说："初六之鸣豫，谓假九四雷鸣之势，以威人而自快也。卦惟九四一刚，以震主而有雷出地奋之象。此雷之鸣象也，而下卦柔不中正之初六，实与为应……于是志有所欲得以为豫者，必假侯之势以鸣。"罗典认为，初六与九四相应，豫卦只有九四一个阳爻为震主，于是初六不免假九四之势而自鸣得意。这种解释合乎《易》卦义理，使卦辞、爻辞与卦画阴阳爻相互之间的具有一定的关联性。

又譬如，罗典在阐释归妹卦时，批评某些旧注当位说，以为自二至五，皆不当位，故言征凶，非也。罗典认为，当位说，并不是很重要的，《周易》最为重视的是中，认为："《易》例莫贵于中，中则能正，故二五多善词，不得以阴居阳位，阳居阴位，概指为不当也。"罗典的这一判断，非常有见地。笔者曾经在《周易通释》一书里面，就当位说这个问题做过详细的数量统计说明，可以证明罗典的说法完全正确。以前的当位说，基本上是以偏概全。

又譬如，解释丰卦九三爻辞时，罗典提出："以月会于日而侵日，故食……君为日象，臣为月象，以臣侵君，犹以月侵日也。"从天象角度解释人事政治，合乎《易》卦《易》例，所做的解释很有新意，也很有道理和说服力。

由以上例子可知，罗典阐释卦爻辞，注重义理，侧重人情物理，往往从人事实践角度来结合卦爻相互之间关系尤其是阴阳关系来讨论卦爻辞义旨意蕴。很显然，罗典的《周易》阐释属于义理学派这一系，他的解释没有繁烦的象数分析。

罗典《凝园读易管见》一书分为十卷，全书围绕着《周易》卦爻辞，包括《彖辞》《象辞》来阐释《周易》每卦每爻的精义要旨。每爻每卦的义理都能够自圆其说，都能够自成体系。最难能可贵的是，《管见》中的绝大部分观点，都是罗典长期读《易》学《易》的心得体会，都是他自家苦苦揣摩、体验、玩味出来的，甚至有许多是他废寝忘食、苦苦思索后豁然开朗的结果，具有浓郁的罗记风味。

学《易》读《易》，应该以明白事理为核心追求，以通晓人情物理为旨归，以君子圣贤为效法榜样，以修养修学增进德业功业为目标。以修己及人、齐家治国为责任义务。《周易》是教导人教育人的最佳教科书，"无有师保，如临父母"，常常诵读《周易》玩味义理，就像老师、师傅、父母常在自己身边提醒自己一样。

罗典用《凝园读易管见》等儒学经典培养教育岳麓书院学生，取得了巨大成功。在今天，儒家经典中的许多优秀成分并没有过时，尤其是那些优秀传统中的义理内容，那些带有普适性的核心价值观念，那些修己正人的原则，《周易》中的那些自强不息、厚德载物、遏恶扬善、贤德善俗、与时俱行等核心价值理念，对于我们今天的伦理道德建设、和谐文化建设、和谐社会建设，仍然具有重大的价值与意义。

相信读者阅读该书后，一定能够做出自己正确的价值判断，汲取有益营养，进一步理解好学习好运用好《周易》，走好自己的人生道路，实现自己的人生价值，成为湖南先贤岳麓书院山长罗典所期望的正人君子。

作者单位：湖南大学

《四库全书总目》易学述略

袁江玉

摘　要：《四库全书总目》是中国目录学史上里程碑式的典范著作，其中为475部易学著作撰写的提要，俨然一部古代易学发展史。《总目》提出的"两派六宗说"，虽然不能全面涵盖历代易学名著，但大体揭示了两千余年中国古代易学发展的轨迹。对汉易和宋易的评论，不偏执一端，对各宗各派具体分析，考辨著作真伪、文本流传，既表彰其优点，又指出其缺陷，较为客观允当，体现了一致百虑、殊途同归的学术包容精神，直至今日对我们研究易学史仍具有重要的启发和借鉴意义。

关键词：《四库全书总目》　易学　象数　义理　汉易　宋易

乾隆年间，清政府集中大量人力物力，花费十余年工夫，纂修了中国文化史上最大的丛书《四库全书》。《四库全书》卷帙浩繁，内容宏富，是集中国数千年政治、经济、宗教、建筑、哲学、天文、历法、文学等各方面知识于一体的文化宝库。为了方便搜索查阅，纪昀、陆锡熊等人在此基础上编撰了《四库全书总目》（以下简称《总目》）。《总目》是中国目录学史上的重要著作，它秉承西汉刘向刘歆父子"辨章学术，考镜源流"的宗旨，为古代的一万余种著作撰写了提要。"每书先列作者之爵里，以论世知人，次考本书之得失，权众说之异同，以及文字增删、篇帙分合，皆详为订辨，巨细不遗。"①《总目》撰成后，成为读书士子治学的重要门径，得到了历代学者的赞美与肯定。余嘉锡先生评价说：

> 叙作者之爵里，详典籍之源流，别白是非，旁通曲证，使瑕瑜不掩，淄渑以别，持比向、歆，殆无多让；至于剖析条流，斟酌古今，辨章学术，高挹群言，尤非王尧臣、晁公武等所能望其项背。故曰自《别录》

---

① 永瑢等：《四库全书总目》卷首，《凡例》，中华书局影印本，1965，第17页下栏。

以来才有此书，非过论也。故衣被天下，沾溉靡穷，嘉、道以后，通儒辈出，莫不资其津逮，奉作指南，功既巨矣，用亦弘矣。①

在易学方面，《总目》为《四库全书》所收录的 158 部、存目 317 部易学著作撰写了提要，对著者生平学行、版本流传、文本的篇章、卷数、学术观点详细剖析考辨，并作了评价，俨然一部中国古代易学史，在易学史上具有重要地位。

一　两派六宗说

《总目》对古代易学发展史作了简明扼要的叙述，《易类序》曰：

> 《易》之为书，推天道以明人事者也。《左传》所记诸占，盖犹太卜之遗法。汉儒言象数，去古未远也。一变而为京、焦，入于禨祥，再变而为陈、邵，务穷造化，《易》遂不切于民用。王弼尽黜象数，说以老庄。一变而胡瑗、程子，始阐明儒理，再变而李光、杨万里，又参证史事，《易》遂日启其论端。此两派六宗，已互相攻驳。②

《总目》将纷繁芜杂的易学史分为两派六宗，两派指象数派和义理派。

象数派注重对《周易》"象""数"的研究，具体包括占卜、禨祥、造化三宗。占卜宗是指春秋时期所流行的占筮，其记载主要见于《左传》《国语》，占筮的内容极为广泛，包括战争、结盟、婚姻等诸多方面，但是此时的占筮并没有完全陷入阴阳灾异的迷信歧途，而是将吉凶和人们的道德品质联系起来，体现了一种人文价值取向。禨祥宗是指以焦延寿、京房为代表的汉代象数易学，他们讲阴阳灾异，将易学和谶纬迷信相互糅合，倡导天人感应说，以易学的象数思维模式推测人事吉凶。造化宗是指陈抟、邵雍为代表的宋易图书之学，他们创制《太极图》《河图》《洛书》等诸图，以此讨论宇宙的起源及变化发展规律，着重于天道的探究。

义理派注重对《周易》卦爻辞哲理的发挥，具体包括老庄、儒理、史事三宗。老庄宗指以《老》《庄》释《易》的玄学易一派，以王弼为代表，提出"得象忘言""得意忘象"的命题，扫落象数，宗尚义理。儒理宗指以理

---

①　余嘉锡：《四库提要辨证·序录》，中华书局，1980，第 48~49 页。
②　永瑢等：《四库全书总目》卷一，《易类序》第 1 页中。

学释《易》的一派，以胡瑗、程颐为代表，他们援引儒家的"纲常伦理"与《周易》相互阐发。史事宗即引史证《易》一派，以李光、杨万里为代表，他们以历史事实阐释《周易》之哲理，以经世致用为治《易》旨趣。

《总目》对易学史的划分，大体揭示了两千余年中国古代易学发展的轨迹。然而，也有学者认为"两派六宗说"并不能完全概括所有的易学派别。台湾学者南怀瑾、徐芹庭对"两派六宗说"作了修正，提出了"两派十宗说"。两派指道家易学和儒家易学，道家易学指以象数为主的汉易，经过唐、宋的发展，以邵康节为其翘楚；儒家易学指宋代诸儒秉承王弼义理传统，以儒理阐释《周易》的一派。十宗指占卜宗、灾祥宗、谶纬宗、老庄宗、儒理宗、史事宗、医药宗、丹道宗、堪舆宗、星相宗。对于医药、丹道、堪舆、星相四宗，南怀瑾评论说："四宗所涉及的易学，都以象数为主，比较偏向于固有的科学性质，素来不为寻章摘句、循行数墨的学者所能接受，因此在过去的学术专制时代中，便被打入江湖术士的方伎之流，无法有所增益与发明，颇为可惜。"① 对于南怀瑾、徐芹庭增加的四宗，祁润兴评价说："这比《四库全书》馆臣以'离经叛道，颠倒是非'的经学名义，强行将'医药''丹道''堪舆''星相'等易学四宗斥退到'子部'，列入'医家''术数'和'天文算法'等小类中，不知要高明多少。"② 其实，《总目》将"两派六宗"之外的其他宗归入子部是有其学术依据的，在四库馆臣看来，只有占卜、禨祥、造化、老庄、儒理、史事六宗是易学正宗，符合圣人"因象立教"的宗旨，有补于帝王之道，其他皆为《易》外别传。而南怀瑾、徐芹庭则是站在重视科学的角度来划分易学宗派的。

二　对汉易的评论

汉代，《易经》被推尊为五经之首，易学尤其是象数之学发展至极盛，在易学史上有举足轻重的地位。然而，魏王弼全废象数，说以《老》《庄》，汉儒之《易》说荡然无存。《总目》非常重视对汉代易学文献的辑佚，认为汉儒去古未远，其易学尚有祖述。唐李鼎祚以"刊辅嗣之野文，补康成之逸象"为宗旨，撰《周易集解》一书，采辑子夏、孟喜、焦赣、京房、马融等凡三十五家之说。《总目》表彰道：

---

① 南怀瑾、徐芹庭：《白话易经》叙言，岳麓书社，1988，第10页。
② 祁润兴：《周易义理学》，上海古籍出版社，2007，第26页。

盖王学既盛，汉易遂亡，千百年后学者，得考见画卦之本旨者，惟赖此书之存耳，是真可宝之古笈也。①

唐史征撰《周易口诀义》六卷，旁搜博引，辑录荀爽、虞翻、陆绩、郑众等诸家易说。《总目》赞扬说：

> 盖唐去六朝未远，《隋志》所载诸家之书犹有存者，故征得以旁搜博引。今阅年数百，旧籍佚亡，则遗文绪论，无一非吉光片羽矣。近时惠栋作《九经古义》，余萧客茸《古经解钩沉》，于唐以前诸儒旧说，单辞只义，搜采至详，而此书所载，均未之及，信为难得之秘本。②

惠栋是清代恢复汉易的重要代表人物之一，他梳理文献，搜辑钩沉，对恢复汉易作出了卓绝贡献，其《周易述》《易汉学》《易例》都是倡扬汉易的代表作。《总目》在为其《周易述》作提要时赞扬说：

> 其书主发挥汉儒之学，以荀爽、虞翻为主，而参以郑玄、宋咸、干宝诸家之说，融会其义，自为注而自疏之。……自王弼《易》行，汉学遂绝，宋、元儒者类以意见揣测，去古浸远。中间言象数者，又岐为图书之说，其书愈衍愈繁，而未必皆四圣之本旨。故说经之家莫多于《易》与《春秋》，而《易》尤丛杂。栋能一一原本汉儒，推阐考证，虽掇拾散佚，未能备睹专门授受之全，要其引据古义，具有根柢，视空谈说经者则相去远矣。③

于汉代诸多易学家当中，《总目》较为推崇郑玄，认为郑玄易学是《易》之正脉。郑玄（127~200年），字康成，北海高密（今山东高密市）人。学识渊博，遍注群经，号称"通儒"。主要易学著作有《周易注》《易赞》《易论》《易纬注》等。除《易纬注》外，其他均已亡佚，仅见于一些类书、旧注等，后人有多种辑本，可窥见郑玄易学之崖略。郑玄的易学杂糅今古文而以古文为宗，注重象数但不排斥义理，表现出兼综象数义理的特色。他从象数出发揭示天地变化之道而归本于人事，着重于社会政治问题的探讨，这种易学风格和宗旨与四库馆臣的旨趣极为吻合，所以《总目》对其极力推崇。它说：

---

① 永瑢等：《四库全书总目》卷一，《周易集解》提要，第4页上栏。
② 永瑢等：《四库全书总目》卷一，《周易口诀义》提要，第4页中栏。
③ 永瑢等：《四库全书总目》卷六，《周易述》提要，第44页上栏，中栏。

考玄初从第五元先受京氏《易》，又从马融受费氏《易》，故其学出入于两家，然要其大旨，费义居多，实为传《易》之正脉。齐陆澄与王俭书曰："王弼注《易》，玄学之所宗。今若崇儒，郑注不可废。"其论最笃。唐初诏修《正义》，仍黜郑崇王，非达识也。应麟能于散佚之余，搜罗放失，以存汉易之一线，可谓笃志遗经，研心古义者矣。①

在四库馆臣看来，郑玄兼习京氏《易》和费氏《易》而以费氏《易》为主，是儒家之正统，汉易之正脉，唐孔颖达纂修《周易正义》黜郑崇王是极不明智的，宋王应麟搜罗放失，辑成《周易郑康成注》一卷，存汉易之一线，极有功于易学。

惠栋在王应麟《周易郑康成注》的基础上重为补正，编辑《新本郑氏周易》三卷，凡王应麟书所已载者，一一详考，注明出处，补王书所无者凡九十二条，另据郑玄《周礼·太师》注作《十二月爻辰图》，据《月令》注作《爻辰所值二十八宿图》以驳斥朱震《汉上易传》。《总目》评论说："虽因人成事，而考核精密，实胜原书。应麟固郑氏之功臣，栋之是编，亦可谓王氏之功臣矣。"② 表现出对郑玄易学的重视和推崇。

汉易的一个最大特点是重视象数，《总目》反对过于注重象数，认为汉易因过分泥于象数而衍为支流。《总目》说：

以数言《易》，本自汉儒。然孟喜之《易》，言六日七分而已。至京房之《易》，言飞伏纳甲而已。费直之《易》，言乘承比应而已。至魏伯阳作《参同契》，借《易》以明丹诀，始言甲壬、乙癸之方位。而《易纬·是类谋》亦谓冬至日在坎，春分日在震，夏至日在离，秋分日在兑。《易通卦验》又谓乾西北主立冬，坎北方主冬至，艮东北主立春，震东方主春分，巽东南主立夏，离南方主夏至，坤西南主立秋，兑西方主秋分。盖《易》之支流，有此衍说。③

焦延寿、京房是汉易象数之学的代表人物，脱离卦爻辞空谈象数，《总目》将其归入子部术数类。焦延寿，字赣，梁人，"贫贱，以好学得幸梁王，王共其资用，令极意。"撰有《易林》十六卷，其书以一卦变六十四，六十四卦变四千九百有六。另有《易林变占》十六卷，已亡佚。"其说长于灾变，

---

① 永瑢等：《四库全书总目》卷一，《周易郑康成注》提要，第2页上栏。
② 永瑢等：《四库全书总目》卷一，《新本郑氏周易》提要，第2页中栏。
③ 永瑢等：《四库全书总目》卷一百零八，《易通变》提要，第916页中栏，下栏。

159

分六十四卦更直日用事，以风雨寒温为候，各有占验。"① 据《汉书·儒林传》，孟喜曾受《易》于田王孙，得《易家候阴阳灾变书》，焦延寿尝从孟喜问《易》，京房以为延寿即孟氏学。《总目》认为，田王孙、孟喜、焦延寿之间并没有实际的易学传承。事实是，孟喜独创阴阳灾异之说，著书而托之于田王孙，焦延寿得隐士之说而托之孟喜，其易学非出自经师，所以《总目》评论说："赣尝从孟喜问《易》，然其学不出于孟喜。《汉书·儒林传》记其始末甚详。盖《易》于象数之中别为占候一派者，实自赣始。"②

京房，字君明，汉元帝年间人。曾受《易》于焦延寿。元帝时以言灾异得幸，为石显等所嫉，卒以谮诛。《汉书》卷七十五、卷八十八皆有《京房传》。其易学著作有《易传》三卷、《周易章句》十卷、《周易错卦》七卷、《周易妖占》十二卷、《周易占事》十二卷、《周易守株》三卷、《周易飞候》九卷（一说六卷）、《周易飞候六日七分》八卷、《周易四时候》四卷、《周易混沌》四卷，《周易委化》四卷，《周易逆刺占灾异》十二卷、《易传积算法杂占条例》一卷，其中惟《易传》三卷传世。京房是汉代象数易学的重镇，汉易象数之学虽创自孟喜、焦延寿，但将其发扬光大，使之与社会政治紧密联系并产生重大影响的当首推京房。《总目》认为京氏易学是一套繁杂的占验体系，其说以易学为依托，但绝不诠释经文，亦绝不附合易义，所以将其视为《易》外别传，划入术数类③。唐陆德明著《经典释文》以京房八宫卦说注《周易》经文，《总目》认为京房的八宫卦说与《周易》经文殊绝不类，陆氏以八宫卦说解释《周易》，扞格难通，至为荒谬。它批评说："陆德明《经典释文》乃于《周易》六十四卦之下悉注某宫一世、二世、三世、

---

① 《汉书·京房传》。

② 永瑢等：《四库全书总目》卷一百零九，《易林》提要，第 923 页下栏。

③ 《四库全书总目》认为京房"绝不诠释经文，亦绝不附合易义"，余敦康先生对此提出了质疑，他说："就性质而言，《四库全书总目》把京房的这部著作归于术数，是有一定道理的，但是认为其书'绝不诠释经文，亦绝不附合易义'，就未免强调过了头，表现了后世经学家的某种顽固的偏见。实际上，《京氏易传》虽然打乱了原有的卦序，按照新发明的体例编排了一个八宫卦的系统，与章句之学不相同，但是也诠释了许多经文，力求附合易义，汉易象数之学的理论基础与思维模式是通过京房的这部著作而后确立的。如果说孟喜的卦气说只是以卦爻与历法相配，着眼于构筑一个便于占验的操作系统，京房则是站在象数派的立场上进一步探索这个操作系统在易学中的根据，着眼于研究卦爻本身的结构功能及其变化的规律，以便从理论的高度把术数与易学紧密结合起来。因此《京氏易传》是一个复杂的混合体，包含着术数与易学两个部分，尽管其中术数的部分后来为术士末流所承袭，演变为钱卜之法，但是其中对象数义例的阐发与以象数解《易》的思路，不仅仅代表了易学发展的一个新阶段，也对后世包括义理派在内的整个易学产生了深远的影响。"（余敦康：《汉宋易学解读》，华夏出版社，2006，第 22 页。）

四世、游魂、归魂诸名，引而附合于经义，误之甚矣。"①

《总目》对西汉末年流行的《易纬》较为重视，为八种《易纬》作了提要。《隋书·经籍志》著录《易纬》八卷，郑玄注。《旧唐书·经籍志》《新唐书·经籍志》著录《易纬》九卷，宋均注。后人辑有《易纬》凡八种，包括《稽览图》《乾凿度》《坤灵图》《通卦验》《是类谋》《辨终备》《乾坤凿度》《乾元序制记》，《四库全书总目》非常重视《易纬》的价值，分别为它们作了提要。《总目》首先阐述了"谶"与"纬"的区别，它说儒者常将"谶"与"纬"连称，视二者为同类事物，其实谶自谶，纬自纬，二者截然不同，殊绝不类。"谶"是预测吉凶的诡秘隐语，具有宗教迷信的色彩。"纬"是对经的解释，经之支流，不具有迷信的性质。班固称："圣人作经，贤者纬之"。秦汉以后，纬书渐杂以术数之言，益以妖妄之辞，遂与"谶"合而为一。通过剖析辨别，《总目》说：

> 纬与谶别，前人固已分析之。后人连类而讥，非其实也。右《乾凿度》等七书，皆《易纬》之文，与图谶之荧惑民志、悖理伤教者不同。以其无可附丽，故著录于《易》类之末焉。②

《总目》认为，《易纬》是汉代的易学著作，去古未远，有裨益于《易》教，应该加以厘勘审正，予以保存。例如，关于《易纬稽览图》，《总目》说："其书首言卦气起中孚，而以坎、离、震、兑为四正卦，六十卦卦主六日七分。又以自复至坤十二卦为消息，余杂卦主公卿侯大夫，候风雨寒温，以为征应，盖即孟喜、京房之学所自出。汉世大儒言《易》者，悉本于此，最为近古。"③《总目》认为《易纬稽览图》是汉儒言《易》的重要根据，孟喜、京房的卦气说、六日七分说等，皆出自此书。再如，关于《周易乾凿度》，《总目》也同样给予了较高评价，它说："说者称其书出于先秦，自《后汉书》、南北朝诸史，及唐人撰《五经正义》、李鼎祚作《周易集解》，征引最多，皆于《易》旨有所发明，较他纬独为醇正。至于'太乙、九宫，四正、四维，皆本于十五'之说，乃宋儒'戴九履一之图'所由出，朱子取之列于《本义》图说，故程大昌谓：'汉魏以降，言易学者皆宗而用之，非后世所托为'，诚稽古者所不可废矣。"④

---

① 永瑢等：《四库全书总目》卷一百零九，《京氏易传》提要，第924页下栏。
② 永瑢等：《四库全书总目》卷六，《案语》，第47页下栏。
③ 永瑢等：《四库全书总目》卷六，《易纬稽览图》提要，第46页下栏。
④ 永瑢等：《四库全书总目》卷六，《周易乾凿度》提要，第46页中栏。

三　对宋易的评论

三国魏王弼抨击汉易象数思维模式，以《老》《庄》释《易》，玄学易兴起，标志着义理派易学的正式诞生。其后，经历代易学家张皇，义理派易学不断完善壮大。至宋代，儒释道三家融合，学者援引释、道以解《易》，理学易产生，义理派易学空前繁荣。宋易义理派易学家们的治《易》旨趣和研究倾向因个人的知识结构和人生机遇的不同而各有侧重，有的偏重于对天道性命的研究，有的偏重于对经世致用的探讨。四库馆臣对他们作了评论，反对谈天说道的玄虚之论，主张言理切于人事日用，发明经世之道。

司马光是宋代著名史学家、易学家，他潜心研究《周易》，著有《易说》，曾为扬雄《太玄》作注，并模仿《太玄》作《潜虚》。司马光反对王弼易学，他说："夫万物之有，诚皆出于无，然既有则不可以无治之矣。常病辅嗣好以《老》《庄》解《易》，恐非《易》之本指，未足以为据也。辅嗣以雷动风行运变万化为非天之心，然则为此者果谁耶？夫雷风日月山泽，此天地所以生成万物者也，若皆寂然至无，则万物何所资仰耶？天地之有云雷风雨，犹人之有喜怒哀乐，必不能无，亦不可无也。"① 极力辟王弼的虚无之谈，主张以人事日用阐明易理。《总目》赞扬说：

> 盖其意在深辟虚无玄渺之说，故于古今事物之情状，无不贯彻疏通，推阐深至。如解《同人》之《象》曰："君子乐与人同，小人乐与人异，君子同其远，小人同其近。"《坎》之《大象》曰："水之流也，习而不止，以成大川。人之学也，习而不止，以成大贤。"《咸》之九四曰："心苟倾焉，则物以其类应之，故喜则不见其所可怒，怒则不见其所可喜，爱则不见其所可恶，恶则不见其所可爱。"大都不袭先儒旧说，而有德之言，要如布帛菽粟之切于日用。②

苏东坡是儒家学者，出入佛老数十年，倡三教合一之论，具有浓郁的道家情结。其易学著作《东坡易传》在文化价值取向上本于儒家，说理文辞博辨，多切于人事，但在理论上多倾向于道家，显示出一种自然主义的特色。《总目》评论说：

---

① 《温国文正公文集》卷六十三，《答韩秉国书》。
② 永瑢等：《四库全书总目》卷二，《温公易说》提要，第5页下栏，第6页上栏。

今观其书，如解《乾卦·象传》性命之理诸条，诚不免杳冥恍惚，沦于异学，至其他推阐理势，言简意明，往往足以达难显之情，而深得曲譬之旨。盖大体近于王弼，而弼之说惟畅玄风，轼之说多切人事，其文辞博辨，足资启发，又乌可一概屏斥耶？李衡作《周易义海撮要》，丁易东作《周易象义》，董真卿作《周易会通》，皆采录其说，非徒然也。①

一方面，《东坡易传》解释《乾卦·象传》性命之理诸条，杳冥恍惚，带有浓烈的道家色彩，故被四库馆臣讥为"异学"。另一方面，其说理虽近似王弼而又与之不同，王弼惟倡玄风，东坡则多切于人事，所以《总目》又认为其"足资启发"，不可一概屏斥。

康熙皇帝颁布御旨，令牛钮、徐乾学、高士奇等纂修《日讲易经解义》，《解义》贯彻康熙帝"以经学为治法"的意旨，将《周易》看作"致太平法"，着重发明帝王之学，阐述经世致用之道。《总目》极力赞扬：

> 《易》为四圣所递传，则四圣之道法治法具在于是。故其大旨在即阴阳、往来、刚柔、进退，明治乱之倚伏，君子、小人之消长，以示人事之宜，于帝王之学最为切要。儒者拘泥章句，株守一隅，非但占验机祥，渐失其本，即推奇偶者，言天而不言人，阐义理者，言心而不言事，圣人立教岂为是无用之空言乎！是编为讲幄敷陈，睿裁鉴定，其体例与宋以来奏进讲义大致略同，而于观象之中深明经世之道。御制序文所谓"以经学为治法"者，实括是书之枢要，亦即括六十四卦、三百八十四爻之枢要。信乎帝王之学能见其大，非鲰生一知半解所能窥测高深也。②

值得注意的是，《总目》反对空谈天道性命，对空说天道性命之理的易学家们进行了驳斥，而另一方面却又主张辟门户之见，使不同的易学派别各存其说，并行不悖。在评论《伊川易传》时，《总目》说："程子不信邵子之数，故邵子以数言《易》而程子此《传》则言理，一阐天道，一切人事，盖古人著书，务抒所见而止，不妨各明一义。守门户之见者，必坚护师说，尺寸不容逾越，亦异乎先儒之本旨矣。"③ 这就体现了"一致而百虑，殊途而同归"的学术包容精神。

---

① 永瑢等：《四库全书总目》卷二，《东坡易传》提要，第6页中。
② 永瑢等：《四库全书总目》卷六，《日讲易经解义》提要，第34页下。
③ 永瑢等：《四库全书总目》卷二，《伊川易传》提要，第6页下。

至宋代，象数之学又歧出以邵雍为代表的数学一派，《总目》对其作了详细分析。邵雍（1011～1077 年），字尧夫，世称康节先生，撰有《皇极经世书》。该书立足于《易》之数，突破《周易》原有的框架结构，"尊先天之学，通画前之《易》"，其探讨的重点是《易》之道，而非《易》之书。从学术渊源来看，邵雍的易学源于道教系统。《宋史·道学传》记载：

> 北海李之才摄共城令，闻雍好学，尝造其庐，谓曰："子亦闻物理性命之学乎？"雍对曰："幸受教。"乃事之才，受《河图》《洛书》宓羲八卦六十四卦图像。之才之传，远有端绪，而雍探赜索隐，妙悟神契，洞彻蕴奥，汪洋浩博，多其所自得者。及其学益老，德益邵，玩心高明，以观夫天地之运化，阴阳之消长，远而古今世事变，微而走飞草木之性情，深造曲畅，庶几所谓不惑，而非依仿象类、亿则屡中者。遂衍宓羲先天之旨，著书十余万言行于世，然世之知其道者鲜矣。①

"观天地之运化"及"走飞草木之性情"等，属于道家的物理之学，邵雍企图将道家的物理之学和儒家的性命之学相融合，显示出儒道兼综的学术风格。《总目》认识到邵雍易学带有浓厚的道家色彩，评论说：

> 据晁说之所作《李之才传》，邵子数学本于之才，之才本于穆修，修本于种放，放本陈抟。盖其术本自道家而来。当之才初见邵子于百泉，即授以义理、物理、性命之学。《皇极经世》盖即所谓物理之学也。其书以元经会、以会经运、以运经世，起于帝尧甲辰，至后周显德六年己未。凡兴亡治乱之迹，皆以卦象推之。②

又说：

> 邵子数学源出陈抟，于羲、文、周、孔之易理，截然异途。故尝以其术授程子，而程子不受。朱子亦称为"易外别传"，非专门研究其说者，不能得其端绪。儒者或引其书以解《易》，或引《易》以解其书，适以相淆，不足以相发明也。③

《总目》认为邵雍易学源于道家系统，与伏羲、文王、周公、孔子四圣

---

① 脱脱等：《宋史·道学一·邵雍》卷四百二十七，中华书局，1977，第 12726～12727 页。
② 永瑢等：《四库全书总目》卷一百零八，《皇极经世书》提要，第 915 页下栏。
③ 永瑢等：《四库全书总目》卷一百零八，《皇极经世索隐》提要，第 916 页上栏。

之《易》截然不同。它援引朱熹的观点，将《皇极经世书》视为与《易》毫无瓜葛的推步之书。

《总目》还批判了宋儒的图书之学。汉儒言《易》多主象数，至宋代，从象数派又衍生出图书一派，此派易学家着力于《易》图象的创作，借助各种易图阐释易道。清初，顾炎武、黄宗羲、黄宗炎、毛奇龄、李塨、胡渭等学者对图书之学进行了抨击，他们认为图书之学源自道教系统，是道家之《易》，不可与儒家之《易》相混淆。《总目》继承了这种易学倾向，对宋易图书学派的一些学者和著作作了分析和评判。

刘牧是倡扬图书之学的重要学者，撰有《易数钩隐图》三卷，《遗论九事》一卷。《总目》分析说：

> 汉儒言《易》，多主象数，至宋而象数之中，复岐出"图书"一派。牧在邵子之前，其首倡者也。牧之学出于种放，放出于陈抟，其源流与邵子之出于穆、李者同，而以九为《河图》，十为《洛书》，则与邵异。其学盛行于仁宗时。黄黎献作《略例隐诀》，吴祕作《通神》，程大昌作《易原》，皆发明牧说，而叶昌龄则作《图义》以驳之，宋咸则作《王刘易辨》以攻之，李觏复有《删定易图论》。至蔡元定则以为与孔安国、刘歆所传不合，而以十为《河图》，九为《洛书》，朱子从之，著《易学启蒙》。自是以后，若胡一桂、董楷、吴澄之书，皆宗朱、蔡，牧之图几于不传。此本为通志堂所刊，何焯以为自《道藏》录出。今考《道藏目录》，实在"洞真部·灵图类·云字号"中，是即"图书"之学出于道家之一证。[①]

宋易图书学派由汉易象数学派衍生而来，刘牧在邵雍之前，是图书之学的首倡者，而刘牧《易数钩隐图》自《道藏》中录出，因此图书之学毋庸置疑是道家之《易》。

朱震撰《卦图》三卷，阐述《河图》《洛书》诸图的授受源流，认为陈抟以《先天图》传种放，三传而至邵雍，雍得之以著《皇极经世》。放以《河图》《洛书》传李溉，三传而至刘牧，牧得之以著《易数钩隐图》。穆修以《太极图》传周敦颐，再传至程颢、程颐，周敦颐得之以著《太极图说》《通书》，程颐得之以著《易传》。对于这种观点，《总目》驳斥道：

---

① 永瑢等：《四库全书总目》卷二，《易数钩隐图》提要，第5页上栏。

其说颇为后人所疑。又宋世皆以九数为《洛书》，十数为《河图》，独刘牧以十数为《洛书》，九数为《河图》。震此书亦用牧说，与诸儒互异。然古有《河图》《洛书》，不云十数、九数。大衍十数见于《系辞》，太乙九宫见于《乾凿度》，不云《河图》《洛书》。黑白、奇偶、八卦、五行，自后来推演之学，楚失齐得，正亦不足深诘也。①

朱熹撰《周易本义》，将《河图》《洛书》《伏羲八卦次序》《伏羲八卦方位》《伏羲六十四卦次序》《伏羲六十四卦方位》《文王八卦次序》《文王八卦方位》《卦变图》九图冠于卷首，并认为其中有天地自然之《易》，有伏羲之《易》，有文王、周公之《易》，有孔子之《易》，深玩此九图则可得圣人作《易》本原精微之意。撰《易学启蒙》，论《河图》《洛书》《先天图》、筮法、占法等，推阐《图》《书》之说，视其为易学之要义。朱熹的这些易学思想显然与四库馆臣所坚信的图书之学源自道家的观点相悖逆。然而，清廷崇儒重道，奉朱熹之学为学术正统，其易学也被推尊为官方易学，不能轻易予以否定。由此，《总目》提出九图非朱熹所自创，"考《宋史·儒林传》，《易学启蒙》，朱子本属蔡元定创稿，非所自撰。……至于《本义》卷首九图，王懋竑《白田杂著》以《文集》《语类》钩稽参考，多相矛盾，信其为门人所依附，其说尤明。则朱子当日亦未尝坚主其说也。"②

元朝张理撰《大易象数钩深图》三卷，录有《太极图》、八卦方位图，"乾知太始""坤作成物""参天两地""大衍五十五数"诸图，且参伍错综，《序卦》《杂卦》皆为之图。《总目》评论说："盖纯主于陈抟先天之学，朱子所谓'易外别传'者也。"③

《总目》一方面驳斥那些宣扬图书之学的人，另一方面对那些考辨并揭露《图》《书》之伪的学者大为赞扬。胡渭在前人的基础上著《易图明辨》，系统考辨了《河图》《洛书》之说，颇能廓清道家易学之迷雾。《总目》说：

　　渭此书卷一辨《河图》《洛书》，卷二辨五行九宫，卷三辨《周易参同》、先天太极，卷四辨《龙图》《易数钩隐图》，卷五辨《启蒙》图书，卷六、卷七辨先天古易，卷八辨后天之学，卷九辨卦变，卷十辨象数流弊，皆引据旧文，互相参证，以箝依托者之口，使学者知图书之说，

①　永瑢等：《四库全书总目》卷二，《汉上易传》提要，第9页上栏。
②　永瑢等撰：《四库全书总目》卷六，《易图明辨》提要，第40页上栏。
③　永瑢等：《四库全书总目》卷四，《大易象数钩深》提要，第25页上栏。

虽言之有故，执之成理，乃修炼、术数二家旁分易学之支流，而非作《易》之根柢，视所作《禹贡锥指》尤为有功于经学矣。①

由以上可以看出，《总目》并没有完全肯定汉易而否定宋易，也没有完全肯定宋易而否定汉易，而是以折中的态度，对各宗各派具体分析，调和汉宋易之争，酌平象数义理。

作者单位：北京市昌平区十三陵特区办事处

北京工业大学

---

① 永瑢等：《四库全书总目》卷六，《易图明辨》提要，第40页中栏。

巴蜀易学与中国学术的转型

金生杨

摘　要:巴蜀易学在中国多次学术转型的历史中发挥了积极的引领和推动作用。严遵、扬雄首开融会《易》、老,倡扬玄学之风,玄学的兴起与之有莫大关系。孟喜是西汉易学变革的关键人物,而蜀人赵宾与之关系密切。东汉时巴蜀象数学盛,玄学兴起后,蜀才推阐象数,中经卫元嵩、何妥、阴弘道等,至唐李鼎祚《周易集解》,力改专崇玄学之风,融会象数、玄理,易学为之一变。清代学者认为蜀人陈子昂、宗密、彭晓与宋代图书易学的兴起有着密切的渊源关系,而普州陈抟著《易龙图》,于宋独开图书易学一派。谯定、张浚、张栻、李心传、魏了翁、黄泽、赵采、王申子、熊过、赵贞吉、来知德、胡世安等蜀易学者以象数丰富、充实理学之易,以象数图书寓心性之理,在理学的确立与发展中有着独到的推阐之功。晚清时期,唐宗海、廖平皆援医学、西学以言《易》,在医易学的发展转变中有重要贡献,廖平分今古易而倡言《周易》圣作贤述,对晚清今文经学的进步影响较著;其晚年易学则转入神秘,未受重视。民国时期,郭沫若首以马克思主义研究《周易》,而刘子华则在"科学易"上独步一时,引领时代学风。

关键词：易学　巴蜀学术转型

中国学术在历史上曾发生过多次大小不同的转型,出现了汉学、宋学之别,经学、玄学、理学、朴学之异,而各区域学术在中国学术转型中扮演了不同的角色。有着"易学在蜀"美誉的巴蜀易学,独具特色,自成一系,在中国学术的转型历史中,多次发挥了引领与推动作用,学界对此鲜有关注,尤值得总结与反思。初论如下,识者鉴焉。

一　巴蜀易学与玄学的兴起

三国时,以王弼、何晏为代表,开创了魏晋时期的新经学、新哲学,是为玄学。玄学的兴起有名学的渊源，更有易学上的思想蜕变。推究其源，蜀人严遵、扬雄为首的融会《易》、老，倡扬玄风，不得不加以留意。

严遵字君平，生活于西汉元、成之际。他经涉其四，州游其八①，在生活实践和学术著述中融会"三玄"为一体，首开玄学之风。在生活中，严遵平日卜筮于成都市，劝以孝悌忠顺，得百钱足自养即闭肆下帘而授《老子》。在学术著述方面，严遵"雅性澹泊，学业加妙，专精《大易》，耽于《老》《庄》"②，又"依老子、严周（庄周）之指，著书十余万言"③。三国古朴称其"见黄老作《指归》"且"为世师式"④。晋常璩更称其《老子指归》一书"为道书之宗"⑤。严遵著《老子指归》，遵循《系辞传》"一阴一阳之谓道"，借鉴汉儒《周易》"上经配天，下经配地"说、《易纬·乾凿度》"阳三阴四"等说，以阴阳差异安排篇章布局⑥。在注解《道德经》时，他又从遣词造句方面灵活运用《周易》辞句，并从内涵上将二者有机结合起来，充分借助《周易》以释老子之意，将《周易》做老学化改造。严遵"以虚玄为宗"⑦，深入剖析阐述"道体虚无"，进一步解释老子无形无名、不闻不见的宇宙本源说，以及"无心无意，无为无事"运化论。

"严君平见黄老作《指归》，扬雄见《易》作《太玄》"⑧。严遵弟子扬雄继承其融会《易》、老，以虚玄为宗的学风，拟《易》而作《太玄》，在形式和内涵上进一步深化了《易》、老的融合与易学的玄学化。他模拟《周易》的篇章字句，使《太玄》有着与《易》相对应的首画、首名、经传、辞句等外在形式；他深入阐发"玄"这一范畴，使之成为其哲学思想的核心概念，借鉴《易》"元、亨、利、贞"，而拟以"罔、直、蒙、酋、冥"，在内涵上更进一步地将易学玄学化，将老庄的"玄"说推进到一个新的高度。可以说，"玄"能成其为"学"，与扬雄的《太玄》密不可分。

严遵、扬雄融会《易》、老，成为西汉易学发展的三大倾向之一，对后世玄学的兴起与发展产生了深远影响。后世蜀人积极推动易学的玄学化发展，

① 陈桥驿校释《水经注校释》卷三三《江水》，杭州大学出版社，1999，第578页。
② 常璩撰，任乃强校注《华阳国志校补图注》卷十上《先贤士女总赞论》，上海古籍出版社，1987，第532页。
③ 班固：《汉书》卷七二，《王贡两龚鲍传》，中华书局，1965，第3056页。
④ 陈寿：《三国志》卷三八，《秦宓传》，中华书局，1982，第975页。
⑤ 《华阳国志校补图注》卷十上，《先贤士女总赞论》，第532页。
⑥ 严遵著，谷神子注《老子指归》卷首《君平说二经目》，《道藏》第12册，文物出版社，上海书店，天津古籍出版社，1988，第342页。
⑦ 焦竑：《老子翼》卷三，影印文渊阁四库全书本。
⑧ 陈寿：《三国志》卷三八，《蜀书·秦宓传》，第975页。

与其他地区的学者一道，最终促成玄学的兴起。成都人张霸精通老子之学，任会稽太守三年，以为自己"起自孤生，致位郡守"，有鉴于《易·丰卦》"日中则昃，月盈则食"，以及《老子》"知足不辱"之说，以病辞官。显然，张霸精通易学，而又融会老学，得其言又践其行，深合老子之旨。东汉巴蜀多位易学名家，皆有会通《易》、老的贡献。新都杨厚修黄老，教授门生，上名录者三千余人。广汉雒人折象好黄老言，感多藏厚亡之义，散金帛赀产，周施亲疏，以斗子文"我乃逃祸，非避富也"为据，称自己"门户殖财日久，盈满之咎，道家所忌。今世将衰，子又不才。不仁而富，谓之不幸。墙隙而高，其崩必疾也"①。雒人翟酺也好《老子》，尤善图纬天文历算。郪人冯颢修黄老，恬然终日。赵汝楳说："西汉之末，向长、范升诸人好谈老、《易》，东都则折像，魏则何晏、王弼、裴徽，皆以玄说《易》，后至杜弼、王希夷、王绩、武攸绪辈皆好之。开元初，诏张说举通《易》、老、庄者，则《易》侪于老、庄矣。"② 巴蜀士人开拓发展易学的玄学化，成为魏晋玄学的先导。

严遵、扬雄之论还是王弼玄学思想的重要来源。严遵以虚玄为宗，王弼承其论，提出以无为本的本体论；严遵提出"寡以然众，一以应万，要以制详"的方法论思想③，与《太玄·玄莹》"少则制众，无则治有"一道，为王弼以寡治众思想奠定了坚实基础。宋晁说之称："王弼《老子道德经》二卷，真得老子之学欤！盖严君平《指归》之流也。"④ 明沈士龙则称："至于《名身孰亲篇》'无名之名'数句，王辅嗣准之以注《睽》之上九，便称妙解。"⑤ 事实上，王弼之学上溯汉末荆州学派，而多出于宋衷。荆州学派除了与郑玄学作对，编纂《五经后定》外，《太玄》研究就是其重要内容之一。宋衷著《太玄解诂》，其后东吴陆绩《释尖》、西蜀李譔《指归》等皆与之有关，而王肃"年十八，从宋忠读《太玄》而更为之解"⑥。清代张惠言称："王弼祖述王肃，而并弃其比附爻象者。"⑦ 蒙文通称"宋衷、王肃以来，倡

---

① 范晔：《后汉书》卷八二上《折像传》，中华书局，1965，第2720～2721页。
② 朱彝尊：《经义考》卷十，中华书局，1998，第63页。
③ 严遵著，王德有点校《老子指归》卷七《信言不美篇》，中华书局，1994，第120页。
④ 王弼：《老子道德经》卷末附晁说之《记》，影印文渊阁四库全书本。
⑤ 严遵著，王德有点校《老子指归》卷末附录三《题道德指归》，第156页。
⑥ 陈寿：《三国志》卷十三，《王肃传》，第414页。
⑦ 张惠言：《易义别录》卷十一《王子雍氏》，阮元、王先谦编《清经解·清经解续编》（柒），凤凰出版社，2005，第9634页。

言攻郑"，而王弼"立说皆党王氏（肃）"①。至晋，范望更著《太玄解赞》，而《续高僧传》称袁山松也"以扬子《太玄》、王弼《易》道，用相探赜"。

玄学兴起之后，巴蜀易学仍在此方面有积极的努力，对玄学的继续发展起到了积极的推动作用。晋代蜀才以道士而注《易》。北周的卫元嵩出入三教，拟《归藏》而作《元包经》。隋朝的何妥、唐代的李鼎祚、宋代的苏轼与李杞，在注释《周易》时，都有着丰富的老庄玄学内容。宋涪州谯定虽为程颐著名易学传人，但尝受《易》于羌夷中郭载（一作郭曩氏），而"郭本蜀人，其学传自严君平"②，"世家南平，始祖在汉为严君平之师，世传易学，盖象数之学也"③。南宋史学家李焘则说："蜀人盖多玄学，疑严、扬所传固自不绝，但潜伏退避，非遇其人，则鲜有显者耳。"④ 理学大师朱熹亦称："子云所见多老氏者，往往蜀人有严君平源流。"⑤

二　巴蜀易学与象数学的重振及象数义理的融合

巴蜀易学好尚象数，在象数图书之学的兴起与重振、象数义理的融合方面，起着无可替代的作用。在西汉孟喜易学的兴起、东汉象数易学的发展、魏晋至隋唐象数学的重振、宋代图书易学的产生，以及元明时期象数学的重振上，表现突出。在象数义理化、象数义理并重局面的开拓方面成就明显。

西汉时期，赵宾促成孟喜易学的革新；扬雄推阐象数，排斥谶纬神学，象数易学有了初步的义理化转型。西汉易学源自孔子，而实本田何所传。孟喜师承田王孙，中经丁宽而得田何之学，但他并没有固守师传，而是大胆革新，将阴阳灾变之学引入易学之中。史称孟喜"好自称誉，得《易》家候阴阳灾变书，诈言师田生且死时枕喜膝，独传喜，诸儒以此耀之"⑥。秦焚书坑儒，以"《易》为筮卜之书，独不禁，故传受者不绝"⑦，汉初"天下唯有《易》卜，未有它书"⑧，但易学与术数显有分别（《汉书·艺文志》有六艺

① 蒙文通：《经学抉原·南学北学第六》，《蒙文通文集》第3卷《经学抉原》，巴蜀书社，1995，第81页。
② 程迥：《周易章句外编》，影印文渊阁四库全书本。
③ 脱脱等：《宋史》卷四百五十九，《谯定传》，中华书局，1977，第13460页。
④ 马端临：《文献通考》卷二《经籍考》，中华书局，1986。
⑤ 黎靖德编《朱子语类》卷一三七，中华书局，1986，第3261页。
⑥ 班固：《汉书》卷八八《儒林传》，第3599页。
⑦ 班固：《汉书》卷八八《儒林传》，第3597页。
⑧ 刘歆：《移让太常博士书》，《汉书》卷三六《楚元王传》，第1968页。

略易类、数术略著龟类的不同）。战国诸子及汉初贾谊、董仲舒诸儒说《易》，皆明白正大，主义理，切人事，不言术数，不主阴阳灾变，尤有孔子、荀子易学之遗风，马王堆帛书《易传》尤能见当时易学之所尚。孟喜、京房出而易说始异，"首改师法，不出于田何、杨叔、丁将军者，始于孟而成于京"①，"孟氏以下渐涉旁流"②。孟喜以阴阳灾变言《易》，创立卦气说，尤以六日七分说为要。但孟喜的革新，同门梁丘贺疏通证明其伪，其能声名大噪，蜀人赵宾起到了重要的作用。史称"蜀人赵宾好小数书，后为《易》，饰《易》文"，"持论巧慧，《易》家不能难，皆曰非古法也"。他自"云受孟喜，喜为名之"③。赵宾以"小数"来"饰《易》文"，其论"箕子明夷"，称"阴阳气亡箕子，箕子者，万物方荄兹也"，正是用阴阳之说来饰言《易》文④。赵宾死后，"莫能持其说"，孟喜便改口不承认赵宾传其学，并"以此不见信"，甚至招致皇帝的反感，以其破坏师法而不用。但孟喜《易》最终立为官学，历两汉而不易。西汉末年，扬雄拟《易》而作《太玄》，其八十一首对应六十四卦，附会律历节候，而以孟氏卦气说为序，《汉书·扬雄传》所谓"与《泰初历》相应，亦有颛顼之历焉"⑤，颇能推阐孟氏易学大义。不过，《易》中"十翼"以义理居多，《太玄》之拟《易》虽蕴含了大量的象数学成分，但"不尽涉乎飞伏、互应，与焦、京之说有别"⑥。正如前文所言，扬雄《太玄》更为关键的作用在于以象数为基础，对易学玄学义理化，在汉代象数学兴起后，弘扬孔子、荀子易哲理化传统，首次使象数、义理得到了有机的结合。

东汉至隋唐，巴蜀学者阐发象数，融会玄理，对象数学的延续与重振、对象数义理并重局面的形成起到了举足轻重的作用。东汉时期，巴蜀今文易学特别繁荣，古文易几不得传，形成了以任安为中心的今文易学派，而景鸾、杨由、段翳等易学家也相当著名。他们虽不乏今文易学的正派学风，但驳杂不纯，流于谶纬，杂入方技，术数成分浓厚，往往被后世视为易学别派。在汉末三国时，尽管蜀地易学已大有变今文经学为古文经学之势，但今文经学仍有相当的势力，尤其是巴蜀本好历算、占筮、象数等，更使得今文经学大

---

① 皮锡瑞：《经学通论》，《论汉初说易皆义理切人事不言阴阳术数》《论阴阳灾变为易之别传》，中华书局，1954，第 18～19 页。

② 唐晏：《两汉三国学案》卷一《周易》，中华书局，1986，第 8 页。

③ 班固：《汉书》卷八八《儒林传》，第 3599 页。

④ 金生杨：《赵宾易学刍议》，《中华文化论坛》2003 年第 4 期。

⑤ 班固：《汉书》卷八七《扬雄传下》，第 3575 页。

⑥ 永瑢等：《四库全书总目》卷一百八《太玄本旨提要》，中华书局，1965，第 914 页。

有市场。其间，冯颢、折像等融会《易》、老，又使象数与玄理结合，延续了扬雄象数义理化、象数义理并重的做法①。其后，晋范长生《蜀才易》推阐卦变、衍说升降，将虞翻、荀爽易学发展到一个新的高度。广汉郪人王长文、成都什邡人卫元嵩效法扬雄，拟《易》而作《通玄经》《元包经》，象数义理化趋向更为明显。隋郫县人何妥兼融南北易学，著《六象论》《周易讲疏》，既本王弼玄学，以老庄玄学言《易》，又推阐郑玄象数之学，既兼顾象数、义理，又融二为一。唐贞观初，益州人阴弘道杂采子夏、孟喜等十八家之说，参定其长而著《周易新论传疏》，已开资州李鼎祚《周易集解》之先。而李鼎祚汇集虞翻、荀爽等四十一家易说，虞、荀注文尤多，约占全书的二分之一。古来皆言其崇尚象数，一改孔颖达以来玄学易一统天下的局面，对学术的转型贡献尤著。不过，李鼎祚在自序中明言"郑则多参天象，王乃全释人事，且《易》之为道，岂偏滞于天人者哉"，因此要"刊辅嗣之野文，补康成之逸象"②。因此，李鼎祚崇尚象数不假，但传统以其学宗郑、专主象数就不得其实。分析李鼎祚象数、义理之说，可以明确的是，《周易集解》一书正式开启了一个象数义理兼重融会的新局面。至于他对清代汉学复兴的贡献，则是其衍生的功效③。

在宋代，巴蜀易学对图书学的兴起与传播贡献很大。首先，自宋至清，学者们追溯图书学渊源时，蜀地陈子昂、宗密、彭晓三人的易学最受关注，成为与图书易学兴起有密切关系的重要学者。陈子昂的《感遇诗》、宗密的《十重图》、彭晓《参同契分章通真义》所附诸图，皆被清代学者用犀利的眼光，挖掘出其中的图书学的影子。其次，宋代图书学真正的开创者则是来自蜀中的陈抟④。他著《易龙图》，借助《系辞》之说，阐释天地未合、已合、生成之数、位，将易学发展到一个新的高度。邵伯温称赞说："其学主于意、言、象、数，四者不可阙一。其理具见于圣人之经，不烦文字解说，止有一图，以寓其阴阳消长之数与卦之生变。图亦非创意以作，孔子《系辞》述之明矣。呜呼！真穷理尽性之学也。"⑤据朱震记载，陈抟"以《先天图》传种放，放传穆修，修传李之才，之才传邵雍；放以《河图》《洛书》传李溉，

① 金生杨：《汉唐巴蜀易学研究》，巴蜀书社，2007，第151~158页。
② 李鼎祚：《周易集解》卷首《自序》，影印文渊阁四库全书本。
③ 金生杨：《汉唐巴蜀易学研究》，巴蜀书社，2007，第351~369页。
④ 按：陈抟的籍贯，学界有不同的论说，但南宋王象之《舆地纪胜》综考历史，以陈抟为蜀中普州崇龛人，最可信据。
⑤ 邵伯温：《易学辨惑》，影印文渊阁四库全书本。

溉传许坚，坚传范谔昌，谔昌传刘牧；修以《太极图》传周敦颐，敦颐传程颐、程颢"①。李之才、邵雍、刘牧、周敦颐的图书易学皆渊源于陈抟。在图书学的兴起中，《太玄》研究的勃兴，也在其中起到了重要作用。邵雍著《太玄准易图》《正玄》，其学有着鲜明的《太玄》的影子②。此外，宋代图书学的推阐与传播，巴蜀学者也作了极大的贡献，尤其是对邵雍学术的传播，贡献更为明显，不仅邵雍后裔迁居于蜀，邵伯温"著书有《河南集》《闻见录》《皇极系述》《辨诬》《辨惑》《皇极经世序》《观物内外篇解》近百卷"③，继续推阐邵雍之学，而且有牛思德、牛思纯父子传其学入蜀，张行成著易学七书（《述衍》《翼玄》《元包数义》《潜虚衍义》《皇极经世索隐》《皇极经世观物外篇衍义》《易通变》）、吕凝之上《易书》四十卷，师徒皆大力阐发邵雍之学，甚至连蜀道士杜可大等术数之士也为邵雍之学的传衍于后世做出了重要贡献④。

三　巴蜀易学与理学的确立与发展

在理学的确立与发展中，巴蜀易学也有着特殊的贡献，主要表现在以象数易说丰富理学、以集成融会众家易说推动理学发展。这两个方面既有分别，又往往合而为一，具有独特的地域学术特色。

在宋代，涪州谯定、绵竹张浚皆援象数入《易》，以丰富发展理学《易》。程颐弟子谯定，以所得蜀中象数之学推阐程颐易学。谯定游学汴京开封，闻程颐讲道于洛，即洁衣往见，弃其学而从程颐学义理易学，"遂得闻精义，造诣愈至，浩然而归"⑤。谯定本得蜀中郭曩氏之传，于是将其融贯入洛学之中，以为"易有象学、数学，象学非自有所见不可得，非师所能传也"，释"见乃谓之象"，称"象之在道，乃易之有太极"⑥，对胡宪、朱熹等理学家产生了很大的影响。张浚于朱熹属于父执辈，他通过谯定获得了程颐学术之传，著《紫岩易传》一书，大量采集汉代象数之说，以天理为本，以心体《易》，以《易》行世，观刚柔之中而究其所用，推阐易理。其子张

---

① 朱震：《汉上易传》卷首，影印文渊阁四库全书本。
② 金生杨：《邵雍学术渊源略论》，《中华文化论坛》2007年第1期。
③ 脱脱等：《宋史》卷四百三十三《邵伯温传》，第12854页。
④ 金生杨：《宋代巴蜀对邵雍学术传播的贡献》，《周易研究》2007年第1期。
⑤ 脱脱等：《宋史》卷四百五十九《谯定传》，第13460页。
⑥ 黎靖德编《朱子语类》卷67，中华书局，1994，第1677页。

栻与朱熹、吕祖谦号称"东南三贤"，相互砥砺，讲益为多。张栻"以圣门事业为己任"①，继承张浚易学之传，又师承胡宏而集湖湘学之大成。张栻重义理而不废象数，而尤重《系辞》，主张觉心悟性，于言意之表识《易》，进一步发扬二程学说。其《系辞》以下注文，一度被当作程颐《易传》的补充，在流传中与之并载而行。张栻易说是宋代理学的重要组成部分，他多次与朱熹论辩易学，对朱熹"反复开益为多"②。

在宋代，李心传、魏了翁集成融会众家易说，促进理学发展，并积极推动程朱理学官学地位的确立。李心传"尝与黄幹往来论《易》"③，著《丙子学易编》，荟萃诸家，而以程朱为主，以为"自程、朱二子之书成，而四圣人之道始大彰明较著而无所蔽矣"④。他与其弟性传对朱熹的语录做过细致的整理工作，在表彰理学上不遗余力。魏了翁除在政治上推动理学官学地位的确立外，又汇集宋代理学诸儒易说为《大易集义》，其表彰阐发之功，因其书之抑而不彰，未受到足够的重视。《大易集义》取濂洛以来诸大儒易说摘录而成，"先列邵、周、程、张之说，附以诸大儒语录、解义，每一卦为一卷"⑤。其核心还在于独尊程、朱一系，排除异己，同时达到"温融贯通"诸家易说的目的。罗继祖称其书"盖准唐李鼎祚《周易集解》，集宋《易》之大成者也。故方回谓濂流洛派合为一观之，而易道备矣者，信夫"⑥！

在元代，资中黄泽以明象自任，与吴澄齐名；邛州王申子辑录诸家《易》，熔图书、象数、义理为一炉，又在无极太极等论上与吴澄有间接的论辩；潼川赵采则折中程朱，在强化程朱易学地位的同时，补以汉代象数说。作为蜀学的重要代表，他们共同以象数补充、丰富了理学，并为象数学争得了更多的学术空间。黄泽（字楚望）认为《易》以明象为本，著《易学滥觞》一书，尤专注于象，列出十三条易学未能复古的事例，发人深省。"说《易》而以明象自任者，莫如黄楚望"⑦。吴澄观其书，以为其"用工深，用意厚"，平生"所见明经之士，未有能及之者"⑧，其《易》与《春秋》之

---

① 魏了翁：《鹤山先生大全文集》卷61《跋南轩贴》，四部丛刊初编本。
② 朱熹：《晦庵集》卷42《答石子重》，影印文渊阁四库全书本。
③ 俞琰：《读易举要》卷四，影印文渊阁四库全书本。
④ 李心传：《丙子学易编》卷末《丙子学易编后序》，皇清经解本。
⑤ 强汝询：《求益斋文集》卷六《周易要义跋》，续修四库全书本。
⑥ 罗继祖：《魏了翁周易集义残本五十五卷提要》，中国科学院图书馆整理《续修四库全书总目提要（经部）》易类，中华书局，1993，第32页。
⑦ 陈澧：《东塾读书记（外一种）》四《易》，三联书店，1998，第78页。
⑧ 吴澄：《吴文正集》卷十九《六经补注序》，影印文渊阁四库全书本。

学，"盖将前无古，后无今"①。清代胡渭赞赏其学，以为"资中黄泽楚望谓当因孔子之言，上求文王、周公之意，可谓粹然一出于正"②。焦循"以黄（泽）、赵（汸）之经学，远在吴澄、许谦之上"③。黄泽长于思，主自悟，与吴澄融会朱陆，均有向心学靠拢之味，为明代易学的大发展开拓了道路。南宋宝祐中，天台"董楷合程子《传》、朱子《本义》为一书，割裂朱子之书，散附程《传》之后"，实开折中程朱易学之风。至元代，蜀人赵采"亦用董氏之例为《传义折衷》，则渐失渐远矣"④，然而以折衷程朱为名，纂集汉宋诸儒易说，以补其不足，赵采实得其要。明初《周易大全》、清《周易折中》的编纂都充分说明折中程朱《易》说是宋末以来学界一直努力的方向。王申子（字巽卿）著《大易缉说》，批判汇聚诸儒之说，而推阐程朱义理。书首两卷讨论《图》《书》，"分纬《河图》以溯伏羲画卦之由，错综《河》《洛》以定文王位卦之次"⑤，"力主数学，而持论与先儒迥异"；"三卷以后诠解经文，仍以词变象占、比应乘承为说，绝不生义于图书，其言转平正切实，多有发明"⑥。王申子专论成卦之主，而以辞变象占解说卦爻，疑经惑传，更订经中错简、脱简、羡文，批驳诸儒，就周敦颐《太极图》而辨无极太极，对吴澄有着重要的启发作用。吴澄对田泽说："往岁蒙惠王巽卿《易》《春秋》二书，《易》虽与鄙说多不同，然皆祖本《程传》，《程传》有与《易》之本文不甚协者，乃更易之，其书最为平正稳审，不敢以其不与己说合而轻议之也。"⑦ 吴澄坦陈"鄙见颇有未然者"，主要就在"无极而太极"的认识上，不赞同王申子以"《易》有太极"之"易"为"无极"，认为"与蔡（渊）说相符，而非朱子（熹）意也"⑧。

在明代，富顺熊过汇聚数百家《易》说，专门讨论《周易》象旨，不失为对理学空言易理的针砭；梁山来知德更在荟萃汉代象数学的基础上，以象寓理，对理学有了进一步的阐发；内江赵贞吉在南充任瀚易图基础上，更著图说，成为心学易的重要代表。朱熹曾批评当时"言象数者例皆穿凿，言义

---

① 吴澄：《易学滥觞原序》，黄泽：《易学滥觞》卷首，影印文渊阁四库全书本。
② 胡渭：《易图明辨》卷十，中华书局，2008，第245页。
③ 焦循：《雕菰集》卷十五《诗益序》，续修四库全书本。
④ 王玉树：《退思易话》第七策，续修四库全书本。
⑤ 纳兰性德：《王巽卿大易缉说序》，王申子《大易缉说》卷首，通志堂经解本。
⑥ 永瑢等：《四库全书总目》卷四《大易缉说提要》，第24页。
⑦ 吴澄：《吴文正集》卷三《答海南海北道廉访副使田君泽问》。
⑧ 吴澄：《吴文正集》卷三《答海南海北道廉访副使田君泽问》。

理者又太汗漫，故其书为难读"①，于是作《本义》《启蒙》以实现象数、义理的交融。不过，朱熹重视邵雍易学，而对汉代象数学关注不够，以为"圣人作易象，只是大概恁地，不是恁地子细解释"②，采纳者更少。尽管其后言《易》者，开篇即图，但象数义理的交融并重，仍时显不足。至明代，心学家空谈心性，空疏之弊日渐明显。任瀚、赵贞吉综汇三教，著易图以明理学心性。嘉靖四十年（1561年）十二月，赵贞吉因赐休还乡，途经周南，德清蔡汝楠出示任瀚近日游函崎间留著四图并赞诗，请其著书。赵氏因述七图，并略加序说，成《周南留著图录序》一文。清黄宗羲虽在《明儒学案》中将赵氏列入"师说"，但对其易图说强牵佛道入易颇为不满。他批判说："先生盖见沩仰山图相创立宗旨，与《太极图》相似，故扭合为一，而不顾其理之然否也。……《出庚》《浴魄》，魏伯阳以月象附会纳甲，赵汝楳、朱凤林皆尝驳之，与《太极》益不合矣。英雄欺人，徒自欺耳。"③ 不过，"与其墨守传统的图像，毋宁思考适合自己的思想的图相，实是心学横流的明末大势所趋"④，赵贞吉无疑顺应了这一潮流，而独有所见。熊过著《周易象旨决录》，采摘古往今来数百家《易》注，专明象旨，以为"易道不出乎象，圣人观象而系辞，因辞求象，则可以决天下之疑"，其"经说成，而宋元及近世诸儒附会成一家言者，几一洗其敝"⑤。熊氏《易》著，未必如学者所言，是"明代象数之学同义理学派斗争的产物"⑥。他虽重在象旨，但其"《易》惟以理会"⑦，尤"多圣贤所未发，如形而上、形而下道器之辨，迥异于古"⑧，仍在意于以象数弥补义理之不足，用象数来丰富、充实理学。来知德著《周易集注》一书，分卷首图说、正文经传注释两部分，图说完成于注释之后，重在阐释易图，无疑是其易学思想的概括总结，最为紧要，故称"读《易》者开卷豁然，可以少窥四圣宗庙百官于万一矣"⑨。可以说，图说是理解分析来知德易学思想的关键，而经传注释则是其思想的具体运用。在正文注释方面，来知德将自己的"集注"分作两部分，用"○"将二者分隔开来，前一部分

---

① 朱熹：《晦庵集》卷六十《答刘君房》。
② 黎靖德编《朱子语类》卷七十，第1752页。
③ 黄宗羲：《明儒学案（修订本）》卷33《泰州学案二》，中华书局，2008，第749页。
④ 荒木见悟：《明末清初的思想与佛教》，廖肇亨译，上海古籍出版社，2010，第67页。
⑤ 赵用贤：《松石斋集》卷十七《熊南沙先生墓志铭》，四库禁毁书丛刊本。
⑥ 朱伯崑：《易学哲学史》第三卷，华夏出版社，1995，第269页。
⑦ 李开先：《李中麓闲居集》卷一《熊南沙过》，四库全书存目丛书本。
⑧ 朱彝尊：《经义考》卷五四。
⑨ 来知德：《周易集注》卷首《原序》，影印文渊阁四库全书本。

训释象义、字义以及错综义，属于象数的范畴，后一部分则采百家《易》注，专言本卦本爻正意，属于义理的范畴，但所采诸家解多不列其名。来氏解说道："其注先训释象义、字义及错综义，后加一圈，方训释本卦、本爻正意。象数言于前，义理言于后。其百家注《易》诸儒，虽不知其象，不知《序卦》《杂卦》及卦变之非，止言其理。若于言理之中，间有不悖于经者，虽一字半句，亦必采而集之。"① 来氏注分象数、义理，以为"象犹镜也，有镜则万物毕照"，力图通过易象分析出"咸寓乎其中"的"大小、远近、精粗、千蹊万径之理"，以此来"弥纶天地"。来知德集汉儒象数之学而发扬之，认为"《易》以象为主"，"舍象不可言以《易》"，"易象未失其传，《易》有错、有综、有互、有中爻，皆备于《圆图》《序卦》之中，特宋儒不潜心考究耳"②，企图以错综说代替汉宋诸儒的卦变说。更为关键的是，他不单单是讨论象数，而是在此基础上进一步推动理学的发展。在《来氏圆图》中，来知德明确标明"对待者数，主宰者理，流行者气"，将理、气、数融会为一体，将易图书、象数、义理贯穿起来，而"理寓于象数之中，难以名状，故曰太极"③，成为最高的统率。如此融会象数、义理，兼采博收，确实在很大程度上弥补了朱熹易学的不足，也改变了明代《周易大全》等书"不过以理言之而已"的现状④，在当时起到了振聋发聩的作用，而被视为绝学，也成为"易学在蜀"的最好诠释。学者称："来氏易学特别注重卦象，借助错综之象，重建不同于前人的象学体系，并以假象寓理为理念，阐发了以太极或理为本体、贯通天人的义理之学，从而与宋代程朱易学和明代以阐发程朱易学为宗旨的官学易学区别开来。"⑤ 来知德在易象的阐发上并非如前人所言，仅是抄袭汉人之说，其假象寓理，在学术转型上的贡献更不可忽视。

在清代，巴蜀易学家以象数图书丰富理学仍有所表现，只是其影响已远不如前，未能引起学者的广泛重视。清初四川井研人胡世安"研讨多历年所，于诸书纪载凡可以羽翼易道者辑之，背者、凿者删之，撫旧者十之五，厘订者十之二，拟补者十之三，其说称是。析列'三易'，栉比发明，或衷共长以会疏，或违群是而达意，期于见天则而止"⑥，荟萃了古往今来大量的

---

① 来知德：《周易集注》卷首《原序》。
② 王必恭：《入圣功夫字义叙》，来知德：《来瞿唐先生日录》内篇卷三，四库全书存目丛书本。
③ 来知德：《周易集注》卷十三《系辞上传》。
④ 来知德：《周易集注》卷首《原序》。
⑤ 林忠军：《来知德易象说及其意义》，《周易研究》2009 年第 4 期。
⑥ 胡世安：《大易则通》卷首《大易则通序》，续修四库全书本。

易图易说，学者或以为"凡著易图学之书者，无如胡世安如此之巧妙抄袭者"①，未免诬妄，而其"崇阐图学，发挥《大象》，教人玩图以见天则"②，更可见其用心。此外，清中叶被称为"川西夫子"的双流刘沅，著《周易恒解》一书，以三易示天人合一之义，合内外本末之功，虽认为象数、图书非《易》之本，却不废弃象数、图书，对于术数、卜筮虽有微辞，也并不完全排斥，对理学在蜀中的传播与弘扬功不可没，也渐受学者的关注。

四　巴蜀易学与西学东渐

在清末民国时期，巴蜀易学在西学东渐的影响下，开始了吸收西学、开拓创新的新路，在医易学的发展、清末今文经学的极盛、马克思主义的传播与运用、科学易的开创等方面，都有特殊的贡献。

在晚清时期，彭县唐宗海的医易学、井研廖平的易经学影响最著。唐宗海会通医《易》，又参西学以论《易》，在医易学史上占有重要地位。唐氏著《医易通说》，立志于阐发合于医理的易道，为易学引绪，为医学探源。在学术上，唐宗海主张"择善而从""损益乎古今""参酌乎中外，要使善无不备，美无不臻"③，对一切学术采取"拿来主义"的态度。他发明身《易》、药《易》，以医明《易》，揭示西学的易学内涵，杂采众家以说《易》。其"说《易》，每参西学"④，认为"易道精博，佛释、耶稣之教，何一而不赅哉"⑤。廖平作为跨越晚清民国的著名经学家，一生学术六变，分别今古易学，又融会医易、佛易，更试图以六经统一切学术，提出了大统、小统等小大之说，以及《易》为天学的主张，在学术转型中占有特殊地位。廖平将杨何、施雠、孟喜、梁邱贺、京房、高相、韩婴之易定为今文易，而将费直易认定为古文易，认为《易》非文王、周公作，提出《易》乃孔子"本坤乾而加笔削"的见解⑥，而"十翼"并非孔子所作，"《大传》最古，当出于七十弟子之手，且多引孔子语，宜其精粹"⑦。廖平

① 郭彧：《易图讲座》，华夏出版社，2007，第218页。
② 穆贞胤：《大易则通序》，胡世安《大易则通》卷首。
③ 唐宗海：《中西汇通医经精义》卷首《叙》，王咪咪等主编《唐容川医学全书》，中国中医药出版社，1999，第3页。
④ 唐宗海著，顾植山校注：《医易通说》卷上《缘起》，中医古籍出版社，1989，第1页。
⑤ 唐宗海著，顾植山校注：《医易通说》卷上《先天八卦》，第13页。
⑥ 廖平：《古学考》，李耀仙主编《廖平选集》上册，巴蜀书社，1998，第133页。
⑦ 廖平：《知圣篇》，李耀仙主编《廖平选集》上册，第197页。

的今古《易》说、《周易》圣作贤述之说，对晚清今文经学的发展有着重要的贡献与影响。章太炎称廖平"学凡六变，其后三变杂梵书及医经、刑法诸家，往往出儒术外"①。三变以后，廖平还著有大量的易学著作，如《易大小中外义证》《内经上下经文考订补易纬》《雷公十一篇全为易纬补说》《王启玄引古经易诗考》《五运六气即易诗纬候之微（附日本丹波氏驳义）》《易三天考》等，而最著名的是《易经经释》三卷，今仍留存于世。其书以《内经》"五运六气"解《易》，学者考之，以为廖平"企图将孔经说成是兼容天地人的体系，揭示出孔经中更抽象的哲理"，所用的方法"是唯心主义的无类附比"，"是根本错误的"②。廖平于学术转型，就其学术转变而言，可以说是从成功走向了失败。

在民国时期，乐山郭沫若首以马克思主义研究易学、简阳刘子华则开拓"科学易"，其贡献最受人关注。郭沫若"是近现代用马克思主义的立场、观点、方法对《易经》进行系统研究的第一人"，对《周易》时代社会生活的揭示，成为"《易经》研究领域一次破天荒的大突破"③，对于易学的革新，无疑有着不可替代的贡献。在《周易时代的社会生活》《周易之制作时代》中，郭沫若站在新的历史高度，揭开《周易》的神秘面纱，以为八卦有生殖器和数学两方面的秘密，八卦是既成文字的诱导物，《周易》绝不能产生于春秋中叶以前，与伏羲、神农、文王、周公也绝没有什么关系，孔子与《易》也没有关系，《易传》中有大部分为秦时代的荀子门徒楚国人所著；《周易》的阴阳观念既有辩证的宇宙观，又有辩证观的转化，并在变易向不易的转变中，落入到折中主义、机会主义、改良主义。郭沫若还全面地分析了《周易》时代社会生活的方方面面，既有社会生活的方面，也有社会结构的层面，还有精神生产的方面④。郭沫若用马克思主义为指导，用历史的方法，对《周易》作了一次全面深入的解剖，对后来者深入《周易》时代、领会《周易》本真起到了拓荒的作用。刘子华博士"早年留学法国巴黎大学，在校期间，以八卦宇宙论为依据，论证八卦与宇宙初期八星，以及三对双生卦与三对相似星的关系，参照现代天文关于星球速度与密度的资料，推测出

---

① 章太炎：《清故龙安府学教授廖君墓志铭》，廖幼平：《廖季平年谱》卷末，巴蜀书社，1985，第94页。
② 黄开国：《廖平评传》，百花洲文艺出版社，1993，第236页。
③ 胡道静：《〈十家论易〉前言》，蔡尚思主编《十家论易》，上海人民出版社，2006，第2页。
④ 杨庆中：《二十世纪中国易学史》，人民出版社，2000，第99～112页。

太阳系于九大行星之外尚有第十颗行星"①。其博士论文《八卦宇宙论与现代天文——一颗新行星的预测——日月之胎时地位》完成于1940年，获得了巴黎大学的承认，并在西方科学界引起轰动。在"科学易"论著中，刘子华的著作与运用现代数理科学原理系统探讨《易经》的无锡薛学潜，有着同等重要的地位与贡献。任乃强先生称赞"刘子华真可谓'学贯天人'的易理阐发者，是'易学在蜀'的见证者，也是'中学为体，西学为用'的力行者"②。

学术的历史演变已然如故，但其中的变动之因，却值得人们反思与追寻，以便为当下的学术发展与转型提供借鉴，为文化的复兴提供参考。自宋程颐提出"易学在蜀"后，巴蜀易学长期为世人所称道。反观历史，巴蜀在开辟拟《易》、奠基玄学、重振象数、融会象数义理、开创图书易学、以象数充实发展理学易等方面，对中国的学术转型做出了独到的贡献，也体现出鲜明的地域文化特色。这样的历史，不仅对我们研究全国学术与地域学术的互动有重要意义，也对如何推进学术的转型发展极具参考价值。巴蜀易学力图再次为中国学术的转型提供智力支持，值得新一代巴蜀人去努力，也值得人们去反思。

作者单位：西华师范大学

---

① 胡道静：《〈十家论易〉前言》，《十家论易》，第4页。
② 任乃强：《从将信将疑到豁然开朗》，《十家论易》，上海人民出版社，2006，第465页。

学习习近平总书记引述中国传统
文化经典的一点体会

张 涛 张 喆

摘 要：中国优秀传统文化及其经典内涵丰富，博大精深。作为习近平总书记治国理政思想学说的重要来源，习近平总书记在讲话中多次引述《周易》《论语》等中国传统文化经典，对继承和弘扬中国传统文化，引导国学热健康发展，推动传统文化教育在新的历史条件下实现创造性转化和创新性发展，都具有指导意义，也有助于人们投身学习型社会、学习型政党建设，有助于人们坚守社会主义核心价值体系，为我国各项事业的健康发展和全面繁荣，为实现中华民族伟大复兴的中国梦多做贡献。

关键词：习近平总书记 中国传统文化经典 现实意义

在人类文明发展史上，中华文化源远流长，一直具有强大的生命力和独特魅力，是我们民族的"根"和"魂"。中国传统文化凝结着从古至今无数代人的智慧和汗水，不仅代表着中华文明的深厚底蕴，更体现了中华民族自强不息、仁义博厚等内在精神追求，不仅为中华民族的历史赓续、文明传承、社会进步提供文化积淀，更对世界文明产生了深远影响。中国传统文化经典中许多珍贵的思想文化遗产，如天人合一、以德治国、依法治国、以人为本、和而不同、以和为贵、与时俱进、经世致用等等，都已经融化到中华民族的人文心理和价值观念之中，成为今天思想文化建设、经济社会发展的重要思想资源和理论依据，其中的很多经典名句更是言简意赅，蕴含着治学修身、为人处世、为官理政等方面的丰富哲理，有力地彰显了中华民族的文化精神。

一 弘扬中国传统文化，涵养社会主义核心价值观

中国优秀传统文化经典内涵丰富，博大精深，其思想精华不仅可以为

一个国家、民族的发展壮大提供丰富的历史借鉴，也为人民群众树立正确的世界观、人生观和价值观提供有益的指导。自古以来，不论是历朝历代的明君贤臣还是新中国的历届领导人，皆对学习民族文化重要性和必要性有着深刻的认识。尤其是在新的历史时期，在中央强调深入挖掘和阐发中华优秀传统文化时代价值的大环境下，习近平总书记在各种场合的重大活动或讲话中多次引述传统文化经典，即是对"学习和总结历史文化，借鉴和运用历史经验"①的深刻践行。

党的十八大以来，习总书记把对中国优秀传统文化及其经典的认识上升到了一个新的高度。习近平总书记认为"中华文化积淀着中华民族最深沉的精神追求，是中华民族生生不息、发展壮大的丰厚滋养"②。"在确立人类社会普遍的道德规范方面，中华文化有其优长之处"③。此外，他还强调中国古代诸子百家的思想精粹具有极高的现实意义和普世价值，指出这些"思想家上究天文、下穷地理，广泛探讨人与人、人与社会、人与自然关系的真谛，提出了博大精深的思想体系"④，高度肯定了中国传统文化的独特价值与重要意义。习近平总书记2014年2月在主持政治局集体学习时强调指出，培育和弘扬社会主义核心价值观必须立足中华优秀传统文化。要深入挖掘和阐发中华优秀传统文化讲仁爱、重民本、守诚信、崇正义、尚和合、求大同的时代价值，引导人们树立和坚持正确的历史观、民族观、国家观、文化观，增强做中国人的骨气和底气，使中华优秀传统文化成为涵养社会主义核心价值观的重要源泉。

习近平总书记引述的中国传统文化经典，几乎涉及经史子集各部文献，而且是其中最富思想深意、最具现实活力、最有教育意义的部分。2014年5月4日，习总书记在与北京大学师生代表进行的座谈会上，曾集中引用了10余条源自以《周易》《论语》为代表的中国传统文化经典的语句，比如"民惟邦本""天人合一""和而不同""天行健，君子以自强不息""大道之行也，天下为公""君子喻于义""君子坦荡荡""言必行，行必果""人而无信，不知其可也""德不孤，必有邻""仁者爱人""与人为

---

① 2011年9月1日习近平在中共中央党校2011年秋季学期开学典礼上的讲话，2011年9月2日《人民日报》第1版。

② 2014年2月24日习近平在中共中央政治局第十三次集体学习时的讲话，2014年2月26日《人民日报》第1版。

③ 《增强中华文化的竞争力》，2005年5月22日《人民日报》（海外版）第1版。

④ 2014年4月1日习近平在布鲁日欧洲学院的演讲，2014年4月2日《人民日报》第2版。

善""见善则迁，有过则改"，等等。他指出："像这样的思想和理念，不论过去还是现在，都有其鲜明的民族特色，都有其永不褪色的时代价值。这些思想和理念，既随着时间推移和时代变迁而不断与时俱进，又有其自身的连续性和稳定性。"① 他的引述和活用，不仅体现了马克思主义与中国传统文化完美结合的新动向，包含了许多马克思主义中国化的新成果，而且极具深刻的正面引导作用，弘扬主旋律，传递正能量。可见，习近平总书记一直高度重视弘扬中国传统文化，并以身作则地学习、应用传统文化经典，积极地向国内外展示中国传统文化精华的非凡魅力，以增强民族文化自信和文化软实力。对此进行系统、全面的研究和探讨，将有助于中国优秀传统文化在新的历史条件下实现创造性转化和创新性发展，有助于人们从优秀传统文化经典中不断汲取各种思想道德资源，用以涵养社会主义核心价值观，推动我国各项事业的健康发展和全面繁荣。

二　加强学习型社会、学习型政党建设，促进良好社会风气形成发展

重视学习一直是中国自古而有的优良传统，不仅是民族和国家发展进步的重要因素，更是个人获得价值提升的必要手段。党的十八大在此前强调学习型社会、学习型政党建设的基础上进一步提出，要建设学习型、服务型、创新型马克思主义执政党，要求领导干部除了学好理论、政策、法律、党情、国情，学好和自身工作领域相关的专业性知识以外，还要学习好各种文史知识、中国优秀传统文化。正如习总书记所说："学史可以看成败、鉴得失、知兴替；学诗可以情飞扬、志高昂、人灵秀；学伦理可以知廉耻、懂荣辱、辨是非。"② 只有通过充分的学习和实践，才能更好地提升个人素养，强化执政能力，并率先垂范，促进积极向上、勤思好学、实事求是等社会风气的形成和发展。

习近平总书记一直以身作则，坚持领导干部的示范作用和榜样力量，十分注重全民学习的重要性和必要性。习近平总书记曾引用《尚书·大禹谟》

---

① 以上皆出自 2014 年 5 月 4 日习近平在北京大学师生座谈会上的讲话，2014 年 5 月 5 日《人民日报》第 2 版。

② 2013 年 3 月 1 日习近平在中央党校建校 80 周年庆祝大会暨 2013 年春季学期开学典礼上的讲话》，2013 年 3 月 3 日《人民日报》第 2 版。

"满招损，谦受益"①、《荀子·大略》"学者非必为仕，而仕者必为学"②、《世说新语·排调》"盲人骑瞎马，夜半临深池"③、《说苑·建本》"学所以益才也，砺所以致刃也"④ 等经典文句，反复强调学习的意义和重要性，并进一步点明学习的方法。比如引《论语·为政》"学而不思则罔，思而不学则殆"⑤，指出学习要有问题意识，在学习的过程中要不断思考和探索；引《论语·雍也》"知之者不如好之者，好之者不如乐之者"⑥，讲兴趣是最好的老师，要将学习当做是快乐和享受的事情，这样才有动力和效率；引《论语·述而》"三人行，必有我师焉"⑦，告诉我们多看到他人的长处，善于从他人得失经历中得到经验和借鉴；引《礼记·中庸》中古人谈学习的五个方面"博学之，审问之，慎思之，明辨之，笃行之"⑧，强调学习的广度和深度与理论和实践的结合；引杨万里《庸言》"学而不化，非学也"⑨，强调学习不可刻板不加思考，而是要融会贯通，活学活用，更是要结合国情、党情和时代特点不断，与时俱进。他通过引用这些传统文化经典，十分明晰地阐释其重视学习的理论主张，也促进了对中国传统文化的深奥义理的理解。

此外，在讲话中，习总书记不会长篇累牍、不加筛检地挪用古文词句，而是偏爱短小精悍又寓意深刻的名言警句，不仅言简意赅、文约事丰、易于记诵，更利于加深学习，有利于提升民众文化素养。同时，习总书记一再强调理论联系实际的重要性，不可纸上谈兵、好高骛远，要在充分学习基础理论知识的基础上积极投入到实践中去，实事求是，设身处地地思考

---

① 2012 年 12 月 5 日习近平在同外国专家代表座谈时的讲话，2012 年 12 月 6 日《人民日报》第 1 版。
② 2013 年 3 月 1 日习近平在中央党校建校 80 周年庆祝大会暨 2013 年春季学期开学典礼上的讲话，2013 年 3 月 3 日《人民日报》第 2 版。
③ 2013 年 3 月 1 日习近平在中央党校建校 80 周年庆祝大会暨 2013 年春季学期开学典礼上的讲话。
④ 习近平：《之江新语·要善于学典型》，浙江人民出版社，2007。
⑤ 2013 年 3 月 1 日习近平在中央党校建校 80 周年庆祝大会暨 2013 年春季学期开学典礼上的讲话。
⑥ 2013 年 3 月 1 日习近平在中央党校建校 80 周年庆祝大会暨 2013 年春季学期开学典礼上的讲话。
⑦ 习近平：《之江新语·要善于学典型》，浙江人民出版社，2007。
⑧ 2013 年 3 月 1 日习近平在中央党校建校 80 周年庆祝大会暨 2013 年春季学期开学典礼上的讲话。
⑨ 《习得——习近平引用的古典名句·为学篇》，2014 年 5 月 13 日《人民日报》（海外版）第 8 版。

问题、解决问题，并力求形成一种良好的社会风气，不论是国家的改革发展，我党的治国理政，人民群众的自我检视和价值实现，都要立足于学习和实践之上，脚踏实地，学以致用。例如习近平总书记在全国宣传思想工作会议上讲话引《说苑·政理》"耳闻之不如目见之，目见之不如足践之"①，是讲从别人那里听来的事情，没有亲眼所见的可靠；亲眼所见，又不如亲自尝试去做，就是要强调实践的重要性，只有通过亲身实践才能发现问题所在，才能更好地解决问题。

习近平总书记引述传统文化经典，广泛吸收优秀传统文化经典的智慧和力量，并且立意高远，紧密结合现实，赋予其新的能量和意义，生动形象，使人耳目一新，为全社会研读、传承、弘扬和发展优秀传统文化树立了光辉典范和成功范例。对传统文化经典的学习起到了示范和促进作用，也极大地激发广大民众对传统文化著述的阅读激情和探索兴趣，有利于加强学习型社会、学习型政党的建设，进而促进良好社会风气的形成与发展。

三　正确引导国学热潮发展，注重国学经典学习，强化国学教育

伴随着中国的和平崛起，社会各界对学习中国传统文化的重视也逐渐在加强。全球化背景下多元文化的沟通和交流也促使民众对本民族文化根源进行探寻与思考。一方面，在中央领导的支持和诸多专家、学者的大力呼吁、提倡之下，学习传统文化一度成为潮流，"国学热"可谓应势而生，国学经典也渐渐走进普通百姓的视野，从百家讲坛到幼儿国学教育，从大学里的国学教研机构到社会上的国学培训班，国学获得了社会各个阶层的认可和欢迎。十八届三中全会也明确提出完善中华优秀传统文化教育，并要把加强对青少年学生的中华优秀传统文化教育作为一项战略任务。正如习近平总书记在中共中央政治局第十三次集体学习时的强调"要从娃娃抓起，从小抓起、从学校抓起，做到进教材、进课堂、进头脑。要润物细无声"②。对于传统文化教育问题，习近平总书记给予了高度重视，在一系列重要讲话中多次引述中国传统文化经典，一再强调传统文化的重要性，号召全国人民学习传统文化，

---

① 《习得——习近平引用的古典名句·为学篇》，2014 年 5 月 13 日《人民日报》（海外版）第 8 版。

② 2014 年 2 月 24 日习近平在中共中央政治局第十三次集体学习时的讲话，2014 年 2 月 26 日《人民日报》第 1 版。

同时身体力行，率先垂范，坚持每天学习国学经典。2014 年 9 月 9 日，习总书记来北京师范大学祝贺教师节时也表示，中国传统文化经典是"民族复兴中国梦的文化根基和价值支撑"，他很不赞成把古代经典诗词和散文从课本中去掉，强调应该"把这些经典嵌在学生脑子里，成为中华民族文化的基因"①。另一方面，党中央对于传统文化经典的倡导也是对当今中国教育提出新的期待与要求。传统文化教育教学不应仅是对文本的诵读和记忆，而是应该更深入地发掘和阐释其中的深奥义理，注重经典与实际相结合，强调学以致用、用以促学、学用相长，营造健康、和谐的学术环境，杜绝虚浮学风，进一步加强思考传统文化教育的发展方向以及学什么、怎么学、如何学好等具体教育问题。

目前社会各界特别是各类学校研读中国优秀传统文化经典已经蔚然成风，也编制了一些相关的教材、教辅，但在选材、解读等方面还有不少难如人意的地方，存在明显的薄弱环节。国学教育中仍存在不加分辨全面照搬、学习时间有限而分散、过分流于形式而义理内涵缺失等问题。很多人盲目追赶国学热潮，却连"国学"的概念都不甚明晰，狭隘地认为《三字经》《百家姓》《千字文》等就是国学经典，导致师生在教授与学习的过程中不加选择地专注于文本诵读，只知其文而不解其义。更有甚者，有人认为只要是古人留下的就应该划归为国学范畴，只重数量不重质量，严重脱离实际，对国学进行随意切割、肆意解读，完全背离了国学的基本精神。还有，当前的国学教育力度不强，基础学习时间得不到保障，师资力量也缺乏专业性，不能深入发掘国学经典内在的思想精华，容易走进快餐化、功利化的死胡同。而授课方式的灵活性缺失也会造成教学的阻滞，过于刻板单调的教育模式无法调动学生的积极性，不能充分发挥国学教育的作用，也不利于学生多角度、多形式、全面系统地学习中国传统文化。

从习总书记的讲话中我们可以得到一定的启发和思考，国学教育首先是要有选择的，而这个选择的过程就是一个扬弃的过程，保留其精华，剔除其糟粕，只有突出中国优秀传统精粹而又有益于当代社会的辞章文字才是适合作为教育文本供学生使用的。此外，要加大国学教育力度，加强师资力量的整体优化，保证教学质量和学习时间。我们必须认识到，国学学习不是一朝一夕、一蹴而就的事情，而是一个长期积累、循序渐进的过程。在知识学习

---

① 2014 年 9 月 9 日习近平同北京师范大学师生代表座谈时的讲话，2014 年 9 月 10 日《人民日报》第 2 版。

的基础上要更注重"品格"和"德行"的培养，要多形式、多途径渗透学生道德建设，激发学生的学习热情，并在一定程度上丰富校园文化，老师讲授时又不能过于流于形式，应该把道理讲透，说清，并结合生活实例进行讲解，以便学生更好地理解、记忆和运用。深入研究习总书记引述传统文化经典的方式和风格等，对于学校教材中涉及传统文化经典部分的编撰或订补，对于推出更加适合社会各界特别是青年学生阅读、研究的传统文化教育读本，制定行之有效的国学教育方案，都具有重要的指导意义和借鉴作用。

综上所述，习近平总书记在各种场合及重大讲话中多次引述传统文化经典具有极其重大的现实意义。这不仅是对其全新治国理念和实践理论进行充分阐释，更是以身作则地传承与弘扬中国传统文化，坚持社会主义核心价值观，推动学习型社会、学习型政党建设，为国学热潮和传统文化教育问题提供指导与借鉴，使我们更加坚信中国传统文化是中华民族的"根"和"魂"，是民族复兴中国梦的文化根基和价值支撑，是中国人民不可抛却的精神源泉。

（本文在撰写过程中得到张文博硕士的帮助，在此谨表谢意。）

作者单位：北京师范大学

《墨子》与先秦易学

连劭名

摘　要：《墨子》一书多引《诗》《书》，众所周知，而其未尝明确引用《周易》，故研究先秦易学者亦希论及此书。墨子既通儒学，娴于《诗》《书》，意其当亦精于《周易》，虽未明引，而理或在其中。今遍检《墨子》一书，察其《亲士》《修身》《辞过》《三辩》《尚同》《兼爱》《天志》《大取》诸篇，摘其句，训其词，辨其义，多有与《周易》经传相通者。有必要排比《墨子》诸篇与《周易》经传相通之语句，一一对照，则墨家之学与先秦易学之关系昭然可见。故知欲研究先秦易学，于《墨子》亦当有所关注。

关键词：《墨子》　先秦　易学

一

《墨子·亲士》云：

> 今有五锥，此其铦，铦者必先挫；有五刃，此其错，错者必先靡。是以甘井近竭，招木近伐，灵龟近灼，神蛇近暴。是故比干之殪，其抗也；孟贲之杀，其勇也；西施之沉，其美也；吴起之裂，其事也。故彼人者，寡不死其长。故曰：太盛难守也。

今按：盛、满同意。《素问·脉要精微论》云："上盛则气高，下盛则气服。"王冰注："盛，谓盛满。"《老子》第四十五章云："大成若缺，其用不弊；大盈若冲，其用不穷。"傅奕本作"大满若冲"。《荀子·宥坐》云："孔子观於鲁桓公之庙，有欹器焉，孔子问于守庙者曰：'此为何器?'守庙者曰：'此盖为宥坐之器。'孔子曰：'吾闻宥坐之器者，虚则欹，中则正，满则覆。'孔子谓弟子曰：'注水焉。'弟子挹水而注之，中而正，满而覆，虚而欹。孔子喟然而叹曰：'吁，恶有满而不覆者哉?'子路曰：'敢问持满

有道乎？'孔子曰：'聪明圣知，守之以愚；功被天下，守之以让；勇力抚世，守之以怯；富有四海，守之以谦。此谓挹而损之之道也。'"

《周易·乾》上九云："亢龙有悔。"《象》云："'亢龙有悔'，盈不可久也。"《文言》云："'亢'之为言也，知进而不知退，知存而不知亡，知得而不知丧，其唯圣人乎！"《史记·蔡泽列传》云："《易》曰：'亢龙有悔。'此言上而不能下，信而不能诎，往而不能自返者也。"

二

《墨子·修身》云：

> 是故先王之治天下也，必察迩来远。君子察迩而迩修者也。见不修行，见毁而反之身者也。此以怨省而行修矣。谮慝之言，无入于耳；批扞之声，无出之口；杀伤人之孩，无存之心，虽有诋讦之民，无所依矣。故君子力事日强，愿欲日逾，设壮日盛。君子之道也，贫则见廉，富则见义，生则见爱，死则见哀，四行者不可虚假，反之者身也。藏于心者无以竭爱，动于身者无以竭恭，出于口者无以竭驯，畅之四体，接之肌肤，华发隳颠而犹弗舍者，其唯圣人乎。

"察迩远来"，今按《吕氏春秋·审分》云："察乘物之理。"高诱注："察，明也。"《周易·晋·象》云："明出地上，晋，君子以自昭明德。"《礼记·大学》云："《康诰》曰：'克明德。'《太甲》曰：'顾諟天之明命。'《帝典》曰：'克明峻德。'皆自明也。"《尔雅·释训》云："明明，察也。"孙注："明明，性理之察也。"《春秋繁露·仁义法》云："自责以备谓之明。"故"察迩"者，自明之义。迩、近同义。《说文叙》："近取诸身，远取诸物，于是始作《易》八卦，以垂宪象。"郭店楚简《尊德义》云："察者出所以知己，知己所以知人，知人所以知命，知命而后知道，知道而后行。"

《尚书·尧典》云："钦明文思，安安。"《周易·小畜·象》云："风行天上，小畜，君子以懿文德。"文德者，文明之德。《周易·乾·文言》："见龙在田，天下文明。"《论语·季氏》："远人不服，则修文德以来之。既来之，则安之。"《礼记·中庸》凡为天下国家者有九经，一曰修身，八曰柔远人。《周易·系辞》云："'鸣鹤在阴，其子和之。我有好爵，吾与尔靡之。'子曰：'君子居其室，出其善言，则千里之外应之，况其迩者乎？居其室，出其言不善，则千里之外违之，况其迩者乎？言出乎身，加乎民；行发乎迩，见乎远。言行，君子之枢机。枢机之发，荣辱之主也。'"

"见不修行，见毁而反之身者也。"今按：《说文》云："败，毁也。"《吕氏春秋·情欲》云："故每动为亡败。"高诱注："败，灭亡也。"《战国策·秦策》云："纷强欲败之。"高诱注："败，害也。"《周易·蹇·彖》云："蹇，难也。险在前也，则险而能止，知矣哉。"《象》云："山上有水，蹇，君子以反身修德。"《周易·震·象》："君子以恐惧修省。"

"故君子力事日强，愿欲日逾。"孙诒让《间诂》云：

> 逾，当读为偷，同声假借字。此与"力事日强"文相对。《礼记·表记》云："君子庄敬日强，安肆日偷。"郑注云："偷，苟且也。"此义与彼正同。

今按：《墨子·经上》云："力，刑之所以奋也。"《诗经·烝民》："古训是式，威仪是力。"《周易·乾·象》云："天行健，君子以自强不息。"

"设壮日盛"。孙诒让《间诂》云："毕云：'设壮'，疑作'饰庄'。"今按：毕说非。《广雅·释诂三》云："设，施也。"《广雅·释训》云："施，施行也。"又《考工记·桃氏》云："中其茎，设其后。"疏云："后郑意，'设'训为大，故《易·系辞》云：'益，长裕而不设。'郑注云：'设，大也。'"今本《周易·系辞下》：云"益，德之裕也。"故"设壮"犹"大壮"。《周易·大壮·彖》云："大壮，大者壮也。刚以动，故壮。'大壮'利贞'，大者正也，正大而天地之情可见矣。"《象》云："雷在天上，大壮，君子以非礼弗履。"《周易·系辞上》云："日新之谓盛德。"《周易·系辞下》："穷神知化，盛之德也。"

"君子之道也，贫则见廉，富则见义，生则见爱，死则见哀。"今按：凡人之性，喜富而悲贫，乐生而恶死。《周易·系辞上》云："原始反终，故知死生之说。"《周易·杂卦》云："复，反也。"《周易·复·象》云："'复，亨'，刚反，动而以顺行，是以'出入无疾，朋来无咎'。'反复其道，七日来复'，天行也。'利有攸往'，刚长也'。复，其见天地之心乎！"

"四者不可虚假，反之身者也。"今按：《孟子·尽心上》云："孟子曰：'万物皆备於我矣。反身而诚，乐莫大焉。强恕而行，求仁莫近焉。'"《礼记·中庸》云："诚者，非自成己而已也，所以成物也。成己，仁也；成物，知也。性之德也，合外内之道，故时措之宜也。"

"畅之四支"。今按：《周易·坤·文言》云："君子黄中通理，正位居

体，美在其中，而畅于四体，发于事业，美之至也。"《论语·学而》：云"有子曰：'礼之用，和为贵，先王之道，斯为美，小大由之。'"

三

《墨子·辞过》云：

> 当是之时，坚车良马不知贵也。刻镂文采不知喜也。何则？其所道之然。故民衣食之财，家足以待旱水凶饥者何也？得其所以自养之情，而不感于外也。是以其民俭而易治，其君用财节而易赡也。府库实满，足以待不然，兵革不顿，士民不劳，足以征不服，故霸王之业可行于天下矣。

"得其所以自养之情，而不感于外也。"孙诒让《间诂》云："'感'，《治要》同。案：当为'惑'字之误。"今按：孙说可商。《淮南子·本经》："人爱其情。"高诱注："情，性也。"性、生古同。《庄子·养生主》郭象注："夫生以养存，则养生者理之极也。若乃养过其极，以养伤生，非养生之主也。"《礼记·中庸》云："自诚明，谓之性，自明诚，谓之教，诚则明矣，明则诚矣。"又，《白虎通·情性》："情者，静也。"《礼记·乐记》云："人生而静，天之性也，感于物而动，性之欲也。物至知知，然后好恶形焉。好恶无节于内，知诱于外，不能反躬，天理灭矣。"《老子》第十二章云："五色令人目盲，五音令人耳聋，五味令人口爽，驰骋田猎令人心发狂，难得之货令人行妨，是以圣人为腹不为目，故去彼取此。"

《周易·颐》卦辞云："贞吉，观颐，自求口实。"《彖》云："'颐，贞吉'，养正则吉也。'观颐'，观其其养也。'自求口实'，观其自养也。天地养万物，圣人养贤以及万民，颐之时大矣哉。"《象》云："山下有雷，颐，君子以慎言语，节饮食。"《老子》第二十章云："我独异于人，而贵食母。"王弼注："食母，生之本也。"《释名·释饮食》云："食，殖也，所以生殖也。"《北堂书钞·酒食部一》引《尚书大传》云："食者万物之始，人之所本也。"

四

《墨子·辞过》云：

凡此五者，圣人之所以俭节也，小人之所淫佚也。俭节则倡，淫佚则亡，此五者不可不节。夫妇节而天地知，风雨节而五谷孰，衣服节而肌肤和。

今按："五者"，指宫室、衣服、饮食、舟车、蓄私。前四者即衣、食、住、行，是人生的基本物质需要。

《墨子·辞过》又云：

上世至圣，必蓄私不以伤行，故民无怨，官无拘女，故天下无寡夫。内无拘女，外无寡夫，故天下之民众。当今之君，其蓄私也，大国拘女累千，小国累百，是以天下之男多寡无妻，女多拘无夫，男子失时，故民少。君实欲民之众而恶其寡，当蓄私不可不节。

《周易·否·象》云："君子以俭德辟难，不可荣以禄。"《左传·庄公二十四年》云："俭，德之共也。"《贾子·道术》云："广较自敛谓之俭。"

《周易·节》卦辞云："亨，苦节不可贞。"《礼记·仲尼燕居》云："子曰：礼也者理也，乐也者节也。君子无理不动，无节不作。"《周易·节·象》云："'节，亨'，刚柔分而刚得中。'苦节不可，贞'，其道穷也。说以行险，当位以节，中正以通。天地节而四时成，节以制度，不伤财，不害民。"《象》云："泽上有水，节，君子以制数度，议德行。"

《周易·杂卦》云："节，止也。"《礼记·大学》云："知止而后有定，定而后能静，静而后能得安，安而后能虑，虑而后能得。"

五

《墨子·三辩》云：

子墨子曰：圣王之命也，多寡之。食之利也，以知饥而食之者智也，因为无智矣。今圣有乐而少，此亦无也。

"多寡之"，孙诒让《间诂》云："此疑作'多者寡之'，言凡物病其多者，则务寡之。"今按："多寡之"，如言"损益之"。马王堆帛书《易传·要》云："孔子繇《易》，至于损益二卦，未尝不废书而叹，戒门弟子曰：'二三子，夫损益之道，不可不审察也，吉凶之口也。'"又云："损益之道，足以观天地之变，而君者之事已。是以察于损益之变者，不可动以忧喜。故

明君不时不宿，不日不月，不卜不筮，而知吉凶，顺於天地之心，此谓《易》道。"

损益之道，与时消息。《国语·越语下》云："上帝不考，时反是守。"马王堆帛书《黄帝·观》云："圣人不朽，时反是守。"时反、时变，皆与"易"同。西周青铜器《史墙盘》铭文云："达殷畯民，永丕巩狄。"狄，读为易。《史记·殷本纪》云："母曰简狄。"《索引》云："狄，旧本作易。"

由损益而达於中和。《礼记·中庸》云："子曰：'舜其大知也与！舜好问而好察迩言，隐恶而扬善，执其两端，用其中于民，其斯以为舜乎？'"两端即多寡。《逸周书·度训》云："天生民而制其度，度小大以正，权轻重以极，明本末以立中，立中以补损，补损以知足，□爵以明等极，极以正民，正中外以成命。"《老子》第七十七章云："天之道其犹张弓者欤？高者抑之，下者举之，有余者损之，不足者补之。天之道，损有余以补不足，人之道则不然，损不足以奉有余。孰能损有余而奉不足于天下者，其惟圣人乎？是以圣人为而不恃，功成而不居，其不欲见贤邪？"

六

《墨子·尚同中》云：

> 昔者圣王制为五刑，以治天下。逮至有苗之制五刑，以乱天下。则此岂刑不善哉？用刑则不善也。是以先王之《书·吕刑》之道云：苗民否用练折则刑，唯作五杀之刑，曰法。

孙诒让《间诂》云："毕云：'孔书作"弗用灵制以刑"。"灵""练"、"否""弗"、"折""制"音同。'钱大昕云：'古书"弗"与"不"同。否即不字，灵、练声相近。《缁衣》引作"匪用命"。"命"当是"令"之讹，令与灵古文多通用，令、灵皆有善义。郑康成注《礼》，解为政令，似远。'王鸣盛云：'古音灵读若连，故转为练也。折为制，古字亦通。古文《论语》云："片言可以折狱。"《鲁论》"折"作"制"，是也。'段玉裁云：'灵作练，双声也。依《墨子》上下文观之，练亦训善，与孔正同。'"

今按：练读为简。《周易·系辞上》云："乾以易知，坤以简能，易则易知，简则易从，易知则有亲，易从则有功，有亲则可久，有功则可大，可久则贤人之德，可大则贤人之业，易简而天下之理得矣。天下之理得，而易成位乎其中矣。"虞翻注："阴藏为简。"《周易·系辞上》云："阴阳之义配日月，易简之善配至德。"

一为简。《老子》第三十九章云："神得一以灵。"河上公注："言神得一故能变化无形。"《逸周书·谥法》云："一德不懈曰简。"《礼记·王制》云："有旨无简不听。"郑玄注："简，诚也。"《礼记·中庸》云："至诚如神。"

《墨子·公输》记公输盘为楚造云梯，将攻宋，墨子闻之，至于郢，挫败了楚国的阴谋。文云：

> 子墨子归，过宋，天雨，庇其闾中，守闾者不内也。故曰：治于神者，众人不知其功，争于明者，众人知之。

今按："众人"指百姓。《周易·系辞上》云；"一阴一阳之谓道，继之者善也，成之者性也。仁者见之谓之仁，智者见之谓之智，百姓日用而不知，故君子之道鲜矣。"《庄子·逍遥游》云："若夫乘天地之正，而御六气之辨，以游无穷者，彼且恶乎待哉？故曰：至人无己，神人无功，圣人无名。"成玄英疏云："至言其体，神言其用，圣言其名。故就体语至，就用语神，就名语圣，其实一也。诣于灵极，故谓之至，阴阳不测，故谓之神，正名百物，故谓之圣也。"

七

《墨子·兼爱下》云：

> 今若夫兼相利，此其有利且易为也，不可胜计也，我以为无有上说之者而已矣。苟有上说之者，劝之以赏誉，威之以刑罚，我以为人之于就兼相爱交相利也，譬之犹火之就上，水之就下也，不可防止于天下。

"今若夫兼相利"，孙诒让《间诂》补为："今若夫兼相爱交相利。"云："旧本脱'爱交相'三字，今依王校补。"今按：原文义通，不烦补。爱利相及，《周易·乾·文言》云："利者，义之和也。"《左传·宣公十五年》云："信载义而行为利。"《庄子·天地》云："爱人利物谓之仁。"《汉书·公孙弘传》云："致利除害，兼爱无私，谓之仁。"

"兼相爱，交相利"，即仁义之道。《国语·周语》云："仁，文之爱也。"《墨子·经上》云："文，体爱也。"《礼记·经解》云："上下相亲，谓之仁。"《鹖冠子·泰鸿》云："同和者，仁也。"《周易·泰·彖》云："'泰，小往大来吉亨'，则是天地交而万物通也，上下交而其志同也。"《象》云："天地交，泰，后以财成天地之道，辅相天地之宜，以左右民。"

《周易·乾·文言》云："'飞龙在天，利见大人'，何谓也？子曰：'同声相应，同气相求，水流湿，火就燥，云从龙，风从虎，圣人作而万物睹，本乎天者亲上，本乎地者亲下，各从其类也。'"《周易·系辞下》云："变动以利言，吉凶以情迁，是故爱恶相攻而吉凶生，远近相取而悔吝生，情伪相感而利害生。"《管子·禁藏》云："故审利害之所在，民之去就，如火之于燥湿，水之于高下。"

<h2 style="text-align:center">八</h2>

《墨子·天志中》云：

> 且夫天下盖有不仁不祥者，曰当若子之不事父，弟之不事兄，臣之不事君也。故天下之君子，与谓之不祥者。今夫天兼天下而爱之，撽遂万物以利之，若豪之末，非天之所谓也，而民得而利之，则可谓否矣。然独无报夫天，而不知其为不仁不祥也。此吾所谓君子明细而而不明大也。

"故天下之君子，与谓之不祥者。"孙诒让《间诂》云："王云：'故，犹则也。'毕云：'与，同举。'"今按："之不祥者"，犹"言此不祥者"，指上文所言"子之不事父，弟之不事兄，臣之不事君也"。

"撽遂万物以利之"。今按：撽，读为徼。《左传·文公二年》云："寡君徼福於周公、鲁公。"杜预注："徼，要也。"马王堆帛书《老子》甲本卷后古佚书之一云："和谓之德，其要谓之一，其爱谓之天，有之者谓之君子。"故"要"指中和。《国语·周语》云："而行以遂八风。"韦昭注："遂，犹顺也。"《周易·说卦》云："和顺于道德而理於义。"《周易·乾·文言》："利者，义之和也。"

"若毫之末，非天之所谓也。"今按：《老子》第六十四章云："合抱之末，生于毫末。九层之台，起于累土。千里之行，始于足下。"河上公注："从小成大，从卑成高，从近至远。"毫末如一，《老子》第二十二章云："圣人抱一为天下式。"王弼注："一，少之极也。"《周易·系辞下》云："子曰：'知几，其神乎。君子上交不谄，下交不渎，其知几乎。几者，动之微，吉凶之先见者也。'"韩康伯注："合抱之木，起于毫末，吉凶之彰，始于微兆，故为吉凶之先见也。"孙诒让《间诂》改"谓"作"为"，云："'为'，旧本作'谓'，今据吴钞本正。苏云：'"非"上当有"莫"字，下同。"谓"，当从下文作"为"'。俞云：'"非"上无脱字，下文同。言虽至豪之末，无非天之所为也。'"

今按：诸说非。非，读为配。《墨子·非命中》云："当天有命者，不可不疾非也。"非亦读配也。《老子》第六十八章云："是谓配天，古之极也。"《荀子·天论》云："皆知其所以成，莫知其无形，夫是之谓天。"《淮南子·原道》云："所谓无形者，一之谓也。"

"而民得而利之，则可谓否矣。"孙诒让《间诂》云："苏云：'"否"义不详，疑当作"厚"。'俞云：'"否"字义不可通，乃"后"字之误。后读为"厚"。'"

今按："否"字不误，读为丕，《尔雅·释诂》云："丕，大也。"《楚辞·远游》云："曰：道可受兮，不可传。其小无内，其大无垠。"

"然独无报夫天，而不知其为不仁不祥也。"今按：天道无形，百姓日用而不知，故曰"无报夫天"。《老子》第五章云："天地不仁，以万物为刍狗，圣人不仁，以百姓为刍狗。"《老子》第七十八章云："故圣人之言云，受国之垢，是谓社稷之主，受国不祥，是谓天下之王，正言若反也。"

九

《墨子·天志中》云：

> 且吾所以知天之爱民之厚者，不止此而已矣。曰爱人利人，顺天之意，得天之赏者有之；憎人贼人，反天之意，得天之罚者亦有矣。夫爱人利人，顺天之意，得天之赏者谁也？曰：若昔三代圣王尧舜禹汤武是也。尧舜禹汤武焉从事？曰从事兼，不从事别。兼者，处大国不攻小国，处大家不乱小家，强不劫弱，众不暴寡，诈不谋愚，贵不傲贱。观其事，上利于天，中利乎鬼，下利乎人，三利无所不利，是谓天德。聚敛天下之美名而加之焉，曰此仁也，义也，爱人利人，顺天之意，得天之赏者也。

今按：《广雅·释诂》云："兼，同也。"《荀子·非相》云："故君子之度己则以绳，接人则用抴。度己以绳，故足以为天下法则矣；接人用抴，故

能宽容，因求以成天下之事矣，故君子贤而能容罢，知而能容愚，博而能容浅，粹而能容杂，夫是之谓兼术。《诗》曰：'徐方既同，天子之功。'此之谓也。"《周易·同·人彖》云："同人，柔得位得中而应乎乾，曰同人。同人曰'同人于野，亨，利涉大川'，乾行也。文明以健，中正而应，君子正也。唯君子为能通天下志。"

兼同如厚德。《墨子·经上》云："厚，有所大也。"《周易·坤·象》："地势坤，君子以厚德载物。"《老子》第六十一章云："大国者，天下之下流，天下之交，天下之牝。牝常以靖胜牡，以其靖，故为下也。故大国以下小国，则取于小国，小国以下大国，则取于大国。或下以取，或下而取。大国不过欲兼畜人，小国不过欲入事人，两者各得其所欲，故大者宜为下。"

"上利乎天，中利乎鬼，下利乎人。"今按：《礼记·中庸》云："质诸鬼神而无疑，知天也，百世以俟圣人而不惑，知人也。"

"三利无所不利，是谓天德。"今按：《周易·乾》用九云："见群龙无首，吉。"《象》曰："用九，天德不可为首也。"《文言》云："飞龙在天，乃位乎天德。"郭店楚简《君子》云："昔者君子有言曰：圣人天德何？言慎求之於己而可以至顺天之常矣。"

十

《墨子·天志中》云：

> 反天之意，得天之罚者谁也？曰：若昔者三代暴王桀纣幽厉者也。桀纣幽厉焉所从事？曰从事别，不从事兼。别者，处大国则攻小国，处大家则乱小家，强劫弱，众暴寡，诈谋愚，贵傲贱。观其事，上不利乎天，中不利乎鬼，下不利乎人，三利无所利，是谓天贼。聚敛天下之丑名而加之焉，曰：此非仁也，非义也，憎人贼人，反天之意，得天之罚者也。

今按：天贼即民贼，天心即民意。《孟子·梁惠王下》云："齐宣王问：'汤放桀，武王伐纣，有诸？'孟子对曰：'于传有之。'曰：'臣弑其君，可乎？'曰：'贼仁者谓之贼，贼义者谓之残，残贼之人谓之一夫。闻诛一夫纣，未闻弑君也。'"天罚谓天杀。马王堆帛书《经法·君正》云："天有死生之时，国有死生之政，因天之生也以养生，谓之文；因大天之杀也以伐死，谓之武。文武并行，则天下从矣。"

《周易·革·彖》云："天地革而四时成，汤武革命，顺乎天而应乎人，革之时大矣哉！"马王堆帛书《易传·易之义》云："子曰：键六刚能方，汤武之德也。"《荀子·正论》云："汤武非取天下也，修其道，行其义，兴天下之同利，除天下之同害，而天下归之也。桀纣非去天下也，反禹汤之德，乱礼义之分，积其凶，全其恶，而天下去之也。"《管子·势》云："顺于天，微度人。善周者，明不能见也。善明者，周不能蔽也。大明胜大周，则民无大周也。大周胜大明，则民无大明也。大周之先，可以奋信。大明之祖，可以代天下。索而不得，求之招摇之下。"乾为大明，《周易·乾·彖》云："大明终始，六位时成，时乘六龙以御天。"《文言》云："'或跃在渊'，乾道乃革，'飞龙在天'，乃位乎天德。"日月为明，《周易·革·彖》云："泽中有火，革，君子以治历明时。"马王堆帛书《黄帝·立命》云："唯余一人，□乃肥天，乃立王、三公。立国，置君，三卿，数日，计岁，以当日月之行。允地文裕，吾类天大明。"

十一

《墨子·大取》云：

> 有有于秦马。有有於马也，智来者之马也。

"有有于秦马"，孙诒让《间诂》云："疑当作'有友於秦马'。"今按：原文无误。前一"有"字为有无之有，后一"有"字，义指名实之实。《素问·调经论》云："有者为实。"《诗经·小星》云："实命不同。"《释文》引《韩诗》云："实，有也。"

"秦马"，指牲畜之马。《管子·形势解》云："马者，所乘以行野也。"史传秦人善养马，参《史记·秦本纪》。

"有有于马也"，孙诒让《间诂》云："疑当作'有友于口焉'。"今按：孙说甚误。此"马"即下文所言"智来者之马"。马指数，马王堆帛书《易传·系辞》云："是故易有大恒，是生两仪，两仪生四马，四马生八卦，八卦生吉凶，吉凶生六业。"四马当指七、八、九、六。

《周易·说卦》云："数往者顺，知来者逆，是故《易》逆数也。"《周易·系辞上》云："极数知来之谓占，通变之谓事。"又云："是故君子将有为也，将有行也，问焉而以言，其受命也如响，无有远近幽深，遂知来物，非天下之至精，孰能与于此。"

《墨子·耕柱》云：

> 曰：大国之攻小国，譬犹童子之为马也。童子之为马，足用而劳。今大国之攻小国也，攻者农夫不得耕，妇人不得织，以守为事；攻人者，亦农夫不得耕，妇人不得织。故大国之攻小国也，譬犹童子之为马也。

"童子之为马，足用而劳"，孙诒让《间诂》云：

> 毕云：言自劳其足，谓竹马也。案：此直言童子戏效为马耳，不必竹马。毕说并非。

今按：小人计数，足用而已，喻目光短浅，无远大的目标。

《墨子·非命上》云：

> 是故子墨子言曰：吾当未盐数，天下之良书不可尽计其数，大方论数，而五者是也。今虽毋求执有命者之言，不必得，不亦可错乎？

"吾当未盐数"，孙诒让《间诂》云："当，疑尚之讹。毕云：'盐'，'尽'字之讹。"今按：原文无误。盐读为览，《匡谬正俗》卷二云："览者，谓习读之人，犹言学者耳。"

"大方论数"，孙诒让《间诂》云：

> 大方，即大较也。《后汉书·郎颛传》李注云："方，法也。"《史记·律书》《索隐》云："大较，大法也。"

今按：《庄子·秋水》云："吾长见笑于大方之家。"成玄英疏："方，犹道也。"

"而五者是也"，孙诒让《间诂》云："毕云：'五'当为'三'，即上先王之宪、之刑、之誓是。"今按：五同午。《说文》云：'五，五行也。从二，阴阳，在天地间交午也。'《论衡·物势》云："午，火也，其禽马也。"《鹖冠子·世兵》云："道有度数，故神明可交也。"

十二

《墨子·非儒下》云：

且夫繁饰礼乐以淫人，久丧伪哀以谩亲，立命缓贫而高浩居，倍本弃事而安怠傲，贪于饮食，惰于作务，陷于饥寒，危于冻馁，无以违之。是若人气，鼷鼠藏而羝羊视，贲彘起，君子笑之，怒曰："散人，焉知良儒。"夫夏乞麦禾，五谷既收，大丧是随，子姓皆从，得厌饮食，毕治数丧，足以至矣。因人之家翠以为，恃人之野以为尊，富人有丧，乃大说，喜曰：此衣食之端也。

"是若人气"，孙诒让《间诂》云："若，道藏本作'苦'，吴钞本同。案：人气，疑当作乞人。"今按：若、苦皆通。《庄子·达生》云："以为有苦而欲死也。"《释文》引司马注："苦，病也。""人气"不误，此处指人体的自然欲望。人生而有欲，有欲而有欲。《孟子·公孙丑上》云："气，体之充也。"赵岐注："气，所以充满形体为喜怒也。"

"鼷鼠藏"，孙诒让《间诂》云：

> 《夏小正》云："正月田鼠出。"田鼠者，嗛鼠也。嗛、鼷字通，谓儒者得食则藏之，若嗛鼠裹藏食物也。

今按：《汉书·五行志中之上》云："鼠小虫，性盗窃。"又云："鼠，盗窃小虫，夜出昼匿。"嗛鼠喻人之私欲，深藏穴中，不见天日，见利忘义，常怀非分之心。

"而羝羊视"，今按：《周易·大壮》上六云："羝羊触藩，不能退，不能遂，无攸利。"《象》云："不能退，不能遂，不详也。"

"贲彘起"，今按：《周易·大畜》卦辞云："利贞，不家食吉，利涉大川。"六五云："豮豕之牙，吉。"下文云："因人之家翠以为，恃人之野以为尊。"皆"不家食"之义。

"因人之家翠以为"，今按：翠读为猝，文献中多作卒。《汉书·成帝纪》云："兴卒暴之作。"颜师古《集注》云："卒，谓急也。"即下文所云"富家之丧"。

作者单位：北京教育学院

《史记》易学的研究价值分析

孔令昂

摘 要：《周易》历来被尊为"群经之首"，它不仅是中国古代流传下来的一部占卜用书，同时还是具有丰富哲理的经典著作。而司马迁习《易》、研《易》、通《易》，本身也是一位易学研究专家。他创作的《史记》不仅叙述了《周易》的发展历程和传授渊源，论述了《周易》的功用和意义，而且运用了周易的观点方法来考察历史，品评人物，多次援引《周易》以证明自己的观点。其后，在漫长历史进程中，精研《周易》与《史记》两大经典的学者可以说是不可胜计，而他们的研究也为后人提供了丰富的材料。

关键词：《周易》 《史记》 易学 研究价值

在探讨《史记》易学的研究价值之前，我们首先应该界定《史记》易学的基本概念。《史记》易学应该是《史记》中所承载的易学理论、易学思想和易学史料的总称。对这些内容进行专门性研究，不仅有助于我们全面把握《史记》和《周易》两大经典著作的深刻内涵，而且具有重要的学术价值。而《史记》正是司马迁实践运用易学理论进行创新的史学成果。因而，可以说《史记》易学是一项非常重要的研究课题。从这个层面上来说，《史记》易学的研究价值也是非常突出的，大致可以从以下几个方面来探讨：

一 历史编纂学价值

"易学是司马迁史学的哲理基础。"① "取象思维与整体思维是《周易》古经的主要思维方式。"②《史记》作为古今史书成就的集大成者，创造了许多新的体例和体裁，为历史编纂学提供了很好的范例。考察它的这些成就，

---

① 张涛：《司马迁的易学思想》，《史学史研究》1999 年第 3 期。
② 于春海：《再论〈周易〉的思维方式》，《周易研究》1990 年第 2 期。

不难发现它离不开《周易》创新精神的启迪，而司马迁习《易》、通《易》，易学变通的思想模式也赋予了他独特的思维方式。

而历史编纂学是史学发展水平的集中体现，也是衡量史家的史识、史学、史才、史德达到何种水平的有效尺度。"史书的编纂，是史学成果最便于集中体现的所在，也是传播史学知识的重要的途径。历史理论的运用，史料的掌握和处理，史实的组织和再现，都可以在这里见个高低。刘知幾所谓才、学、识，章学诚所谓史德，都可以在这里有所体现。"①

从春秋战国以来，个人在历史进程中的作用逐渐凸显，并且受到史家的重视，被给予重要的笔墨着力描写。到了西汉武帝时期，司马迁彻底地打破了传统，创立了纪传体体裁。纪传体体裁就是以人物为中心的，它的创立是中国文化人文主义优良传统的体现，也是社会历史观进步取得的优秀成果。

从《史记》自身来看，"本纪""书""表""世家""列传"这五种体裁，各自代表着不同的历史使命，他们承载了很多文化与社会内涵，而这也是与《周易》的整体思维方式相互统一的。②

另外，司马迁设"本纪"以统理众事，是显示帝王独尊的地位，正如刘知幾所说："盖纪者，纲纪庶品，网罗万极，考篇目之大者，其莫过于此乎？及司马迁之著《史记》也，又列天子行事，以本纪名篇。后世因之，守而勿失。""盖纪之为体，犹《春秋》之经，系日月以成岁时，书君上以显国统。"如果"本纪"所列是为天子君主，所呈现出的是他们的至尊地位，而其下设立"世家"以记诸侯行事，再下以"列传"记社会贤达人物事迹，形成上下有序的系列构成。司马迁本人在《太史公自序》中也明言这种体裁安排是为了显示以帝王为中心、众臣拱卫、等级分明的局面："二十八宿环北辰，三十辐共一毂，运行无穷，辅拂股肱之臣配焉，忠信行道，以奉主上，作三十世家。"故《史记》体裁的特点，又是封建等级制度在历史著作上的投影。这些当然也是深受《周易》取象思维的影响的结果。

"世家"体裁本来是为记诸侯而专设，表示其"开国承家，世代相续"③。而陈涉是揭竿而起的农民起义英雄，司马迁却破例为之立"世家"，前人对此不理解，批评司马迁体例不当，如刘知幾即责备司马迁这样处理是"名实无准"，云："陈胜起自群盗，称王六月而死，子孙不嗣，社稷无闻，无地可

① 陈其泰：《建构中国历史编纂学学科体系的思考》，人大复印资料《历史学》2008 年第 12 期。
② 陈其泰：《建构中国历史编纂学学科体系的思考》。
③ 陈其泰：《建构中国历史编纂学学科体系的思考》。

传，无家可宅，而以世家为称，岂当然乎?"其实，司马迁在论述《陈涉世家》的撰述义旨时，即表明他要歌颂陈涉发动起义开创秦汉之际历史新局面的精神，歌颂被压迫者反抗秦朝暴政的正义性，指出:"桀、纣失其道而汤、武作，周失其道而《春秋》作。秦失其政，而陈涉发迹，诸侯作难，风起云蒸，卒亡秦族。天下之端，自涉发难。作《陈涉世家》。"故而陈涉虽不是诸侯，但他开创历史新局面的功勋决不在诸侯之下，因此破例立为"世家"。

通过对《史记》易学的相关研究，我们可以探知司马迁学习通晓《周易》，对他在《史记》的撰写体例及题材取舍方面起到了很大的作用，从中我们可以了解到:著史要按照一定的体例，但不能因拘泥于体例，从而影响内容的表达。那些高明的史家就经常改革创新，突破过去体例的限制，这也正是司马迁在《史记》中运用《周易》的变易思想进行历史著作体例和撰写表现所在，尤其体现了它的历史编纂学价值。

二 学术思想史价值

"司马迁是我国古代的史坛巨匠，也是易学史上举足轻重的人物。他的易学思想不仅与他的史学思想交相辉映、浑然一体，成为他撰著《史记》的思想源泉和理论依据，而且对后世易学、史学及整个思想文化的发展产生了广泛、深刻的启示和影响。"[①]

《史记》所承载的易学史料和易学思想启迪了后人关于天地人生的思考，系统的、辩证的思维认识也是其魅力之所在。而《周易》本身包含着"学"和"术"两种萌芽:"学"是指有关于天地人生的道理，所谓"术"是指算命预测的技法，《周易》的价值在学而不在术。[②]用历史发展的观点来看此问题，"学"与"术"这两种萌芽对人类文明的发展，都是一种进步，前者自不用说，后者也如此。《周易》出现之前，人类已有龟卜的预测方法，即在龟壳上钻孔，通过火烧，以龟壳烧裂的纹路判断吉凶，这种方法完全凭人的直观和上帝启示，表现出人类的蒙昧。而《周易》用蓍草预测，需要经过排列组合，进行数学推演，含有逻辑演绎成分和人谋的因素，相对龟卜，体现着人类思维的发展。

值得注意的是，后人将《周易》中的两种萌芽引向了两个方向，一个是

---

① 张涛:《司马迁的易学思想》，《史学史研究》1999年第3期。

② 朱伯崑主编《易学基础教程》，九州出版社，2003，第4~5页。

从《周易》中引申有关于天地人生的种种道理，从而形成了易学；一个是从《周易》中引申出数字变化、阴阳变化、五行生克等预测方法，从而形成术数。前者将人类引向理性，引想智慧，后者反其道而行之，将人类引向迷信，引向愚昧。这两种倾向的分野，在汉代已经明显，汉代的班固于《汉书》著录古代流传下来的典籍，将占术一类的著入"术数"类，而不列入"六艺"类。

当然，这种区分并不是始于汉代的学者，春秋时孔子已开其端。孔子曾说过，他学习《周易》是为了"可以无大过"，不是为了占问个人的吉凶祸福，他认为懂得其中的义理，就可以用不着去占卜，所谓"不占而已"。

后来荀子将其概括为"善为《易》者不占"，这是儒家学者对待《周易》的一贯立场。司马迁继承、发挥《易传》天人合一的思想主张和推天道以明人事的整体思维方式以及董仲舒的天人之学，力求通过历史记载来"究天人之际"。他志在"通古今之变"，更是以《周易》通变思想为圭臬的。《周易》的忧患意识、革故鼎新思想、德治精神及尚贤、养贤思想等在司马迁那里均有所反映。《史记》中的《日者列传》、《龟策列传》虽然记载了比较虚妄的占术等，但在其他涉及易学方面的内容，基本上秉承了儒家的"善为《易》者不占"，以及对于事物要有"变易"和进行辩证分析的思想。

总之，"通古今之变，成一家之言""承敝易变"、辩证发展等基本观念在中国学术思想上具有跨时代的意义，是多方面运用易学智慧的司马迁留给我们后人的重要精神遗产。

三　现实的应用价值

从适应现代社会发展的角度来讲，多学科的互通性研究正不断冲击着我们传统学术研究的壁垒，学术研究开始呈现出跨领域的"交叉互动"趋势。而《史记》易学研究就是通过对《史记》中的承载的易学进行深入的分析研究，进而揭示其价值所在的。

史学的求真和致用是其最为重要的两极，也是史学研究对社会产生影响的两个方面。

从求真的角度来讲，历史细节必须回归历史本身，才会引起人们的思考，才能获得真理。"历史的魅力首先触发人们对历史的兴趣，继而激励人们有所作为，它的作用始终是至高无上的。"① "哲学家见到《周易》，从中悟出弥纶天地的大道理；德国的莱布尼茨见到《周易》，从中启悟出数学二进位制的前景；严君平学《周易》，构建玄学易学的体系；江湖术士不乏'张铁口'、'王半仙'之流，假易学之名，蛊惑愚众，欺世骗财。易学研究走什么道路，是易学研究者普遍关心的大事，每一位严肃的易学研究者都负有学术导向的责任。"② "无疑，文明不是一成不变的，或许有一天文明会与历史背道而驰，这也不是不可想象之事。好在史学家对此可能性加以深思，而如果他们掉以轻心的话，伪历史就会殃及信史。不过倘若我们真的沦落到这种地步，那肯定是以严重脱离我们最珍视的思想传统为代价的。"③ 而现在进行《史记》易学研究，有利于解开《周易》本身神秘色彩，还原真实的经典；有助于世人客观认识我国的传统文化。

《史记》中承载的易学理论体系实际上就是上古到西汉时期我们祖先对自己生存的客观世界的认知与想象，它是中国传统文化在特定历史阶段的映像。例如"伏羲画卦"所反映的其实就是中国人对宇宙的认识。"伏羲画卦"的理论是建立在中国古天文学基础之上的。"天垂象"，"一阴一阳之谓道"既是易学之基础，也是中华文化的核心和法则。

从致用的角度来看，配合当今传统文化学习热潮的出现，对《史记》和《周易》两大经典进行互动性研究，对于宣传和推广《史记》和《周易》这类传统经典是具有积极意义的，有助于推进国学经典研究的进程。这也正是历史研究的源泉所在："史学家必须与全部生活之源泉——现在——保持不断的接触。"④ 要理解现实就必须超越现实，要探讨历史亦不可囿于历史。冯友兰曾经说过，"一部《周易》，就是中华民族的精神现象学"。⑤ 从这个意义上来讲，《史记》就是中华民族精神现象学的忠实记录者，是"千古之绝唱，无韵之离骚"，无论在史学思想上，还是历史编纂学上，都是伟大的奇迹。所以，进行《史记》易学研究的现实意义是非常重大的。

总之，《史记》和《周易》都是中华民族先辈智慧的结晶，而这个智慧的中心内容就是"和"，就是我们中华民族的核心价值观"和谐"。也正如余

① 参见〔法〕马克布·布洛赫著《为历史辩护》，张和声、程郁译，中国人民大学出版社，2006。
② 任继愈语，见吴怀祺《易学与史学》总序一，中国书店，2004，第2页。
③ 参见〔法〕马克布·布洛赫著《为历史辩护》，张和声、程郁译。
④ 〔法〕马克布·布洛赫著《为历史辩护》，张和声、程郁译。
⑤ 参见余敦康《中国智慧在〈周易〉〈周易〉智慧在和谐》，《光明日报》2006年8月24日。

敦康先生所言，"中国的智慧在《周易》，《周易》的智慧在和谐"①。运用历史的思辨方法对"经""史"进行对比研究，不仅是客观历史发展的需要，同时对现代和谐社会建设也具有重要意义。

作者单位：北京师范大学

---

① 参见余敦康《中国智慧在〈周易〉〈周易〉智慧在和谐》，《光明日报》2006 年 8 月 24 日。

王弼《周易注》与《老子道德经注》
对郭象《庄子注》的影响

〔加拿大〕 林理彰

摘　要：郭象的《庄子注》无疑是受到了王弼《周易注》和《老子道德经注》的影响，虽然他们的思维方式和哲学立场有很大的分歧，但是这种影响是不能抹杀的。而王弼的这两本注释，郭象受《老子道德经注》的影响更多一些。本文详细论述了两者之间的关系，并分析指出郭象对于《周易》的接受，《系辞》显得接受更多，只是《系辞》由韩康伯注，而韩康伯的思想是直接继承王弼而来的。

关键词：王弼　《周易注》　《老子道德经注》　郭象　《庄子注》　影响

王弼（226～249）与郭象（253～312）的思维方式中有相当大不可调和的根本相反意见，然而郭象仍然深受王弼的影响。这种影响好像有几个方面：术语，概念，模式的说法，甚至有些哲学结论。王弼与郭象反对哲学立场是众所周知的：王弼"贵无"而郭象"崇有"；王弼认为物"以无为本"而郭象认为物"自生"而"独化"；王弼以道与其万万物理有超越性（有超物质存在）而郭象认为道与其万理无超越性而理属于万物质之内在性（物质以外理并无任何存在）等方面。下面的两段表现出鲜明的对比：

　　《老子·第一章》王弼注："凡有皆始于无，故'道'未形无名时，则为万物之始。及其有形有名时，则长之、育之、亭之、毒之，为其母也。"①

　　《庄子·齐物论》郭象注："无既无矣，则不能生有；有之未生，又不能为生。然则生生者谁哉？块然而自生耳。"②

----

① 楼宇烈：《王弼集校释》，中华书局，1980，第 1 页。
② 郭庆藩：《庄子集释》第 1 册，中华书局，1997，第 50 页。

如郭象说"无既无矣",换句话说,郭象认为"无"这个字只是意味着"全无存在的"。因郭象认为非物质存在是不可能的,所以王弼之"凡有皆始于无"逻辑上毫无意义。然而王弼之"无"的概念不同,"无"是"道"的一种属性:"道"虽毫无物质存在,仍然具有无穷的宇宙力量。所以王弼对"无"的了解基于形而上论的概念。相反,郭象对"无"的了解是基于唯物主义观点:"道"虽然毫无物质性,本质上是存在于一切万物,作为其内在原理。这两种观点,前者超越的而后者内在的,虽形成性质相反的概念,各自想法的后果往往有兼容方面:

> 郭象《庄子序》:"至仁极乎无亲,孝慈终于兼忘,礼乐复乎己能,忠信发乎天光。用其光则其朴自成,是以神器独化于玄冥之境而源流深长也。"①

"天"是大自然,"神器"是"天下"的修饰语,引用《老子道德经二十九章》:

> 将欲取天下而为之,吾见其不得已,天下神器
> 王弼注:"神,无形无方也。器,合成也。无形以合,故谓之神器也。"
> 不可为也。为者败之,执者失之。
> 王弼注:"万物以自然为性,故可因而不可为也,可通而不可执也。物有常性,而造为之,故必败也。物有往来,而执之,故必失也。"②

郭象与王弼以他们所笺注的经文(《周易》《老子》《庄子》)都为经世致用的论文,而他们所笺注的内容为统治者提出的建议。他们一致认为:假如人主应用矫柔造作的社会行为规则管理国家,规则越弄巧越成拙,而人主越自觉管理事务,其国越岌岌可危。所以人主行为不可自发的、无心自然的,而他的思想和动作应该是无作无为的。"道""人主""万物"(这里特别指出物=人)互动关系的指导原则就是"无为",而"是非"与"无为"绝对永远有互相抵触关系,如郭象说:

> 今是非无主,纷然淆乱,明此区区者各信其偏见而同于一致耳。仰

---

① 郭庆藩:《庄子集释·序言》,第3页。
② 楼宇烈:《王弼集校释》,第77页。

观俯察，莫不皆然。是以至人知天地一指也，万物一马也，故浩然大宁，而天地万物各当其分，同于自得，而无是无非也。①

"至人"是得道圣明的人主。因人主应玄同"道"之"一致"，他绝对无关"是非"，而是让万物个个得其自然之分。这里郭象对"道"之"一致"引用《周易·系辞传下》：

> 天下何思何虑？天下同归而殊涂。一致而百虑，天下何思何虑？
> 韩康伯注："虑虽百，其致不二。苟识其要，不在博求，一以贯之，不虑而尽矣。"②

《系辞上下传》以及《说卦》《序卦》《杂卦》各传则是东晋韩康伯注。虽非王弼注，韩所表达还是同样的玄学视角，而且他对《周易》各传的态度似乎直接是由王弼思想而来的。然而王弼到底也说过同样的话：

> 不出户，知天下；不窥牖，见天道。
> 王弼注："事有宗而物有主，途虽殊而其归同也。虑虽百而其致一也。道有大常，理有大致。"③

郭象如王弼拒绝二元对立思维。先举王弼相关的一段：

> 《老子道德经二章》："天下皆知美之为美。斯恶已。皆知善之为善。斯不善已。故有无相生。难易相成。长短相较。高下相倾。音声相和。前后相随。"
> 王弼注："美者人心之所进乐也。恶者人心之所恶疾也。美恶犹喜怒也。善不善犹是非也。喜怒同根。是非同门。故不可得而偏举也。此六者皆陈自然。不可偏举之名数也。"④

"是非"根据语境可有不同的含义："是如此"和"非如此""肯定"和"否定""以为是"和"以为非"、"赞成"和"不赞成"等。无论如何"是非"这个语词似乎集中而体现二元论的思维方式。郭象在《庄子注》反对二

---

① 郭庆藩：《庄子集释》，第69页。
② 楼宇烈：《王弼集校释》，第561页。
③ 楼宇烈：《王弼集校释》，第125~126页。
④ 楼宇烈：《王弼集校释》，第6页。

元论的段落虽多得多，这里只举出几个例子：

> 夫任自然而忘是非者，其体中独任天真而已，又何所有哉！是以圣人不由"是非"，而照之于天，亦因是也。
>
> 郭注："夫怀豁者，因天下之是非而自无是非也。故不由是非之涂而是非无患不当者，直明其天然而无所夺故也。"①

如"是非"，"是"和"彼"也表现对偶性而属于二元论：

> 《庄子·齐物论》："彼是莫得其偶，谓之道枢。枢始得其环中，以应无穷。枢始得其环中，以应无穷。"
>
> 郭象注："夫是非反复，相寻无穷，故谓之环。环中，空矣；今以是非为环而得其中者，无是无非也。无是无非，故能应夫是非。是非无穷，故应亦无穷。"②

唯有"无是无非"的功能，然后得"无为"的能力。如王弼说：

> 《老子道德经四十七章》："其出弥远，其知弥少。"
>
> 《王弼集》："无在于一而求之于众也，道视之不可见，听之不可闻，搏之不可得，如其知之，不；须出户，若其不知，出愈远愈迷也。"
>
> 《老子道德经》："是以圣人不行而知，不见而名。"
>
> 《王弼集》："得物之致，故虽不行而虑可知也。识物之宗，故虽不见，而是非之理可得而名也。"
>
> 《老子道德经》："不为而成。"
>
> 《王弼集》："明物之性，因之而已。故虽不为而使之成矣。"③

王弼虽以为"是非之理可得而名"，在圣人的能力，但郭象反之认为所有"是非之名"都属于圣人的"迹"。这些"迹"一接受命名就被称为"仁""义""礼""智""信""忠""孝""悌"等道德规范，而郭象认为这样被系统阐述的道德规范都违反自然之道。他把"圣人之迹"和"所以迹者"分得很清楚：

---

① 郭庆藩：《庄子集释》第 1 册，第 67 页。
② 郭庆藩：《庄子集释》第 1 册，第 68 页。
③ 楼宇烈：《王弼集校释》，第 126 页。

《庄子·应帝王》："有虞氏'舜'不及泰氏'伏羲'。"

郭注："夫有虞氏之与泰氏，皆世事之迹耳，非所以迹者也。所以迹者，无迹也，世孰名之哉！未之尝名，何胜负之有耶！然无迹者，乘群变，履万世，世有夷险，故迹有不及也。"①

圣人之"迹"被后代的人称为执政固定的规则，而舜绝对没有故意落下他的脚印让后代的人能跟上他。因圣人之执政是完全自然的，跟固定的规则绝对无关。下面的一段使之更清楚：

《庄子·在宥》："昔者黄帝始以仁义撄人之心。"

郭注："夫黄帝非为仁义也，直与物'人众'冥，则仁义之迹自见。迹自见，则后世之心必自殉之，是亦黄帝之迹使物撄也。夫尧舜帝王之名，皆其迹耳，我寄斯迹而迹非我也，故骇者自世。世弥骇，其迹愈粗，粗之与妙，自途之夷险耳，游者岂常改其足哉！故圣人一也，而有尧舜汤武之异。明斯异者，时世之名耳，未足以名圣人之实也。故夫尧舜者，岂直一尧舜而已哉！是以虽有矜愁之貌，仁义之迹，而所以迹者故全也。"②

玄学早期的王弼没有这样论过"迹"，而还认为有关圣人的记录，即儒家的"五经"，可以作为执政规则。然而到了郭象时，因"圣人"的所有行为认为是完全自发自行的，跟自然的道同一体，所以不可名，不可以作为执政规则，而"五经"不仅无益反而有害。这两不同的立场表示王和郭之间的另一个巨大区别。

虽然有可能讨论其他方面，这里只可说，看完郭象《庄子注》后，只能得出郭象一定很仔细地阅读过王弼《周易注》与《老子道德经注》，然而他受了《老子道德经注》影响比较多。《周易》对郭象而言，最重要部分毫无疑问是《系辞传》。郭象经常采用先出于《系辞传》的术语和概念，这是很明显的；可惜注《系辞传》不是王弼而是生在郭象后世的韩康伯。

作者单位：加拿大多伦多大学

---

① 郭庆藩：《庄子集释》第1册，第287～288页。
② 郭庆藩：《庄子集释》第2册，第373～374页。

易道与《文心雕龙》辩证关系研究

——试论《文心雕龙》中"文、心、道"三者辩证模式

刘军安

摘　要：文学创作和研究应遵循"文、心、道三位一体"的辩证统一模式来进行。所谓"道"，是指任何事物都有它内在的本质和规律；所谓"心"，是指能洞穿千古，合乎万物之道的心；而"文"，是能体现合乎万物之道的心文与道文。有必要在对《文心雕龙》中"文与心的关系"，"文与道的关系"，"道与心的关系"具体论述的基础上，论证《文心雕龙》中"文、心、道"是完整的不可分割的辩证统一体，指出"文、心、道"三位一体目的是达于道，就是能够实现集粹千古、洞穿时空、千载心在的文道之理。

关键词：《易经》　《文心雕龙》　文道标准

《易经》，简称《易》。《易》有三《易》：《连山易》《归藏易》《周易》。《易经》是中国传统华夏文明中自然哲学与伦理实践的根源，对中国文化和科技文明产生了巨大的影响，是中华民族智慧与文化的结晶，被誉为"群经之首，大道之源"。《易经》的语言学研究，简称语言《易》。中国语言文化是一座丰富的精神宝藏，把声音、形象、意义融合为一体，用以表达宇宙的真实，宇宙的真实既是作为变动不居的整体存在，又表现为种种具体的个体，并且中国的语言文字的发展进程合乎易理。对变动不居、变而有常的自然及人的生活所处的环境真实了解和表达，就成为中国语言文化发展的基本动力。

《易经·系辞传上》有言"《易》有圣人之道四焉，以言者尚其辞，以动者尚其变，以制器者尚其象，以卜筮者尚其占"。《周易·系辞下》记载："古者包牺氏之王天下也，仰则观象于天，俯则观法于地。观鸟兽之文与地之宜，近取诸身，远取诸物，于是始作八卦，以通神明之德，以类万物之情。"孔子曰："人能弘道，非道弘天"。《淮南子·本经》中记载："昔者仓颉作书，而天雨粟，鬼夜哭。"《说文解字·序》中记载："仓颉之初作书，盖依类象形，故谓之文；其后形声相益，即谓之字。"《易》曰："鼓动天下

之辞者，文也。"综上所述，《易》有圣人之道四焉，以言者尚其辞，仓颉创立文字使得"人能弘道"。这个发明和认识过程的存在，让中国文化、中华文明得以源远流长。而易道和文道之间是什么关系呢？刘勰的《文心雕龙》给出了解答。

《文心雕龙》是一部文学理论著作、文章学著作，同时也是一部文学史，各类文章的发展史，更是一部重要的古典美学著作，体大思精，是中华民族的一朵灿烂的文化奇葩。该书是刘勰在博览古今的前提下，继承其前两千年中华文学史，集成浓缩其前及同时代的中华民族文学精粹，从为文、为心的角度，站在道的高度，重新熔融中华文学精粹，铸就的一部影响深刻，推动中华文学史千载灿烂不熄的文论巨剑，雕心琢文之犀利宝器。

《文心雕龙》书名的含义，刘勰在《文心雕龙·序志》一开始就予以说明，他说："夫'文心'者，言为文之用心也。昔涓子《琴心》，王孙《巧心》，心哉美矣，故用之焉。古来文章，以雕缛成体，岂取驺奭之群言雕龙也"。在这里，他用"为文之心"来解释"文心"，按刘勰语，即"夫文心者，言为文之用心也。"何为"用心"呢？显然，刘勰这个"用心"，是应能洞穿时空，鼓动天下，推动中华文化的发展，推动华夏文明"龙心、龙学、龙事"连绵不断之用心。因此，"文心"两字体现了《文心雕龙》一书的核心主旨。所谓"雕龙"是"雕镂龙纹"的省文，其含义是精雕细刻；"雕龙"二字，可以引申出把华夏民族子孙的心雕琢为"龙心"，把华夏文明雕镂成"龙之文明"，促使华夏子孙成为真正的"龙的传人"之深刻内涵。

结合《文心雕龙》首篇《原道》的主旨精神："文之为德也大矣，与天地并生者何哉？夫玄黄色杂，方圆体分，日月叠璧，以垂丽天之象；山川焕绮，以铺理地之形：此盖道之文也。"显然，刘勰在《文心雕龙》中对这个文学的核心回答是"道"，即"此盖道之文也。"这个道就是：一个人做学问、做研究时如何把自己的文和心雕琢成龙文和龙心的文道。

然而《文心雕龙》中"文""心""道"究竟是什么关系呢？

一　文、心与道是三位一体辩证统一的关系

精通儒、道、易、佛、杂家、史家且参与过政治的刘勰，深知天下非一人之天下，天下人之天下的道理，且文人应该具备修身、齐家、治国、平天下的能力与雄心。然而，文人的天下是什么？文人的乾坤应该是什么？文人之心是什么？这个命题不但是天下文人的难题，更是人类文明史、斗争史的

一大难题。因此，作为文人本身在修身著文习道时，如何处理好"文、心、道"的关系，去写作表达"文、心、道"这个难题，不但对文人本身意义深远，影响巨大，而且对华夏民族文化自身的推动，更是意义深远。

在博览群书、精通百家、纵观古今的基础上，刘勰从心、文、道关系入手，熔百家精思，以"百龄徂影，千载心在"洞穿古今的思维与智慧，在《文心雕龙》中为文人提出一个"文、心、道"三位一体的文心雕龙标准，即为文应"原道、征圣、宗经、正纬、变乎骚"，为人虽仅"百龄徂影"，然文应"千载心在"。换句话说，刘勰意思是，"心即道，道即心；文即道，道即文；文即心，心即文"，即：洞穿千载时空之心才是文人之心，合乎道且超越时空的文心才是文化之心；能洞穿千载时空的文章才是文化精粹至文，达于"文、心、道"三位一体的文章才是文化至文；只有这样的文章和文心才能洞穿时空，千载心在。

这在曹丕的《典论·论文》里早已指了出来："盖文章经国之大业，不朽之盛事"。同时，我们可以拿《孙子算经·序》作比对，则更显刘勰的用心良苦。详引《孙子算经·序》如下："孙子曰：夫算者，天地之经纬，群生之元首，五常之本末，阴阳之父母，星辰之建号，三光之表里，五行之准平，四时之始终，万物之祖宗，六艺之纲纪。稽群伦之聚散，考二气之降升，推寒暑之迭运，步远近之殊同，观天道精微之兆基，察地理纵横之长短，采神祇之所在，极成败之符验。穷道德之理，究性命之情。立规矩，准方圆，谨法度，约尺丈，立权衡，平轻重，剖毫厘，析黍粟。历亿载而不朽，施八极而无疆。散之不可胜究，敛之不盈掌握。向之者，富有余；背之者，贫且穷。心开者，幼冲而即悟；意闭者，皓首而难精"。由此我们可以得出结论：无论为文、为心、为算，凡思虑华夏民族，历亿载而不朽的道心、天心、地心、文心、爱民族之心、爱人类之心，才是合于道之心、之文。刘勰在《诸子》篇云："标心于万古之上，而送怀于千载之下，金石靡矣，声其销乎？"更是明确表达了这个观点。

在《原道》篇中，刘勰对文字的起源和发展与道的关系作了论述，以进一步阐明人文的本质及其特点。《原道》云："人文之元，肇自太极，幽赞神明，《易》象惟先"。意思是说：人文的起源，始自八卦，它乃是道的体现。"自鸟迹代绳，文字始炳"，"爰自风姓，暨于孔氏，玄圣创典，素王述训，莫不原道心以敷章，研神理而设教，取象乎《河》《洛》，问数乎蓍龟，观天文以极变，察人文以成化；然后能经纬区宇，弥纶彝宪，发挥事业，彪炳辞义"。故知"道沿圣以垂文，圣因文以明道，旁通而无滞，日用而不匮"。其

后《六经》中的其他各篇，都从不同角度对道的内容及其在现实生活中的运用，作了经典性的具体发挥。这样，道也就为大家所懂得和掌握，而孔子由于"熔钧《六经》"，起到了"写天地之辉光，晓生民之耳目"的伟大作用。"道沿圣以垂文，圣因文而明道。"对道、心、文之间关系的这个论述，进一步阐明了文、心和道的本质与关系，同时也确立了圣心和文道相辅相成的重要作用。

二　文与心的关系

"文即心，心即文"。自从宇宙中进化出人类，而人类进化出心智，由于相互交流的需要，而产生了语言。有了语言，就需要把语言记录下来并给予标准化，就产生了文字；而文字本身的作用，是为了更好地表达人的心灵、心智、思想、理想与智慧，即"文为心声"；而人的心灵、心智、思想、理想与智慧的产生，又是对宇宙万事万物的运行规律之观察与研究，对人内心及人类社会自身的观察与思考及其在人内心的体现，均需用文字表达出来，即"心寄于文"；而文字对人类自身进化所产生的推动与影响，可谓是巨之又巨，艰之又艰。在"文、心、道"三位一体辩证统一前提下，《论说》中以"一人之辩，重于九鼎之宝；三寸之舌，强于百万之师"描述了"文、心、道"合一而作文的重要性及其对文明史的推动作用。在《诏策》中"诰命动民，若天下之有风矣"一句更是彰显了道和心、文对国家和人民推动的巨大力量与影响。

可由于文字的短缺和对文字本身的创造与学习，都需占用一个人的很多时间与精力，且在人类历史中并不是每个人都能读书识字，故词不达意，对人意图的误解与曲解，则比比皆是，甚至统治阶层为了统治需要冒天下之大不韪而制造的文字狱以及焚书坑儒，更是让人触目惊心，惊骇千古，人人自危，使文人不敢放言（文），或隐于山野，或隐于闹市，而不利于中华民族的进步。

这一点在《程器》篇中，刘勰用简短文字点出"盖人禀五材，修短殊用，自非上哲，难以求备。然将相以位隆特达，文士以职卑多诮，此江河所以腾涌，江流所以寸折者也"。在《史传》篇中，更是发出了千古一叹："至于纪编同时，时同多诡，虽定、哀微词，而世情历害。勋荣之家，虽庸夫而尽饰；遁败之士，虽令德而常埋；吹煦霜露，寒暑笔端，此又同时之枉，可为叹息者也"。

而文人自身就没有缺陷和责任吗？有！刘勰在《序志》中讲道："去圣久远，文体解散，辞人爱奇，言贵浮诡，饰羽尚画，文绣鞶帨，将遂讹滥"。在《定势》中批评当时文辞讹滥，更是相当深刻："自近代辞人，率好诡巧，原其为体，讹势所变，厌黩旧式，故穿凿取新，察其讹意，似难而实无他术也，反正而已。……然密会者以意新得巧，苟异者以失体成怪。旧练之才，则执正以驭奇；新学之锐，则逐奇而失正；势流不反，则文体遂弊。"

虽然如此，可刘勰依然坚信，苦难是可以改变的，人心也是可以改变和教化的，这在《文心雕龙》中引用《周易》："鼓动天下之辞，文也。"时，足以体现刘勰的信心和对华夏文化的热爱和推动中华文明向前发展的良苦用心。在《隐秀》中，刘勰更是开篇指出，写作文章之时，文人之心若洞穿千古时空表达："夫心术之动远矣，文情之变深矣，源奥而派生，根盛而颖峻。始正而末奇，内明而外润，使玩之者无穷，味之者不厌矣"。则终可做到"丹青初炳而后渝，文章岁久而弥光，若能玄括于一朝，可以无惭于千载也"。

三　文与道的关系

首先，刘勰认为文道的本质是：道是其内容，文是其表现形式。《原道》篇开宗明义的第一句话便是："文之为德也大矣，与天地并生者何哉？"这就是对'文'的实质的说明。文作为道的体现，其意义是很大的，它是和天地并生的，因为天地都是道的体现。其中文的概念，有广义和狭义两方面的含义。广义的文即宇宙万物的表现形式，如日月叠璧为天文，山川焕绮为地文，"龙凤以藻绘呈瑞，虎豹以炳蔚凝姿"，"云霞雕色"，"草木贲华"，则是万物之文。任何事物都有它的一定外在表现形式，这便是广义的文；而任何事物又都有它内在的本质和规律，这便是道。然而"道可道，非常道；名可名，非常名"。因而道对不同事物来说，有它不同的表现形式，如天道、地道、人道、心道、文道、王道、万物之道等，故而文也就千差万别，就有了相应的天文、地文、人文、心文、文道之文、王道之文、万物之文等。

文是道的一种外化，所以不论是天地之文、动植之文或人心之文，都是"道之文"。作为万物之灵的"人"，乃是"五行之秀""天地之心"，自然也就有内在的道与外在的文。天地万物的道和广义的文，在人身上的体现即为心和文（人文）。它的心也是道的体现，"心之文"即是"人文"，即用语言文字来表达的文章，也是"道之文"。《文心雕龙》中所说的人文，作为道的

体现这一点和广义的天地万物之文是一致的。《原道》篇正是用广义的文和道关系来说明狭义的人文之本质。

刘勰《原道》篇中所说的"道"是出自于《周易·系辞上》"一阴一阳谓之道，继之者善也，成之者性也"，"子曰：书不尽言，言不尽意。然则圣人之意其不可见乎？子曰：圣人立象以尽意，设卦以尽情伪，系辞焉以尽其言。是故形而上者谓之道，形而下者谓之器"。从广义的文所体现的"形而上者谓之道"的道来说，是指宇宙万物内在外化和互化之普遍自然规律，是接近于老庄所说的哲理性的自然之道的。

正是从人文本于道，而其源为易象八卦的思想出发，刘勰提出了"原道""征圣""宗经"的思想。既然人文是体现道的，而圣人之文又是阐明道的最集中最典型的代表，"六经"又是圣人之文的经典，因此，人文的写作自然必须效法圣人，以"六经"为楷式。刘勰在《征圣》篇中指出圣人文章在内容和形式两方面都为后人文章写作提供了以资学习的典范。从内容方面说，圣人文章是以"政化"（政治教化）、"事迹"（礼仪事功）、"修身"（修身养性）为基本内容；从形式方面，圣人文章具有"或简言以达旨，或博文以该情，或明理以立体，或隐义以藏用"这样四种繁、略、隐、显的基本写作方法。圣人文章"衔华而佩实"，而达到了孔子所要求的"内圣外王"的内容和形式的高度统一。

如何发挥和充分利用合于道的文字的功能，而文章千古、文心千载呢？刘勰在《神思》篇中是这样描述的，人在进入了虚静的精神状态之后，文章写作者就能自由地展开想象的翅膀，在整个宇宙中遨游，然后可以下笔如有神；这与《周易·系辞下》"《易》无思也，无为也，寂然不动，感而遂通天下"是一脉相承的。可作家的这种丰富多彩的文艺想象活动内容，能不能用语言文字把它全部形象地描绘出来呢？这就涉及了一个文能否尽心、言能否合道的问题。刘勰在《神思》篇中说："方其搦翰，气倍于前，暨乎篇成，半折心始。何则？意翻空而易奇，言徵实而难巧也。是以意授于思，言授于意，密则无际，疏则千里。或理在方寸而求之域表，或义在咫尺而思隔山河"。文道合一过程中，想象的内容是绚丽多姿的，但要把它具体化为语言形象，就不那么容易了。刘勰所说的"言"是指语言文字。实际上刘勰的"文道"是主观的文字创造与表达与客观的"物化"相结合的文道合一的文道思维。

对于文道关系表达的两个困难问题：一是文字形成的意（或意象），能否正确反映万物之道及其形貌，能否正确体现作家心灵思维的主观意图；二是能不能用语言文字把构思中形成的意（或意象）确切地表达出来。刘勰认为前一方面还不是很困难，而后一方面则常常不能如意。要解决这个问题，刘勰认为有两个重要的关键，一是作家的才能问题，也包括作家的学识是否广博，经验是否丰富等。一个作家如果能够具有丰富的知识，又有很高的分析概括能力，做到"博而能一"，则一定有助于克服"意翻空而易奇，言徵实而难巧"的问题。二是必须认识到语言在表达人的思维活动内容时还是有缺点的。刘勰在《神思》篇中说："至于思表纤旨，文外曲致，言所不追，笔固知止。至精而后阐其妙，至变而后通其数，伊挚不能言鼎，轮扁不能语斤，其微矣乎！"可见刘勰是肯定"言不尽意"的。为了尽可能缩小言意之间的差距，就要注重"文外"之道，利用语言所能够表达、可以直接描绘出来的部分，去暗示和象征语言所不能表达、难以直接描绘出来的部分，尽可能扩大艺术表现的范围，并且充分利用读者的联想能力。

四 道与心的关系

在刘勰看来，心既是可载于文，又是原于道的，也就是说，文既是人以洞穿时空的思维产生的心灵世界的体现，又是反映了客观世界的原理和规律的。"文果载心，余心有寄！"（《序志》）"心既托声于言，言亦寄形于字。"（《练字》）然而从根本上说，它又是"自然之道"的体现，要借助于对物的描写表现出来，是"拟容取心"（《比兴》）的结果。所以，心灵思维的实质是主体和客体的统一，心与万物之道的结合。在《物色》篇中刘勰从人和自然关系角度对心与万物之道之间的辩证关系作了相当深入的分析。他说："是以诗人感物，联类不穷；流连万象之际，沉吟视听之区；写气图貌，既随物以宛转；属采附声，亦与心而徘徊。"所谓"随物宛转"，是指作为主体的心之宛转附物，心必须充分尊重客观万物的内在规律，从而使内心与外境相适应，这是与庄子的"物化"思想一致的。"与心徘徊"，是指具体万物形象动静规律描写必须符合于人类心灵的特点，也就是说要以人类的心去驾驭客体万物的外貌与动静规律。因此可以说，客体的万物的外貌与动静规律的道，是可以经过人类思维与心的抽象而改造的。刘勰正是总结了这些认识，而对心和万物之道的关系作了全面辩证统一的论证。

（一）心（思）如何合于道

刘勰关于创作构思时心道合一的论述，集中表现在《文心雕龙》的《神

思》篇中。"神思"是刘勰《文心雕龙》中提出的一个十分重要的美学概念。它指的是文章写作中作为作家的文心思维活动合于道时的特点，展现了文艺创作时思维合于道的生动丰富的艺术构思活动情状："文之思也，其神远矣。故寂然凝虑，思接千载；情焉动容，视通万里；吟咏之间，吐纳珠玉之声；眉睫之前，卷舒风云之色；其思理之致乎？故思理为妙，神与物游"。即写作时作家的心与思维活动的"神思"应无远不到，无高不至，可以不受形骸之束缚，超越时间、空间限制，具有无比广阔的范围和幅度，而且在整个"神思"活动过程中，文心的思维活动始终都是和客观物象及其运动规律"道"紧密地结合在一起的。当"神思方运"之际，"登山则情满于山，观海则意溢于海"，"谈欢则字与笑并，论戚则声共泣偕"（《夸饰》）。

同时，刘勰对心道合一作了非常形象的描绘和相当深刻的概括，这就是："神与物游。"作为创作主体的心（即"神"）与作为创作客体的物的融和统一，正是文艺构思活动的基本美学原则。刘勰这种思想在《诠赋》篇中也有明确的表述："原夫登高之旨，盖睹物兴情。情以物兴，故义必明雅；物以情观，故词必巧丽"。文章的创作在"睹物兴情"的过程中，包含了一个相辅相成的过程，即"情以物兴"和"物以情观"。故而刘勰在《神思》篇的赞语中说："神用象通，情变所孕。物以貌求，心以理应。"在文艺构思过程中孕育文情的时候，心与万物之道之间有一种互相呼应的重要表现。"物以貌求"，是说万物之道以其多种多样的姿态摆在作家面前，让文艺创作人员来选择所需要的部分，与之相契合；"心以理应"则是指心灵按照其内含之理来与之相呼应，和万物之道中最能体现其心之理者融合为一。万物之道及其形貌与心理互相默契，此理既是心之理亦是万物之道之理。理应貌之呼求而入于其中，貌则恰好能容理入乎其中而使自己成为心灵之理的体现者。

（二）心（思）如何达于道

如何修心才能够使心灵、思维和智慧洞穿时空，思绪千载而达于道呢？刘勰提出一个重要思想，是"修心养气"，即强调神思活动的展开需要有虚静的精神状态。虚静的目的在于保证思维想象活动开展的时候，能够专心致志、不受任何主观或客观因素的干扰，以便集中精力使创作构思顺利进行，并向洞穿时空的深度和广度扩展。

刘勰在《养气》篇中指出进入虚静状态要靠"养气"，并在赞中以"水停以鉴，火静而朗"作比喻，说明虚静而后可以洞察宇宙、妙观万物的道理，这是运用了《庄子》中的典故。庄子在论技艺神化时突出地强调了虚静的作用，认为要达到虚静的状态，必须要排斥视听等感性认识和知识学问，但他所说的这些故事本身则又充分地体现了要使技艺达到深度和广度的洞穿时空和人类心灵的水平，必须经过长期艰苦的锻炼与实践的积累，肯定了知识学问和具体感性知识的重要性。所以刘勰在强调虚静时并不否定知识学问、经验阅历等的重要性，把"积学以储宝，酌理以富才，研阅以穷照，驯致以绎辞"与虚静精神状态，同时并列为"驭文之首术，谋篇之大端"。

五 研习《易经》和《文心雕龙》启示

研习《易经》和《文心雕龙》给我们"千载心在"的启示是，无论什么时候，人类都应该以包容宇宙的胸怀去理解宇宙和社会，解读宇宙和人生；凡古今中外之文道思想，唯常观之，常思之，常习之，常明之，常用之，常通之，常新之，若此，则何愁"文、心、道"不能集成于一体？何愁智慧之光不激射万丈，永放光芒？

故而，对于年轻的我们，只要努力虚心遵从于名师指导，博闻强记，勤学苦练，集思广益，敢于实践与创新，使三者相辅相成，变化无穷，假以时日，必能有所突破。

即为学，著文，行天下，文、心、道三者缺一不可。虽文不可及，然心可思之；心不可及，然道可融之。道所融处，如春风化雨，触之无形，激之有神，势如江海，连绵不绝，所到之处，无刚不克，无所不融。

道至，心至，文至，则无门无类，无形无功，万法归宗，水到渠成。道至，可洞穿时空，触类旁通，万物同宗；心至，可寄心、道于文，有所著有所不著；道至心至而文未至，亦憾有所思而不可成文，非上上之心智上上之文道。仅文至而无道，牵强附会，有胆无识，则必如共工触不周①，憾身死而神不聚。

作者单位：湖南工程学院

---

① 不周：即不周山，见《山海经》。

颜体书法与《周易》文化

林浩湖

摘　要：《周易》之中所蕴含的简易、变易、不易的道理，对书法创作有很大的启发。唐代产生的颜体书法即深受《周易》的影响。首先，它体现了《周易》简易、变易以及不易的特点。其次，颜体字额结构与形体又体现出"外圆内方"的哲学观与美学导向，而这亦是受唐代建筑风格印象所致。最后，《周易》错、综、复、杂的内涵同样融入了颜体书法思想中，一方面体现在笔法的表象中，另一方面也体现在颜体书法的真核之中。

关键词：《周易》 颜体书法

《周易》是中华民族古老文明最为灿烂的典著，素有"群经之首"和"三玄之冠"美誉。它涵盖万有，纲纪群伦，是中华民族传统文化的杰出代表；广大精微，包罗万象，亦是中华文明的源头活水。"百姓日用而不知"正是《周易》博大精深的写照，《周易》所包罗的领域"广大悉备"，圣人"立象以尽意"，对人文的观照和启示影响深远。在书法领域，颜体书法对取象的深刻运用可以说"探赜索隐，钩深致远"；其"外圆内方"的艺术特点，契合了《周易》的精神，开创了一个时代的书风，从而对后世书法影响深远。

一　颜体书法体现《周易》的变易、简易、不易三大特点

1. 颜字体现《周易》的变易之道

颜字形体的创造离不开变化二字，变化是书法创作的主要精神，小到一个笔画，一个字，要讲究笔画的粗细变化，顾盼、开合等诸多变化，大到通篇整体气势的变化，阴阳刚柔皆有体，刚柔、虚实、黑白、浓淡、徐疾，无不在变化之中运行。所以，书法契合于自然变化的法则。一时一刻，一事一物没有不在变的，而且是"通其变，感而遂通天下之志"。自然万物没有绝

对的雷同，而变化则是书法精髓所在。简单举个例子，如横画在《十二笔画》中要求中间行笔取向如"覆舟之腹"却没有绝对化，书写横画比较多的有"书、画、曹、甫"等，其横画的起笔收笔及行笔的向背、长短以及时间的快慢，用笔的生涩或疾速所产生的效果等，都契合《周易》"变易"的精神。

2. 颜字体现《周易》的简易之道

所谓简易，简单理解就是把复杂多变的事物简单便易地处理，而且能达到顺应自然之道，观颜体书法经常以化繁为简表现手法，尽力营造出宽厚大度、外圆内方、疏朗宽绰的形象，颜字的特点强烈反映了大唐盛世恢宏庄严的气象，颜体与当时的建筑、诗词，整体气象都显现出大气磅礴、瑰丽、炫烂的特点而且极为和谐，颜体的成形令人遐想到民间俗语"宰相肚里能撑船，将军堂前能跑马"的境界；也可以寄想于老子的"空无妙用"博大精深的思想；这不得不令人赞叹书法取象的妙哉。简，并非简单。它可以支配繁杂而独处的妙用。因为字形繁杂的叠加太多，一个是容易缺乏变化且令人倍觉拥堵，所以颜字讲究疏密有度、行笔有法。既要让字的精神面貌统一，又要令其丰富，到达形完神足，在颜体行草书中，简易的处理方法增强笔意的运用，而且在整体精神与气息上更为饱满、畅和，比如"多""叠"等重复笔画过多，处理不好便落入雷同、死板境地。这既要删繁就简，又需要令笔势、笔意要多变，才能完成用笔重复的生动性。从细节上分析，颜字对转折用笔的处理，它简化用笔的动作，以取篆法的圆起圆收，不令转折处生圭角棱角，所以后人常叹颜字圆厚带有篆、籀之笔意，在字形上更显圆融、墩实，真气弥漫。颜体对黑白空间的处理亦颇具匠心，从繁与简、向与背、阴与阳、刚与柔、方与圆等对比中寻找到突出自己内心精神特质的表现手法，这与同时代人的书法比较更耐人寻味。

3. 颜字体现《周易》的不易之道

《周易》讲不易的法则就是变的规律，万物万事都在变，但有一项永远不变的东西存在，就是能变出来万事万物的那个东西是不变的，那是永恒存在的。宗教叫它"佛"，哲学叫它"本体"，科学叫它"功能"，道家叫它"炁"（以上是南怀瑾先生总结的）。书画家叫它"精神""形而上""气韵"。

颜字的主体精神体现在"正大光明"的庙堂气象之中，欣赏颜字如同在听孟子讲："吾善养浩然之气，至刚至大，以直养而无害，充塞于天地之间"；听王阳明讲："内圣外王"；听北宋大儒张横渠讲："为天地立心，为生民立命，为往圣继绝学，为万世开太平"。颜体书法是形而上的升华，字体结构欹正互寓、巧拙并驾、疏密相间、虚实相生、刚柔相济、顾盼掩映、方圆并用。内涵丰富的笔法并没改变其营造的主体精神——"正大光明"的气象，颜字的厚重大气正是人格的再现，后人评价观大唐气象有三："韩文、颜书、杜诗"。朱长文在《续书断》中称赞颜书："其发于笔翰，则刚毅雄特，体严法备，如忠臣义士、正色立朝，临大节不可夺也。"所以说颜书融人格与书格于一身。它与《周易》所讲的"观变于阴阳，发挥于刚柔，和顺于道德，穷理尽性以至于性命"的特点殊途同归、不谋而合。

二 颜体外圆内方的哲学观与美学导向

古人把天地形状称为"天圆地方"，把钱币又铸成"外圆内方"，以遵循天地规律，天体的博大可以包容宇宙万物。地是方的，所以能生生不息。《周易·泰卦》："内阴而外阳，内健而外顺"。内刚则自强不息，外柔则谦和柔顺。外圆内方也是人生处世的一种境界，它寓示对外宽厚，圆融，对内严于律己，"外王内圣"是也。古人把"内外相应，言信相称"的人称为"方者"。《论语》："仁者可谓方也者"；《淮南子·主术训》提出"智圆行方"；洪应明《菜根谭》："处治世宜方，处乱世宜圆，处叔季之世当方圆并用"。这些都是《周易》文化带给人们的启示。处世要中庸，圆融，又要保持气节德性。

颜字在结体上，因取法外圆内方作为字的"法相"。从外形上它显得庄严安祥，伟岸宽博，雄强浑厚，而且富有张力。在用笔上：取法篆籀之浑厚、古朴，以靖穆的圆笔为主导，在转折笔势运用上尽力使用圆转，不做停顿与雕饰，不露锋棱，外观上显得墩实和厚重，具有一种崇高感，中间杂以斩钉截铁的方笔，钩如屈金，戈如发弩，纵横有象，低昂有态，雄强劲挺，刚健内涵。在布局上：行间茂密，气势充沛，起伏跌宕，顾盼掩映，神机幻化，一气呵成。在字法上，它寓欹于正，寓巧于拙，横向用笔常以左低右高，令人遐想到左青龙右白虎的妙用，并以外密中疏处求势。又能寓变化于平淡之中。逗遒美于点画之外，以那宽厚大气，气宇轩昂，纵笔豪放的气概，打破了从唐初以来王体书法一统天下的局面，成就了书法具有庙堂之气的书风。

颜体的"成像"与大唐盛世的建筑分不开。大唐建筑风格可以用"雄恃旷达"来形容，那种高梁大柱，宽墙厚瓦，犹如天地大伞，气象宏伟。试想一下，如果用同时代诸位名家字迹张挂于大殿匾额之上，似乎没一个能与颜体那样雄强的书风相匹配。不是筋骨外露，便是中气不足、支撑不住，好像也只有颜字能与大唐这般恢宏气势交相辉映、珠联璧合，所以颜字能代表或反映大唐气象是当之无愧的。

颜体在外形上取法以"圆"为依托。"圆"不但反映在外形上，也反映在文意的稳健上。折钩取法也相类似，在写钩的出笔时，以趯笔送出，一般是要迅疾外趯，但颜字一反常道，缓慢为之，使得字形更为稳健墩实。颜字追求厚重大气的风格，在用笔上抛弃了许多用笔的技巧，并遏制了轻、浮、毛躁用笔的弊病。这也影响了颜字自身因取法厚重而失掉灵动的一面，所以颜字的"立象以尽意"是饱尝了大取大舍的抉择。

颜体"方"的应用大大改观了本身字体受灵动的束缚。"外形以圆，内核以方"，这是颜体创造颇具匠心的一面，选择了"内方"来衬托字迹的内在的变化，这种理想与追求更需以文化为依托。《周易·坤卦》："直以方也……直、方、大"这是对坤卦厚德载物的赞美与要求。"直，其正也，方，其义也，君子敬以直内，义以方外，敬义立而德不孤，直方大，不习无不利，则不疑其所行也。"直才能正，方是要建立在正直的基础上。《系辞·下传》："理财正辞，禁民为非，曰义"。可以理解弘扬正直，是成就社会的道义。"大"指境界领域的。《周易》讲："广大悉备"，"夫乾，其静也专，其动也直，是以大生焉。夫坤，其静也翕，其动也辟，是以广生焉，广大配天地。变通配四时，阴阳之义配日月，易简之善配至德"。直、方、大、圆等配天地时阴阳来定位字体的精神内核，以"至德"为典范来树立书法崇高的标准。这是历史上罕见的，以人格立书格，以书格正人心，宏正义的典范，这也是艺术"助人伦，成教化"的最高典范，如同妙法莲花开。

三 《周易》理、数、向、象的内涵融入颜体书法

1. 错、综、复、杂的思想深入书法之中

《周易》中的错卦是阴阳交错的意思，错卦的理是立场相同目标一致，可是看待问题的角度不同，所见也就不同，如天风姤卦，第一爻是阴爻，其余五爻是阳爻，他在阴阳交错后成了地雷复卦，第一爻是阳爻，其余五爻都是阴爻，用《周易》错卦的道理去看人生，一举一动都有相对、正反、交错的存在，有得意就有失意，有赞成就有反对，人事物都离不开宇宙的大法则。

综卦的理是告诉人们万事要客观对待，因立场不同，观念就完全不同。综卦的象六十四卦除八卦外其他都是相对的（乾、坤、坎、离、大过、小过、颐、中孚）。如天风姤的综卦成泽天夬，一个天风姤的卦象通过综卦演

变成泽天夬，通过错卦变成了地雷复，可以看出一件问题的出现是可以多方面看待的。

复、杂是《周易》交互卦的道理，交互比如第二爻与第四爻交互，第五爻与第三爻交互，一个从下到上，一个从上到下的交互，通过交互内在纵深分析。看待问题，结合错综两卦可以说八面玲珑看待一件事、分析一个理，这是一种高度的智慧。错、综、复、杂最终要达"随变所适"的彼岸，因为它没有恒定之象，"上下无常""刚柔相易""不可为典要"。

这如同不同时间、空间、感情、写出的同一主题的一首诗，其效果是完全不同的。错卦对书法的启示，同写一横，在众多横中，用不同的写法来写一个字，达到丰富字形的妙用，即"随变所适"；横、竖、撇、捺、钩、点、折不同的笔画所承载的字义不同，或是对立的、纵横交错；或是互相支撑的，顾盼有致；或是矛盾的，"刚柔相推，动静有常"。

综卦的启示在于"相对"它可以在另一角度分析看待事物的"理"。反映到书法表现形式上，如黑白妙用，虚实处理，起笔落墨便产生黑白。白是静止，黑是游动的；白为书法提供了空间，黑则要在时间上进行。古人讲："虚室生白"；老子讲："计白当黑""知白守黑""致虚极、守静笃"。所以书法一起笔便考虑到时间、空间、方位的处理，然后便是笔法笔意的应用，再考虑全局的处理，从建立矛盾到相互交互平衡，直至和谐完整的过程的把握，这一切都契合《周易》"错、综、复、杂"的思想。

复、杂对书法的启示，表现在对"交"与"互"的作用上。它在纵深内在发生交互，而产生了象。它既要在笔势、笔法中深入融汇，又要在整体的形体相感中互生变化，最终达到阴阳合德而复归太极。书法在错、综、复、杂的笔象运用中，达到形完神足、真气弥漫的太极境地。

2. 取象不惑，象理骈阗

一提到"取象不惑"，便令人想起唐人张旭观"樵夫争道"而悟出字的借让表现方法；观"公孙大娘舞剑"而悟笔意笔法；观"孤蓬自振，惊沙坐飞"而悟其草法。唐僧怀素："夏云奇峰，壁折之路"；怀素一夜观夏云随风飘动，顿悟笔墨情趣，其草书状如惊蛇入草，骤雨狂风。邬彤"竖牵似古钗脚"；卫夫人《笔阵图》："点如高山坠石，弩如万岁枯藤，勒势首尾俱低，中高拱如覆舟。""点"的写法为什么要"如高山坠石"？它是要求点的外形要"整""实""饱满"来展现点的内在精神。如果点的起笔、收笔出现散峰，则神态气韵外泄，竖弩为什么要如"万岁枯藤"？竖画多为一字之主笔，切忌平滑。用形象比喻要求竖笔要遒劲有力。古人在取象中对自然的深入观察，形成了迁想妙得的意向思维，并以"传移摹写"的方式记录了"形象"，做到"立象以尽意"。虞安吉云："夫未解书意者，一点一画皆求象本。"此求象本，来源于《易》："仰则观象于天，俯则观法于地，观鸟兽之文，与地之宜，近取诸身，远取诸物，于是始作八卦，以通神明之德，以类万物之情。"圣人特别突出情节、情性。在多视角的观察中，用心来给万物的情节分类，用"类"来沟通各种性情，"方以类聚，物以群分，在天成象，在地成形，变化见矣"。此则为探源"象本"，并取诸象而为法，通过法来定规则，归类总结其类别，才有所谓同气相求，同声相应，互为作用与感召。

"求象本"则可窥其"法象动于内，阴阳四时动于外"。这种象建立在意象思维之中，观物取象是以"文心"观"天地之心"，包含对宇宙人生的全面理解和统一把握，以特定的心胸、视野、心理结构和精神状态，把握天地之心的灵机真谛和"探赜索引，钩深致远"的深层象现，然后用心灵感悟宇宙律动，进而使"心与神俱""感悟道交"、心物交流、知性知情、神思物化。

"求象本"在于观，观圣人对"神明之德"的沟通与"万物之情"的类比传达，古人努力探求本原、真理、最终还落在"观物取象"的点上。

"取"的目标和理想是适应天人和谐关系的，非主观臆断，孤立而取，它要求能准确体现天地万物的变化的规律性、真理性。

"取"反映人类艺术的结晶，他准确把握着事物的本质，全面概括天地万物的运行总结特征和内在统一性。

"象"是从自然形态中转化而来，通过假借、转注、类比、形声、分类、著象取象，取"象"的目的，既是《易》讲的"探赜索隐""穷理尽性""穷神知化"。"象"包含有：真象、假象、虚像、实像、意象等，其意象广大悉备、无所不包；错综复杂、无穷无尽；既含蓄又直观，既肯定又深远，既真切又瞬息即变。汉蔡邕《隶势》："远而望之，若飞龙在天，近而察之，心乱目眩，奇姿谲诞，不可胜原"；南朝刘勰《文心雕龙·原道》："文之道德也大矣，与天地并生者何哉？夫玄黄色杂方圆体分，日月叠璧，以垂丽之象，山川焕绮，以铺理地之形，此道之文也。仰观吐曜，俯察含章，高卑定位，故两仪即生，维人参之，灵性所钟，是谓三才，为五行之秀，实天地之心，心生而言立，言立而文明，自然之道也。"《系辞》："通其变，遂成天地之文，极其数，遂成天地之象。……感而遂通天下之故"。

从书法的文化层面讲，比如横画通过书写的过程产生了特定的文化。"纵横有象"，横要写得平直，要生动得势，俯横、仰横、长短之横在字行中交错定位。顺逆行笔，开合取势，方起圆收，法在其中。写横要劲健提拔，写竖状如栋梁支柱，它起着支撑着一个字的作用，常充当一个字的主笔，每字都有一个主笔。刘熙载在《艺概》中说："画山者必有主峰，为诸峰所供向，作字者必有主笔，为字笔所供向，主笔有善，则余笔皆败，故善书者必争此一笔"。在形象和用笔上忌讳"牛头、鼠尾、竹节、钉头"等；一字之中，如出现以上笔画形象，则奇怪生焉。写撇捺犹如人的手足，鸟的两翼；撇的写法一般要求笔力送到笔尖，要劲利稳健，不能出现"锯齿、垂尾、钉头"等；捺的取象有如"蚕头燕尾"之态，如雕刻而成，是中国书法观物取象的一大创造。捺的写法要突出一波三折，起笔要束得紧，铺毫加重，力不松懈，笔行到下方稍做停顿，提笔侧出要呈燕尾状，笔势丰富微妙。撇写法忌讳"翘尾、狐尾、散尾、直颈"等；写点"如高山坠石"其形貌不是平板的石头，而是要坚实饱满，有形，内劲；要求有头有尾，有腹有背，腹平背圆，头微拱体，体貌丰满。点的写法忌讳"单薄、散峰、臃肿、牛头凹腰"等；钩与挑在颜体中极具特色富含文化，钩如屈金可斩钉截铁；戈如发弩，纵横有象，低昂有态，雄强劲挺，气势内充。

以上是颜体的基本笔画在取象和用意上的应用，以及颜体结构的文化内涵。颜体的基本笔画有着深刻的文化性，其字结构安排上也充分反映文字的内在文化，比如颜体的结构有：借让法、方圆法、中心法、部首法、错落法、尽态法、动静法、迎让法、呼应法、开合法、异形法等，无不体现《周易》"尽精微""穷理尽性"的精神。

作者单位：北京师范大学

金庸易学思想与"降龙十八掌"漫谈

王志轩

摘　要：易学是中国传统文化的"众学之源"，所以中国传统武术与易学也有不解之缘。金庸文学作品中的许多武功招式虽是虚构，但也并非无稽之谈，特别是大名鼎鼎的"降龙十八掌"——其每招每式的名称都出自《易经》，反映了金庸的易学思想。本文沿着金庸的思路前行，进一步把"降龙十八掌"的易学原理、招式、心法、用法等加以完善与阐发，希望对易学在传统武学中的应用研究有所裨益。

关键词：降龙十八掌　易学　武术　功夫

一　绪论

在金庸文学作品中，"降龙十八掌"是一门以《易经》为理论基础的上乘武功[1]。这种功夫，在武侠小说《天龙八部》《射雕英雄传》《神雕侠侣》和《倚天屠龙记》等作品中出现过。[2]

"降龙十八掌"的招式名称都出自《易经》，《易经》是中国文化的基础文献。虽然降龙十八掌是虚构的，世界上并没有这样的一门功夫，但是，我国的传统武术大多数以《易经》为理论基础，脱离不开无极、太极、阴阳、五行、八卦的范式。因此，从理论上说，降龙十八掌也并非完全是无稽之谈。

中华传统武术，也称"功夫"，南北、内外流派众多。"降龙十八掌"在金庸先生创作的武侠小说中，是一种绝世武功，小说描绘它威力无比、阳刚之极，是江湖中登峰造极的武功，是武林人士梦寐以求的绝学。"降龙十八掌"的招式，据笔者考证有：潜龙勿用（龙蛇之蛰）、见龙在田、尺蠖之屈（天蝎之屈）、或跃在渊（鱼跃于渊）、飞龙在天、亢龙有悔、时乘六龙、六

---

① 王秋桂：《金庸小说国际学术研讨会论文集》，远流出版社，1999。

② 黄碧莹：《金庸武侠小说中的丐帮研究》，台湾"国立师范大学"硕士论文，2010，第75～77页。

龙回旋、履霜冰至、龙战于野（双龙取水）、利涉大川、密云不雨、神龙摆尾（履虎尾）、突如其来、羝羊触藩、损则有孚、震惊百里、鸿渐于陆。

金庸先生拥有高超的想象力与扎实的国学功底，二者结合，孕育了"降龙十八掌"这一神秘武功。① 可惜的是，金庸先生对掌法的具体内容并没有详细阐述，如"亢龙有悔"一招，《射雕英雄传》第十二回这样描写："左腿微屈，右臂内弯，右掌划了个圆圈，呼的一声，向外推去，手掌扫到面前一棵松树，喀喇一响，松树应手断折"②，这样的描写非常玄虚。客观来讲，"降龙十八掌"近于幻想，然而已经激起无数青少年的兴趣与想象。想象力至关重要，爱因斯坦曾说："想象力比知识更重要"。现代许多发明都是首先出现在科幻小说之中，就是有心人循着小说家的想象之路前行，最终把幻想变成了现实。

笔者浅陋，寓目所及，以往对金庸武侠小说的研究，大多是从文学角度进行，鲜有从易学和武学关系的角度加以阐述，本文试图在这一方面做一点探讨。

《易经》是东方智慧的宝典，易学与易道，揭示的是一种高度抽象的具有普适性的哲学规律，《四库全书》总目提要说："易道广大，无所不包"③。中华传统武术大多以《易经》为理论基础，本文也是遵照易道对掌法进行研究的。作者以严肃的学术态度，对此加以考证论述，沿着金庸先生指出的道路，努力把玄幻的"降龙十八掌"变为现实的武功，使人便于学习、使用。

2012 年 8 月，笔者有了一段较长时间的空闲时间，于是认真准备《降龙十八掌》的有关材料，并结合《易经》进行研究。那一段时间，日有所思，夜有所梦，朝夕揣摩，废寝忘食。写成了《降龙十八掌纲要》，并经过多次修改。

《易经》有这样的理念：人文日新。古人有许多好的遗产，我们应该把它们发扬光大。"苟日新，日日新，又日新"。中国文化，只有不停地创新，才会保持领先地位。如果不创新，仅仅是已有资料的收集，在故纸堆里打滚，那么永远都不会有发展、进步，也不会领先。所以，中国文化要与国际接轨，要创新，要发现新材料、产生新观点、锻炼新技能、创造新方法、解决新问题。习近平在纪念孔子诞辰 2565 周年国际学术研讨会暨国际儒学联合会第五届会员大会开幕会上指出："努力实现传统文化的创造性转化、创新性发展，

---

① 严家炎：《变幻百端笔生花》，《金庸小说论稿》，北京大学出版社，1999，第 47 ~ 65 页。
② 金庸：《射雕英雄传》，生活·读书·新知三联书店，1999。
③ 永瑢：《四库全书总目》，中华书局，2003。

使之与现实文化相融相通，共同服务以文化人的时代任务"。笔者沿着金庸先生开辟的道路前进，也希望同好者沿着这条路继续走下去。

二　说龙

龙的传说起源非常久远，根据考古资料，全国各地区发现了许多距今8000～3000年间的史前和三代时期的龙形象①，历史文献中人文始祖伏羲氏"以龙纪""龙师而龙名"，所以中国人自称"龙的传人"。

古人按龙的形态将其分别称为行龙、坐龙、蟠龙、升龙、降龙等，所以，"降龙十八掌"的"降"字正确的读音应该是"jiang"。反过来说，"降"字如果读"xiang"，文字的意思就变成了"降服龙"，而君子以龙自喻，降龙十八掌的各个招式的主语也是"龙"，那结论就非常荒唐：自己降服自己。降龙十八掌的意思，是说打这套掌法的人若天降之龙。文首之图即是一幅"降龙"图，神龙从天而降，神气活现。

龙是中华民族的图腾②，《易经》里多次提到龙。对此，曾经有人向孔子请教："龙之德何如？"孔子的回答是："龙德变化""唯所欲化而不失本形"。③孔子认为：龙的德能是善于变化，即随着外部的压力而自由变化，虽有变化，但又不失去自我的本形。"易"就是变化的意思，一部《易经》就是论述"龙德变化"的经典。龙，与环境融洽相处，但是从不苟合于环境。

龙，传说中的神秘动物，它的独特本领是变化莫测，"唯所欲化而不失本形"，适应环境而不失自我，适应环境而成就自我。龙能大能小，其大无外，其小无内，与道同体，与时消息，变化万千。

古代中国人把君子比德如龙，孔子说龙："爵之曰夫子、爵之曰君子"④。中国古代君子也常用来自喻。所以，"龙"是人的一种喻象。孔子说龙"唯所欲化而不失本形"。是啊！龙千变万化，那么，什么是龙的本形呢？什么是龙的本质呢？《周易·系辞》说"立天之道曰阴与阳、立地之道曰柔与刚、立人之道曰仁与义"。天、地、人三才之中，人之大道是"仁"和"义"。我

---

① 缪雅娟、顾丽娟：《龙年话龙：中国考古出土的龙》，《中国社会科学报》2012年第262期。

② 闻一多：《伏羲考》，上海古籍出版社，2009。

③ 张政烺：《马王堆帛书〈周易〉经传校读》，中华书局，2008。

④ 濮茅左：《楚竹书〈周易〉研究：兼述先秦两汉出土与传世易学文献资料》，上海古籍出版社，2006。

认为，古人把君子比作"龙"，那么"龙"的大道也是"仁""义"，仁义，就是龙"唯欲所化"而不失去的"本形"。

中国古人说："仁者爱人""义者宜也"。仁，就是仁爱之心、怜悯之心、恻隐之心等；义，就是做自己应该做的事，并且乐天知命，高高兴兴地完成自己的工作与使命。"龙"，也就是君子，虽万变而不离其"宗"，其"宗"就是仁义。中国人是龙的传人，其"本形"是"仁"与"义"。

三　武学宗旨

"侠之大者，为国为民"，是金庸武侠作品的一个重要思想，金庸作品中"降龙十八掌"的传承人，都很好地体现了这一思想。学习降龙十八掌的目的不可为了与人比武、争强好胜。有人学降龙十八掌之后，就跃跃欲试，总想找人试试技击效果，这是严重错误的。若一味好勇斗狠，极易殴伤人命，害人害己。何况"天外有天，人外有人"，练武可以使一个人的技击能力增强，这是毋庸置疑的，但是技击水平受限于个人的体质基础，不可能无限增强。所以，学武之人若一味逞强好胜，必遭失败，有亢龙之悔。西方谚语："舞刀剑者必死于刀剑之下"，说的也是这样的道理。于私人，功夫不得已而用之；于国民，则"苟利国家生死以，岂因祸福趋避之"[1]，仁义之所在，"虽千万人吾往矣"。

"胜人者有力，自胜者强"[2]，练习"降龙十八掌"的目的是提高自己，超越自己，战胜自己，成就自己。君子"自强不息""厚德载物"，武学宗旨千万不能忘记。

《易》诚然讲究趋吉避凶、随机应变，能大能小，能隐能现——这是"龙"的品德，但龙的变化并非无有原则。《周易·说卦传》："立天之道曰阴与阳，立地之道曰柔与刚，立人之道曰仁与义。"这是圣贤对天、地、人三才之道的内涵的界定。君子千变万化，不离其宗：仁与义。若心中无有"仁""义"，虽有招式，而非降龙十八掌矣。中国优秀传统文化的精髓，一言以蔽之：孔曰成仁，孟曰取义。成就"仁""义"，乃是降龙十八掌的宗旨。

---

① 林则徐：《赴戍登程口占示家人》。
② 见《道德经》第三十三章。

四　降龙十八掌的易学原理

（一）刚柔相济

刚，就是发力要猛，要像迅雷闪电一般，击打对方力矩最远处，也就是与我方肢体接触的地方。虽然我方的力量受到自身条件的限制，但是击打速度一定要快。

柔，就是顺承来招，我方的力量要顺着来力，要加强来力，不可抗拒来力，不可削弱来力。

刚柔相济，合《周易》君子大人自强不息、厚德载物之道。

如金庸《神雕侠侣》所说："洪七公的武学本是纯阳至刚一路，但刚到极处，自然而然的刚中有柔，原是易经中老阳生少阴的道理，而'亢龙有悔''履霜冰至'这些掌法之中，刚劲柔劲混而为一，实已不可分辨"；"岂知郭靖近二十年来勤练'九阴真经'，初时真力还不显露，数十招后，降龙十八掌的劲力忽强忽弱，忽吞忽吐，从至刚之中竟生出至柔的妙用。那已是洪七公当年所领悟不到的神功，以此抵挡三大高手的兵刃，非但丝毫不落下风，而且乘隙反扑，越斗越是挥洒自如"。

（二）无我

"无我"与"有我"互为阴阳，有我为阳，无我为阴。刚柔相济，才是真正的降龙十八掌。世人论降龙十八掌，大多只知其为阳刚之极的掌法，所以，在这里着重强调一下。

降龙十八掌的拳理奥妙之处，就是龙的随时变化，这也是"无我"精神的体现。降龙十八掌的思维模式是整体、系统思维。"龙"与环境融为一体，是周围环境的一部分，"龙"根据"时、位、乘、承、比、应"而随时变化。《周易》已经说得清楚，不可不察。降龙十八掌讲求"无我""无招"。降龙十八掌的"无我"，是一种很高的境界，儒、释、道都把"无我"作为开悟的标志。"有我"就是执著，思维与动作就会拘泥、死滞，"无我"才有彼岸的自由，人体的潜能才能最大限度发挥。"无我"也是降龙十八掌的最高境界与追求目标。

《周易》乾、坤两卦，开篇就讲"龙"的变化。龙是一种神奇的动物，根据孔子解《易》的观点，龙有以下特征：首先，"龙"是神圣之物，地位高贵；其次，"龙"是神能之物，变化莫测；三、"龙"因其品德被称为"君子""夫子"。龙与麒麟、凤凰、龟被称为四灵①，而龙独能变化，为其他三灵所不能。龙的变化有什么规律呢？它能够因时因地变化，即根据外部环境进行变化，孔子说："高尚行乎星辰日月而不眺，能阳也；下纶穷深潚之潚（渊）而不沫，能阴也。龙既能云变，有能蛇变，有能鱼变，飞鸟正虫，唯所欲化而不失本形，神能之至也"②。《说文》释"龙"："鳞虫之长。能幽，能明，能细，能巨，能短，能长；春分而登天，秋分而潜渊。从肉，飞之形"。最脍炙人口、耳熟能详的描写，当然是《三国演义》中"青梅煮酒"论英雄的一段，曹操说："龙能大能小，能升能隐；大则兴云吐雾，小则隐介藏形；升则飞腾于宇宙之间，隐则潜伏于波涛之内。方今春深，龙乘时变化，犹人得志而纵横四海。龙之为物，可比世之英雄"。《周易》要求"君子大人"都像龙一样能够变化。

降龙十八掌的原理也是这样：龙形变化，并无固定的姿态，降龙十八掌的招式，都是"随曲就伸"，一旦招式固定，就是死、滞、僵、硬，就远离了降龙十八掌的宗旨。降龙十八掌的特点就是：无我无招，因敌变化，见招拆招，无招胜有招。"无我"，则"道法自然"，"道法自然"，则毫不做作，可以称为"真人"矣。"真人"胸怀万物，心智大开，知己、知彼、知时、知地、知命，"人不知我，我独知人"，到达神明境界。

"龙"之动作，怎样才能游刃有余？把自己缩小、再缩小，自然游刃有余。能够四两拨千斤，是因为把自己缩小，借助杠杆原理也。

（三）借力

降龙十八掌自有其阳刚之真力，但是详细考察，其力都是顺势打出的巧力，而不是蛮力。

龙形变化，周流四虚，龙因周围环境而改变外形。变化是降龙十八掌的重要原理，龙之变化，必借外力。龙能大能小、能升能降、能隐能现、能伸能屈、能动能蛰。龙通过伸、缩、旋、转，保持自身的平衡，化解外来的打击力，以其人之道还治其人之身。注意，进攻也要"不过不及"，以免"亢龙有悔"、被人所制。

"旋转"是降龙十八掌中的重要原理。龙飞腾于虚空之中，能够灵活盘

---

① 或说四灵为青龙、白虎、朱雀、玄武。《礼记·礼运》篇："何谓四灵？麟、凤、龟、龙，谓之四灵。故龙以为畜，故鱼鲔不淰。凤以为畜，故鸟不獝。麟以为畜，故兽不狘。龟以为畜，故人情不失"。
② 马王堆帛书《周易·二三子问》，参照张政烺《马王堆帛书〈周易〉经传校读》。

旋，首尾相应。任何外来打击力，都被化解到最小，直至化为乌有。练习降龙十八掌的人，天长日久，功夫高深之极，则人体处处皆是龙——四肢百骸，无一不是龙，人体中无数小龙，如千军万马、群龙无首。降龙十八掌的高手举手投足、坐卧行止，都如同龙一般。身形若坐龙、蟠龙、行龙、升龙、降龙，而且不是刻意为之，凡刻意为之，非降龙十八掌也。四两拨千斤的秘密在于打拳打小圈，为什么呢？因为双方交手时，小圈之人带大圈之人，犹如齿轮带车轮，力矩小者四两之力可以拨动力矩大者千斤之力，二者圈子差别越大则力矩差别越大，力矩小者胜。再者，人体当中"气"之运行，因境而发，无中生有，一生二、二生三、三生万物，万物复归于无。

2012 年的夏天，笔者在渤海湾休假。一天傍晚，正在海滩上打拳，正值涨潮，水借风势，大浪排山倒海而来，不一会工夫，大潮已经淹过一半身躯，站立不稳。怎么化解冲击力？笔者试着用"降龙十八掌"来应对。一瞬间，似乎顿悟了降龙十八掌的力道的来源：龙归大海。在海浪中练习降龙十八掌，是迅速提高功夫的方便法门，龙借水势，威力无比。笔者听说武当山的道士练拳，是在流水之中，这是很有道理的。"时来天地皆同力，运去英雄不自由"，降龙十八掌的奥妙之处不在招式，而在于一种技击哲学，它可以让人超越本能。总之，打降龙十八掌，凡不借力，都是错误[1]。

龙可不可以主动发力？可以。龙之发力，必藏头护尾、不露锋芒，欲左先右、欲右先左——以此类推，无往而不复也。

（四）中庸

孔子曾说龙有君子之德[2]，孔子还说：君子中庸，小人反中庸，君子之

---

[1] 参见亚洲平衡大师 Miyoko Shida Rigolo 的表演，震惊于其平衡绝技。随波逐流易，活出自己难。正如《王宗岳太极拳论》上说："一羽不能加，蝇虫不能落"，否则就失去平衡，引起变化，以前只是纸上得来，不如亲见，看后很受启发，人体就是一个平衡系统，一个外来的力，哪怕轻如羽毛的力，都会打破这个平衡。所以打拳，要练好平衡感，练拳要能够感觉到非常微小的力，成为平衡大师。更重要的是下面的原理：人们遇到外来的打击力，为了保持自身的平衡，自然会产生一个抗力，这是把自己和对方合为阴阳系统。而降龙十八掌原理与此不同，当遇到打击力，人是通过旋转，化掉对方的来力，此时自己本身就是平衡的阴阳系统，阴不离阳，阳不离阴。一般人是随境而转，降龙十八掌是境随己转。练拳的人，自己就是太极，是一条阴阳兼备的龙。人生亦如此，不能随波逐流，而应该知天命尽人事，要借力。

[2] "龙……或大或小，其方一也，至周也，而名之曰君子"。见陈松长、廖名春《帛书〈二三子问〉、〈易之义〉、〈要〉释文》，《道家文化研究》第三辑，上海古籍出版社，1993 年；参照张政烺《马王堆帛书〈周易〉经传校读》。

中庸也，君子而时中，小人之中庸也，小人而无忌惮也。《周易》的太极、八卦、六十四卦是阴阳平衡的动态系统，每一爻都似一条龙。所以，龙有中庸之德。天、地、人三才，而人居其中，顶天立地。君子效法天地，自强不息、厚德载物，而归于中正。降龙十八掌虽然变化万千，但是有一个基本原则，那就是处处"守中""守正"。只有不离中正，才能随时变化，能进能退，能守能攻。

降龙十八掌首先是阳刚之极的掌法，同时又是阴柔之极的掌法。有我与无我、发力与借力，两方面要紧密结合起来，这就是刚柔相济，也是中庸之道。此掌法有伸有屈，左旋右转，有收有发，有升有降，物不可极，物极必反。降龙十八掌"含而不发，发必中节"——这是中庸的精神。降龙十八掌的中庸之道，本质就是保持动态平衡，不偏不倚，不走极端，至坚刚，又至柔顺，能进、能退、能守、能攻。

总结一下：降龙十八掌的要点，首先是缩小自己、减少打击面。其次是顺势旋转，化解打击力并借力打力，八方来力均可借。第三是时刻保持自身阴阳平衡。人体运动，就好像太极生两仪，阴阳也。打拳时，阴与阳都是自家招式，人自性具足，身外无物。一旦与敌互为阴阳，就满盘皆输。成就自我、适应环境而不为外物所化——打拳是这样，做人也是这样。

降龙十八掌的理论深奥，一部《易经》，就是降龙十八掌的根本理论基础与指导思想，要想练好降龙十八掌，非学好《易经》不可。总之，降龙十八掌大象无形，大音希声，唯其无我，变化无限。

五　降龙十八掌的作用

中华传统武术有健身、防身、磨炼心性等作用。当历史的车轮前进到了现代社会，武术防身的作用越来越小了，相对而言，健康身、心的作用越来越大。中华传统武术，饱含东方的独特智慧，这些智慧，也是民族精神的重要组成部分。大道在哪里？《易》中有深义。练此掌法到一定程度，人的言行举止皆合大道，所思所想都合易理，中正平和、进退有据、明哲保身、戒命敬事、精白柔和、福寿绵长。练习降龙十八掌，可影响人的精神世界——使人柔顺接物、刚健有为。这是一种圆通的智慧，与道融为一体，从而思想、言行、举止无不合体。这种智慧可以通过长期的练习来修得。得到这种智慧的人，龙马精神，生龙活虎，才算得上真正的"龙的传人"。所以降龙十八掌的首要作用与意义是塑造精神，这是其他运动项目所不具备的。再如，胆小怕事，多因中气不足。降龙十八掌固本培元，练精化气，久久练习，自然神采奕奕。虽温润如玉而万夫不当，虽谦谦君子而气吞八荒。非但个人，国家亦如是，宋后国运日衰，武道之废也。

美国第26任总统西奥多·罗斯福曾说："我们决不能扮演中国的角色，要是我们重蹈中国的覆辙，自满自足，贪图自己疆域内的安宁享乐，渐渐地腐败堕落，对国外的事情毫无兴趣，沉溺于纸醉金迷之中，忘掉了奋发向上、苦干冒险的高尚生活，整天忙于满足我们肉体暂时的欲望，那么，毫无疑问，总有一天我们会突然发现中国今天已经发生了这一现象：畏惧战争、闭关锁国、贪图安宁享乐的民族在其他好战、爱冒险的民族的进攻面前是肯定要衰败的。"①

中华民族优秀传统文化中固有的尚武精神必须发扬光大。

六　细分动作五十式

龙形为一条线，以此为直径，可以画圆，进而形成球体，此龙之活动范围也，千变万化尽在其中。并且，龙身可分三段，分别为"首""身""尾"。也称为"天""人""地"。击首则尾应，击尾则首应，击身则首尾俱应。同时受到攻击，则化为三龙、六龙，乃至千万龙以应之。十八掌之"十八"是虚指，并不是只有十八种招式，不可拘泥于数字，三、九、十八指"多"，这是古代汉语的一种常见用法。另外，之所以用"掌"不用"拳"，是因为拳的用法单一。掌优于拳，掌法更变化多端，拳是掌的一种变形而已。

有来有去，有缩有伸，无往不复，龙德中正。

下面这幅图（见图1）是达·芬奇的著名作品——素描人体图。用它来讲拳理，很是形象。请看图：人体假设是一条龙，其活动的范围就在这个球体里面。肚脐部位的丹田穴，正处于这个圆球体的中心位置，任何动作，都要保持这个中心的平衡。为了保持丹田的中心地位，所有动作要围绕这个中心，人体有前就有后、有左就有右、有上就有下、有左上就有右下……如此类推。任何外来的打击力，都可以通过这个"圆球"的转动而化解。击左则右应，击右则左应，避实击虚，刚柔相济。

打拳的时候，如果重心（中心）降低了，这个圆球就半入地中，如果重心（中心）上升了，这个圆就飘于空中，丹田就是重心（中心），重心（中心）的移动要随机应变。所以，人体的"气球"可大可小、可高可低，总以

---

① 参见美国总统西奥多·罗斯福的演讲中文版《赞奋斗不息》。

丹田为核心。降龙十八掌所有的招式都是气球的旋转，有多少旋转的方式，就有多少招式——这就是千变万化。历来武术家，没有不重视丹田的，丹田是中心，是"有"，人体球可大可小，随机变化，是"无"。

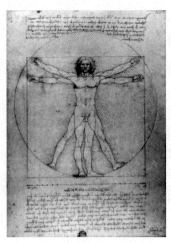

图1

万变不离其宗，降龙十八掌所有的招式，都是肢体在球体表面的运动，也只有在球体表面运动的力道才是最有效率的，这就是以曲为直。《道德经》"曲则全，枉则直"，也是这个道理。宇宙之中，所有的天体运动，都遵循这个道理，龙自然也不例外。另外，人体"大气球"由肢体关节"小气球"组成，凡是可动之关节，皆是"气球"，其变化更不可胜数，这一点是笔者的发明之处。

虽然降龙十八掌的招式名称古雅有趣，但是招式的妙处并不在名称。这个道理，就是佛经所说的"若以相求我，则不能见如来"。降龙十八掌大巧若拙、大象无形，招式平淡无奇、老老实实，其妙处全在心法与训练。正像金庸先生在《神雕侠侣》中描写的："欧阳克心想：'老叫化武功卓绝，可是脑筋不大灵，只顾得传授徒儿争面子，却忘了我便在旁边观看。'凝神看他传授郭靖掌法，但看他比划的招数，却觉平平无奇"。可见，第一，招法看似平平；第二，关键并不在招法。另外还有这样的描写："洪七公于三十五岁之前武功甚杂，所知的拳法掌法着实不少，这时尽拣些稀奇古怪的拳脚来教黄蓉，其实也只是跟她逗趣，虽花样百出，说到克敌制胜的威力却远不及那老老实实的'降龙十八掌'了"。降龙十八掌是平平常常、老老实实的掌法。那么，发挥它巨大威力的关键点在什么地方呢？首先，要老老实实练好基本招式，要注重它的实用性，无一处是花拳绣腿；其次，要吃透拳理，牢记心法；在千万遍的训练中，把实践与理论融为一体，达到"知行合一""心手合一"的神明境界。

降龙十八掌的招式，都是很朴素的，很注重实用的。在具体介绍降龙十八掌的招式之前，首先介绍分拆训练五十招，合于"大衍之数"，这是需要用功的地方。

前面我们已经定义了人体的"气球"，它是人体活动的范围。下面的五十式，都是"气球"的不同旋转方式，这些招式是"降龙十八掌"掌法的基本动作，必须认真熟习。

细分动作五十式：

双手下滚球：此为垂直方向之前滚运动。

双手上滚球：此为垂直方向之后滚运动。

双手左滚球：此为水平方向之左滚运动。

双手右滚球：此为水平方向之右滚运动。

双手左上斜滚球：此为向左上方向圆形运动。

双手左下斜滚球：此为向左下方向圆形运动。

双手右上斜滚球：此为向右上方向圆形运动。

双手右下斜滚球：此为向右下方向圆形运动。

中分手左端：此为双掌自中向上、向左右分别做划弧运动，同时左脚为先向前滚动。

中分手右端：此为双掌自中向上、向左右分别做划弧运动，同时右脚为先向前滚动。

双压手左式：此为双掌分别自左右向上、向中间做划弧运动，同时左脚为先前后滚动。

双压手右式：此为双掌分别自左右向上、向中间做划弧运动，同时右脚为先前后滚动。

左滚球防守式：此为左侧身，双掌划弧，分别自护咽喉与裆部转为进攻动作。

右滚球防守式：此为右侧身，双掌划弧，分别自护咽喉与裆部转为进攻动作。

双手顺时针滚球：此为双掌顺时针盘旋，右脚为先前后滚动。

双手逆时针滚球：此为双掌逆时针盘旋，左脚为先前后滚动。

双手左上大滚球过肩摔：此为双掌向左上划大圆同时向左后转身。

双手右上大滚球过肩摔：此为双掌向右上划大圆同时向右后转身。

左抬掌右掏心：此为人体气球向左上斜滚动的分掌动作。

右抬掌左掏心：此为人体气球向右上斜滚动的分掌动作。

左搂膝拗步进掌：此为人体气球向左下斜滚动的分掌动作。

右搂膝拗步进掌：此为人体气球向右下斜滚动的分掌动作。

左上斜滚球开合肘：此为人体气球向左上滚动，右肘前击的动作。

右上斜滚球开合肘：此为人体气球向右上滚动，左肘前击的动作。

左云手右进掌：此为向左水平滚动，右掌进击的开合动作。

右云手左进掌：此为向右水平滚动，左掌进击的开合动作。

左云手右肘击：此为向左水平滚动，右肘进击的开合动作。

右云手左肘击：此为向右水平滚动，左肘进击的开合动作。

左龙马分鬃：此为向左水平滚动，双掌进击的开合动作。

右龙马分鬃：此为向右水平滚动，双掌进击的开合动作。

左龙马分鬃肘：此为向左水平滚动，双肘进击的开合动作。

右龙马分鬃肘：此为向右水平滚动，双肘进击的开合动作。

左倒卷肱：此为人体中段气球上部向左前、下部向右后滚动的动作。

右倒卷肱：此为人体中段气球上部向右前、下部向左后滚动的动作。

左化式：此为人体气球上部向右前、下部向左后滚动的动作。

右化式：此为人体气球上部向左前、下部向右后滚动的动作。

左独立右进掌：此为向前、向左同时滚动的动作。

右独立左进掌：此为向前、向右同时滚动的动作。

左亮掌：此为自下而上分掌，左脚在前向左前滚动动作。

右亮掌：此为自下而上分掌，右脚在前向右前滚动动作。

左震脚捣椎伸缩全身发力：此为人体气球收缩舒张动作，左动而右静。

右震脚捣椎伸缩全身发力：此为人体气球收缩舒张动作，右动而左静。

左背剑：此为双掌随人体气球盘旋收缩、舒张动作，收缩为左旋上弦，舒张为右旋射箭。

右背剑：此为双掌随人体气球盘旋收缩、舒张动作，收缩为右旋上弦，舒张为左旋射箭。

左挑：此为右滚动作。

右挑：此为左滚动作。

左掩手进掌：此为左掌在先人体气球前突动作。

右掩手进掌：此为右掌在先人体气球前突动作。

左勾右进掌：此为向左后滚动的双掌开合动作。

右勾左进掌：此为向右后滚动的双掌开合动作。

双掌贯耳左摆：此为双掌自左右向前合围，然后向左后的滚动动作。

双掌贯耳右摆：此为双掌自左右向前合围，然后向右后的滚动动作。

七　降龙十八掌的易学原理

（一）潜龙勿用（龙蛇之蛰）

招式：身形速退，气沉丹田，弓步龙行，双掌下拍。

心法：初临敌阵，探听虚实，一阳在下，遁世无闷，隐而未见，潜龙勿用。

用法：两人初搭手接招，未知敌方情况，此时宜以静制动，以逸待劳。敌进我退，双掌接招，抖腕拍出，似龙入水，化解敌方进攻并使其失去重心，然后可以翻手击之。翻手为云，覆手为雨。

说明：双掌下滚球，外翻推出。

考源：《乾》卦："初九，潜龙勿用。"《象》："潜龙勿用、阳在下也。"《文言》：初九曰："潜龙勿用，何谓也？"子曰："龙，德而隐者也。不易乎世，不成乎名，遁世无闷，不见是而无闷。乐则行之，忧则违之，确乎其不可拔，潜龙也。"

（二）见龙在田

招式：震脚下蹲，金刚捣椎，屈以求伸，先收后发。

心法：团而缩，小也，伸而发，大也；施力发劲、由小而大，现也；出潜离隐，故曰见龙，处于地上，故曰在田。

用法：贴身肉搏时，身体收缩成团，震脚击其下盘，然后四肢爆发而出，毕全身之力，故曰见龙。

说明：左震脚，捣椎，同时身形收缩而后舒张发力；右震脚，捣椎，同时身形收缩而后舒张发力。

考源：《乾》卦："九二，见龙在田，利见大人。"《象》："见龙在田、德施普也。"《文言》：九二曰"见龙在田、利见大人"，何谓也？子曰："龙德而正中者也。庸言之信，庸行之谨，闲邪存其诚，善世而不伐，德博而化。《易》曰：'见龙在田、利见大人'，君德也。"

（三）尺蠖之屈（天蝮之屈）

招式：退步侧身，双掌下挥，由下收之，自上攻之。

心法：夕惕若厉，阴在下也，终日乾乾，阳在上也，尺蠖之屈，以求其伸，君子中正，阴阳应之。

用法：若敌人自下路来犯，攻我地位、尾位。则退步侧身，避其锋芒，双手下挥，屈以求伸。化敌之力，蓄己之劲，进步推掌，势不可挡。

说明：双掌左下走斜弧形，双掌右下走斜弧形。

考源：《乾》卦："九三，君子终日乾乾，夕惕若厉，无咎。"《象》："终日乾乾、反复道也。"《文言》：九三曰"君子终日乾乾、夕惕若厉、无

咎"。何谓也？子曰："君子进德修业，忠信，所以进德也，修辞立其诚，所以居业也。知至至之，可与几也，知终终之，可与存义也。是故居上位而不骄，在下位而不忧，故乾乾因其时而惕，虽危无咎矣。"九三重刚而不中，上不在天，下不在田，故乾乾因其时而惕，虽危无咎矣。

（四）或跃在渊（鱼跃于渊）

招式：虚步下蹲，柔以接物，双掌上挥，上收下攻。

心法：或跃在天，或沉在渊。跃而在天，好风助也；沉而在渊，我心意也。或跃在渊，阴阳合也。

用法：若敌人犯我天位、首位。双掌自中路挥出，接敌之劲而送之上天，然后沉身收式，自中路、人位而还攻之，可双掌，可单掌，可肘击。攻势凌厉，如降龙入水，归于潜渊。

说明：双掌左上斜划弧、双掌右上斜划弧、左上斜划弧开合肘、右上斜划弧开合肘、左勾手单鞭掌、右勾手单鞭掌。

考源：《乾》卦："九四，或跃在渊，无咎。"《象》："或跃在渊、进无咎也。"《文言》：九四曰"或跃在渊、无咎。"何谓也？子曰："上下无常，非为邪也。进退无恒，非离群也。君子进德修业、欲及时也，故无咎。"九四重刚而不中，上不在天，下不在田，中不在人，故"或"之。"或"之者、疑之也，故无咎。

（五）飞龙在天

招式：退步分掌，一前一后，一上一下，跃身而起，飞龙在天，降而击之。

心法：飞龙在天，伸也、升也，如英雄得志，而飞腾宇宙；降而击之，屈也、下也，挟雷霆之威，有河决之势。

用法：若敌方自中、下路来犯，击我身、尾之人位、地位。侧身压掌而化之，此阴也；抬掌提膝而击之，此阳也。

说明：左足独立右掌击，右足独立左掌击。

考源：《乾》："九五，飞龙在天，利见大人。"《象》："飞龙在天，大人造也。"《文言》：九五曰"飞龙在天，利见大人"。何谓也？子曰："同声相应，同气相求。水流湿，火就燥，云从龙，风从虎，圣人作而万物睹。本乎天者亲上，本乎地者亲下，则各从其类也。"

（六）亢龙有悔

招式：步有虚实，可退可先。抬掌若霸王举鼎，进掌似巨人推山。

心法：物极必反，亢必有悔。以极阳之势，待强弩之末，有悔得吉，彼吝得凶。

用法：敌自天、首之位袭来，则弓步以待、活如车轮，抬掌接之，举而过顶，待敌势尽，翻掌拍之，两阳交战，知悔者吉。

说明：双手上划弧进推掌。

考源：《乾》卦："上九，亢龙有悔。"《象》："亢龙有悔、盈不可久也。"《文言》：上九曰："亢龙有悔"，何谓也？子曰："贵而无位，高而无民，贤人在下位而无辅，是以动而有悔也。"亢龙有悔、穷之灾也。夫大人者、与天地合其德，与日月合其明，与四时合其序，与鬼神合其吉凶，先天而天弗违，后天而奉天时。天且弗违，而况于人乎？况于鬼神乎？亢之为言也，知进而不知退，知存而不知亡，知得而不知丧。其唯圣人乎！知进退存亡而不失其正者，其唯圣人乎！

（七）时乘六龙

招式：一掌在上，一掌在下，上者下降，下者上升，近肘远手，击其心腹。

心法：此阴极而生六阳也，由收缩而转为舒展，首身尾三路出击，气力自丹田行至手指。

用法：龙之为物，伸缩而已，收缩蓄力，避其锋芒，近身爆发，击其要害。

说明：左旋双掌交叉，合而开掌、开拳或开肘；右旋双掌交叉，合而开掌、开拳或开肘。

考源：《乾》卦之《象》曰："大哉乾元，万物资始，乃统天。云行雨施，品物流形。大明终始，六位时成。时乘六龙以御天。乾道变化，各正性命。保合大和，乃利贞。首出庶物，万国咸宁。"

（八）六龙回旋

招式：仆步，双挥掌，双掌同侧上挥过顶。

心法：乾卦六龙，刚健不止，下盘为基最为重，双掌切力不可迎。

用法：此招应敌方之中位扫腿，以仆步降低中心，双掌顺势击打对方腿

部，致使对方失去平衡。

说明：左枪挑滑车；右枪挑滑车；左右背剑。

考源：《文言》："潜龙勿用，阳气潜藏。见龙在田，天下文明。终日乾乾，与时偕行。或跃在渊，乾道乃革。飞龙在天，乃位乎天德。亢龙有悔，与时偕极。乾元用九，乃见天则。大哉乾乎！刚健中正，纯粹精也。六爻发挥，旁通情也。"

（九）履霜冰至

招式：分掌，一掌在胯，一掌在咽喉，此虚招也；抬脚，侧身，击其下盘，此实招也。

心法：履霜，坚冰至。掌护门户，意在脚下。霜与坚冰，无不摧之。

用法：虚招与实招同时打出，虚招保护咽喉、化敌力，实招攻击敌方下盘，如铁蹄奔驰原野，无坚不摧。可破扫腿与踢腿，也可主动出击。

说明：左抬脚，神龙亮掌；右抬脚，神龙亮掌。

考源：《坤》："初六，履霜，坚冰至。"《象》："履霜坚冰，阴始凝也。驯致其道，至坚冰也。"《文言》："履霜，坚冰至，盖言顺也。"

（十）龙战于野（双龙取水）

招式：起身，而后双掌从体侧至顶，弓步，双掌向下向前拍出。

心法：地势坤，君子以厚的载物，龙战于野，阴接于地。

用法，无路可退，阴转为阳。近身格斗之法，双掌击打敌中路来犯之手臂关节，或击打双耳，向前发力拍出。

说明：双掌贯耳左摆；双掌贯耳右摆；双掌中压左推；双掌双压右推。

考源：《坤》："上六，龙战于野，其血玄黄。"《象》："龙战于野，其道穷也。"《文言》："阴疑于阳必战，为其嫌于无阳也，故称龙焉。"

（十一）利涉大川

招式：虚步，侧身，前掌击发，后掌引化，击发在上，引化在下，圆如车轮，快似舟楫。

心法：涉大川必借助于舟楫，治洪水必因势而利导。侧身引化，避其锋芒；侧身击发，避实就虚、借力打力，力道倍增。

用法：引化中路之打击力，击打元首与咽喉——近身之战。

说明：左倒卷肱掌；右倒卷肱掌；左化式掌；右化式掌。

考源：

按：《易经》"利涉大川"多见。《需》卦："有孚，光亨，贞吉。利涉大川"；《同人》卦："同人于野，亨。利涉大川，利君子贞"；《蛊》卦："元亨，利涉大川。先甲三日，后甲三日"；《大畜》卦："利贞，不家食吉，利涉大川"；《颐》卦："上九，由颐，厉，吉，利涉大川"。《益》卦："利有攸往，利涉大川"；《涣》卦："亨，王假有庙，利涉大川，利贞"；《中孚》卦："豚鱼吉，利涉大川，利贞"；《未济》卦："六三：未济，征凶，利涉大川"。

要之，利涉大川，多不离乾、艮、坎、巽四卦，舟楫之象是也。

（十二）密云不雨

招式：一掌在上，一掌在下，双掌划圆，盘旋不止。

心法：密云不雨，自我西郊。蓄而不发，守中不击。阴阳交错，二龙戏珠。

用法：此摔法也，蓄积力道，顺势摔人，不主动出击，密云不雨也。

说明：双掌顺时针盘旋；双掌逆时针盘旋。

考源：《小畜》："亨。密云不雨，自我西郊。"《小过》："六五，密云不雨，自我西郊。公弋取彼在穴。"《小过》之《象》："密云不雨，已上也。"

（十三）神龙摆尾（履虎尾）

招式：避其锋芒，转身，抓，摔。

心法：《象》曰："履，柔履刚也，说而应乎乾"，敌刚猛而来，必随其而动。"武人为于大君"，用武之时也。

用法：转身至关重要，重心降低，转身迅速，抓摔有力。

说明：双掌左上大滚球过肩摔；双掌右上大滚球过肩摔。

考源：

《履》："履虎尾，不咥人。亨。"

《履》："九四，履虎尾愬愬，终吉。"

《象》："愬愬终吉，志行也。"

（十四）突如其来

招式：弓步，侧撩，推掌。

心法：阴阳不测，侵掠如火。《易》曰"突如其来，焚如，死如，弃

如"。战必胜，攻必克。兵法有言："其疾如风，其徐如林，侵掠如火，不动如山"。

用法：应对方之腿法，突如其来，锁其咽喉，以快为上。

说明：左搂膝拗步进掌；右搂膝拗步进掌。

考源：《离》："九四，突如，其来如，焚如，死如，弃如。"《象》："突如，其来如，无所容也。"

（十五）羝羊触藩

招式：进步，抬掌，转身，自下而上撩掌。

心法：上六为防守，九三为进攻，"羝羊触藩，羸其角，不能退，不能遂"，守中正，防冒进。

用法：应对侧上部之打击，抬掌化解，另外一掌自下而上，寻隙进击要害，其势不可尽。

说明：左掌掏心；右掌掏心。

考源：《大壮》："九三，小人用壮，君子用罔，贞厉。羝羊触藩，羸其角。"《小象》："小人用壮、君子用罔也。"《大壮》："上六，羝羊触藩，不能退，不能遂，无攸利，艰则吉。"《小象》："不能退、不能遂、不详也，艰则吉、咎不长也。"

（十六）损则有孚

招式：蹲、起、抬分掌、踹，一气呵成。

心法：损，损下益上之象。其道上行，损而有孚。"将欲取之，必先与之，将欲擒之，必先纵之"，自损者益；二簋可用享，分掌也；九三上于六，脚踹也。

用法：抬分掌，开启敌方门户，抬脚踹，至中心也。

说明：中分掌左踹；中分掌右踹。

考源：《损》："有孚，元吉，无咎，可贞。利有攸往。曷之用，二簋可用享。"《象》："损下益上，其道上行。损而有孚，元吉，无咎，可贞，利有攸往，曷之用二簋可用享，二簋应有时。损刚益柔有时，损益盈虚，与时偕行。"

（十七）震惊百里

招式：弓步，前虚后实转前实后虚。双掌交叉护裆，顺势抬掌，如拉弓蓄势之形，发！

心法：《易》曰"震惊百里，惊远而惧迩也"。丹田阴阳之气，运至双掌，生雷霆，震百里。

用法：步与掌同时，向下引化敌力，其后，借势击其元首，五窍堪虞。

说明：左侧掩手进掌；右侧掩手进掌。

考源：《震》："震，亨。震来虩虩，笑言哑哑，震惊百里，不丧匕鬯。"《彖》："震来虩虩，恐致福也，笑言哑哑，后有则也，震惊百里，惊远而惧迩也。不丧匕鬯，出可以守宗庙社稷，以为祭主也。"

（十八）鸿渐于陆

招式：如鸟飞翔状，与"利涉大川"方向相反。双掌一明一暗、一上一下、一化一击。双掌交叉、动作一致亦可。

心法：鸿渐于陆，止于所止。渐于干、渐于磐、渐于陆、渐于木、渐于陵。

用法：双掌鸟飞之状，一掌化，一掌击。或双掌交叉，先化后击。

说明：左云掌；右云掌；左云掌肘；右云掌肘，双掌交叉左滚球；双掌交叉右滚球。

考源：《渐》："九三，鸿渐于陆。夫征不复，妇孕不育，凶。利御寇。"《小象》："夫征不复、离群丑也，妇孕不育、失其道也，利用御寇、顺相保也。"《渐》："上九，鸿渐于陆，其羽可用为仪，吉。"《小象》："其羽可用为仪吉、不可乱也。"

八　几点要注意的问题

（一）意念在先

龙心仁义，舍此之外不欲人知，莫测高深。中国人是龙的传人，龙的精神已经深深植入我们的灵魂。龙的精神内涵非常丰富，很难"一言以蔽之"。如果非要用简单的语言来描述龙的特点，笔者认为是品德高尚、神通广大、刚柔相济、循时而动。打"降龙十八掌"时，要精神通于神龙，以神龙附体为喻，恍恍然而入无我之境，与大道通，如此才可能形神兼备，得其神韵。意念化为神龙，经过长期的锻炼，则身体柔软灵活，掌法极刚极柔：接招极柔，出招极刚；盘旋扭转，动态平衡。

（二）无招即有招

本文列出了细分动作五十式和十八招掌法，但是此掌法的最高境界是无招。龙的变化无穷无尽，降龙十八掌也不可拘泥于此。掌法原则："无我无招，见招拆招；因敌变化，避实就虚；独守中正，借力打力；避其直面，侧后下手；龙蛇圆化，贴哪打哪；有招必有我，无招胜有招。"

（三）必有假想敌

龙的形状因时、因势变化，练习掌法也要随机应变，所以练习降龙十八掌最好有陪练。若不能做到，则要有假想敌，这一点非常重要。

（四）理论与实践相结合

要想打好这套掌法，要掌握基本的易理；同时要勤于练习，俗话说"拳打卧牛之地"，练习降龙十八掌需要的空间甚至比"卧牛之地"还要小，要拳不离手才好；练习之前，要做好热身运动，避免使用蛮劲，循序渐进，功到自然成；练习时可配合呼吸，一般来说，身形收缩时吸气，发放时呼气，但是一临战阵，就不用拘泥了。

（五）内功

内功的基础，是养精蓄锐。

天地之大德曰生，阴阳媾精，万物化生。天地之间，精最贵。精宜藏不宜泄，肾精通于脑。藏精，然后化为气——此小周天也。气血充盈，元神巩固，耳聪目明——气化为神。古人云："炼精化气，炼气化神，炼神化虚"，不予欺也。气者，生命力也。

中医专家张其成认为保养肾精有三种方法：节欲保精、经络按摩、合理饮食①。笔者认为很有参考价值。

关于节欲，明代名士高濂说："阴阳好合，接御有度；入房有术，对景能忘；毋溺少艾，毋困倩童；妖艳莫贪，市妆莫近；惜精如金，惜身如宝；勤服药物，补益下元；处色莫贪，自心莫乱；勿作妄想，勿败梦交；少不贪欢，老能知戒；避色如仇，对欲知禁"。②

---

① 张其成：《黄帝内经养生大道》（修订版），广西科技出版社，2010。
② 高濂：《遵生八笺·延年却病笺》。

以下三段话，为宣化上人讲述所述炼精化气之法，可以参考：

> 要戒淫，好比大禹治水，不是单纯的"水来土掩"，勉强压抑，而是必须疏导。百日筑基，打开丹田，让精气导入丹田，运行于三脉七轮。如此精气不冲动，加上心中觉念常在。欲念欲生则觉，觉即空。时常是保持内心的清净，不让欲念生起。而不是等生起后再降服。重在预防。欲念欲起则觉察，则降服。

> 男性如果能坚持静坐每日 1~2 个小时，一个月内不泄精，不起淫念。下身精气具足，阳根坚挺，小腹鼓胀，而不起淫念。气息就会冲开会阴穴，也就是海底轮。接着小腹的经脉就会冲开，清除阴气，这时可能会"精满则溢"，无欲而自然泄精。此是排尽旧精，去除阴气，之后新精方生，纯阳正气。不要紧，再次积累。如此 2~3 次，精气就能冲开丹田之窍。丹田窍开，气就会自然流入丹田，循环于三脉七轮。之后身心清净，风平浪静，不易起淫念。

> 而要打开丹田之窍的关键就是在这一个月内，不起淫欲，积蓄精气，冲开丹田。丹田窍开后，一意守丹田，丹田立刻发热发烫，身心宁静，不起欲念。如此静养，让真气循环于三脉七轮。而一个真正能做到断淫的修行人，三脉七轮尽通，三昧真火内生。……化淫欲为拙火，运行于三脉七轮。而这个其实就是圣凡的区别，凡夫让精气外泄，轮回与生死。圣人，让精气回流，循环于三脉七轮，解脱生死轮回。

从个人体验来说，氧气和肾精，二者影响身体的生命力（气）和精神力（神）。

（六）读者

本文的读者定位是知识分子。首先，该掌法是以《易经》为理论基础的功夫，理解它需要一定的知识储备。其次，它本身朴实无华、简单易学、切于实用、立竿见影，没有高难度的花拳绣腿，懂了就会，会了不忘，很适合时间宝贵的知识分子用于强身健体。当然，如果读者暂时看不懂本书，也没有关系，只要跟着活动，"依葫芦画瓢"就好，天长日久，自有妙处。健康的身体与饱满的精神是人生首要的财富。人须有精神，一分精神一分福气。练拳可以颐养精、气、神。孟子曰：我善养浩然之气。降龙十八掌之旨，亦如庄子之剑论。武术可以防身，但是不仅限于此，读者不可不察焉。

九　补记

笔者数年在安阳从事《易经》教学与研究工作。安阳是《易经》的发源地，笔者住处距离"文王拘而演《周易》"的羑里不远，得便常到羑里城散步，发思古之幽情。安阳民风好《易》，在这里的高校讲《易》确实不大容易，这无形中给了笔者压力与鞭策。因为有地利、人和的方便条件，笔者认真地研读了这部最古老的经典，并通过教学相长，提高了自己的易学修养。"易道广大，无所不包"，有很长一段时间，笔者迷恋于武术，因为笔者个人的价值观认为身体健康是第一位的事情。在2008～2013年间，笔者除了研习《周易》，还博览了中华武术南、北、内、外诸家，内取太极，外取形意，并揣摩金庸之武侠小说，决定把金庸小说中的"降龙十八掌"变为现实。立了这个宏愿以后，经过反复而曲折的过程，这篇小文便面世了。

有人说：真理半张纸，闲言万卷书。对于拳谱而言，有话则长、无话则短，总要简明扼要为好，鄙人非常厌烦"博士买驴"的作风。要之：本书从王宗岳《太极拳论》那里得到"太极无招、舍己从人"的道理。"一动全动，节节贯穿"，丹田发力，这些道理得益于陈家沟陈小旺师傅之太极拳法。"兵形如水，一字长蛇"，得益于兵家《孙子》十三篇。基本招式得益于武当三丰派陈师行师傅、《长拳十三式》和金庸之武侠小说。实战六合劲理论受益于郑州大学石崇英教授，内功修炼借鉴了张其成教授的养生理论。南京大学范毓周教授亲自指点了招式并对其发展做了前瞻。特在这里一一鸣谢，不掠人之美。因为"降龙十八掌"和"太极拳"的理论基础都是《易经》，所以两者有相近之处。二者最大的区别，笔者认为是打降龙十八掌时意念要以神龙自喻；其次，降龙十八掌力道的特点是接之以极柔、发之以极刚，虽然借力，自己也要用真力才好，自己就是"浩然之气"①；还有，招法也有一些不同之处。某些太极拳流派在流传过程中窜入了其他功夫，有些招式并不符合易理。

鄙人才疏学浅，本文谬误之处在所难免，真诚地希望读者能够提出宝贵意见，使得笔者能够在以后加以完善，在此特致谢忱。

作者单位：北京师范大学

---

① 这种"气"是指生命力，也是一种执著，因缘而生，因果不了则生生不息。

论《周易》精神对于中国梦的当代意义[*]

郭文成

摘　要：《周易》精神是天人合一，这为中国古人营造了一个天地人和谐的精神家园。随着时代的发展，当代中国陷入了寻找精神家园也即中国梦的迷津之中。那么作为中国古人精神指引的《周易》能应对此问题吗？同时《周易》又将如何应对此问题？在这种追问中，《周易》对构建当代中国梦的意义也就显现出来。

关键词：《周易》　中国梦　精神家园　天人合一　忧乐圆融

何谓《周易》？《周易》是我国古代一部具有开创性的哲学著作，起初是形成于西周初期的一部占筮之书，到春秋战国出现了对《周易》进行系统阐发的《系辞》等七种作品，后人总称之为《易传》。至汉武帝时，《易》被尊称为"经"，而后西汉易学家费直把《易传》与《易经》合编在一起，形成后来的通行本《周易》。由此，《周易》有广狭两义，狭义是指形成于西周初期的一部占筮之书，由乾、坤等六十四卦的卦象、卦名、卦辞、爻题、爻辞构成；广义则包括狭义《周易》和《易传》，在此笔者取广义。

什么是中国梦？一般而言，"中国梦"的当下内涵是国家富强、民族复兴、人民幸福的实现。在此，笔者认为中国梦的哲学内涵就是中国人的精神家园，此家园是人所来之处，也是人所归之处，故家园的根本意义在于它是人的安身立命之所。因此，精神家园就是就家园的根本意义而言，是人的精神的安身立命之所。在此，我们要问的是：《周易》精神与中国梦有什么关系？当代中国的精神困境何在？《周易》又在何种意义上应对此问题？在这种追问中，《周易》在构建当代中国梦上的意义也就显现出来。

---

* 本论文是教育部人文社科基金项目"技术时代下海德格尔生态艺术学思想谱系研究"（课题编号：13YJC760021）阶段性成果。

一 《周易》精神：天人合一

如众所周知，《周易》哲学的核心内容表现为：生生之谓易的重生思想，自强不息的拼搏精神，厚德载物的博大胸怀，独立不惧的人格尊严，乐天休命的精神家园，与天地合德的超越境界——这些思想在很大程度上构成了中国人的基本心理结构，决定了中国人文精神的主要特征。如张岱年先生就此指出："自强不息、厚德载物这两点可以看作是中华民族精神的主要表现。"①

那么，《周易》到底为中国人营造了一个怎样的精神家园呢？简言之，《周易》所营造的是一个天、地、人和谐统一的世界，其核心精神如果用四个字来概括就是天人合一。

"天"是什么，"地"又是什么？《周易》用乾坤二卦代表天地，天地便代表了自然界。如果天地相对而言，天泛指地面以上的天空，如果再分而言之，大体上又有两层意思，一是指当时人们所能观察到的宇宙空间，与天文学、宇宙学有关；一是指地球以上的大气层，与气象学有关。特别的是，《周易》在谈到"天"之诸现象时，均与生命现象有关。如果天地合而言之，则常常以"天"代表天地，即代表整个自然界。在《周易》看来，天地间万物皆皆统之于天，地与天相辅相成，不可缺一；但地毕竟"顺承天"，因此，天能够代表自然界。地与天相对而言，指人类和一切生命生存于其上的大地，是人类赖以存在的家园。没有任何一种生命能离开大地，天地被《易》称为"《易》之门""《易》之蕴"，从这个意义讲，《周易》就是讲天地自然界的。正如《系辞上》所说："乾坤毁，则无以见《易》。《易》不可见，则乾坤或几乎息矣。"②《周易》是从人的生命存在出发去理解自然界，万物的生命来源于天，生成于地。因而《说卦传》将乾坤二卦视为父母卦。这里的"父母"是讲人与自然界的纯粹关系，不是讲人类自身的血缘关系。在《周易》看来，人与自然界本来是统一的，不能分离。天地以发育万物以使命，天之大，具有无限性、永恒性，所谓"天地之道，恒久不息"。天就是生命之源。地之厚，能够"生物"，也能够"载物"，是一切生命得以存在的基础。在这个意义上，《周易》将天地比之为父母。

《周易》还明确区分了人与天地，提出了"三材"学说，而且肯定了人

---

① 张岱年：《张岱年哲学文选》，中国广播电视出版社，1999，第728页。
② 周振甫：《周易译注》，中华书局，1991，第250页。

的主体精神。《系辞传》与《说卦传》都讲到"三材之道",将天地人并立起来,视为"三材",并将人放在中心地位。天有天之道,地有地之道,它们均可用"自然"来称呼。人有没有人之道?天之道在于"始万物",地之道在于"生万物",那么人之道又是什么?《周易》告诉我们,人不仅有人之道,而且人道的作用就在于"成万物"。如《系辞下》说:"《易》之为书也,广大悉备。有天道焉,有人道焉,有地道焉。兼三材而两之,故六。六者非它也,三材之道也。"①《说卦传》说:"昔者圣人之作《易》也,将以顺性命之理,是以立天之道曰阴与阳,立地之道曰柔与刚,立人之道曰仁与义,兼三材而两之,故易六爻而成卦。"②《说卦传》指明"三材之道"的实际内容,不仅发挥了《易经》的思想,而且概括了易经的基本精神。天地人三者各有其道,但又相互对立,相互联系,这不仅是一种"同"的关系,而且是一种内在的生成关系和实现原则,天地之道是生成原则,人之道则是实现原则,二者缺一不可。在这一点上,天地人真正统一起来了。阴阳是两种最基本的要素,同时又作为两种最基本的功能。正是这两种要素及其作用推动了自然界的一切变化,产生了一切生命。柔刚与阴阳对应,但阴阳是无形的,多以气言之,故为天之道;柔刚则是有形的,多以形言之,故为地之道;仁义是就人而言的,只有人才有仁义,也只有人才能尽其仁义而"成物"。人的仁义与天地之阴阳、柔刚是一种生命的"进化"关系,而不是简单的横向关系,它说明人性不能离开自然性。自然性不是纯粹生物学上的生物性,而是具有生命的目的意义和道德意义,也就是说,对人而言,自然界不仅是人的生命存在的根源,而且是人的生命意义和价值的根源。

《周易》的最高理想是"天人合一"的境界。这就是说,人生天地之间,天地是规定者,人是被规定者。天人合一便是人所能达到的最高理想:自己规定自己,并要求人去体悟天道。所谓天人合一境界,就是与宇宙自然界的生生之德完全合一的存在状态,也可以说是一种自由。就历史而言,中国传统的精神家园是"天道"即自然,其具体的表现在儒家、道家、禅宗的思想中。但无论是儒家、道家、禅宗的思想如何不同,它们都讲"自然":儒家之天是人伦之天,孔孟之道的仁义依据的是亲子之爱,这肯定了爱的自然性;道家的天是自然之天,如老子的"道法自然";禅宗之天是心灵之天,注重人心灵的自然即人的本性的透明。而儒家、道家、禅宗的合一的共同基础便

---

① 周振甫:《周易译注》,中华书局,1991,第273页。
② 周振甫:《周易译注》,第281页。

是这个"自然"。与此相应，人为天所规定，他保持了自身的自然性；而《周易》中大人、圣人就是实现了这种"天人合一"境界的人，因而他们处于一种特别的地位，能知道"天道"，并传输"天道"。

综上所述，《周易》的世界是一个天地人相辅相成的世界。天地代表自然，其作用在于"生万物"；而人在自然之中，其使命是"成万物"，最终实现"天人合一"的境界，这便是《周易》营造的精神家园的根本所在。但到19世纪后，这一家园受到了破坏。最关键的问题在于中国人无法走出天地的边界，再加上西方思想尤其是科学使得中国思想无法回应，于是"天塌了"：天地不再具有道德等意义，帝王也不再作为最高的规定者，圣人也失去了其地位……于是现代中国人陷于了"无家可归"。当代人无法解决此问题，无家可归因而继续成为当代中国人面临的核心问题。

二 当下困境：无家可归

无家可归，顾名思义就是家园的丧失，由此人不能回归于它，也不能来源于它。它在当代中国的具体表现为："其一，虚无主义。虚无主义并不否定这个世界的存在，而是说世界没有意义，这导致人没有未来，活在虚无之中，人就是去填塞这个虚无。其二，技术主义。现代技术成为人的规定，技术成为目的，而人被技术化。其三，享乐主义。在当代中国，享乐主义是欲望的无边实现。"①

如前所述，精神家园是人精神的安身立命之所。而当代人丧失了精神家园，陷于无家可归的困境之中，所以我们要重新来建构我们的精神家园。但如何构建？"面对中国传统思想的危机，近现代的人们都在寻找中国思想新的可能性。这出现了三条道路：其一是西化派，它们试图从西方的现代化进程中找到启示；其二是复古派，特别是新儒家，它们要从在中国传统思想中开掘再生的资源；其三是马克思主义者，它们认为马克思的历史唯物主义才是拯救中国的思想和现实的唯一真理。"②

但可以依赖西方精神、文化来克服中国人的"无家可归"吗？西方人的世界是一个天地人神的世界，这里的神，在古希腊是"诸神"；在中世纪是上帝，是道成肉身的耶稣，它不是半人半神，而是真人真神。到近代则是人

---

① 彭富春：《哲学与美学问题》，武汉大学出版社，2005，第285～300页。
② 彭富春：《哲学美学导论》，人民出版社，2005，第40～41页。

的理性，它摆脱了外在的神，回归了人自身。天地在此失去了宗教、道德、心灵的意义，它们只是上帝的创造物，被自然性所规定，而人是理性的动物，因而获得突出的地位。西方也有圣人，他位于人神之间，而不是天地之间，他得到了神的恩惠，把上帝的智慧传给人，如果说中国人只是在一个世界之中：现实世界，那么西方人则有两个世界：在古希腊是现实世界与理式世界，中世纪是城市世界与上帝世界，近代是现象世界与本体世界，西方多出了一个彼岸世界，它才是人的精神家园。然而，西方的"上帝"也死了，它表明西方传统在现代的断裂：古希腊诸神的逃亡、理性的死亡才是现代上帝死亡的真正所在，现代人成为走向死亡的存在者。现代西方人陷于了无家可归之中，所以西方思想并不能拯救中国人。

那么处于此种境遇，作为中国古代精神家园的《周易》智慧还有用武之地吗？可以仅仅依赖中国传统的智慧来克服中国人的"无家可归"吗？复古派（如新儒家）的努力值得赞许，但如果只是简单地回归到中国传统思想，那么这种努力也是没有意义的，它最终也无法给我们的生活赋予意义，这一点突出的表现在作为中国古代智慧的中国哲学在当代的身份尴尬问题上，当然这个问题并不仅仅是质疑中国哲学的学科性，而且还包括更加复杂甚至根本性的问题。至于第三种可能性，马克思主义的确在政治以及文化上使中国人建立了新的生存家园，但它的生命力在当代遭遇了严峻的考验。这问题就是马克思主义的僵化，具体理论思考可参看毛泽东主席、邓小平总设计师等对此的相关论述，如对本本主义、官僚主义等的批判。当然，这种困境必将激起马克思主义和中国传统思想对此更加积极地应对，从而实现一种思想的转化性创造。在此，《周易》对中国当代思想的意义就值得慎重地对待了。

三　筑梦之路："忧乐圆融"

《庄子·知北游》曰："人生天地之间，若白驹过隙，忽然而已。"[1] 这意味着人生苦短，又充满悲剧性。尽管如此，《周易·系辞上》曰："乐天知命，故不忧。"《周易·大有·象传》曰："顺天休命。"其意指人在短暂而珍贵的一生中，尽管面临许多挫折甚至不幸，但他应当热情豁达、积极乐观地看待和肯定大自然所赋予自己的一切，并按自然规律去拼搏进取，自强不息，这样便会使自己的人生更加有意义，这就是《周易》给我们的居住之途。所

---

[1]　陈鼓应：《庄子今注今译》，中华书局，1983，第 570 页。

以，尽管我们必须承受无家可归的命运，但我们依然可以从《周易》中找到有意义的指示："忧乐圆融"，这要求我们在现时代担起我们的使命：重新思考中国梦并应对精神家园的重建。

首先就是要乐天知命：乐天才能算是知命，知命则会促进乐天。乐天使人乐意顺天，顺天使人更加乐天。知命使人能够顺天，顺天使人益发知命。顺天然后才能休命，休命使人更加乐天。乐天知命是为了顺天休命，顺天休命则会更加乐天知命。乐天知命、顺天休命便会使人在自己的精神家园自由徜徉，在幽静的心灵故乡纵情歌唱，并会使人以热情旷达的无畏态度和雄健潇洒的铿锵步伐去直面人生的一切挑战，征服人生的一切磨难，走向自己的光辉理想。而其中的关键是个"乐"字，这即是中国数千年的"乐感文化"之肇始。这一"乐"相当于尼采的"是"字：肯定生命，肯定现实生存。《易》讲"生生之谓易"，重生思想就在其中。又讲"天行健，君子以自强不息。"主张人要"终日乾乾"、毫不懈怠，要"刚健笃实辉光，日新其德"，要时常"反身修德"、及时"进德修业"，要"见几而作"。这指出人应该自强不息以肯定生命，在这因其有限而更显弥足珍贵的一生中，人应该刚健有为、积极进取，以自己坚持不懈的执着追求赋予这有限的生命以永恒的意义，从而达到"穷神知化"的人生境界，成为"与天地合其德、与日月合其明"的真正的人——大人。

其次，《周易》在强调"乐天知命"对于建立精神家园的重要意义的同时，并没有让人们得意忘形，相反它也反复提倡人们要有"乐不忘忧"、居安思危的忧患意识。这种忧患意识，不同于西方基督教的罪感意识，也不同于佛教的苦业无常意识；其"不同于作为原始宗教动机的恐怖、绝望……（忧患）与恐怖、绝望的最大不同之点，在于忧患心理的形成，乃是从当事者对吉凶成败的深思熟虑而来的远见；在这种远见中，主要发现了吉凶成败与当事者的密切关系，及当事者在行为上应负的责任。忧患意识正是由这种责任而来的要以己力突破困难而尚未突破时的心理状态。所以，忧患意识乃人类精神开始直接对事物发生责任感的表现，也即是精神上开始有了人的自觉的表现。"[1] 这种忧患意识，实际是蕴含着一种坚强的意志和奋发的精神。它是"一种居安思危的理性精神，……一种苦于对人生和宇宙的透彻了解、并为理想的实现而动心忍性的智慧"。[2]

---

[1] 李维武编：《徐复观文集》第三卷，湖北人民出版社，2002，第 32 页。
[2] 庞朴：《蓟门散思》，上海文艺出版社，1996，第 331 页。

总而言之，乐而忘忧与忧心始终似乎不和谐，但实际上两者相互依存。乐天休命让中国古代人满怀热情、积极乐观地投入到诗意的人生中，而忧患意识则会使他们在充满欢乐的亮丽生活中注意防微杜渐，从而使其更加持久。庞朴将之称为"忧乐圆融"的中国人文精神，可谓道破玄机。可以说，"正是这一'乐'一'忧'共同构筑起中国古代人挡风遮雨坚不可摧的精神家园，使得中国古代人在其中以优雅的仪态、雍容的气度、勤劳的双手，以及超凡智慧创造了举世称颂的灿烂文化。"①

那么，我们有信心继续以此为指引：虽然"天道"衰亡，即古代的家园不在了，但当代人不应该就此悲观绝望从而陷于虚无主义，也不应做"自了汉"最终陷于享乐主义，还不该做技术主义的俘虏；而应该始终"忧乐圆融"，一方面始终对家园有忧患，另一方面始终相信人可以用自己的智慧与双手去构建一个新的"精神家园"。这正是《周易》所给予我们当代中国梦构建的意义。

作者单位：浙江传媒学院

---

① 郑万耕、赵建功：《〈周易〉与现代文化》，中国广播电视出版社，1998，第250～251页。

《周易》夬卦疑难词释义三则

王 毅

摘 要：从语言学的视角重新审视《周易》夬卦三处爻辞可以发现："夬夬"应训为"动作不连贯之貌"；"遇雨若濡"意为"遇到轻细的小雨"；"苋陆"通"见陆"，意为"看到高平之地"。

关键词：夬卦 夬夬 遇雨若濡 苋陆

《周易》夬卦的爻辞"夬夬""遇雨若濡""苋陆"，词义隐晦，历来众说纷纭，莫衷一是。本文尝试运用语言学的理论方法，并借助出土文献上博简和马王堆汉墓帛书的异文，谈一点不成熟的看法，请大家批评指正。

一 "夬夬"训作"动作不连贯之貌"

"九三：壮于頄，有凶。君子夬夬独行，遇雨若濡，有愠，无咎。"[①] 其中"夬夬"多解释为决断貌。王弼注："君子处之，必能弃夫情累，决之不疑，故曰'夬夬'也。"[②] 孔颖达疏："'君子夬夬'者，君子之人，若于此时，能弃其情累，不受于应，在于决断而无滞，是'夬夬'也。"[③] 程颐传："唯君子处斯时，则能'夬夬'。谓夬其夬，果决其断也，虽其私与，当远绝之。"[④] 众家多从此说。惟有闻一多见解独到："夬读为睘，睘、夬阳入对转。睘之为夬，犹环之为玦也。《诗·杕杜》：'独行睘睘'，《传》：'睘睘，无所依也。'"[⑤] 闻一多从声训的角度，认为"夬"通"睘"，"睘睘"意思是无所依靠，"夬夬"就是无所依靠的样子。

---

① 王弼注，孔颖达疏：《周易正义》，中华书局，《十三经注疏》影印本，1980，第57页。
② 王弼注，孔颖达疏：《周易正义》，第57页。
③ 王弼注，孔颖达疏：《周易正义》，第57页。
④ 程颐：《伊川易传》，《文渊阁四库全书》卷一，经部一，易类一。
⑤ 《闻一多全集》第十卷，《周易杂记》，湖北人民出版社，1993，第299页。

这两种观点各有所据，从本质上说，这种分歧源于"夬"的词义发展。《说文·又部》："夬，分决也。"① "夬"本义的核义素是"从原态离析、分裂"。原态的性质决定了分裂后的性质。从混乱的行为中分裂出来，是行为果断；而正常的动作分裂开来，就是动作不连贯。这就衍生出两个引申方向，前者偏向行为果断，后者偏向行动分离。王弼、孔颖达、程颐等皆采用前者，取"果断"之义。但是，九三爻辞"壮于頄，有凶。君子夬夬独行，遇雨若濡，有愠，无咎"和九五爻辞"苋陆，夬夬中行，无咎"二者的语境中都没有提供有力的证据证明此说。相反，九三"壮于頄"意思是面部受伤，"受伤"的语境与"果断之貌"逻辑上产生矛盾。闻一多引《毛诗》之说"无所依"，是借助语境做出的解释。《诗·唐风·杕杜》又有"独行踽踽"。毛传："踽踽，无所亲也。"② 毛传随文释义，《杕杜》诗曰："有杕之杜，其叶湑湑。独行踽踽。岂无他人？不如我同父。嗟行之人，胡不比焉？人无兄弟，胡不佽焉？"毛传的释义显然受到诗的整体内容影响，将语境义掺杂到词义之中。又《广雅·释训》："踽踽，行也。"③ 也只指出了是行走状态，没有说明具体词义。那么，"踽踽"所表达的准确意义是什么？与"夬夬"又有什么关系？

查《说文·足部》收"踽"④ 字，训"疏行貌。""踽踽"是"踽"以叠音的形式构成的双音词，词义没有变化，也当训作"疏行貌"。"夬"，见母月部去声；"踽"，古音见母鱼部上声。"夬""踽"为一声之转，主要元音也相同。不但语音相近，意义上也有关联。"踽"训作"疏行貌"，其中，"疏"与"分"是同义词，故训中"疏"常训作"分"。例如，《淮南子·道应》："襄子疏队而击之。"高诱注："疏，分也。"⑤ 又《大戴礼记·夏小正》："陶而疏之也。"孔广森补注："疏，分也。"⑥ 又《广韵·鱼韵》："疏，分也。"⑦ "夬"本义是"分决"，"踽"训"疏行"，那么"夬"和"踽"的释义中都包含了"行动分离"的语义成分。"夬夬"和"踽踽"都用来形容独自行走的某种状态。从而推知，"夬夬"和"踽踽"是同义词。"夬夬"

① 许慎：《说文解字》，中华书局影印本，1978，第64页。
② 毛亨注，郑玄笺，孔颖达疏：《毛诗正义》，《十三经注疏》影印本，中华书局，1980，第364页。
③ 王念孙撰，钟宇讯点校：《广雅疏证》，中华书局，1983，第183页。
④ 许慎：《说文解字》，中华书局影印本，1978，第46页。
⑤ 何宁：《淮南子集释》，中华书局，1998，第834页。
⑥ 王聘珍撰，王文锦点校：《大戴礼记解诂》，中华书局，1983，第38页。
⑦ 陆法言：《宋本广韵》，中国书店影印本，1982，第49页。

的意思就是"疏行貌",也就是"动作不连贯之貌"。

扩展开来分析,"踽"又通"偊"。从语音方面分析,"偊",匣母鱼部,与"踽"叠韵,见匣皆牙音,古音相近。从语义方面分析,《杕杜》:"独行踽踽",马瑞辰《毛诗传笺通释》:"踽通作偊。《列子·力命篇》:'偊偊而步。'《释文》引《字林》:'偊,疏行貌。'"① 又如《列子·力命篇》:"偊偊而步。"殷敬顺《释文》:"偊,本或作踽。"② 又《集韵·麌韵》:"偊偊,行貌。"③ 可知,"踽踽"和"偊偊"音近义同。

此外,"踽"又与"偻"构成联绵词"踽偻",语转为"伛偻"。从语音方面分析,"踽"见母,"伛"影母,影见邻纽,属异位相转。从语义方面分析,二者意义相同。《文选·宋玉〈登徒子好色赋〉》:"旁行踽偻,又疥且痔。"李善注:"踽偻,伛偻也。"④ "伛偻"指脊背伸不直、弯腰驼背的样子。《荀子·儒效》:"是犹伛伸而好升高也。"杨倞注:"伛,偻也。"⑤

"踽偻"又语转为"偊旅"。从语音方面分析,"踽"见母,"偊"匣母,见匣皆牙音,属同位相转;"偻"来母,"旅"来母,一声之转。从语义方面分析,二者词义相同。《汉书·东方朔传》:"遗蛇其迹,行步偊旅。"颜师古注:"偊旅,曲躬貌也。"⑥

所以,"踽偻""伛偻""偊旅"为转语词,它们读音相近,意思都是"弯腰驼背之貌"。

通过以上分析可知,"夬夬""踽踽""偊偊"是通过叠音的形式派生出新词,而"踽偻""伛偻""偊旅"则通过语转构成联绵词,从而派生出新词。伴随着读音的变化。此外,语义也各有侧重。但是,总得来说,二组词的意义存在密切的联系:因为弯腰驼背造成行动不便,走路速度迟缓动作不连贯的样子。

回到语境进行验证。首先从爻辞语境看,九三爻辞曰:"壮于頄,有凶。君子夬夬独行,遇雨若濡,有愠无咎。""壮"义为"受伤",这一爻即是描述面部受伤,走起路来动作不连贯的样子。其次,放在《夬》卦整体的语境中,《夬》卦爻辞中还有多次提到肢体受伤,营造出"受伤"的大背景。初

① 马瑞辰撰,陈金生点校:《毛诗传笺通释》,中华书局,1989,第348页。
② 杨伯峻:《列子集释》,中华书局,1979,第195页。
③ 丁度:《宋本集韵》,上海古籍出版社影印本,1985,第333页。
④ 萧统编,李善注:《文选》,上海古籍出版社,1986,第893页。
⑤ 王先谦撰,沈啸寰、王星贤点校:《荀子集解》,中华书局,1988,第129页。
⑥ 班固:《汉书》,中华书局,1964,第2863页。

九曰："壮于前趾"，脚趾受伤，不利出行。九四："臀无肤，其行次且"，臀部没有肌肉，也是不健全的。九四爻辞中提到"其行次且"，也描述了行走的样子，其中修饰成分"次且"义为"行而不进、犹豫不进之貌"，与"夬夬"意义相近。

综上所述，"夬夬"训作"动作不连贯的样子"是可以成立的。

二 "遇雨若濡"义为"遇到轻细的小雨"

九三爻辞有"遇雨若濡"，孔颖达疏："'独行，遇雨若濡，有愠无咎'者，若不能决断，殊于众阳，应于小人，则受濡湿其衣，自为怨恨，无咎责于人，故曰'有愠无咎'也。"程颐传："若见濡污，'有愠'，恶之色，如此则无过咎也。三健体而处正，非必有是失也，因此义以为教耳。爻文所以交错者，由有'遇雨'字，又有'濡'字，故误以为连也。"① 熊良辅注："至于遇雨而为所濡湿，虽为众阳所愠，然志在决阴，必能终去小人，故亦可得'无咎'也。"

依上所释，"濡"当作"濡湿""濡污"讲，但是，这样的解释不确切。"濡"字形从水需声，语义源于"需"。"需"，甲骨文作 🧍（乙七七五一）🧍（合一九五），象人沐浴濡身之形。周代金文作 🧍（盂簋），《说文》小篆讹作 🧍，从人讹变作从而。上古祭祀之前，司礼者需要沐浴斋戒，以显示对神明的虔诚之心。后世追加义符人作"儒"，作为司礼者的专名。追加义符水作"濡"，专指沐浴用的温水，字或作"渜"。《说文·水部》："渜，汤也。从水耎声。"②《集韵·换韵》："渜，沐浴余沈。或从需。"③ "濡"的本义中蕴含了"湿""柔弱"的语义成分。"若濡"在句子"遇雨若濡"中作补语，补充说明雨的状况。那么，"若濡"的意思就是"像沐浴用的温水一样"。"濡"包含"柔弱"的语义成分，所以放在"雨势强度"的语境中，指雨势"轻细"。"若濡"之"雨"就是轻细的小雨。"遇雨若濡"当取"遇到轻细的小雨"义。

上博简为正确理解经义提供了新的证据。"若濡"上博简作"女雺"。"女"通"如"。据字书所载，"雺"有二读：其一，莫红切。《尔雅·释

---

① 程颐：《易程传》，《丛书集成初编》，商务印书馆影印本，1936，第210页。
② 许慎：《说文解字》，中华书局影印本，1978，第235页。
③ 丁度：《宋本集韵》，上海古籍出版社影印本，1985，第560页。

天》："天气下地不应曰霿。"① 《广韵·尤韵》："霿，天气下地不应。"② 其二，亡遇切，通"雾"。陆德明《〈尔雅〉释文》："霿，或作霧字。"③ 邵晋涵《〈尔雅〉正义》："霿、霧二字古尝通用。"

"霿"的本义指一种"天气下地不应"的气候现象，这种气候出现会使日光黯淡，视物朦胧不清，犹如蒙着一层细纱。所以，本义中包含了"昏暗""轻细"的语义成分。这种气候现象与"霧"有相似之处，但并非一物。《尔雅·释天》："地气发天不应曰霧。"④ 《释名·释天》："霧，冒也，气蒙乱覆冒物也。"⑤ 二者音近义通，古书"霿""霧"常通。《尔雅·释天》："天气下地不应曰霿。"⑥ 陆德明《释文》："霿，或作霧字。"⑦ 邵晋涵正义："霿、霧二字古尝通用。"⑧ 《说文·雨部》"霿"徐锴系传："《尔雅》作霿。"⑨ 《集韵·宋韵》："霧，或作霿。"⑩

"霿"包含了"昏暗"的语义成分，与"蒙"同源。《尔雅·释言》："蒙，奄也。"⑪《书·洪范》："曰蒙。"孔安国传："蒙，阴闇也。"⑫ 又《尔雅·释天》"霿"下，郑樵注："霿即蒙也。"郭璞注："言蒙昧。"⑬ 所谓"蒙昧"指昏暗不明，有遮蔽之象。"蒙"与"濛"音同义通，也是同源关系。《诗·豳风·东山》："零雨其濛。"《楚辞章句》作"零雨其蒙"⑭。

进一步分析，《诗·豳风·东山》："零雨其濛。"毛传："濛，雨貌。"⑮ "濛"训作"雨貌"，指出其义类和词性，但具体的语义特征则语焉不详。据字书所载，"濛"有二义：其一，作名词，表示轻细的小雨。《说文·水部》："濛，微雨也。"⑯ "濛"或作"霺"。《广雅·释训》："霺霺，雨也。"王念

---

① 郭璞注、邢昺疏：《尔雅注疏》，《十三经注疏》影印本，中华书局，1980，第 2608 页。
② 陆法言：《宋本广韵》，中国书店影印本，1982，第 191 页。
③ 陆德明：《经典释文》，中华书局影印本，1983，第 119 页。
④ 郭璞注、邢昺疏：《尔雅注疏》，《十三经注疏》影印本，中华书局，1980，第 2608 页。
⑤ 刘熙撰，毕沅疏证：《释名疏证》，《丛书集成初编》影印本，商务印书馆，1936，第 8 页。
⑥ 郭璞注、邢昺疏：《尔雅注疏》，第 2608 页。
⑦ 陆德明：《经典释文》，第 119 页。
⑧ 邵晋涵：《〈尔雅〉正义》，《续修四库全书》本，中华书局，2002，第 187 册。
⑨ 徐锴：《说文解字系传》，中华书局影印本，1987，第 229 页。
⑩ 丁度：《宋本集韵》，上海古籍出版社影印版，1985，第 464 页。
⑪ 郭璞注、邢昺疏：《尔雅注疏》，第 2581 页。
⑫ 孔安国传，孔颖达疏：《尚书正义》，《十三经注疏》影印本，中华书局，1980，第 191 页。
⑬ 郭璞注、邢昺疏：《尔雅注疏》，第 2608 页。
⑭ 王逸：《楚辞章句》，《文渊阁四库全书》卷一百四十八集部一，楚辞类。
⑮ 毛亨注，郑玄笺，孔颖达疏：《毛诗正义》，第 396 页。
⑯ 许慎：《说文解字》，中华书局，1978，第 234 页；王念孙撰，钟宇讯点校《广雅疏证》，中华书局，1983，第 183 页。

孙《广雅疏证》："濛与霢同。"① 其二，作形容词，形容雨势轻细。《玉篇·水部》："濛，微雨貌。"②

依故训，"濛"应该兼有名词、动词两种词性。然而，故训往往重词义而轻词性，两种释义实际表达出了"濛"含有"轻细"和"雨"两个语义成分。"其"在该句中作词缀，用在"濛"之前。"零雨其濛"意思就是"下着轻细的小雨"。

就"霢"的语义而言，从能见度的角度说，它具有"昏暗、遮蔽"的语义成分；从事物的形状来看，它具有"轻细"的语义成分。具体到爻辞中，"霢"则突出了"轻细"的语义成分，所谓"遇雨女（如）霢"意思是"遇到如霢一般轻细的雨"。

"零雨其濛"和"遇雨女霢"中，"其濛"的结构是"词缀＋形容词"，作补语；"女霢"的结构是"介词＋名词"，也作补语。都是补充说明雨势的强度。"濛"意思是"轻细的"；"霢"本指"天气下地不应"的气候现象，也包含"轻细的"语义成分。所以，"其濛"和"女霢"的意思都是补充说明雨势很小。"零雨其濛"可以进一步证明《上博简》"遇雨女霢"的意思是"遇到轻细的小雨"。这正与"若濡"意义相同。所以，"若濡"意为人走在雨中像进入沐浴用的温水一样，形容雨势轻细之貌。

三　"苋陆"通"见陆"

九五爻辞曰："苋陆，夬夬中行，无咎。"其中，"苋陆"的词义含糊，至今悬而未决。综合各家观点，主要有以下五种：

第一，认为"苋陆"是一种植物，即商陆，或以为马齿苋。陆德明《释文》引马融、郑玄云："苋陆，商陆也。"③ 李鼎祚《集解》引荀爽曰："苋者，叶柔而根坚且赤。"④ 王弼注："苋陆，草之柔脆者也。"⑤ 朱熹："苋陆，今马齿苋，感阴气之多者。"⑥

第二，认为"苋"和"陆"是两种植物。陆德明《释文》引宋衷云：

---

① 王念孙撰，钟宇讯点校：《广雅疏证》，第 178 页。
② 顾野王：《宋本玉篇》，中国书店影印本，1983，第 347 页。
③ 陆德明：《经典释文》，第 27 页。
④ 李鼎祚：《周易集解》卷九，中国书店，1984，第 3 页。
⑤ 王弼注，孔颖达疏：《周易正义》，第 57 页。
⑥ 萧汉明：《周易本义导读》，齐鲁书社，2003，第 58 页。

"苋，苋菜也；陆，商陆也。"①

第三，认为"苋"指动物，即细角的山羊，"苋陆"意思是山羊在路上奔跑。孟喜："苋陆，兽名。"② 项安世："苋，音丸，山羊也。陆，其所行之路也。犹鸿渐于陆之陆。"③ 王夫之："苋，细角羊，不能触者。陆，平原之地，羊所乐处也。"④

第四，"苋陆"训作"和睦"。陆德明《释文》："苋，一本作莞，华板反。"⑤ 又引蜀才云："睦，亲也，通也。"李鼎祚《周易集解》引虞翻："苋，说也。苋，读'夫子苋尔而笑'之'苋'。陆，和睦也。"⑥ 李道平《周易集解纂疏》："《释文》莞作苋，云'今作莞，古本《论语》作苋。'何晏注'莞尔，小笑貌'，故云苋，读夫子'苋尔而笑'之苋也。陆，《释文》蜀才作'睦'，'陆'与'睦'古通用，故曰'陆，和睦也'。"⑦

第五，"苋"非本字。焦循《易章句》："苋，为见之假借。"⑧

拘泥于字形解释意义往往会步入歧途，然而，卦爻辞语境也没有提供有力的证据。但我们可以借助出土文献的异文寻找线索。"苋陆"，《上博简》作"苋芺"，马王堆汉墓帛书作"苋斀"。"苋"，《上博简》和帛书皆同。可见"苋陆"为植物之说由来已久。然而，无论是"商陆"还是"马齿苋"都是常见的普通植物，没有什么特殊的属性或功用，而且与爻辞所营造的"行进"的语境没有什么必然的联系。注家认为"柔脆""性阴"皆是以象数附会其性，而非植物的本性。由此看来，解释成植物比较勉强。倘若"苋陆"理解成山羊在路上奔跑，那么"陆"就应当作地点状语，一般应该由"于"引进，《易经》中类似的结构如"鸿渐于陆"。"陆"在这里独立使用是不符合语法规则的，因此，解释成"细角的山羊"不能成立。若解释成"和睦"，那么"苋陆"皆非本字，当通"莞睦"。但是，从先秦文献的实际用例分析，"莞"不单独成词，常与"尔""然"组合成复音词。这里，"莞"不但单独成词，而且"莞"和"睦"连用，这种情况也仅此一例，甚为可疑。

---

① 陆德明：《经典释文》，第 27 页。
② 马国翰：《玉函山房辑佚书》卷二，上海古籍出版社影印本，1990，第 91 页。
③ 项安世：《周易玩辞》，上海古籍出版社影印本，1990，第 345 页。
④ 王夫之：《船山全书·周易内传》，岳麓书社，2011，第 360 页。
⑤ 陆德明：《经典释文》，第 27 页。
⑥ 李鼎祚：《周易集解》卷九，第 3 页。
⑦ 李道平：《周易集解纂疏》卷六，上海古籍出版社，1994，第 5 页。
⑧ 焦循撰，李一忻点校：《易学三书》，九州出版社，2003，第 123 页。

惟独焦循认为"苋"的本字当为"见",恰得其义。《易经》卦爻辞中类似的结构,有《乾》卦九二"见龙在田"①、用九"见群龙无首"、②《睽》卦六三"见舆曳,其牛掣,其人天且劓"等。③ 此类结构,主语当是问卜者,意思是问卜者看到某种场景。"陆"在《易经》中指高平之地,又见于"鸿渐于陆"④,意思是"大雁逐渐降落在高平的陆地"。所谓"苋陆"其实就是"见陆","看到高平之地"的意思。放回爻辞的语境中,"高平之地"与"行进途中"语义上相容。该爻表达的意思就是看到高平之地,蹒跚缓慢地行进途中,没有灾祸。

通过上述分析,我们认为,"夬夬"与"蹢蹢"是同义词,应训作"动作不连贯之貌";"若濡"《上博简》作"女雩",皆形容像沐浴用的温水一样、雨水轻细之貌,"遇雨若濡"的意思是"遇到轻细的小雨";"苋"通"见","苋陆"就是"见陆",表示"看到高平之地"的意思。

作者单位:济南大学

---

① 王弼注,孔颖达疏:《周易正义》,第13页。
② 王弼注,孔颖达疏:《周易正义》,第14页。
③ 王弼注,孔颖达疏:《周易正义》,第51页。
④ 王弼注,孔颖达疏:《周易正义》,第51页。

姚配中《周易通论月令》解义

林金泉

摘　要：《易》为群经之首，六艺之原，周秦百氏无不渊源于《易》，《易》固无所不通。本文将《礼记·月令》内容分五项为纲，就《周易通论月令》一书，作全面性解义。以"元"为主轴，前后一路贯串，旁及天文、历法、乐律、明堂、五行、文字诸说，从象数与义理两面，说明此书承先起后，深博明辨，独具一格，既有功于《易》，亦发明于《礼》，开后学别一研《易》门径。

关键词：《周易》《周易通论月令》　姚配中

前　言

《周易通论月令》一书，清旌德姚配中所撰。姚氏于注《易》之暇，会通《易》与《礼记·月令》之相关联者，为《月令笺》五卷，以郑为宗。又探研其间微言大义，合之为《周易通论月令》，分上下二卷，而以"元"统论之，自成条贯，见载于《一经庐丛书》及《聚学轩丛书》。考《礼记·月令》综《管子》四时、五行、幼官、轻重己篇，以及《诗·七月》《夏小正》等资料，汇整增益而成，统言四时、五方、十二月中，自然界之天象如何、节候如何、动植物如何、与之相应之帝之神如何、音律如何、色香臭如何，以及与之相应之人之事之德、祭祀、居处、服色、时政等当如何，庞然而有统，有条而不紊。论其内容，括之有五：一曰天文星象，二曰五行配属，三曰节候叙述，四曰明堂时令，五曰违令灾异。姚氏《周易通论月令》一书，博征古义，奥衍宏深，反复推阐，向无说解，兹寻其理序，厘其脉络，探其义蕴，庶能得窥其门径，而有裨于研究。文分五节，依据《月令》内容。为利"节候叙述""违令灾异"两节诠述，以文言书写，随顺姚氏文意，并浓缩篇幅；采《一经庐丛书》木活字本，除标题外，凡以标楷体显示者皆《周易通论月令》或他书引文云。

一　明堂时令

《周易》谈八卦，《月令》谈五行，二者所重虽不同，然其言阴阳也则一，固有其相通之处也。姚配中承先儒阐"元"之成果，究极阴阳二气之本根，以具"主宰义""创生义""流行义"气化之"元"，一以贯之，可谓有功于《易》《礼》矣。

《说卦传》曰：

> 万物出乎震，震东方也。齐乎巽，巽东南也……离也者，明也，万物皆相见，南方之卦也……坤也者，地也……兑，正秋也……乾西北之卦也……坎者，水也，正北方之卦也……艮东北之卦也。①

此以震、巽、离、乾、坎、艮配东、东南、正南、西北、正北、东北，而兑值正秋，属正西，则余坤之配西南可知。又以兑值正秋，类推之，则乾为西北之卦，节立冬；坎为正北方之卦，节冬至；艮为东北之卦，节立春；震为东方之卦，节春分；巽为东南之卦，节立夏；离为南方之卦，节夏至；坤为西南之卦，节立秋，而八卦配八方、八节又可知。《庄子·天下》曰："《易》以道阴阳。"春、夏、秋、冬依次分属少阳、老阳、少阴、老阴，则阴阳之周流于一岁四时、八节，乃至十二月、二十四气、七十二候又从可知。故姚配中《周易通论月令》曰：

> 帝出乎震，帝者，乾元也。万物出乎震，万物者，元所为也。出乎震，齐乎巽，相见乎离，致役乎坤，说言乎兑，战乎乾，劳乎坎，成言乎艮。而元周八卦矣。②

乾元具主宰义，故曰"帝出乎震，帝者，乾元也。"具创生义，故曰"万物者，元所为也。"具流行义，故曰"出乎震，齐乎巽，相见乎离，致役乎坤，说言乎兑，战乎乾，劳乎坎，成言乎艮。"乾元为阳之始，坤元为阴之始，太极则阴阳之始，太极即一，一者元也，坤元凝乾元以为元，资始资生，运行于八节，终则复始，生成万物，故"元周八卦矣。"

《月令》之言阴阳者亦然，蔡邕《明堂月令章句》曰：

---

① 朱熹：《易本义》，台北世界书局，1979，第71页。
② 《续修四库全书·经部·易类》第30册，上海古籍出版社，2002，第691页。

天之道，阴阳各有小大，是生四时。少阳为春，大阳为夏，少阴为秋，大阴为冬。①

其《明堂月令论》又曰：

《月令》篇名曰：因天时，制人事，天子发号施令，祀神受职，每月异礼，故谓之月令，所以顺阴阳，奉四时，效气物，行王政也。成法具备，各从时月，藏之明堂，所以示承祖考神明，明不敢亵渎之义。故以明堂冠月令。②

《月令》兼记"月"与"令"，"月"隶天时，"令"属政事。《月令》播五行于四时、十二月，以天子为主体，天子承"天"以治"人"，理应依"天时"以行"政事"，爰居明堂，以顺阴阳，奉四时，告月朔，布时令，效气物，祀神受职，而行王政。则此月令，乃王者配天时，每月对人民之所令，亦犹天之命，通过王之命，假天时十二月，以对人民月月分别有所令。是明堂乃布政之所，月令为每月异礼所发布之政令，统名之亦曰："王居明堂礼"或"明堂月令"。故姚氏引《礼记·礼运》曰："夫礼必本于太一，分而为天地，转而为阴阳，变而为四时，列而为鬼神，其降曰命，其官于天也。"③此处礼指"王居明堂礼"，太一即元，"王居明堂礼"本于元，元分天地，转阴阳，变四时，圣王象此，颁教令于民以法天，即所谓"明堂月令"也。

姚配中《周易通论月令》言明堂，冶古文家"五室说"与今文家"九室说"于一炉，盖形制虽异，而理实互通。其"明堂谓之五府者，五帝之府也。"下自注云：

《玉藻》疏引④《尚书帝命验》云：帝者承天，立五府以尊天重象也。五府，五帝之庙，苍曰灵府，赤曰文祖，黄曰神斗，白曰显纪，黑曰元矩。唐虞谓之五府，夏谓之世室，周谓之明堂，皆祀五帝之所也。宋均注云：象五精之神也。天有五帝，集居太微，降精以生圣人，故帝者承天，立五帝之府，是为天府。文祖者，赤帝赤熛怒之府，火精光明，

---

① 蔡邕：《明堂月令章句》，《经学辑佚文献汇编》第 14 册，国家图书馆出版社，2010，第 116 页。
② 蔡邕：《明堂月令论》，《经学辑佚文献汇编》第 14 册，国家图书馆出版社，2010，第 250 页。
③ 《续修四库全书·经部·易类》第 30 册，上海古籍出版社，2002，第 691 页。
④ "玉藻疏引"四字应是衍文，《礼记·玉藻》疏无下引文见载。

文章之祖，故谓之文祖。周曰明堂，黄帝含枢纽之府，名曰神斗，斗主也，土精澄静，四时之主，故谓之神主，周曰太室。显纪者，白帝白招拒之府，纪，法也，金精断割万物，故谓之显纪，周曰总章。元矩者，黑帝汁光纪之府，矩，法也，水精元昧，能权轻重，故谓之元矩，周曰元堂。灵府者，苍帝威灵仰之府，周曰青阳。①

又"五帝之号，因时易名，其实则乾元耳。乾消息在巳，故明堂位在巳。"下自注云：

> 《玉藻》疏引《异义》讲学大夫淳于登说：明堂在国之阳，丙巳之地，…周公祀文王于明堂，以配上帝。上帝，五精之帝，太微之庭中有五帝座星。郑云：淳于登之言，取义于《援神契》，《援神契》记宗祀文王于明堂，以配上帝，曰：明堂者，上圆下方，八窗四达，布政之官，在国之阳。帝者，谛也，象上可承五精之神，五精之神，实在太微，于辰为巳，是以登云然，今汉立明堂于丙巳，由此为也。水木用事，交于东北；木火用事，交于东南；火土用事，交于中央；金土用事，交于西南；金水用事，交于西北。周人明堂五室，帝一室合于数。②

此古文家"明堂五室说"③，在夏曰世室，在殷曰重屋，在周谓之明堂，皆祀五帝之所。按：太微垣有五帝座，五帝降精以生圣人，故帝者承天，立"灵府、文祖、神斗、显纪、元矩"五帝之府，即"苍帝威灵仰、赤帝赤熛怒、黄帝含枢纽、白帝白招拒、黑帝汁光纪"之庙，亦即周之"青阳、明堂、太室、总章、元堂"之明堂。五帝之号，曰苍、曰赤、曰黄、曰白、曰黑，以五色配五行，各王一时，亦春青、夏赤、中央黄、秋白、冬黑，象其方色而易其政，如郎顗所谓"王者随天，譬犹自春徂夏，改青服绛也。"④乾，十二消息卦在巳，故明堂位在巳，巳五行属火，丙亦火，离火位在南，天子当阳，向明而治，故明堂在国之阳，丙巳之地。东青阳，南明堂，西总章，北元（玄）⑤堂，而通曰明堂者，盖举南以赅其

---

① 《续修四库全书·经部·易类》第30册，上海古籍出版社，2002，第692~693页。
② 《续修四库全书·经部·易类》第30册，上海古籍出版社，2002，第693页。
③ 《礼记注疏》，台北新文丰出版公司，2001，第544页。
④ 王先谦：《后汉书集解》，台北艺文印书馆，1956，第386页。
⑤ 避康熙玄烨讳，改玄为元。

三。水木用事，即冬春之交，位在东北；木火用事，即春夏之交，位在东南；火土用事，即春夏阳与秋冬阴之交，位在中央，而统四方；金土用事，即夏秋之交，位在西南；金水用事，即秋冬之交，位在西北。明堂共五室，帝各有一室，五室之位，土居中央，木火金水，各居四维，合于五行之数。故天之五帝，降精以生圣人，随四时而居五室，如同乾元一岁之流行。见图1。

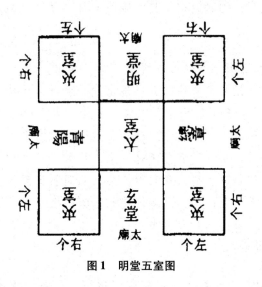

图1　明堂五室图

《周易通论月令》又曰：

> 帝之所在，因时易名，而八卦位焉。坎离震兑者，四正；乾艮巽坤者，四隅，而明堂之法立焉。四正者，明堂之四堂；四隅者，四堂之左右个。元位中央，藏于戊己，则明堂之大庙大室也。①

下自注云：

> 《洪范五行传》云：孟春御青阳左个，索祀于艮隅；仲春御青阳正室，索祀于震正；季春御青阳右个，索祀于巽隅；孟夏御明堂左个，索祀于巽隅；仲夏御明堂正室，索祀于离正；季夏御明堂右个，索祀于坤隅；孟秋御总章左个，索祀于坤隅；仲秋御总章正室，索祀于兑正；季秋御总章右个，索祀于乾隅；孟冬御元堂左个，索祀于乾隅；仲冬御元

---

① 《续修四库全书·经部·易类》第30册，上海古籍出版社，2002，第692页。

堂正室，索祀于坎正；季冬御元堂右个，索祀于艮隅。①

此今文家"明堂九室说"，见图2，以利说明。

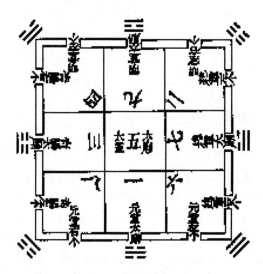

图 2　明堂九室图

《大戴礼记·明堂》曰："明堂者，古有之也，凡九室，……二九四，七五三，六一八。"② 明堂九室，本诸九宫。其四正：震三、离九、兑七、坎一，室各一门，曰太庙。其四隅：艮八、巽四、坤二、乾六，室各两门，曰左右个，一室两用，非当月所居之门则阖，如正月居青阳左个则东门辟，阖元堂右个之北门，依此类推。自正月天子居青阳左个始，历一周至元堂右个止，虽九室而适值一岁十二月。正、二、三月所居曰青阳，时为春；四、五、六月所居曰明堂，时为夏；七、八、九月所居曰总章，时为秋；十、十一、十二月所居曰元堂，时为冬。四正震、离、兑、坎者，青阳、明堂、总章、元堂四堂；四隅艮、巽、坤、乾者，四堂之左右个。天子每月易一室，衣该月之衣，食该月之食，听该月之乐，祭该月之神，理该月之政，按时令、方位与五行，行"天人相应之事"，十二月一循环，终而复始。故姚配中曰："乾元周而四时成，八卦列矣，八卦者，明堂之位，天子之居周明堂，元之周八卦也。""元一岁而周八卦，天子十二月

---

① 《续修四库全书·经部·易类》第 30 册，第 692 页。《古经解汇函·尚书大传·洪范五行传》，台北鼎文书局，1973，第 625～626 页。

② 方向东：《大戴礼记汇校集解》，中华书局，2008，第 853 页。

而周明堂，象乾元也。"① 然则中央太庙太室岂闲置乎？《周易通论月令》又曰：

> 金木水火虽各职，不因土，方不立，土者，五行之主也。盖中央者，四方之所交会，将生者出，将归者入，德合无疆，而无时不在者。故曰：中央土，明其为五行之主，居中央而统四方也。此坤元之藏乾元者也。②

下自注引《白虎通·五行》云：

> 土王四季，各十八日，土所以王四季何？木非土不生，火非土不荣，金非土不成，水非土不高，土扶微助衰，历成其道，故五行更王亦须土也。王四季，居中央，不名时。③

土居中央，中既立则东南西北之位定，乃四方所交会而统四方者，故"不因土，方不立"。木非土则不生，火非土则不荣，金非土则不成，水非土则不高，土扶微助衰，历成其道，故"五行更王，亦须土"。土王四季，每季末各挪 18 日以居中央太庙太室，四季共 72 日，故春青阳、夏明堂、秋总章、冬元堂，各居 90 − 18 = 72 日，并中央太庙太室 72 日，周一岁共 72 × 5 = 360 日，以应《易》"三百六十当朞之日"。因土兼有四时，故"不名时"。《周易通论月令》又曰：

> 乾阳灭于戌，消入中宫，伏而藏于戌，荄于亥，此乾元之位，消息之宗也。故曰天宗，《书》谓之六宗，以其为六气之宗也。变化之本，象数之原，视之不见，听之不闻，循之不得者也。④

乾阳灭于戌，戌九月为消卦䷖剥，戌后乃消入中宫，伏而藏于戌，荄于亥，亥十月消卦䷁坤，阴极则生阳，故上言"将归者入，将生者出"。而戌土、中宫土、戌土、坤亦土，即乾元藏于坤元之中，坤凝乾之元以为元，故上言"德合无疆""坤元藏乾元"。灭于戌，荄于亥，则阳将出乾子，子为息

---

① 《续修四库全书·经部·易类》第 30 册，第 692 页。
② 《续修四库全书·经部·易类》第 30 册，第 692 页。
③ 《续修四库全书·经部·易类》第 30 册，第 692 页。
④ 《续修四库全书·经部·易类》第 30 册，第 693 页。《中国子学名著集成》65 册，《中国子学名著集成》编印基金会出版，1978，第 226 页。

卦☷☳复，一阳初动，故"此乾元之位，消息之宗，曰天宗，《书》谓之六宗。"《复·象传》："复，其见天地之心乎!"① 天地之心即乾元，坤元凝乾元以为元，故以天地冠之，为消息变化之本，象数之原，视之不见，听之不闻，循之不得，故姚氏于注下案语曰："孟冬坤用事，当乾位。乾，阳之老，为蓍；坤，阴之老，为龟。故孟冬命太史衅龟筴占兆，审卦吉凶。"② 此象数之本也。又曰"六宗者，上不谓天，下不谓地，傍不谓四方，在六者之间，助阴阳变化者也""万物负阴而抱阳，冲气以为和，六宗者，太极冲和之气，为六气之宗者也。案太极冲和之气，谓乾元坤元之交也""此即易之元也，坤元位中央，藏乾元，元不可见，故恍惚无有"。③ 盖形容元本体之超越性，视之不见，听之不闻，循之而不得者也。又曰：

> 元之伏藏，天子居九重之象也。四时之气，元主之。四时之令，天子主之。天子者，天下之元，体元出治者也，故于季秋定法制焉，象元之伏而为消息之原也。《洪范》："五、皇极。皇建其有极，曰皇极之敷言，是彝是训，于帝其训。"即此义也。……五者，中央之数；皇极者，乾元也。谓之皇极者，皇，大也；极，中也。中央元气，谓之太极，王者建极，是为皇极。乾元为万物之宗，万物消息，根于乾元，而顺乎八卦。八卦效而岁功成，王者体元建极，调燮阴阳，而物各以候应矣。明堂之政，王道之成也。④

元伏藏于中，主导四时之气之流行，犹天子主理颁布四时之令于民而施行政务，故天子即天下之元，能履行敬天奉时之政令而治平天下者。《礼记·月令》："季秋之月，……为来岁受朔日。"⑤ 季秋戌月，乾阳灭于戌，消入中宫，伏藏于戌；荄于亥，而出于子，为阴阳消息之原，故定"为来岁颁朔"之法制者以此。元伏藏于中，犹天子居九重之中，亦犹《尚书·洪范》九畴"五、皇极"之居中。

五者，中央之数；皇极者，大中之道，即伏藏于中央之乾元。中央元气

---

① 《周易姚氏学》注引荀爽曰："复者，冬至之卦，阳起初九，为天地心，万物所始，吉凶之先，故见天地之心矣。"姚案："元伏初于天地之极中也，故见天地之心。阳始起，未成爻画者也。"见《续修四库全书·经部·易类》第30册，第544页。

② 《续修四库全书·经部·易类》第30册，第693页。

③ 《续修四库全书·经部·易类》第30册，第693页。

④ 《续修四库全书·经部·易类》第30册，第693~694页。

⑤ 《礼记注疏》，第338页。

四. 五 纪	九. 五　六 福　极	二. 五 事
三. 八 政	五. 皇 极	七. 稽 疑
八. 庶 徵	一. 五 行	六. 三 德

图3　洪范九畴图

谓之太极，故太极即坤元凝乾元之本体——元气。王者建此大中之道，是为皇极。臣下布陈其言，以之为常道，用以训教天下，即顺天。天子体元建极，调燮阴阳，居中以御外，按月布令、行令而不违时，则物各以候应而岁功成，故曰："明堂之政，王道之成也。"

明堂之政，依四时之孟而言盛德，《礼记·月令》曰：

　　孟春之月，……天子居青阳左个，……是月也，以立春，先立春三日，太史谒之天子曰：某日立春，盛德在木。

　　孟夏之月，……天子居明堂左个，……是月也，以立夏，先立夏三日，太史谒之天子曰：某日立夏，盛德在火。

　　孟秋之月，……天子居总章左个，……是月也，以立秋，先立秋三日，太史谒之天子曰：某日立秋，盛德在金。

　　孟冬之月，……天子居元堂左个，……是月也，以立冬，先立冬三日，太史谒之天子曰：某日立冬，盛德在水。

孟春、孟夏、孟秋、孟冬之月言圣德，惟土居中央不言盛德，以其王四时而不名时也。盛德在木、火、金、水，依时序流行，若元之周八卦而岁终，终则复始，故盛德即元。而盛德之在某，言在者，有不在者在，故立春盛德在木，立春之前未尝无木在；立夏盛德在火，立夏之后亦未尝无木在，盖非其盛德之时，故有所不在。职是，木、火、金、水以其行言之，则周四时；以其生、长、收、藏成物之盛德言之，则历四时；以其壮老生死言之，则春：

木壮、水老、火生、金囚、土死；夏：火壮、木老、土生、水囚、金死；中央：土壮、火老、金生、木囚、水死；秋：金壮、土老、水生、火囚、木死；冬：水壮、金老、木生、土囚、火死，互相因，互相济，[1] 犹乎"帝出乎震，齐乎巽，相见乎离，致役乎坤，说言乎兑，战乎乾，劳乎坎，成言乎艮，而元周八卦"亦一气之转，而物各以候应矣。"帝者，乾元也。万物出乎震"，故"乾元为万物之宗""万物者，元所为也""万物消息，根于乾元"。而"八卦效而岁功成"，此自然界万物生成之过程，反映于人间，犹圣王体元出治，顺阴阳，赞化育，参天地，致中和，而成既济，一皆盛德之所为也。

总上以观，八卦、五行皆隶于阴阳，而归之于元，八卦中自有阴阳五行，五行中自有八卦阴阳，元内在于阴阳五行八卦之中，元乃《周易》八卦与《月令》五行联系之内核，亦《周易》通论《月令》之主轴，姚氏将二者以元一以贯之，盖历历可考。

二　天文星象

《系辞传》曰："法象莫大乎天地，变通莫大乎四时，悬象著明莫大乎日月。"《说卦传》又曰："离为日，坎为月。"日月相会一岁十二交，以成十二月，故《礼记·月令》"举时以表月"，先记十二月日躔所在、昏旦中星。盖《洪范》"五纪：岁、月、日、星辰、历数。"《尧典》"历象日月星辰，敬授民时""在璇玑玉衡，以齐七政"，乃帝王之首事。其曰：

> 孟春之月：日在营室，昏参中，旦尾中。
> 仲春之月：日在奎，昏弧中，旦建星中。

---

[1] 此《淮南子·墬形》五行壮老生囚死说，参见《淮南鸿烈集解》，台北萃文堂书局，第12页。具表如下：

五行 ＼ 四时	春	夏	中央	秋	冬
木	壮	老	囚	死	生
火	生	壮	老	囚	死
土	死	生	壮	老	囚
金	囚	死	生	壮	老
水	老	囚	死	生	壮

季春之月：日在胃，昏七星中，旦牵牛中。

孟夏之月：日在毕，昏翼中，旦婺女中。

仲夏之月：日在东井，昏亢中，旦危中。

季夏之月：日在柳，昏火中，旦奎中。

孟秋之月：日在翼，昏建星中，旦毕中。

仲秋之月：日在角，昏牵牛中，旦觜巂中。

季秋之月：日在房，昏虚中，旦柳中。

孟冬之月：日在尾，昏危中，旦七星中。

仲冬之月：日在斗，昏东壁中，旦轸中。

季冬之月：日在婺女，昏娄中，旦氐中。

此观测南中天之昏旦中星，以推定一岁十二月日躔之所在。以孟春之月为例："日在营室，昏参中，旦尾中。"即根据观测所得之"昏中星参""旦中星尾"，取二十八宿自旦迄昏之中宿，以推定孟春之月正午时分日躔在营室，余月仿此。故日右行，各历三十日（度）许，则仲春日在奎，季春在胃，……直至季冬在婺女，而岁一周（参见图5）。此《洪范》"五纪"之"星辰"也。月始于朔，立春日在营室，或在朔前，或在朔后，若立春之前，日已在营室，乃为其月，余月亦仿此。《周易通论月令》释其义曰：

日月相推而明生，寒暑相推而岁成。日月者，阴阳之宗，所以消息阴阳而成寒暑者也。是以日月会而辰一移，辰移而阴阳之消息随之，寒暑之往来应焉。此所以纪昏旦之星，以之知日躔，验昼夜之长短也。[1]

又曰：

日以动阳，月以动阴，而一日之阴阳亦从可知。乾坤十二消息，不见坎离。其周流于一岁之终始，一阴一阳，以成既济者，莫非坎离也。日月为易，县象著明，一往一来，坎离交而形伏，所谓保合太和也，元之用也，……此天地合和之气，太极之浑函，周流无竟，无时或息，所以动日月者也。[2]

坎离为乾坤二用，坎中阳，乾元也；离中阴，坤元也，二用无爻位，周

---

[1] 《续修四库全书·经部·易类》第30册，上海古籍出版社，2002，第694页。
[2] 《续修四库全书·经部·易类》第30册，上海古籍出版社，2002，第696页。

流六虚，故乾坤十二消息，不见坎离。离日坎月相会于晦朔之际，所谓"坎离交而形伏""保合太和"也，即坤元伏乾元，天地合和之气，太极之浑函，周流无竟，无时或息，其所以动日月者，皆元之用也。

日月相会一岁十二交，以成十二月，月有三十日，三百六十者，岁之常数也。以《四分历》言之，日与天会而多五日九百四十分之二百三十五谓之气盈；月与日会而少五日九百四十分之五百九十二谓之朔虚，合朔盈、朔虚共得十日九百四十分之八百二十七是为岁闰，阴阳合历故有闰月，积三岁而满三十日，即多一月，则置闰焉。十二月每月二气以成二十四节气，日至十二宫之初为节，至十二宫之中为中，节在合朔之前则阳先阴后，节在合朔之后则阳后阴先。置闰之法：闰月无中气，所以调阴阳先后定四时而成岁焉。此《洪范》五纪之"历数"也。

《周易通论月令》又曰：

> 日春分过赤道而北，则地中之阳随日而出地；日秋分过赤道而南，则地中之阳随日而入地；日过赤道而北，则阳之随日动也渐高；日过赤道而南，则阳之随日动也渐下，而寒暑分焉。[①]

见图4，以利说明。

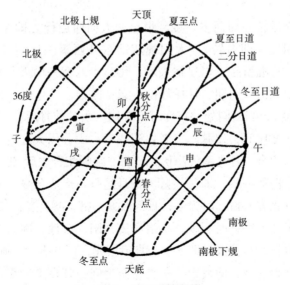

图4　浑天说解释图

---

① 《续修四库全书·经部·易类》第30册，上海古籍出版社，2002，第696页。

图 4 冬至点、春分点、夏至点、秋分点所构成之圆为黄道圈，二分日道所构成之圆为赤道圈，黄赤道约呈 23.5 度之夹角，子、卯、午、酉所构成之圆为地平圈。太阳视运动沿黄道而行，方其过春分点时，过赤道北而天气渐热，至夏至点（即北回归线）而极。方其过秋分点时，过赤道南而天气渐冷，至冬至点（即南回归线）而极。日过赤道而北，则阳之随日动也渐高，故暑；日过赤道而南，则阳之随日动也渐下，故寒。寒暑以日行赤道之南北而分焉。姚氏又于下注引《后汉书·律历志》曰：

天一昼夜而运过周，星从天而西，日违天而东。日之所行与运周，在天成度，在历成日。居以列宿，终于四七，受以甲乙，终于六旬。日月相推，日舒月速，当其同，谓之合朔。舒先速后，近一远三，谓之弦。相与为衡，分天之中，谓之望。以速及舒，光尽体伏，谓之晦。晦朔合离，斗建移辰，谓之月。日之行，则有冬有夏，冬夏之间，则有春有秋，是故日行北陆谓之冬，西陆谓之春，南陆谓之夏，东陆谓之秋。日道发南，去极弥远，其景弥长，远长乃极，冬乃至焉。日道敛北，去极弥近，其景弥短，近短乃极，夏乃至焉。二至之中，道齐景正，春秋分焉，日周于天，一寒一暑，四时备成，万物毕改，摄提迁次，青龙移辰，谓之岁。①

天一昼一夜运转一周而多一度，恒星丽天向西运行（即左旋），日行则由西而东与天相反（即右转），太阳视运动东升西落一昼一夜一周为一度，于历则为一日。日躔所在，以星宿表示，历二十八宿一周天。日之运行，以干支表示，六十日为一周期。日昼月夜，交互推移，日行迟而月行疾（日行 1 度，月行 13 度），当其同处一宿度时曰合朔。当日前月后，两者相距之度，呈远者一近者三之比时，曰弦。二者遥遥相对，中分周天之时，曰望。当月行追及日，日月相合，月光消失隐伏，曰晦。晦朔相合之后又离，离而又合，一离一合间，斗柄移一辰，即是一月。日月运行，形成冬夏，冬夏之间，有春有秋。故日行北方七宿，时为冬；日行西方七宿，时为春；日行南方七宿，时为夏；日行东方七宿，时为秋。日道居南，阳气收敛，则离北极愈远，正午时分，表影愈长，影长极，即冬至。日道居北，阳气生发，则离北极愈近，正午表影愈短，影短极，即夏至。冬夏二至之间，日在黄赤交点上，日出日

---

① 《续修四库全书·经部·易类》第 30 册，上海古籍出版社，2002，第 696 页。《后汉书集解》，台北艺文印书馆，1956，第 1100 页。

没时，表影指向正西、正东，即春分与秋分。日行一周天，经历一寒一暑，万物随四时而尽改，斗柄迁移十二次，岁星移动一辰，曰一岁。此说明《洪范》五纪之"岁、日、月"也。

而姚氏认为《礼记·月令》乃分星之最古者。列周天十二次、二十八宿图于下（见图5），星分度依《淮南子·天文》所载以证之。

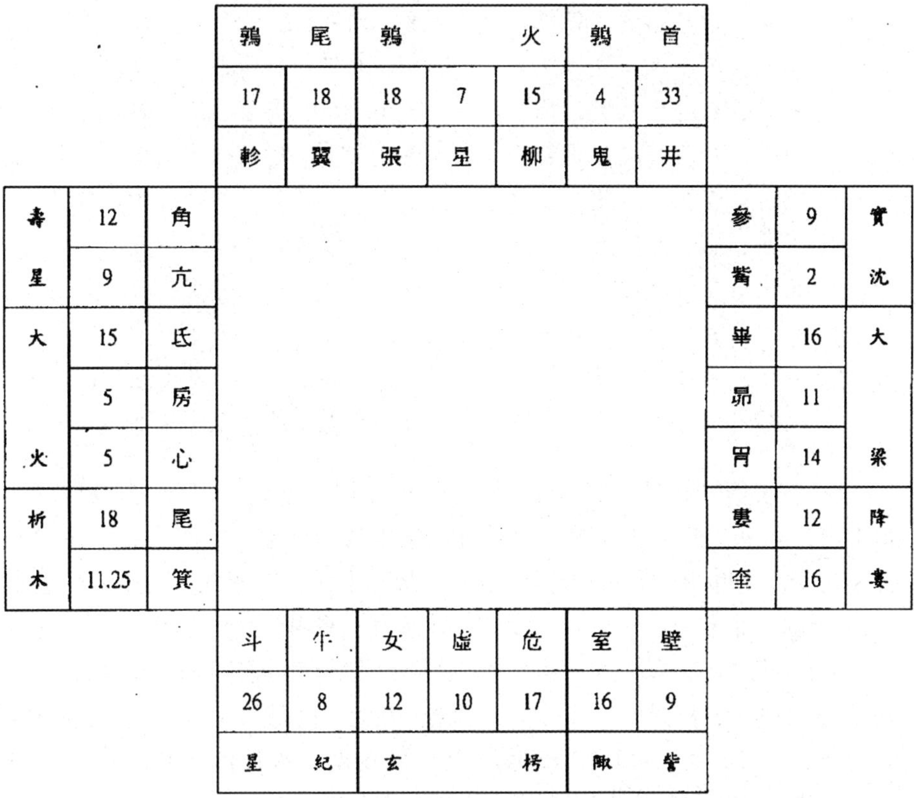

鹑尾		鹑		火	鹑首	
17	18	18	7	15	4	33
轸	翼	张	星	柳	鬼	井

寿星	12	角		参	9	实沈
星	9	亢		觜	2	
大	15	氐		毕	16	大
	5	房		昴	11	
火	5	心		胃	14	梁
析	18	尾		娄	12	降
木	11.25	箕		奎	16	娄

斗	牛	女	虚	危	室	壁
26	8	12	10	17	16	9
星纪	玄	枵	娵	訾		

图5　十二次、二十八宿分度图

孟春之月，日在营室，据《国语·周语》："日月厎于天庙（按：天庙即营室）。"[1]《大戴记·诰志》云："虞夏之历正建于孟春。"[2]《淮南子·天文》曰："天一元始，正月建寅，日月俱入营室五度。"[3]《洪范传》曰："历纪始于颛顼上元太始阏蒙摄提格之岁，毕陬之月，朔日己巳立春，七曜俱在

---

① 《国语·周语上》，台北河洛图书出版社，1980，第15页。
② 方向东：《大戴礼记汇校集解》，第991页。
③ 刘文典：《淮南鸿烈集解》，台北萃文堂书局，2003，第63页。

营室五度。"① 则正月朔旦立春，日在营室五度，在诹訾之初，与《三统历》"诹訾初危十六度立春"差六度。姚配中以为"依法，宫移六度"。按：《汉书·律历志》载《三统历》日躔曰：

诹訾：初危十六度，立春。中营室十四度，惊蛰。终于奎四度。

降娄：初奎五度，雨水。中娄四度，春分。终于胃六度。

大梁：初胃七度，谷雨。中昴八度，清明。终于毕十一度。

实沈：初毕十二度，立夏。中井初，小满。终于井十五度。

鹑首：初井十六度，芒种。中井三十一度，夏至。终于柳八度。

鹑火：初柳九度，小暑。中张三度，大暑。终于张十七度。

鹑尾：初张十八度，立秋。中翼十五度，处暑。终于轸十一度。

寿星：初轸十二度，白露。中角十度，秋分。终于氐四度。

大火：初氐五度，寒露。中房五度，霜降。终于尾九度。

析木：初尾十度，立冬。中箕七度，小雪。终于斗十一度。

星纪：初斗十二度，大雪。中牵牛初，冬至。终于婺女七度。

元枵：初婺女八度，小寒。中危初，大寒。终于危十五度。②

以《三统历》各月日躔为准，宫移六度，据《淮南子·天文》星分度："角十二，亢九，氐十五，房五，心五，尾十八，箕十一、四分一，斗二十六，牵牛八，须女十二，虚十，危十七，营室十六，东壁九，奎十六，娄十二，胃十四，昴十一，毕十六，觜巂二，参九，东井三十三，舆鬼四，柳十五，星七，张十八，翼十八，轸十七。"③ 如下表计算，则《礼记·月令》日躔依月次分别为：正月营室 5 度、二月奎 11 度、三月胃 13 度、四月觜巂 2 度、五月东井 22 度、六月柳 15 度、七月翼 6 度、八月角 1 度、九月氐 11 度、十月尾 16 度、十一月斗 18 度、十二月虚 2 度。

表1

十二次	月份、节气	《三统历》日躔	推《礼记·月令》日躔	《礼记·月令》日躔
诹訾	正月：立春、惊蛰	危 16 度	16 + 6 − 危 17 = 营室 5 度	营室
降娄	二月：雨水、春分	奎 5 度	5 + 6 − 1 = 奎 10 度	奎
大梁	三月：谷雨、清明	胃 7 度	7 + 6 − 1 = 胃 12 度	胃

① 《新唐书·历志·大衍历议》，台北艺文印书馆，1982，第 303 页。

② 王先谦：《汉书补注》，台北艺文印书馆，1955，第 435～436 页。

③ 刘文典：《淮南鸿烈集解》，第 80 页。

十二次	月份、节气	《三统历》日躔	推《礼记·月令》日躔	《礼记·月令》日躔
实沈	四月：立夏、小满	毕12度	12 + 6 - 毕16 = 觜觽2度	毕
鹑首	五月：芒种、夏至	井16度	16 + 6 - 1 = 东井21度	东井
鹑火	六月：小暑、大暑	柳9度	9 + 6 - 1 = 柳14度	柳
鹑尾	七月：立秋、处暑	张18度	18 + 6 - 张18 = 翼6度	翼
寿星	八月：白露、秋分	轸12度	12 + 6 - 轸17 = 角1度	角
大火	九月：寒露、霜降	氐5度	5 + 6 - 1 = 氐10度	房
析木	十月：立冬、小雪	尾10度	10 + 6 - 1 = 尾15度	尾
星纪	十一月：大雪、冬至	斗12度	12 + 6 - 1 = 斗17度	斗
元枵	十二月：小寒、大寒	婺女8度	8 + 6 - 女12 = 虚2度	婺女

确如姚配中所言"正月日在营室，二月在奎，三月在胃，五月在东井，六月在柳，七月在翼，八月在角，十月在尾，十一月在斗，合者九宫。四月在觜觽，九月在氐，十二月在虚，不合者三宫（见表1底纹部分）。"

姚氏又谓："须以觜二度增毕，减参二度与觜，则毕十八度、觜二度、参七度，而四月日在毕。以氐之十度为房初度，则氐九度、房十一度，而九月日在房。以虚初为女终度，则女增一度，虚减一度，而十二月日在女矣。星度增减，时或有异，亦如宫度之移易，不必尽同也。"① 并引《尔雅》之"诹訾之口，营室、东壁也；寿星，角、亢也；大辰，房、心、尾也。"② 谓诹訾当起营室，寿星当起角，大辰当起房。证《尔雅》与《月令》合，而以《月令》宫度，乃分星之最古者。此亦《洪范》五纪之"星辰"也。

《周易通论月令》又曰：

> 日穷于次，十二次星度、节气也。月穷于纪，十二合朔也。天地之阴阳随日月，日月移而阴阳变，此乾坤二用所以消息阴阳，一往一来，而成岁者也。星回于天，复起营室也。曰数将几终，岁且更始，则《月令》为建寅之令审矣。③

日穷于次者，谓去年季冬，日次于玄枵。从此之后，每月移次他辰，至

① 《续修四库全书·经部·易类》第30册，2002，第695页。
② 《尔雅注疏》，台北新文丰出版公司，1977，第97～98页。
③ 《续修四库全书·经部·易类》第30册，第695页。

此月穷尽，还次玄枵（见图5）。玄枵：女、虚、危也。十二月季冬：小寒、大寒也，故曰"十二次星度、节气也"。

图6　日月次舍交会之图

月穷于纪者，纪，犹会也。去年季冬月与日相会于玄枵（见图5），自此以后，月与日相会于他辰，至此月穷尽，还复会于玄枵十二月，故曰"十二合朔也"。

星回于天者，谓二十八宿随天而行，每日虽周天一匝，昏旦不同，至于此月复其故处，与去年季冬昏旦相似，而日躔明年孟春与今年孟春又同在营室。故曰"复起营室也"。数将几终，岁且更始者，几，近也。就阴历言，以去年季冬至今年季冬，三百五十四日，未满三百六十五日，未得正终，唯近于终。若就阳历言，此月既终，则满三百六十五日，岁更始于明年孟春寅月，故言"《月令》为建寅之令审矣"。

故天地之阴阳随日月之推移，日月推移而阴阳之气亦随之而变，四时、十二月、二十四节气、七十二候乃成焉。《周易参同契》云："坎戊月精，离己日光，日月为易，刚柔相当。"又云："坎离者，乾坤二用，二用无爻位，周流行六虚，往来既不定，上下亦无常，幽潜沦匿，变化于中，包囊万物，为道纪纲，以无制有，器用者空，故推消息，坎离没亡。"[1] 十二消息卦不见坎离，坎离乃乾元坤元之二用，坤凝乾之元以为元，消息阴阳，一往一来，

①　彭晓：《周易参同契真义》，引自《中国子学名著集成》第65册，中国子学名著集成编印基金会，1978，第22~24页。

周流一岁之终始，以成既济者，盖非坎月离日之用莫由也。故政令顺则坎上离下成既济定，政令反则离上坎下而致未济穷，此由天象连及政事，反映顺天、违天之不同结果，天命岂可逆乎哉？

三　五行配属

（一）其日、其帝、其神、其虫

《月令》播五行于四时，其于四时之孟，皆言盛德，曰盛德在木、盛德在火、盛德在金，盛德在水，土居中央，不言盛德者，兼王四时而不名时也。盛德在木、火、金、水，依时序流行，若元之周八卦，故盛德即元。而凡事物皆元之所赋，有性、气、形之不同，非若元之周历四时相因相济而可互通。故《周易通论月令》曰："甲乙丙丁之类，各肖一行之性；大皞句芒之类，各象一时之气；羽毛鳞介之类，各成一气之形。"① 释之如下。

《礼记·月令》曰：

> 春之月，……其日甲乙，其帝大皞，其神句芒，其虫鳞。
> 夏之月，……其日丙丁，其帝炎帝，其神祝融，其虫羽。
> 中央土，其日戊己，其帝黄帝，其神后土，其虫倮。
> 秋之月，……其日庚辛，其帝少皞，其神蓐收，其虫毛。
> 冬之月，……其日壬癸，其帝颛顼，其神玄冥，其虫介。

《周易通论月令》曰："春，其日甲乙者，谓日之行在甲乙，阳气随日，屈以求信，而物之象其气之性而生者，亦解孚甲抽轧而出也。"下注："郑云：乙之言轧也，日之行，春东从青道，发生万物，月为之佐，时万物皆解孚甲抽轧而出，因以为日名焉。案：日行青道，故其日甲乙。"② 日行青道，其日甲乙，推之则日行赤道，其日丙丁；日行白道，其日庚辛；日行黑道，其日壬癸。按：日行西陆（西方七宿）谓之春，南陆（南方七宿）谓之夏，东陆（东方七宿）谓之秋，北陆（北方七宿）谓之冬，说已详前。春，日之行在甲乙者，天左旋，日右转，日行西陆，则斗柄指东，时为春；日行南陆，则斗柄指南，时为夏；日行东陆，则斗柄指西，时为秋；日行北陆，则斗柄指北，时为冬。《礼记·月令》疏引《尚书·考灵曜》云："万世不失九道

---

① 《续修四库全书·经部·易类》第30册，第691～692页。
② 《续修四库全书·经部·易类》第30册，第696页。

谋。"郑注引《河图·帝览嬉》云："黄道一，青道二，出黄道东；赤道二，出黄道南；白道二，出黄道西；黑道二，出黄道北。日春东从青道，夏南从赤道，秋西从白道，冬北从黑道。"① 此"九道说"，见图7。

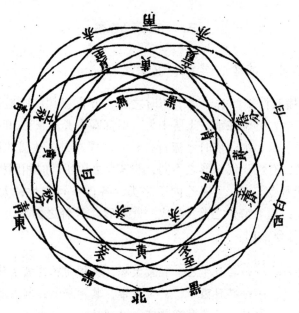

图7　日月冬夏九道之图

按：月道（即白道）与日道（即黄道）呈约6°之夹角，极为接近，古人不能辨，以为同行一道，至东汉，始有"日有中道，月有九行"之分，九行即九道。九道者，以中道（即黄道）为准，按八节分为八道：立春、春分二青道，出黄道东；立夏、夏至二赤道，出黄道南；立秋、秋分二白道，出黄道西；立冬、冬至二黑道，出黄道北；加上中道（黄道），故曰九道。

春日行青道，方位东，五色为青，五行属木，天干配甲乙，故其日甲乙也。《说文》云："甲，东方之孟，易气萌动，从木戴孚甲之象""乙，象春屮木冤曲而出，会气尚强，其出乙乙也。"② 以是例诸，则丙者，阳道炳然；丁者，万物丁壮；丰楙于戊；理纪于己；敛更于庚；悉新于辛；壬，象人裹姙之形；癸，冬水土平可揆度，象水从四方流入地中之形。《尚书·洪范》言"水曰润下，火曰炎上，金曰曲直，木曰从革，土爰稼穑"，润

---

① 《礼记注疏》，第279页。
② 段玉裁：《说文解字注》，台北兰台书局，1971，第747页。

下、炎上、曲直、从革、稼穑各为水、火、木、金、土五行之性，故《周易通论月令》曰："木之性，屈以求信，故曲直，所谓甲乙也。火就燥，故炎上，所谓丙丁也。土生万物，故稼穑，所谓戊己也。秋日庚辛，庚辛者，更新也，故从革，谓其从气化也。冬日壬癸，壬者，水入地中，妊养物；癸象水从四方流入地中之形，故润下，谓其流湿也。"① 此释其日天干，举"甲乙丙丁之类，各肖一行之性也"以概括之。"顺其性则岁功成，逆其性则岁功败"，亦前所谓"政令顺则既济定，政令反则未济穷"之义。

《周易通论月令》曰："帝者，言其气之王于一时。神者信也，言其气之引信物也。"② 帝与神各王一时之气者，下注引郑玄《易注》："精气谓之神，物生所信也"以释之。春日甲乙，五行属木，甲从木戴孚甲之象，乙象春草木冤曲而出，木曰曲直，曲直故屈以求信，《白虎通·五行》云："大皞者，大起万物扰也。句芒者，物之始生，芒之为言萌也。"③ 故曰"春气皞大，屈以求信，故其帝大皞，其神句芒。"夏日丙丁，五行属火，丙者，阳道炳然，丁者，万物丁壮，火曰炎上，《御览》引《淮南·时则》注云："炎帝者，着明审谛也，祝属融工也，万物盛长，属而工也。"故曰"夏气极盛，长养物，故帝炎帝，神祝融。"秋日庚辛，五行属金，庚辛者，敛更于庚，悉新于辛，金曰从革，《白虎通·五行》云："少皞者，少敛也。……蓐收者，缩也。"④ 故曰"秋气成物，其气敛，故帝少皞，神蓐收。"冬日壬癸，壬者，水入地中，妊养物；癸象水从四方流入地中之形，五行属水，水为太阴，其色黑，《御览》引《淮南·时则》注云："颛顼黑帝号，顼大言阴用事，振翕而寒也。阴闭不视，故神为元冥也。"故曰"冬气闭藏，万物伏，故帝颛顼，神元冥。"中央土，土色黄，其日戊己，丰楙于戊，理纪于己者，土爱稼穑，故生万物也，故曰"中央土，色尚黄，故帝黄帝，神后土。"五帝五神，因时易名，春气皞大，故帝大皞，神句芒；夏气极盛，故帝炎帝，神祝融；秋气成物，故帝少皞，神蓐收；冬气闭藏，故帝颛顼，神元冥。中央五行之主，故帝黄帝，神后土。此释其帝、其神，举"大皞句芒之类，各象一时之气"以概括之，实则一气之转也。

春，其虫鳞；夏，其虫羽；中央，其虫倮；秋，其虫毛；冬，其虫介。

① 《续修四库全书·经部·易类》第 30 册，第 696~697 页。
② 《续修四库全书·经部·易类》第 30 册，第 697 页。
③ 《中国子学名著集成》第 65 册，第 209 页。
④ 《中国子学名著集成》第 65 册，第 213 页。

《大戴记·曾子天圆》云:"毛虫之精曰麟,羽虫之精曰凤,介虫之精曰龟,鳞虫之精曰龙,倮虫之精曰圣人。"① 《春秋考异邮》曰:"虫之为言屈申也。"②《周易通论月令》曰:

> 冬阴盛,万物闭固,故虫介,阴凝阳,阳气结也。至春则阳气出地,甲散为鳞。夏阳动而上腾,故羽,阳者扬也,飞之象也。中央阳极而阴萌,故倮。至秋则阴成体而寒将至,故虫毛,皮革坚。至冬则转而为介矣。③

故鳞羽倮毛介,随四时阴阳舒敛之气而屈申,此谓其虫"羽毛鳞介之类,各成一气之形",亦一气之转也。

(二) 其音律

《周易通论月令》曰:

> 性殊则气殊,气殊则形殊,形殊则声殊,而于是元之往来屈信,其情状可得,而以音审之,以律写之矣。④

性殊则气殊者,"甲乙丙丁各肖一行之性"殊,则"大皞句芒各象一时之气"殊也。气殊则形殊者,"大皞句芒各象一时之气"殊,则"羽毛鳞介各成一气之形"殊也。形殊则声殊者,"羽毛鳞介各成一气之形"殊,则"五音十二律之声"殊矣。此以类推法,由五行之性之殊,推致五帝五神之气殊;由五帝五神之气殊,推致五虫随时屈伸之形殊;由五虫随时屈伸之形殊,推致律管长短容积不同所奏之声殊。而声者,五音十二律也。五音配五行播于四时,分为十二律,以配十二月,故元之往来屈伸流行于一岁之间,借音律可体现之也。《吕氏春秋·大乐》曰:"音乐之所由来者远矣,生于度量,本于太一,太一出两仪,两仪出阴阳,阴阳变化,一上一下,合而成章,浑浑沌沌,离则复合,合则复离,是谓天常。"又曰:"万物所出,造于太一,化于阴阳,萌芽始震,凝冻以形,形体有处,莫不有声,声出于和,和出于适,和适,先王定乐由此而生。"⑤ 音乐之起,起自于律管之长度与容

---

① 方向东:《大戴礼记汇校集解》,第 587 页。
② 《玉函山房辑佚书·经编·谶纬类》,台北文海出版社,1967,第 2079 页。
③ 《续修四库全书·经部·易类》第 30 册,第 697 页。
④ 《续修四库全书·经部·易类》第 30 册,第 698 页。
⑤ 许维遹:《吕氏春秋集释》上册,台北世界书局,1975,第 216~218 页。

积，而本之于太一。太一者，太极也；两仪者，乾坤也；阴阳者，乾坤九六也。阴阳变化，一上一下，合而成形。浑浑沌沌者，元气之初始状态也；离则复合，合则复离者，状元气之流行也。此自然永恒之规律，即元也。凡有形体，莫不有其声，声出于和，和出于适，和适，先王定乐由此而生。《周易通论月令》又曰：

> 阴阳交而性生，性使气，气成形，有形而声生焉。[1]

阴阳交而五行之性生（甲乙丙丁各肖一行之性），五行之性指引四时之气（大皞句芒各象一时之气），四时之气各成五虫屈伸之形（羽毛鳞介各成一气之形），有形随气之阴阳屈伸，然后律管长短所发之声乃生焉。姚氏引《史记·律书》曰："神生于无，形于有。形然后数，形而成声，故曰：神使气，气就形。"[2] 神生于无，无者，元之伏藏时，而神者，元也。元不可见，假律管以显现其形之有。有律管之形，然后数见而声成焉。数、形谓十二律之长短、积实；声即五音十二律也。《礼记·月令》依时按月俱载五音十二律，其曰：

> 孟春之月，……其音角，律中大蔟。
>
> 仲春之月，……其音角，律中夹钟。
>
> 季春之月，……其音角，律中姑洗。
>
> 孟夏之月，……其音徵，律中中吕。
>
> 仲夏之月，……其音徵，律中蕤宾。
>
> 季夏之月，……其音徵，律中林钟。
>
> 中央土，……其音宫，律中黄钟之宫。
>
> 孟秋之月，……其音商，律中夷则。
>
> 仲秋之月，……其音商，律中南吕。
>
> 季秋之月，……其音商，律中无射。
>
> 孟冬之月，……其音羽，律中应钟。
>
> 仲冬之月，……其音羽，律中黄钟。
>
> 季冬之月，……其音羽，律中大吕。

姚氏引《史记·律书》曰："音始于宫，穷于角。数始于一，终于十，

---

① 《续修四库全书·经部·易类》第30册，第698页。

② 泷川龟太郎：《史记会注考证》，台北洪氏出版社，1983，第456页。

成于三。气始于冬至，周而复生。"又曰："九九八十一以为宫。"[1] 按三分损益法：黄钟下生林钟，林钟上生太蔟，太蔟下生南吕，南吕上生姑洗。三分损一以下生，三分益一以上生，即

"黄钟 81　　　　　　　　　【宫】

林钟 $81 \times \dfrac{2}{3} = 54$　　　　　　【徵】

太蔟 $54 \times \dfrac{4}{3} = 72$　　　　　　【商】

南吕 $72 \times \dfrac{2}{3} = 48$　　　　　　【羽】

姑洗 $48 \times \dfrac{4}{3} = 64$　　　　　　【角】"

宫下生徵，征上生商，商下生羽，羽上生角，而五音备，故"音始于宫，穷于角"。姑洗下生应钟 $64 \times \dfrac{2}{3} = 42\dfrac{2}{3}$ 为【变宫】，应钟上生蕤宾 $42\dfrac{2}{3} \times \dfrac{4}{3} = 56\dfrac{8}{9}$ 为【变徵】，由五声音阶进至七声音阶，增变宫、变徵也，兹以琴键示之如下：

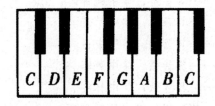

则 C【宫】数 81，D【商】数 72，E【角】数 64，F#【变徵】数 $56\dfrac{8}{9}$，G【徵】数 54，A【羽】数 48，B【变宫】数 $42\dfrac{2}{3}$，故"气藏则数多而音浊，气升则数少而音清"也。依《淮南子·天文》所载取「正律」，[2] 则蕤宾上生大吕，大吕下生夷则，夷则上生夹钟，夹钟下生无射，无射上生仲吕，十二律备矣。太极元气，函三为一，十一三之以为实（　），九三之以为法

① 泷川龟太郎：《史记会注考证》，第 453、456 页。

② 依三分损益法求十二律有"正律""倍律""半律"之分，自黄钟至应钟，其音以次递高，凡十二阶，是谓「正律」，《淮南子·天文》《后汉书·律历志》属之。较黄钟低者为"倍律"，《吕氏春秋·音律》属之。较黄钟高者为"半律"，《史记·律书》《汉书·律历志》属之。此举"正律"为例。

（＝19683），实如法，得黄钟管长九寸（177147÷19683＝9），林钟六寸（118098÷19683＝6），太蔟八寸（157464÷19683＝8），余例诸，即表2五音十二律之管长数、管长比、积实数也。

表2

十二律管长数		管长比	积实数
黄钟81	【宫】	1	177147
林钟 $81 \times \frac{2}{3} = 54$	【徵】	$1 \times \frac{2}{3} = \frac{2}{3}$	$177147 \times \frac{2}{3} = 118098$
太蔟 $54 \times \frac{4}{3} = 72$	【商】	$\frac{2}{3} \times \frac{4}{3} = \frac{8}{9}$	$177147 \times \frac{8}{9} = 157464$
南吕 $72 \times \frac{2}{3} = 48$	【羽】	$\frac{8}{9} \times \frac{2}{3} = \frac{16}{27}$	$177147 \times \frac{16}{27} = 104976$
姑洗 $48 \times \frac{4}{3} = 64$	【角】	$\frac{16}{27} \times \frac{4}{3} = \frac{64}{81}$	$177147 \times \frac{64}{81} = 139968$
应钟 $64 \times \frac{2}{3} = 42\frac{2}{3}$	【变宫】	$\frac{64}{81} \times \frac{2}{3} = \frac{128}{243}$	$177147 \times \frac{128}{243} = 93312$
蕤宾 $42\frac{2}{3} \times \frac{4}{3} = 56\frac{8}{9}$	【变徵】	$\frac{128}{243} \times \frac{4}{3} = \frac{512}{729}$	$177147 \times \frac{512}{729} = 124416$
大吕 $56\frac{8}{9} \times \frac{4}{3} = 75\frac{23}{27}$		$\frac{512}{729} \times \frac{4}{3} = \frac{2048}{2187}$	$177147 \times \frac{2048}{2187} = 165888$
夷则 $75\frac{23}{27} \times \frac{2}{3} = 50\frac{46}{81}$		$\frac{2048}{2187} \times \frac{2}{3} = \frac{4096}{6561}$	$177147 \times \frac{4096}{6561} = 110592$
夹钟 $50\frac{46}{81} \times \frac{4}{3} = 67\frac{103}{243}$		$\frac{4096}{6561} \times \frac{4}{3} = \frac{16384}{19683}$	$177147 \times \frac{16384}{19683} = 147456$
无射 $67\frac{103}{243} \times \frac{2}{3} = 44\frac{692}{729}$		$\frac{16384}{19683} \times \frac{2}{3} = \frac{32768}{59049}$	$177147 \times \frac{32768}{59049} = 98304$
仲吕 $44\frac{692}{729} \times \frac{4}{3} = 59\frac{2039}{2187}$		$\frac{32768}{59049} \times \frac{4}{3} = \frac{131072}{177147}$	$177147 \times \frac{131072}{177147} = 131072$

"神使气，气就形"者，神者，元也；数、形者，十二律管之长短、积实也。元主导气，气充于长短参差、容积不同之律管，奏成五音十二律等万殊之声。而"数始于一，终于十，成于三"者，天地之数，始一终十，十亦一也，以一始，以一终，一为始终性、根源性之存在。一者，气之始，即元也；十者，以－遇丨，贯而成十，十亦一，阴阳之合即太极，气之终亦始也；

三者，《周易姚氏学·序·释数》曰："十一月一阳生，据其初生之形是为小，所谓复小而辩于物，阴阳之物辩之于早也。至艮东北，阳浸长，阴分为二，阳从中生，中一阳而外二阴。"① 十一月消息卦复，复卦仅初九为阳，其余皆阴，象阳气初生，际此之时，尚可辨阴阳之物，直至艮东北立春，阳渐长，阴分为二，阳从中生，中间一阳，上下皆阴，以成三，故成于三者，阴阳之始交也。姚氏又曰："太极元气，函三为一，极，中也；元，始也，行于十二辰，始动于子，此阴阳合德，气钟于子，化生万物者也。"② 始动于子，即始于十一月干之初九，阳气伏于地下，始着为一，万物萌动，钟于太阴（冬五行属水、为太阴）。六月坤之初六，阴气受任于太阳（夏五行属火、为太阳），继养化柔，万物生长，楙之于未。以郑氏爻辰示之：丑十二月大吕，坤六四；寅正月大蔟，乾九二；卯二月夹钟，坤六五；辰三月姑洗，乾九三；巳四月中吕，坤上六；午五月蕤宾，乾九四；申七月夷则，乾九五；酉八月南吕，坤六二，戌九月无射，乾上九；亥十月应钟，坤六三。（见图8）。

图8 十二月爻辰图

然则十二律者，乾坤十二爻之九六也，行于一岁之中，而五音配五行，五行播四时，音状一时之盛德，盛德即元，乾九坤六皆元之用，故姚氏曰："音状一时，律写一月，音者元也，律者爻也，元藏于中，爻周于外"也。而宫音五行属土，配中央，宫数八十一，九九之数，所以究其数、究极中和，明元在中央为万物元，犹乾元极于巳（息卦☰乾），中无伏阳，气俱外发，而音穷矣。夏至阳极阴生，故宫数八十一，三分去一而生徵五十四；由夏而

① 《续修四库全书·经部·易类》第30册，第459页。
② 《续修四库全书·经部·易类》第30册，第700页。

秋，徵五十四三分益一而生商七十二；由是而冬，商七十二，三分去一而生羽四十八；由是而春，羽四十八，三分益一而生角六十四，历四时而周。据是以推，则"元藏于中，爻周其外，阴阳变而十二律吕调矣。"故《汉书·律历志》云："天之中数五，五为声，声上宫，五声莫大焉；地之中数六，六为律，律有形有色，色上黄，五色莫盛焉，故阳气施种于黄泉，孳萌万物，为六气元也，以黄色名元气。律者，着宫声也，宫以九唱六，变动不居，周流六虚，始于子，在十一月。大吕，吕，旅也，言阴大旅助黄钟宫气而牙物也，位于丑，在十二月。太族，族，奏也，言阳气大奏地而达物也，位于寅，在正月。夹钟，言阴夹助太族，宣四方之气而出种物也，位于卯，在二月。姑洗，洗，絜也，言阳气洗物辜絜之也，位于辰，在三月。中吕，言微阴始起未成着，于其中宣气齐物也，位于巳，在四月。蕤宾，蕤，继也；宾，导也，言阳始导阴气使继养物也，位于午，在五月。林钟，林，君也，言阴气受任，助蕤宾君主种物，使长大楙盛也，位于未，在六月。夷则，则，法也，言阳气正法度而使阴气夷当伤之物也，位于申，在七月。南吕，南，任也，言阴气旅助夷则任成万物也，位于酉，在八月。亡射，射，厌也，言阳气究物而使阴气毕剥落之，终而复始，亡厌已也，位于戌，在九月。应钟，言阴气应亡射，该藏万物，而杂阳阂种也，位于亥，在十月。"① 故易之元不可知，藉爻以明之。声之元不可知，假律以写之，则天地之气，其数可得而记之矣。

（三）其数、其味、其臭、其祀、其脏

《礼记·月令》曰：

> 春之月，……其数八，其味酸，其臭膻，其祀户，祭先脾。……（孟春）迎春于东郊。
> 夏之月，……其数七，其味酸，其臭焦，其祀灶，祭先肺。……（孟夏）迎夏于南郊。中央土，……其数五，其味酸，其臭香，其祀中溜，祭先心。
> 秋之月，……其数九，其味辛，其臭腥，其祀门，祭先肝。……（孟秋）迎秋于西郊。
> 冬之月，……其数六，其味咸，其臭朽，其祀行，祭先肾。……

① 王先谦：《汉书补注》，第 395～396 页。

（孟冬）迎冬于北郊。

其数七、八、九、六者，《周易通论月令》曰："七八九六者，阴阳之老少，《周易》谓之四象，四象播于四方谓之四时，此大衍所营而得之者，故又谓之四营。"①《系辞传》曰："大衍之数五十，其用四十有九，分而为二以象两，挂一以象三，揲之以四以象四时，归奇于扐以象闰，五岁再闰，故再扐而后挂。……四营而成易，十有八变而成卦。"十有八变成一六画卦，故三变成一爻，演蓍经第一变程序，其卦扐之策不五即九；经第二变程序，其卦扐之策不四即八；经第三变程序，其卦扐之策亦不四即八。三变所得挂扐之策不外五、四、九、八四种。古人将五、四两数称作"奇"，因两数中只含一个四也，又因两数较九、八为少，故亦称"少"。将九、八称作"偶"，因两数中均含两个四也；又因此两数较五、四为多，故亦称"多"。如此，三变之后可以归纳成爻之情况有四：凡挂扐之数为五、四、四，称三奇，亦称三少，三数相加得十三，以四十九减去十三为"过揲之余策"三十六，揲之以四得"九"，是为老阳之数，以符号□表示，筮家亦称之为"重"，此其一。凡挂扐之数为九、八、八，称三偶，亦称三多，三数相加得二十五，以四十九减去二十五为"过揲之余策"二十四，揲之以四得"六"，是为老阴之数，以符号×表示，筮家亦称之为"交"，此其二。凡挂扐之数为九、八、四，或九、四、八或五、八、八也称两偶一奇，亦称两多一少。三数相加得二十一，以四十九减去二十一为"过揲之余策"二十八，揲之以四得"七"，是为少阳之数，以符号－表示，筮家亦称之为"单"，此其三。凡挂扐之数为五、四、八，或五、八、四，或九、四、四，称两奇一偶，亦称两少一多。三者相加得十七，以四十九减去十七为"过揲之余策"三十二策，揲之以四得"八"，是为少阴之数，以符号－－表示，筮家亦称之为"拆"，此其四。荀爽曰："营者，七八九六也。"② 故少阳七、少阴八、老阳九、老阴六，乃大衍所营而得之者，《周易》谓之四营，又谓之四象也。朱震《周易丛说》引郑康成言"四象"曰："布六于北方以象水，布八于东方以象木，布九于西方以象金，布七于南方以象火，备为一爻，而正谓四营而成。"③ 四象播于四方谓之四时，正是将《周易》与明堂、月令连成一气。

---

① 《续修四库全书·经部·易类》第 30 册，第 701 页。
② 李道平：《周易集解纂疏》，台北广文书局，1971，第 764 页。
③ 朱震：《汉上易传》下册，台北广文书局，1974，第 864 页。

其数五者，《周易通论月令》曰："天地之数五十五，五行减五，故大衍之数五十。减五者，五行之数，土之生数，所以成五行者也。"① 《尚书·洪范》曰："五行：一曰水，二曰火，三曰木，四曰金，五曰土。"② 一、二、三、四、五，五行之生数也，《礼记·月令》郑注云："阳无偶，阴无配，未得相成。地六成水于北，与天一并。天七成火于南，与地二并。地八成木于东，与天三并。天九成金于西，与地四并。地十成土于中，与天五并也。"③ 而土位中央，生数五，五行成数皆以五合生数，则成数之中俱各有五，故生数五为五行之主。其成数"八木配东春、七火配南夏、九金配西秋、六水配北冬"之播于四方连及四时，与筮卦"春少阳七、夏太阳九、秋少阴八、冬太阴六"相违者，前者就五行相生言生长收藏，后者就占筮时之刚柔变化言阴阳消长，皆大衍之成变化而行鬼神也，④《易河图数》："东方南方，生长之方，故七为少阳，八为少阴；西方北方，成熟之方，故九为老阳，六为老阴。"⑤ 即总此二者而言，故姚氏于《周易通论月令》书中言四时，常参互用之。

姚氏又由老少阴阳之数，继而说明五行生成数始一终十，为元之流行之源由。

水生数一者，冬至阳生，数始于一，正北，坎位，水也，故数一。水成数六者，阴老于六，气盛凝阳，坎为血卦，在地为水，故数六。《周易姚氏学·序·释数》曰：

> 一者，阳也；亥者，荄也。戌亥之交，乾位在焉，于时为冬，阴胜于上，数为六。六从入、从八，从入者，极将返也；从八者，阳将升也。于时龙战于野，阴阳接壬，妊而子滋，周而复始矣。⑥

阴气盛于上，为建亥消卦之☷☷坤，而处戌亥之交之乾位，季节为冬，成数六。六从入、从八。从入者阳至极而返入；从八，八者，别也，辟也，示阳气之将升出，故其时阴阳接壬，龙战于野，其血玄黄，妊而子滋。冬至子，

---

① 《续修四库全书·经部·易类》第 30 册，第 701 页。
② 《尚书注疏》，台北新文丰出版公司，2001，第 169 页。
③ 《礼记注疏》，第 283 页。
④ 《周易姚氏学》释《大衍之数章》"成变化而行鬼神"句曰："成变化，谓七八九六；行鬼神，谓鬼神以变化行。鬼神者，卦之主也；四时者，天地之变化。四时成则天地之道行；七八九六，鬼神之变化也。"见《续修四库全书·经部·易类》第 30 册，第 641 页。
⑤ 见《古微书》卷十六，《丛书集成续编》0155，台北新文丰出版公司，1985，第 303 页。
⑥ 《续修四库全书·经部·易类》第 30 册，第 460 页。

五行属水，息卦为☷☰复，一阳回复于初，故生数一。《复·象传》曰："复，其天地之心乎！"天地生物之心，始动于每年冬至建子，周而复始，循环不息也。

火生数二者，二，阴之一也，阳动也直，阴动也辟，辟则分，故二，二即《易》爻之阴画 - - 也。火成数七者，《说文》云："七，阳之正也，从一，微会从中衺出也。"① 姚氏案："微阴当作微阳。"阳动出地，屈以求信，《乾凿度》曰："一变而为七。"一始于震（☳☷复下体震、帝出乎震），盛于巽，巽少阳木气也，火得木而丽，故数七。《周易姚氏学·序·释数》曰：

> 阳由下生，阴自上降，故为寅、为甲。由寅甲而卯乙，乙象阳生，卯象阴辟，以丨交一，变而为七。阳虽升，其未升者仍曲尾也，故七，阳上升。……正东《震》，少阳七位焉，东南《巽》，少阴八伏焉。②

《说文》："寅，髌也，正月易气动，去黄泉，欲上出，会尚强，象宀不达，髌寅于下也。"③ "甲，东方之孟，易气萌动，从木戴孚甲之象。"④ "卯，冒也，二月万物冒地而出，象开门之形，故二月为天门。"⑤ "乙，象春草木冤曲而出，会气尚强，其出乙乙也，乙承甲，象人颈。"⑥ 寅、甲、卯、乙，五行并属木，于时为春，故阳由下生，相对则阴自上降。阳始于一，其动也直；阴始于一，其动也辟，以丨交一，两者相贯以成十，今变而为七者，阳气未升仍曲尾，故微阳从中衺出乙乙也。正东震，时为春，故为少阳而七位焉，东南巽，亦少阳木气也，时为春夏之交，夏属火，火得木而丽，故数七而八伏焉。

木生数三者，阳始于一，阴始于一，以阳辟阴，交而为三，正东震，木位也，故木生数三。木成数八者，阳动出地，则阴分别而降，二变为八，八，别也，二之变也，于时为春，八者少阴，阴养阳也，故数八。《周易姚氏学·序·释数》曰：

> 十一月一阳生，据其初生之形是为小，所谓复小而辩于物，阴阳之

---

① 段玉裁：《说文解字注》，台北兰台书局，1971，第745页。
② 《续修四库全书·经部·易类》第30册，第459页。
③ 段玉裁：《说文解字注》，第752页。
④ 段玉裁：《说文解字注》，第747页。
⑤ 段玉裁：《说文解字注》，第752页。
⑥ 段玉裁：《说文解字注》，第747页。

物辩之于早也。至艮东北，阳浸长，阴分为二，阳从中生，中一阳而外二阴。《乾凿度》所谓："易始于一，分于二，通于三"者也。

七，阳上升，则阴气分别而降。- -变为八，八，别也，- -之变也。①

生数三，已释之于音律一节。至若成数八者，成数七微阳既从中衰出而上升，相对阴气乃分别而下降，《说文》："八，别也，象分别相背之形。"②故八，乃- -之变体，少阴之象也。

金生数四者，《说文》云："四，会数也，象四分之形。"③《易纬·乾凿度》："阳三阴四，位之正也。"郑注云："三者，东方之数，东方日所出也。又圆者径一而周三，四者乃西方日所入也，又方者径一而匝四也。"④ 西方兑金，于时为秋，秋阳退而入，故阴成于上，《洪范》"五行：……四曰金。"故金生数四。金成数九者，《周易姚氏学·序·释数》曰：

> 阳气究于九，九者，升极而还复之形也。于时建巳，阳究于外，阴屈于中，阳极将入，是为丙巳，纯阳之月。九，老阳之数，九也者，一之究也。⑤

阳气究于九，九，老阳之数，数之极，一之究也。息卦☰乾值纯阳之巳月，是时阳盛究于外，阴衰屈于内，阳极而入，是为丙巳，历午、未、申、酉月而灭于建戌之月消卦☶剥。是巳者九之始，戌者九之终，季秋建戌，西北戌亥之位，乾神伏焉，秋属金，《说卦》："乾为金。"故金体成终，数为九。

土生数五者，《说文》云："五，五行也，从二，会易在天地间交午也。乂，古文。"⑥ 一阴一阳交而成乂，五者中宫，故土生数五。土成数十者，转成十，十者，一阴一阳，一纵一横，天地合和之气也，故数十。《周易姚氏学·序·释数》曰：

> 阳究于九，……至午阴生，夏至离，阴阳始遇，交为乂，阴欲上，

---

① 《续修四库全书·经部·易类》第30册，上海古籍出版社，2002，第459页。
② 段玉裁：《说文解字注》，台北兰台书局，1971，第49页。
③ 段玉裁：《说文解字注》，台北兰台书局，1971，第744页。
④ 《古经解汇函·易纬八种·易纬乾凿度》，台北鼎文书局，1973，第482页。
⑤ 《续修四库全书·经部·易类》第30册，上海古籍出版社，2002，第459页。
⑥ 段玉裁：《说文解字注》，台北兰台书局，1971，第745页。

阳欲下，故交，皆衰出。乂转而为十，阳直下行，阴见地面也，是为十，十者，乾坤之合也。①

阳究于九，阳气尽发，息卦☰乾值巳，至午夏至离，阳极阴生，值消卦☴姤，是时阴欲上，阳欲下，阴阳始遇，故交而成乂，成乂之后，阳气直下行，阴气见地面，转而为十，所谓乾阳坤阴之合也。

夫数始于一，终于十，《乾凿度》云："易变而为一，一变而为七，七变而为九，九者，气变之究也，乃复变为一。"② 十亦一也，《月令》以数配四时，周流以成岁，终而复始，即姚氏所谓"数也者，一气之转""所以状气之始壮究，而别其情性者也"，亦《易》元之周八卦也。

《尚书·洪范》曰："五行：一曰水，水曰润下，润下作咸；二曰火，火曰炎上，炎上作苦；三曰木，木曰曲直，曲直作酸；四曰金，金曰从革，从革作辛；五曰土，土爰稼穑，稼穑作甘。"③ 润下、炎上、曲直、从革、稼穑，五行之性也；咸、苦、酸、辛、甘，五行之味也。一阴一阳交而成生数五，一阴一阳，一纵一横交而成成数十，此天地合和之气也，上已述及。《周易通论月令》曰："阴阳交而味、臭变""味有五变，甘其主也""味、臭者，阴阳之变征也"，又引《淮南子·墬形》曰："是故炼甘生酸，炼酸生辛，炼辛生苦，炼苦生咸，炼咸反甘。"④ 按：高诱注："炼，犹治也。"段注："炼，引申之，凡治之使精曰炼。"⑤ 故治甘可精炼成酸，治酸可精炼成辛，治苦可精炼成咸，治咸可反转为甘，五味皆以土为本。注下又引《白虎通·五行》云："所以北方咸者，万物咸与，所以坚之也。……东方万物之生也，酸者以达生也。南方主长养，苦者所以长养也。……西方煞伤成物，辛所以煞伤之也。……中央者，中和也，故甘。……北方水，万物所幽藏也。又水者，受垢浊，故臭腐朽也。东方者，木也，万物新出土中，故其臭膻。南方者，火也，盛阳承动，故其臭焦。西方者，金也，万物成熟始复诺，故其臭腥。中央土也，主养，故其臭香也。"⑥ 而甘香者，中央土之味臭，乃阴阳之和，味臭之调也。春阳气屈以求伸，乃冬阴郁之而后达也，故酸、膻；

---

① 《续修四库全书·经部·易类》第 30 册，第 459 页。
② 《古经解汇函·易纬八种·易纬乾凿度》，第 481 页。
③ 《尚书注疏》，第 169 页。
④ 刘文典：《淮南鸿烈集解》，第 12 页。
⑤ 段玉裁：《说文解字注》，第 710 页。
⑥ 《续修四库全书·经部·易类》第 30 册，第 702 页。《白虎通义疏证》，《中国子学名著集成》第 86 册，第 206 页。

夏阳盛而扬，乃阳极而阴萌，阳极故苦、焦也；夏阳极萌阴，故秋阴长阳消，而燥阴柔之，消阳拂之也，故辛、腥；冬乾阳入而伏藏，阴盛于外，故咸、朽也。是故木郁之则酸，火极之则苦，金柔拂之则辛，水伏沈之则咸，土居中央，分王四时，和之则甘也。《礼记·礼运》曰："五行之动，迭相竭也。五行、四时、十二月，还相为本也。五声、六律、十二管，还相为宫也。五味、六和、十二食，还相为质也。"① 五行木火土金水，历四时、十二月而成岁，更相为始；五声宫商角徵羽，阳管曰律、阴管曰吕，举阳以赅阴共十二管，旋相为宫，以成六十律；五味酸苦甘辛咸，春多酸、夏多苦、秋多辛、冬多咸，皆有滑甘，是谓六和，故春三月食麦与羊、夏三月食菽与鸡、中央土食稷与牛、秋三月食麻与犬、冬三月食黍与彘，② 十二月各有食，旋相为质。故味臭者，随四时阴阳老少之消长而变，乃五行润下、炎上、曲直、从革、稼穑之性之所发，固体元出治之天子，调燮之以致中和，俾如中央土之甘香也。

《礼记·礼运》又曰："人者，天地之德，阴阳之交，鬼神之会，五行之秀气也。"③《淮南子·本经》亦曰："天地之合和，阴阳之陶化万物，皆乘人气者也。"④《春秋繁露·同类相动》亦曰："天有阴阳，人亦有阴阳，天之阴气起，而人之阴气应之而起。人之阴气起，而天之阴气亦宜应之而起，其道一也。非独阴阳之气可以类进退也，虽不祥祸福所从生亦犹是也。无非己先起之，而物以类应之而动者也。"⑤ 故《荀子·乐论》曰："凡奸声感人，而逆气应之，逆气成象，而乱生焉。正声感人，而顺气应之，顺气成象，而治生焉。"⑥ 是阴阳之变而为灾眚者，天为之，亦人实致之，而人之气聚，恒足以变天地之阴阳也，人气不和而阴阳调适者，未之尝闻，此天人相应说也。《月令》言迎春于东郊、迎夏于南郊、迎秋于西郊、迎冬于北郊者，迎气也。《礼记·礼器》曰："飨帝于郊，而风雨节，寒暑时。……祀帝于郊，敬之至也。"⑦ 按：五帝者各象一时之气，灵威仰及太皞之称，象春气；炎帝及赤熛怒之称，象夏气；白招拒及少皞之称，象秋气；汁光纪及颛顼之称，象冬气。天子迎四时之气于东、南、西、北郊，各顺其青、赤、白、黑之方色，郊亦

① 《礼记注疏》，第432页。
② 参见文后所附：《礼记·月令》五行配当表。
③ 《礼记注疏》，第432页。
④ 刘文典：《淮南鸿烈集解》，第79页。
⑤ 苏舆：《春秋繁露义证》，台北河洛图书出版社，1974，第255页。
⑥ 王先谦：《荀子集解》，台北艺文印书馆，1977，第631页。
⑦ 《礼记注疏》，第470、474页。

宜用八、七、九、六之里数，至季秋乃大飨五帝，盖季秋干西北位，乾元伏藏时也。《月令》言春祀户、夏祀灶、秋祀门、冬祀行、中央祀中溜者，五祀也。《礼记·月令》郑注曰："春阳气出，祀之于户内，阳。夏阳气盛，热于外，祀之于灶，从热类也。中溜犹中室也，土主中央，而神在室。秋阴气出，祀之于门外，阴也。冬阴盛，寒于水，祀之于行，从辟除之类也。"① 祀之乃所以安之，而中溜室中，则象中央，取名于溜者，象坤元之藏乾元也。祀其帝太皞及灵威仰于户、炎帝及赤熛怒于灶、含枢纽及黄帝于中溜、白招拒及少皞于门、汁光纪及颛顼于行，不过各于其春、夏、秋、冬之时，于其东、南、西、北之位，祀其时气耳。而其神"句芒、祝融、后土、蓐收、玄冥"不与焉者，盖神佐帝，引伸物之气而已。帝者王于一时之气，故人迎气而祀之。民知气之至也而迎祀之，则气无滞而不通；民知气之有归也，而气亦为之平，则气无往而不返。故顺其时于其位而祀之，祀之所以调燮之，使之无过无不及，则时和而民不病。是以自天子以下，皆各有以调燮之，以致中和，使其气有所归，无往而不返，亦犹元之周四时而成既济者也。

《月令》四时之祀，以心、肝、脾、肺、肾五脏为祭品，先其时而祭，曰祭先。五脏配四时五行：肝春木、心夏火、肺秋金、肾冬水、脾中央土。中央土脾而曰祭先心者，心者神之所舍，心为火，火生土，而坤为土，故坤元托焉；坤元藏乾元，故乾神亦栖此舍焉。坤元即☲离中之阴，离伏坎，乾元即☵坎中之阳。坎为水，离为火，《说卦》曰："水火不相射。"坎水离火合居，阳来而成☵坎，即乾元；阴去而为☲离，即坤元，亦即"乾元藏于坤元""坤元藏乾元""乾元坤元互宅"之义，而水火相胜，借土居中为媒，所以能相息而不相厌恶，故中央祭先以生土之心也。又夏至阳极而阴生，夏火生中央土，是以离火益坤元；冬至阴极而阳生，肾为水脏，冬水益肾水，是以坎水养乾元。故"中央祭先心、冬祭先肾"者，皆所以养其元也。《周易通论月令》曰："春木王，木胜土，制之过则土病，故先脾，所以益土气，益土气正以调木气也。夏火王，火胜金，制之过则金病，故先肺，所以益金气，益金气正以调火气也。秋金王，金胜木，制之过则木病，故先肝，所以益木气，益木气正以调金气。"② 此"五行相乘"说也，五行中某行发生太过与不及后之异常克制现象，曰相乘。③ 举木行之太过、不及为（见图9）。

---

① 《礼记注疏》，第282、306、322、323、341页。
② 《续修四库全书·经部·易类》第30册，第704页。
③ 另一为五行相侮说：五行任何一行发生太过与不及后之反克现象，曰相侮。此仅就相乘说解释。

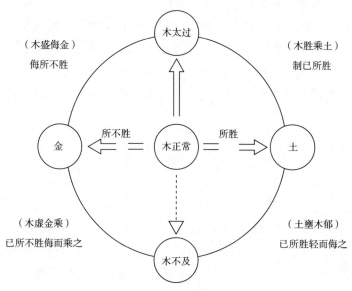

（木盛侮金）
侮所不胜

（木胜乘土）
制已所胜

金 ← 所不胜 ＝ 木正常 ＝ 所胜 → 土

木太过

木不及

（木虚金乘）
已所不胜侮而乘之

（土壅木郁）
已所胜轻而侮之

图9　五行亢害承制示意图

是以木太过而土不及，则木过度克土致土病，先祭以脾土，即增益土气，并调节木气。火太过而金不及，则火过度克金致金病，先祭以肺金，即增益金气，并调节火气。金太过而木不及，则金过度克木致木病，先祭以肝木，即增益肝气，并调节金气。故"春祭先脾、夏祭先肺、秋祭先肝"者，皆所以调其气也。故坤元乾元则养之，"中央土祭先心、冬祭先肾"是也；王胜之行，制之过则调之，"春祭先脾、夏祭先肺、秋祭先肝"是也。如此养其元，调其气，则气和物遂，而民不病矣。是故祭先而祈，养元调气，所以鼓民气；后事而报，气和物遂，所以足民气；未灾而祷，人心稳定，所以固民气；虑灾而禳，去恶除邪，所以振民气。天子居明堂顺时而布政，所以效天地之气以和民气，民气和而天地之和应，天地之和应，则物类殖，而既济之功可得而言矣，此物候之所由纪也。《说文》王部引孔子曰："一贯三为王。"[1] 三者，天、地、人也，而参通之者，王也。《淮南子·本经》："帝者体太一，王者法阴阳，霸者则四时，君者用六律。"[2] 概括《月令》一篇之大意。毋变天之道，毋绝地之理，毋乱人之纪，则气和而物验，《春秋繁露·循天之道》曰："天有两和，以成二中，岁立其中，用之无穷。"[3] 两和者，

---

[1]　段玉裁：《说文解字注》，第9页。

[2]　刘文典：《淮南鸿烈集解》，第85页。

[3]　苏舆：《春秋繁露义证》，台北河洛图书出版社，1974，第312页。

春秋二分；二中者，夏冬二至。二至阴阳之生，中也；二分阴阳之会，和也。分至者，四正；四立者，四隅。四正四隅，八卦位焉。元周八卦，流行于一岁之终始，致中和，则天地位焉，万物育焉，故《周易通论月令》开宗明义曰："月令者，圣王所以体元出治，顺阴阳之消息，以赞化育，参天地，致中和，而成既济者也。"① 而物候者，天地盛德之所为，所以验天地之气以验民气者也。

四　节候叙述

物候者，七十二候也，五日为一候，三候成一气，二气为一月，三气成一节，三月为一时，四时成一岁。故一岁四时、八节、十二月、二十四气，共七十二候也，《礼记·月令》载四时、八节、十二月，而二十四气、七十二候划分尚不明确，其数、其名，则完备于《逸周书·时训解》。《周易通论月令》以"四正卦、八卦"配"四时、八节"为纲，节气、物候为目，纲举而目张，以卦象及象数条例释之，说明元之流行。其曰：

> 坎、离、震、兑，各主一方，谓之方伯卦，八卦成列，则各主四十五日，其十二消息各主一月，爻主一候，气变则又别成一卦，此卦气之所由立也。以六十卦当七十二候，卦主六日七分。日月为易，悬象著明，日月行而阴阳之气应焉。气候者，乾元之变化，而阴阳之验也。②

孟康《汉书·京房传》注云："震、离、兑、坎为方伯监司之官，所以用震、离、兑、坎者，是二至二分用事之日，又是四时各专王之气。"③《易纬·乾凿度》又云："孔子曰：易始于太极，太极分而为二，故生天地，天地有春夏秋冬之节，故生四时，四时各有阴阳刚柔之分，故生八卦，八卦成列，天地之道立，雷风水火山泽之象定矣。其布散用事也，震生物于东方，位在二月；巽散之于东南，位在四月；离长之于南方，位在五月；坤养之于西南，位在六月；兑收之于西方，位在八月；乾制之于西北，位在十月；坎藏之于北方，位在十一月；艮终始于东北，位在十二月。八卦

---

① 《续修四库全书·经部·易类》第 30 册，第 691 页。
② 《续修四库全书·经部·易类》第 30 册，第 705 页。
③ 王先谦：《汉书补注》，第 1397 页。

之气终，则四正四维之分明，生长收藏之道备，阴阳之体定，神明之德通，而万物各以其类成矣。孔子曰：岁三百六十日而天气周，八卦用事各四十五日方备岁焉。"① 虞翻注《系辞传》"变通配四时"云："谓十二消息也，泰、大壮、夬配春，乾、姤、遁配夏，否、观、剥配秋，坤、复、临配冬，谓十二消息相变通，而周于四时也。"② 注《说卦传》"数往者顺，知来者逆"云："坤消从午至亥，乾息从子至巳。"③ 日月为易，悬象著明，一岁十二会，配复、临、泰、大壮、夬、乾、姤、遁、否、观、剥、坤十二消息卦，反映一年十二月之阴阳消息。每卦六爻，十二卦七十二爻配七十二候，故爻主一候，《易纬·乾凿度》云："天气三微而成一著，三著而成一体。"郑注云："五日为一微，十五日为一著，故五日有一候，十五日成一气也。"④ 一候五日，六爻三十日为一月，故气变又别成另一消息卦。《复卦》"反复其道，七日来复"孔疏云："案《易纬·稽览图》云：卦气起中孚。故坎、离、震、兑各主其一方，其余六十卦，卦有六爻，爻别主一日，凡主三百六十日，余五日四分日之一者，每日分为八十分，五日分为四百分，四分日之一，又分为二十分，是四百二十分，六十卦分之，六七四十二，卦别各得七分，是每卦六日七分也。"⑤ 以四正卦外之六十卦，卦主六日七分，始于中孚，终于颐，历三百六十五又四分之一日一岁，周而复始，姚氏以六十卦当七十二候，以为皆阴阳之气之应，故其又曰："乾元所在，因时易名，而卦气应之。天子所居，因时易政，而时气应之，七十二候者八卦之验八风之应，十二月政令休咎之征也。"⑥ 将《周易》与《月令》绾合，而统以元。故曰："气候者，乾元之变化，而阴阳之验也。"⑦

《周易通论月令》采《易纬》之八卦卦气与四正卦配，即以四正四隅说，释七十二候，一依李溉所传孟喜之"卦气图"为准，具图如下，而以震春、离夏、兑秋、坎冬，及艮、震、巽、离、坤、兑、乾、坎八卦，分主八方，配八节之次序。分项先列《礼记·月令》与《逸周书·时训解》节候与值卦比照表于前，释二十四节气、七十二候于后，悉按姚氏本文及自注，略作诠释说明。

① 《古经解汇函·易纬八种·易纬乾凿度》，第 480 页。
② 李道平：《周易集解纂疏》，第 733 页。
③ 李道平：《周易集解纂疏》，第 913 页。
④ 《古经解汇函·易纬八种·易纬乾凿度》，第 483 页。
⑤ 《周易注疏》，台北新文丰出版公司，第 65 页。
⑥ 《续修四库全书·经部·易类》第 692 页。
⑦ 《续修四库全书·经部·易类》第 705 页。

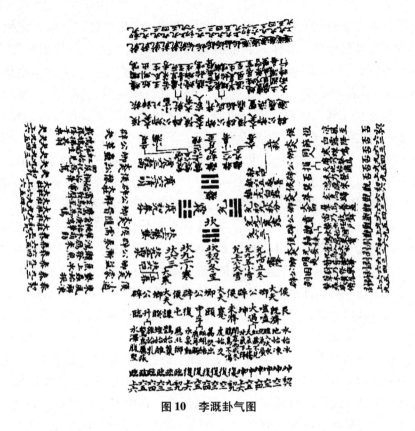

图10　李溉卦气图

（一）《震》春之节候与值卦

1. 孟春之月

《月令》物候	东风解冻、蛰虫始振、鱼上冰、獭祭鱼、鸿雁来、草木萌动
《时训》节候	立春：东风解冻、蛰虫始振、鱼上冰。启蛰：獭祭鱼、鸿雁来、草木萌动
值卦	杂卦：小过、蒙、益、渐。消息卦：泰

立春之日，东风解冻者，立春艮用事，艮位东北，万物之所成终而所成始，姚氏自注云："值立春前后各二十二又半日。"共四十五日也。东风者，条风也，八卦主八风，艮为条风，震为明庶风，巽为清明风，离为景风，坤为凉风，兑为阊阖风，乾为不周风，坎为广莫风。《史记·律书》曰："条风居东北，主出万物，条之言条治万物而出之。"[1] 谓之东风者，

---

[1]　泷川龟太郎：《史记会注考证》，第452页。

☶艮三至五互体☳震，震为春，东方卦也。《说卦传》曰："风以散之。"
艮二至四互☵坎，坎为冬，阳藏阴中，阴凝阳，风以散之，故解冻也。卦
气成䷽小过。

又五日，蛰虫始振者，《春秋繁露·天辨在人》云："天下之昆虫，随阳
而出入；天下之草木，随阳而生落。"[1]《春秋·考异邮》云："虫之为言屈申
也。"[2] 皆明气之屈伸。艮互坎、震，《说卦传》云："坎，隐伏也。"故蛰；
"震，动也。"故振。卦气成䷃蒙。

又五日，鱼上冰者，《夏小正》曰："正月，鱼陟负冰。"[3]《说文》云：
"鱼，水虫也。"[4] 蛰虫始振，动于地中；鱼陟负冰，见于地面。如艮互坎，
阳由☵坎中画之上而成☶艮，故上冰。卦气成䷩益。

启蛰之日，獭祭鱼者，《月令》以启蛰为正月中，雨水为二月节，与
《夏小正》："正月启蛰"[5] 同。《说卦》："艮为狗""为黔喙之属"《说文》
云："獭小如狗，水居食鱼。"[6] 马融云："黔，黑也，阳玄在前也。"[7] ☶艮，
阳玄在前，獭象之，獭土兽也，而居于水，土克水，故祭鱼而将食之。卦气
成䷴渐。

又五日，鸿雁来者，郑注："雁自南来，将北返其居。"[8] 姚氏以为应
以《吕氏春秋》作"候雁北"为是。雁知时之鸟，而艮《象传》云："时
止则止，时行则行。"故古凡昏礼皆用雁，取其知时以象之。立春二十二日
又半日，而艮终震始。此候在震艮之交，而䷽小过卦辞："飞鸟遗之音"。
《象传》曰："有飞鸟之象焉。"而《说卦》："艮为背。"《说文》云："北，
乖也，从二人相背。"[9] 又渐卦取象于鸿，故曰候雁北。卦气由䷴渐而成
䷊泰。

又五日，草木萌动者，春震卦用事，《说卦》："震，动也。"阳气
动，故天气下降，地气上腾，天地交而成泰，天地和同。卦气由䷊泰而
成䷄需。

---

① 苏舆：《春秋繁露义证》，台北河洛图书出版社，1974，第 236 页。
② 马国翰：《玉函山房辑佚书·经编·谶纬类》，台北文海出版社，1967，第 2079 页。
③ 顾凤藻：《夏小正经传集解》，台北世界书局，1974，第 1 页。
④ 段玉裁：《说文解字注》，第 580 页。
⑤ 顾凤藻：《夏小正经传集解》，第 1 页。
⑥ 段玉裁：《说文解字注》，第 482 页。
⑦ 李道平：《周易集解纂疏》，第 947 页。
⑧ 《礼记注疏》，第 284 页。
⑨ 段玉裁：《说文解字注》，第 390 页。

2. 仲春之月

《月令》物候	始雨水、桃始华、苍庚鸣、鹰化为鸠。玄鸟至、雷乃发声、始电、蛰虫咸动，启户始出
《时训》节候	雨水：桃始华、苍庚鸣、鹰化为鸠。春分：玄鸟至、雷乃发声、始电
值卦	杂卦：需、随、晋、解。消息卦：大壮

雨水之日，桃始华者，䷲震三至五互坎，为雨水，《说卦》："坎为水。"䷊泰二之五，阴阳交，上体成坎，故始雨水。《说卦》："震为木、为旉。"干宝注云："旉，花之通名，铺为花貌，谓之敷。"① 姚氏案："旉即荂之同声假借字。《说文》云："旉，布也。""荂，艹木华也。"② 故旉，华也，《说卦》："艮为果。"艮阳极于上，故为果。《说文》云："桃，果也。"③ 仲春震用事，木气舒也。由艮而震，故曰桃始华。卦气成䷄需。由需而䷐随。

又五日，苍庚鸣者，《说卦》："震为雷、为动、为善鸣。"震东方木，色为苍，纳甲：震象纳庚。桃始华则气舒，苍庚鸣则气动矣。

又五日，鹰化为鸠者，虞氏逸象：震为宽仁④。《太玄·太玄数》曰："三八为木，为东方，为春，……性仁，情喜。"⑤《埤雅》引蔡《月令章句》云："鸠凡五种，鹰为爽鸠，应阳而变则喙柔，仁而不鸷。"⑥ 气化及物，仁气胜也。卦气成䷢晋。

春分之日，元鸟至者，春分二月中，时䷊泰卦终，䷡大壮始，天气下降，地气上腾，乾元资始，坤元资生，阴阳相交，《说文》云："乙者，玄鸟也。"⑦《明堂月令》云："玄鸟至之日，祠于高禖以请子。请子必以乙至之日者，乙春分来，秋分去，开生之候鸟，帝少昊分司之官也。"⑧ 故以为求子之候焉。卦气成䷧解。

---

① 李道平：《周易集解纂疏》，第 934 页。

② 段玉裁：《说文解字注》，第 122、277 页。

③ 段玉裁：《说文解字注》，第 242 页。

④ 惠栋：《易汉学》，《皇清经解续编》，台北艺文印书馆，第 1841 页。

⑤ 郑万耕：《太玄校释》，北京师范大学出版社，1989，第 294 页。

⑥ 《辞书集成》第四册，团结出版社，1993，第 763 页。

⑦ "乳，从孚从乙，乙，玄鸟也。"见段玉裁撰《说文解字注》，第 590 页。

⑧ 《经学辑佚文献汇编》第 14 册，国家图书馆出版社，2010，第 121 ~ 122 页。

又五日，雷乃发声者，[①]《说卦》："震为雷、为善鸣。"䷡大壮震在上，故发声。卦气由䷧解而成䷡大壮。[②]

又五日，始电者，《说文》云："雷，阴阳薄动生物者也。""电，阴阳激耀也。"[③] 泰三阴三阳，天地相交之象，泰二之五，阳往则阴来，阴往则阳来，一阳出地，则一阴入地，与阴交激而为电，《说卦》："离为电。"卦气由䷡大壮而成䷏豫。

蛰虫咸动，启户始出者，豫卦震上坤下，《说卦》："震，动也。"《系辞》："坤，其动也辟。"震动于上，坤辟于下，故蛰虫咸动。仲春卯，《说文》："卯，冒也。二月万物冒地而出，象开门之形，故二月为天门。"段注："卯为春门，万物以出。"[④] 故启户始出。

3. 季春之月

《月令》物候	桐始华、田鼠化为䴾、虹始见、蓱始生、鸣鸠拂其羽、戴胜降于桑
《时训》节候 值卦	清明：桐始华、田鼠化为䴾、虹始见。谷雨：萍始生、鸣鸠拂其羽、戴胜降于桑
	杂卦：豫、讼、蛊、革。消息卦：夬

清明之日，[⑤] 桐始华者，震为専，専为华，说已见前。震为木，桐，琴瑟之木。震为善鸣，季春震气将终，宜发于外。豫《象传》曰："先王以作乐崇德。"《汉书·五行志》引刘向说云："雷以二月出，其卦曰豫，言万物随雷出地，皆逸豫也。"[⑥] 卦气由䷏豫而成䷅讼。

又五日，田鼠化为䴾者，䷅震二至四互艮，《说卦》："艮为鼠。"季春震气终，巽气将至，《说卦》："巽为风。"走之田鼠化为飞之䴾。卦气由䷅讼而成䷑蛊。

又五日，虹始见者，《古微书》引《通卦验》云："虹者，阴阳交接之气，阳唱阴和之象。"[⑦]《艺文类聚》引蔡邕《月令章句》云：虹谓"阴阳交接之气，著于形色者也。"[⑧] 时春末夏初，震巽之交，阴阳交接，阳唱阴和，

---

① 王先谦：《后汉书集解》，第 388 页。

② "解"字原作"渐"，据卦气图杂卦卦序，应是"解"之误字，今据改。

③ 段玉裁：《说文解字注》，第 577 页。

④ 段玉裁：《说文解字注》，第 752 页。

⑤ 二十四节气次序，若"启蛰在前，雨水在后"，则应"谷雨在前，清明在后"方是，姚氏失察，下"谷雨之日"同此。

⑥ 王先谦：《汉书补注》，第 615 页。

⑦ 孙毅：《古微书》，台北新文丰出版公司，1987，第 281 页。

⑧ 《艺文类聚》，台北文光出版社，1974，第 38 页。

故虹始见。卦气成☴☶蛊。

谷雨之日，萍始生者，《说文》云："苹，萍也，无根浮水而生者。"① 虞氏逸象："巽为草木。"② 下注："刚爻为木，柔爻为草。"☴巽，二至四互兑，兑为泽。萍，水草也。巽阴在初，萍象之。萍无根，象气之行于外也。卦气成☱☲革。

又五日，鸣鸠拂其羽者，☴巽二至四互兑，《说文》："兑为口。"故曰鸣鸠，《月令》："夏，其虫羽。"春气极，象春之将为夏也。故拂其羽。卦气成☱☰夬。阳决阴，一变而成☰乾矣。

又五日，戴胜降于桑者，☱☰夬，阳决阴，值阳极将究之季春，《说卦》："巽为进退。"虞氏注："易以巽为桑。"③ 姚氏以"季春阳将尽，蚕象之，其屈信可目验者"释之，谓"月令以虫明气之屈信。蚕，阳之究，其茧则入而化也"按：戴胜，织纴之鸟，是时进退恒在桑也。

（二）《离》夏之节候与值卦

1. 孟夏之月

《月令》物候	蝼蝈鸣、蚯蚓出、王瓜生、苦菜秀、靡草死、麦秋至
《时训》节候	立夏：蝼蝈鸣、蚯蚓出、王瓜生。小满：苦菜秀、靡草死、小暑至
值卦	杂卦：旅、师、比、小畜。辟卦：乾

立夏之日，蝼蝈鸣者，巽位东南，春夏之际，《说卦》："巽为风。"《说文》："风动虫生。"④ 《月令》郑注云："蝼蝈，蛙也。"⑤ 是月☴☴巽气盛，阴气动于下，故鸣。卦气成☲☶旅。

又五日，蚯蚓出者，是月阳息成☰乾，阳气尽发，《系辞传》曰："尺蠖之屈，以求信也。"尺蠖之求信，所以象气之尽发也，故曰蚯蚓出。卦气成☵☶师。

又五日，王瓜生者，巽位东南，时立夏纯阳☰乾用事之月，阳盛极，虞注："乾圆称瓜。"⑥ 四月阳盛于外，阴伏于中，瓜象之，乾用事，故曰王瓜。

① 段玉裁：《说文解字注》，第 25 页。
② 惠栋：《易汉学》，《皇清经解续编》，第 1842 页。
③ 《无妄》六三虞注。见李道平《周易集解纂疏》，第 336 页。
④ 段玉裁：《说文解字注》，第 684 页。
⑤ 《礼记注疏》，第 306 页。
⑥ 张惠言：《周易虞氏义》，第 13353 页。

五月阴气萌，消而成☴姤，姤下体巽，故阴之消阳，始于巽。《姤·九五》："以杞包瓜，含章，有陨自天。"故曰王瓜生。卦气成☷比。

小满之日，苦菜秀者，夏阳极，属火，火炎上，味苦，卦气成☴小畜。

又五日，靡草死者，☴巽初阴，阳尽发于上，故死。《说卦》："巽为寡发。"郑作宣发，云宣发，取四月靡草死，发在人体犹靡草在地。卦气成☰乾。

又五日，麦秋至者，《御览》引蔡云："百谷各以其初生为春，熟为秋，故麦以孟夏为秋。"[1] 麦，芒谷也，时句芒之气尽，☴巽二至四互兑，兑为秋，象春气已毕，夏气至而麦熟也。卦气由乾而成☰大有。

2. 仲夏之月

《月令》物候	小暑至、螳螂生、鵙始鸣、反舌无声、鹿角解、蝉始鸣、半夏生、木堇荣
《时训》节候	芒种：螳螂生、鵙始鸣、反舌无声。夏至：鹿角解、蝉始鸣、半夏生
值卦	杂卦：大有、家人、井、咸。消息卦：姤

芒种之日，小暑至，螳螂生者，离夏用事，离为火，主暑，故小暑至。☰乾将成☴姤，阴消阳，姤下体巽，巽为风，风生虫，故螳螂生。卦气由☰大有而之☲家人。大有离上乾下，火在天上，故暑至。家人巽上离下，风自火出，故虫生。

又五日，鵙始鸣者，☲离二至四互巽，巽为风，风生虫；三至五互兑，《说卦》："兑为口。"故鸣。卦气成☲家人。

又五日，反舌无声者，☲离三至五互兑，《说卦》："兑为口舌。"又二至四互巽，☴巽象反☱兑，故曰反舌；☴姤☷复旁通，姤下体巽，复下体震，飞巽伏震，《说卦》："震为善鸣。"伏震，故无声。

夏至之日，鹿角解者，鹿，麚也。《说文》云："麚，牡鹿，以夏至解角。"[2] 又☰乾，建巳之月，《说卦》："乾为首。"纯阳在上，角之象也。阳极，故至仲夏而角解。又离位正南，时为夏至，《说卦》："离于木为科上槁。"宋衷云："阴在内，空中，木中空则上科槁。"[3]「科」，虞作「折」，解角之象也。卦气成☶咸。咸艮下兑上，二至四互巽、三至五互乾。《说卦》：

---

[1] 《太平御览》第一册，台北新兴书局，1959，第226页。
[2] 段玉裁：《说文解字注》，第474页。
[3] 李道平：《周易集解纂疏》，第944页。

"兑为毁折、为附决。"虞云："二折震足，故为毁折。乾体未圜，故附决也。"亦解角之象。

又五日，蝉始鸣者，蝉饮而不食，以翼鸣，☲离三至五互兑，兑为口。离一阴在中，二阳在外，故为大腹。离值夏，其虫羽，阳极，故翼鸣。卦气成☴姤，姤下体☴巽，巽反☱兑。巽为风，风生虫，兑为口，亦有蝉始鸣之象。

又五日，半夏生，木堇荣者，半夏药草名，仲夏生，故曰半夏，☲离中之阴也。木堇感暑气而荣，亦离象也。卦气由姤而之☲鼎。

3. 季夏之月

《月令》物候	温风始至、蟋蟀居壁、鹰乃学习、腐草为萤、土润溽暑、大雨时行
《时训》节候 值卦	小暑：温风始至、蟋蟀居壁、鹰乃学习。大暑：腐草为萤、土润溽暑、大雨时行 杂卦：鼎、丰、涣、旅。消息卦：遯

小暑之日，温风至者，☲离为火，二至四互巽为风，《淮南子·天文》曰："积阳之热气生火。"[1] 小暑值离卦之末，火盛极，故温。卦气成☲鼎。

又五日，蟋蟀居壁者，☲离二至四互巽，巽为风，风生虫。☶遯下卦艮，虞氏逸象："艮为居。"[2] 故蟋蟀居壁。卦气成☲丰。

又五日，鹰乃学习者，鹰，鸷鸟，☲离三至五互兑，虞氏逸象："离为鸟。"[3]《说卦》："兑为毁折。"故鹰为鸷鸟。☲离☵坎旁通，《坎》卦辞："习坎。"故习，《说文》云："习，数飞也。"[4] 卦气成☴涣。☴涣二至四互震，三至五互艮，《杂卦》："震起也，艮止也。"交成☳上震下巽之小过，《小过》卦辞："飞鸟遗之音。"有飞鸟之象焉。

大暑之日，腐草为萤者，小暑后十五日大暑，《淮南子·天文》曰："阳气为火，阴气为水，水胜，故夏至湿；火胜，故冬至燥。"[5] 由离夏之坤秋，离火明，故为萤。离中阴，坤之元也；坎中阳，乾之元也。腐草者，坎伏离，即伏坤之湿气也。《月令》疏引蔡云："鸠化为鹰，鹰还化为鸠，故称化。今

---

① 刘文典：《淮南鸿烈集解》，第52页。
② 惠栋：《易汉学》，《皇清经解续编》，第1482页。
③ 惠栋：《易汉学》，《皇清经解续编》，第1482页。
④ 段玉裁：《说文解字注》，第139页。
⑤ 刘文典：《淮南鸿烈集解》，第64页。

腐草为萤，萤不复为腐草，故不称化"[1] 而称「为」。

又五日，土润溽暑者，《白虎通·诛伐》云："夏至阴始起，反大热何？阴气始起，阳气推而上，故大热也。冬至阳始起，反大寒何？阴气推而上，故大寒也。"[2] 坎伏坤之湿气，阳薄于上，故溽暑。卦气成☷☶遯。

又五日，大雨时行者，《淮南子·墬形》曰："炼火生云。"[3] 云，金气所生，离夏火，由夏而秋，示阳气将返也。卦气由☷☶遯而之☴☳恒。恒巽下震上，二至四互乾，三至五互兑，兑为泽，所谓天时雨泽也。

（三）《兑》秋之节候与值卦

1. 立秋之月

《月令》物候	凉风至、白露降、寒蝉鸣、鹰乃祭鸟、天地始肃、农乃登谷
《时训》节候	立秋：凉风至、白露降、寒蝉鸣。处暑：鹰乃祭鸟、天地始肃、农乃登谷
值卦	杂卦：恒、节、同人、损。消息卦：否

立秋之日，凉风至者，坤位西南，时立秋，秋属金，金气动，八风为凉风。卦气成☴☳恒。

又五日，白露降者，《五经通义》云："和气津，凝为露。"[4] 白露，阴阳和合之气也。时坤用事，阳退而入，阴阳交，《易纬·乾凿度》："阳生秀白之州。"郑注云："乾气白。"[5] 故称「白」。卦气成☵☶节。

又五日，寒蝉鸣者，立秋消卦否，☷☰否四至五互☴巽，象反☱兑，兑为口，坤为腹，巽为风，风生虫，故寒蝉鸣。卦气成☰☲同人。

处暑之日，鹰乃祭鸟者，时兑正秋将用事，秋气肃，鹰，鸷鸟也。故祭鸟行戮。卦气成☶☱损。

又五日，天地始肃者，秋气肃也。卦气成☷☰否。

又五日，农乃登谷者，坤位西南，时立秋，气将终。坤为土，土爱稼穑，故登谷。卦气由☷☰否之☴巽。

---

① 《礼记注疏》，第 319 页。

② 陈立：《白虎通义疏证》，《中国子学名著集成》第 86 册，第 260 页。

③ 刘文典：《淮南鸿烈集解》，第 12 页。

④ 刘向：《五经通义》，《经学辑佚文献汇编》第 21 册，国家图书馆出版社，2010，第 176 页。

⑤ 孙毂：《古微书》，第 490 页。

2. 仲秋之月

《月令》物候	鸿雁来、元鸟归、群鸟养羞、雷始收声、蛰虫坏户、水始涸
《时训》节候	白露：鸿雁来、元鸟归、群鸟养羞。秋分：雷始收声、蛰虫坏户、水始涸
值卦	杂卦：巽、萃、大畜、贲。消息卦：观

白露之日，鸿雁来者，☱兑正秋也，二至四互离，虞氏逸象："离为飞、为鸟。"① 三至五互巽，巽为风，鸿雁随风南来。卦气成☴巽。

又五日，元（玄）鸟归者，《坤·文言》："天玄而地黄。"故乾为玄，乾阳以春分出地，故春分之日元鸟至。以秋分入，故秋分元鸟归。卦气成☷萃。

又五日，群鸟养羞者，秋时阳气将入，阳者，扬也，飞之象也，故以鸟明候焉。时消卦为☴观，下体坤，为立秋，致养而物成，故养羞。卦气成大畜。畜者，养也。

秋分之日，雷始收声者，☳震为雷，姚氏谓："☱兑旁通之卦也。"（按：兑旁通之卦为☶艮，非震，姚氏不察。艮三至五互☳震。）时兑（秋分）用事，震象伏，阳始入地，故收声。卦气成☶贲。

又五日，蛰虫坏户者，震初伏阳，始入，故蛰。又消卦☴观值建酉之月，阴消至四，阴浸盛，阴杀气，浸盛故阳消退而衰，酉为秋门，万物入，故虫坏户而入伏。卦气成☴观。

又五日，水始涸者，兑秋坎冬，兑与坎接，卦象为☵困，困，上兑泽，下坎水，泽中无水，故始涸。始涸，涸之始也，而阳之消亦可知。卦气由☴观至☳归妹。

3. 季秋之月

《月令》物候	鸿雁来宾、爵入大水为蛤、鞠有黄华、豺乃祭兽戮禽、草木黄落、蛰虫咸俯
《时训》节候	寒露：鸿雁来宾、鞠有黄华、豺祭兽。霜降：雀入水为蛤、草木黄落、蛰虫咸俯
值卦	杂卦：归妹、无妄、明夷、困。消息卦：剥

寒露之日，鸿雁来宾者，仲秋鸿雁来，初来也，来宾则客止而未去也。兑秋之气将终，乾立冬之气受之，如☴观消成☶剥，剥上体艮。艮为止，言客止，即鸿雁止于泽也。卦气成☳归妹。

---

① 惠栋：《易汉学》，第 1482 页。

又五日，爵入大水为蛤者，☱兑二至四互离，离南方朱雀，雀，爵也，互卦离，在兑中，兑为泽，故入大水，《说卦》："离为蚌。"故离亦为蛤，此由夏虫羽，而秋虫毛，而冬虫介之象也。卦气成☳无妄。

又五日，鞠有黄华者，鞠，草名，季秋草木皆成，非荣华之时，言"鞠有"，明他无有也。消卦剥值建戌之月，☷剥下卦坤，坤为地，地色黄。剥上爻反初成☳复，复下体震，震为旉、为华，故曰鞠有黄华。卦气成☷明夷。

霜降之日，豺乃祭兽戮禽者，消卦☶剥，阴消至五，上体成艮，《说卦》："艮为狗、为黔喙之属。"马融云："黔喙，肉食之兽，谓豺狼之属。"[1]而豺象焉。秋杀故戮，《白虎通·田猎》云："禽者何，鸟兽之总名，明为人所禽制也。"[2]卦气成☷困。

又五日，草木黄落者，阴消☶剥将成☷坤，坤为地，其色黄，伏乾，故黄落。卦气成☶剥。剥上体艮，《说卦》："艮，其于木也为坚，多节。"《序卦》："剥穷上反下。"故《月令》曰："乃伐薪为炭。"[3]盖炭以象阳之伏也。

又五日，蛰虫咸俯者，☶剥九月将至☷坤十月，阳尽伏，故蛰虫随之。剥，上卦艮，为门阙，下卦坤，为阖户，故墐户，《月令》："蛰虫咸俯在内，皆墐其户。"[4]卦气由☶剥而之☶艮。

（四）《坎》冬之节候与值卦

1. 孟冬之月

《月令》物候	水始冰、地始冻、雉入大水为蜃、虹藏不见、天气上腾地气下降、闭塞成冬
《时训》节候	立冬：水始冰、地始冻、雉入大水为蜃。小雪：虹藏不见、天气上腾地气下降、闭塞成冬
值卦	杂卦：艮、既济、噬嗑、大过。消息卦：坤

立冬之日，水始冰者，☰乾西北之卦，时立冬，纯阳，伏于☷坤立冬十月消卦下，盛阴胁之。《说卦》："乾为冰。"故冰，犹阴胁阳之为雹也。卦气成☶艮。

---

① 李道平：《周易集解纂疏》，第947页。
② 陈立：《白虎通义疏证》，引自《中国子学名著集成》第65册，第699页。
③ 《礼记注疏》，第340页。
④ 《礼记注疏》，第340页。

又五日，地始冻者，坤阴益盛也，卦气成☷☲既济。既济离下坎上，亦互坎离。《说卦》："水火不相射。"离阴坎阳合居，一阴一阳，太极之象，太极元气，含三为一，气之元也。时乾元伏于地中，坤元藏之，易之蕴也。

又五日，雉入大水为蜃者，立冬乾气将终，冬至坎气将至，乾伏于地中，坎为水，故入大水。☵坎中有伏☲离，《说卦》："离为雉、为蚌。"此阳伏而冬虫介之象也。卦气成☳☲噬嗑。

小雪之日，虹藏不见者，季春虹始见。虹，阴阳交接气也，《古微书》引《通卦验》云："虹者，阴阳交接之气，阳唱阴和之象。"[1]《艺文类聚》引蔡云：虹谓"阴阳交接之气，著于形色者也。"季春春末夏初之时，即震巽之交，故虹始见。立冬乾阳伏于地中，故不见。卦气成☱☴大过。

又五日，天气上腾，地气下降者，《月令》疏云："若以易卦言之，七月三阳在上，则天气上腾；三阴在下，则地气下降也。今十月乃云：天气上腾，地气下降者，易含万象，言非一概，周流六虚，事无定体。若以爻象言之，则七月为天气上腾，地气下降；若气应言之，则从五月地气上腾，至十月地气六阴俱升，天气六阳并谢，天体在上，阳归于虚无，故云上腾。地气六阴用事，地体在下，阴气下连于地，故云地气下降。各取其义，不相妨也。"[2]天气，天之阳也。地气，地中之阳也。时天之阳气，聚于黄极，黄极去北极二十四度，黄道之枢也，位西北，乾也。地中之阳，伏于坤地中，天地二气不交，纯阴用事，卦气成☷坤，故天地不通。

又五日，闭塞成冬者，《系辞传》："阖户之谓坤。"消卦坤值冬建亥之月，卦气由☷坤之☲未济，未济六爻皆失位，《杂卦传》："未济穷矣。"与天气下降，地气上腾同义。

2. 仲冬之月

《月令》物候	冰益壮、地始坼。鹖旦不鸣、虎始交、芸始生荔挺出、蚯蚓结、麋角解、水泉动
《时训》节候	大雪：鹖旦不鸣、虎始交、荔挺出。冬至：蚯蚓结、麋角解、水泉动
值卦	杂卦：未济、蹇、颐、中孚。消息卦：复

仲冬冰益壮，地始坼者，仲冬消息卦☷☳复，时阳动地中，将欲上出，而坤阴盛，薄之，故冰益壮；阴凝阳，故地坼，皆天地不通，闭塞成冬之应。

---

① 孙毅：《古微书》，第 281 页。
② 《礼记注疏》，第 342 页。

大雪之日，鶡旦不鸣者，《月令》郑注：“鶡旦，求旦之鸟。”① 《系辞传》云：“刚柔者，昼夜之象也。”乾阳为昼，坤阴为夜，时纯阴在上，故鶡旦不鸣。卦气成☷☵既济。

又五日，虎始交者，虞注：“易以乾为龙，坤为虎。”② 时阳动地中，将欲上出，薄阴而战，阴阳交，成消息卦☷☳复，伏乾出震，故复下体震，卦气成☵☶蹇。

又五日，芸始生，荔挺出者，《月令》疏引皇氏云：“以其俱香草，故应阳气而出。”③ 中央土，其臭香，乾元藏于坤元，坤土中宫，乾元自中宫出，故芸始生，荔挺出也。卦气成☶☳颐，颐，反复不衰之卦，浑圜之象，象天包乎地，而阳伏于中，乾元藏于坤元也。

冬至之日，蚯蚓结者，《月令》疏引蔡云：“结犹屈也。蚯蚓在穴，屈首下向，阳气气动则宛而上首，故其身结而屈也。”④ 象气之屈以求信。卦气成☴☱中孚。

又五日，麋角解者，《月令》疏引熊氏云：“鹿是山兽，夏至得阴气而解角；麋是泽兽，故冬至得阳气而解角。”⑤ 《说卦》：“乾为首。”阳气欲萌，故角解。卦气成☷☳复，复，阳复见于初也。

又五日，水泉动者，坎为水，方位北，时为冬，《说文》云：“泉，水原也。”⑥ 坤元藏乾元，乾元动于坤元之中，犹动于下，故水泉应之。卦气由复而之☵☳屯。《序卦传》：“屯者，盈也。”象气之动于地中也。

3. 季冬之月

《月令》物候	雁北乡、鹊始巢、雉雊、鸡乳、征鸟厉疾、水泽腹坚
《时训》节候	小寒：雁北乡、鹊始巢、雉雊。大寒：鸡乳、征鸟厉疾、水泽腹坚
值卦	杂卦：屯、谦、睽、升。消息卦：临

小寒之日，雁北乡者，《月令》正义云：“雁北乡有早有晚，早者则此月北乡，晚者二月乃北乡。”⑦ 坎位北，时为冬，阳气将萌，故雁感之而北。卦

① 《礼记注疏》，第344页。
② 张惠言：《周易虞氏义》，第13353～13354页。
③ 《礼记注疏》，第346页。
④ 《礼记注疏》，第346页。
⑤ 《礼记注疏》，第346页。
⑥ 段玉裁：《说文解字注》，第575页。
⑦ 《礼记注疏》，第347页。

气成䷂屯。

又五日，鹊始巢者。坎二至四互震，虞注："易以震为筐。"① 《说卦》："震为善鸣。"鹊象之，卦气成䷎谦。

又五日，雊雉者，冬坎与离旁通，《说卦》："离为雉。"时复初阳成下体震，震为善鸣，阳将成，故雉应之而雊。蔡卞《毛诗名物解》引蔡云："雷在地中，雉性精刚，故独知之，应而鸣也。"② 卦气成䷢睽。

大寒之日，鸡乳者，坎艮冬春之交，时艮已用事，艮《象传》："艮，止也，时止则止，时行则行。"坎，冬也，阳由坎中之上成巽，《说卦》："巽为鸡。"鸡知时。阴尚固结，鸡之乳也象之。卦气成䷭升。

又五日，征鸟厉疾者，《月令》疏引正义曰："征鸟谓鹰隼之属也。"③ 又引蔡云："太阴杀气将尽，故猛疾，与时竞也。"④ 变鹰言征鸟者，以象时杀气盛极也。卦气成䷒临。

又五日，水泽腹坚者，此月阳伏坤中，于时极寒，《素问·金匮真言论》："背为阳，腹为阴。"⑤ 坤为腹，艮其背也，《素问·评热病论》："腹者，至阴之所居。"⑥ 至阴，冰象之，坤厚，故冰盛腹坚也。坎为水，艮为山，坎艮冬春之交，深山穷谷于是乎取之，而藏冰、出冰，所以调燮阴阳也。卦气由临之小过。

（五）贞下起元

自孟春之初"卦气成小过"伊始，迄季冬之末"卦气由临之小过"止，历六十卦而周一岁，《周易通论月令》虽不见解释，然就爻画以春、夏、秋、冬四时而统计之：

正月小过、蒙、益、渐、泰阳爻十三阴爻十七

二月需、随、晋、解、大壮阳爻十五阴爻十五

三月豫、讼、蛊、革、夬阳爻十七阴爻十三

上正月、二月、三月，凡十五卦，时序属春，计阳爻四十五，阴爻四十五，阴阳相等，盖自冬徂春，阴阳二气渐趋调和，故阴阳爻数相同也。

---

① 惠栋：《易汉学》，《皇清经解续编》，第 1841 页。
② 《毛诗名义解》，《通志堂经解》第 17 册，台北：台湾大通书局，1970，第 9891 页。
③ 《礼记注疏》，第 347 页。
④ 《礼记注疏》，第 347 页。
⑤ 《黄帝内经素问》，《四部丛刊》第 19 册，台北：台湾商务印书馆，1979，第 13 页。
⑥ 《黄帝内经素问》，《四部丛刊》第 19 册，第 67 页。

四月☶旅、☷师、☶比、☴小畜、☰乾阳爻十六阴爻十四

五月☲大有、☴家人、☵井、☱咸、☴姤阳爻二十阴爻十

六月☲鼎、☳丰、☴涣、☰履、☶遁阳爻十九阴爻十一

上四月、五月、六月，凡十五卦，时序属夏，计阳爻五十五，阴爻三十五，阳爻较阴爻多出二十爻，盖夏季三月，阳气盛而阴气衰，故阳爻多而阴爻少也。

七月☴恒、☵节、☲同人、☶损、☷否阳爻十七阴爻十三

八月☴巽、☱萃、☶大畜、☶贲、☴观阳爻十五阴爻十五

九月☳归妹、☰无妄、☷明夷、☱困、☶剥阳爻十三阴爻十七

上七月、八月、九月，凡十五卦，时序属秋，计阳爻四十五，阴爻四十五，阴阳相等，盖自夏迄秋，阴阳二气渐趋调和，故阳阴爻数相同也。

十月☶艮、☵既济、☲噬嗑、☱大过、☷坤阳爻十二阴爻十八

十一月☵未济、☵蹇、☶颐、☴中孚、☷复阳爻十二阴爻十八

十二月☵屯、☷谦、☱睽、☴升、☷临阳爻十一阴爻十九

上十月、十一月、十二月，凡十五卦，时序属冬，计阴爻五十五，阳爻三十五，阴爻较阳爻多出二十爻，盖冬季三月，阴气盛而阳气衰，故阴爻多而阳爻少也。

庄存与《卦气解》进而以日躔盈缩，释爻画多寡所显示一岁之阴阳盛衰：

> 自中孚至井，阳爻八十九，阴爻九十一，共一百八十，当半岁实。其在晋以前，阳爻三十八；解以后，阳爻五十一。历日在春分前则少，在春分后则多之象也。自咸迄颐，阳爻九十一，阴爻八十九，共一百八十，当半岁实。其在大畜以前，阳爻五十四；贲之后，阳爻三十七。历日在秋分前则多，在秋分后则少之象也。阳爻多则阴爻少，象行度之缩焉；阳爻少则阴爻多，象行度之盈焉。自解迄大畜，阳爻一百有五，阴爻七十五，昼永而夜短也；自贲迄晋，阳爻七十五，阴爻一百有五，昼短而夜永也。二至相距，阴阳爻不正九十，而一多一少者何也？曰：吾以是知岁实之有消长也。①

太阳视运动随四时而盈缩，日在冬至前后，其行最疾，至冬至为盈之极，

---

① 《卦气解》，《丛书集成续编》第29册，台北新文丰出版公司，1989，第87页。

自冬至后渐缩，至春分而平。至夏至前后，其行最迟，至夏至为缩之极，夏至后渐盈，至秋分而平，至冬至又为盈之极。亦与六十杂卦爻画"阳爻多阴爻少，则象行度之缩；阳爻少则阴爻多，则象行度之盈"配二分二至之前后者相应。

由此观之，卦气以六十卦值事，候主五日，卦主六日七分，卦气起中孚，历六十卦至颐而止，积三百六十五又四分之一日而一岁周，盖依阴阳消长而配卦，洵经巧设安排，与扬雄《太玄》以《中》准《中孚》，历八十一首至《养》准《颐》之次序同，惟《太玄》采《三统历》，卦气采《四分历》，致岁实微异耳。①

故至季冬之末，日穷于次，月穷于纪，星回于天，犹元之历八卦一周，贞下起元，而岁更始，固昭昭矣。然卦气以十二消息卦共七十二爻配七十二候，未闻以六十卦主七十二候也。

《说卦传》曰："立天之道，曰阴与阳，立地之道，曰柔与刚，立人之道，曰仁与义。兼三才而两之，故《易》六画而成卦，分阴分阳，迭用柔刚。"②《月令》："毋变天之道，毋绝地之理，毋乱人之纪。"郑注云："（毋）以阴政犯阳，（毋）易刚柔之宜，以仁之时而举义事。"③故顺天应时，时至而政无违逆，则一阴一阳，六爻得位，刚柔并济，仁义彬彬，而既济之功成矣。《汉书·谷永传》曰："王者躬行道德，则卦气理效，五征时序；失道妄行，则卦气悖乱，咎征弃邮。"④故七十二候者，天地圣德之所为；顺时而行令者，天子之所为；天子之圣德，休征之验也。反之，若变天之道，绝地之理，乱人之纪，违天逆命，则阴阳失位，六爻错居，而未济穷矣，咎征应之。故《月令》每月之终，继之以反令者，咎征之验也。

五 违令灾异

《尚书·洪范》曰："咎征：曰狂，恒雨若；曰僭，恒旸若；曰豫，恒燠若；曰急，恒寒若；曰蒙，恒风若。"疏云："君行狂妄则常雨顺之；君行僭差则常旸顺之；君行逸豫则常暖顺之；君行急躁则常寒顺之；君行蒙

---

① 《四分历》，一岁＝365 日，《三统历》一岁＝365 日。
② 朱熹：《易本义》，台北世界书局，1979，第70页。
③ 《礼记注疏》，第289页。
④ 王先谦：《汉书补注》，第1499页。

阖则常风顺之。"① 此言咎征皆肇因于君行之不正，致酿五气之不时也。以《洪范》之"五事"与"休征"参照之，"五事：一曰貌，二曰言，三曰视，四曰听，五曰思。貌曰恭，言曰从，视曰明，听曰聪，思曰睿。恭作肃，从作乂，明作哲，聪作谋，睿作圣。""休征：曰肃，时寒若；曰乂，时旸若；曰哲，时燠若；曰谋，时寒若；曰圣，时风若。"② 君具"恭、从、明、聪、睿"五种素养，貌恭则肃、言从则乂、视明则哲、听聪则谋、思睿则圣，则天之"雨、旸、燠、寒、风"各以时叙，而休征显。反之，君若"狂、僭、豫、急、蒙"，失度、失时则咎征现。此正天人感应及五行灾异说之渊源。卦气说各以其日配卦，依寒、温、风、雨，占验吉凶灾异者，本诸此。

《洪范》言五行，《月令》播五行于四时、十二月。夫天子居明堂，承天以治人，其一举一止，无一不顺天地阴阳消息之气，以为生民锡福消疹者，违天、逆时、反令，则咎征现而灾异生，此天人感应思想之体现也。《月令》既析一时为三月，则一时违令之灾异，亦必分割为三份，以配孟仲季三月，兹本《周易通论月令》载文，分释之。

（一）《震》春违令灾异

1. 孟春之月违令之灾异

孟春之月行夏令，则风雨不时，草木蚤落，国时有恐者：☶艮位东北，时立春，二至四互坎，为雨。☴巽位东南，时立夏，巽为风。孟春行夏令，巽气乘艮，即风乘凌艮卦互体之坎雨之上，故风雨不时。风雨原作雨水，据《月令》疏云："孟春建寅，其宿直箕星，箕星好风，孟春行夏令，寅气不足，故风少，巳来乘之，四月纯阳用事，纯阳来乘，故雨少。"③ 是疏本作风雨。《吕氏春秋·十二月纪》亦作风雨。作风雨是也，今据改。孟春息卦☷☰泰，泰三至五，互震，震为木，巳息卦☰乾，乾乘泰，柔木而阳气尽泄，故草木蚤落也。震主春，为木，震卦辞："震来虩虩。"虩虩者，恐惧也，故虞氏以震为恐惧。④ 离主夏，为火，火乘木，故国时有恐。

孟春之月行秋令，则其民大疫，猋风暴雨总至，藜莠蓬蒿并兴者：☶艮立春，春少阳，☷而坤位西南，时立秋，秋为太阴，行秋令，则太阴乾少

① 《尚书注疏》，第 177 页。
② 《尚书注疏》，第 170 页。
③ 《礼记注疏》，第 290 页。
④ 李道平：《周易集解纂疏》，第 578 页。

阳，故其民大疫。七月申，消卦☷☰否，否三至五互巽，为风，正月寅，息卦☰☷泰，泰二之五成☵☲既济，则风雨时。然否乘泰，闭塞不通，故猋风暴雨总至。秋属金，木属春，金乘木，木不遂其生，故化为恶类，而藜莠蓬蒿并兴。

孟春之月行冬令，则水潦为败，霜雪大挚，首种不入者：☰乾位西北，时立冬，立春☶艮，二至四互坎水，行冬令，则乾乘艮，故水潦为败。立冬十月亥消卦☷☷坤，坤乘立春正月息卦☰☷泰，《大戴记·曾子天圆》曰："阴阳之气，各静其所则静矣，偏则风，俱则雷，交则电，乱则雾，和则雨。阳气胜则散为雨露，阴气胜则凝为霜雪。"① 行冬令，坤乘泰，阴气胜，阴凝阳，故霜雪大挚。《说卦传》："震为长子，其于稼也为反生。"震春行冬令，冬水乘震，故首种不入。

2. 仲春之月违令之灾异

仲春之月行秋令，则其国大水，寒气总至，寇戎来征者：☳震位正东，时春分，三至五互坎为水；☱兑位正西，时秋分，为泽，仲春行秋令，兑乘震，故其国大水。仲春息卦大壮，仲秋消卦观，☴观下体坤凝☳大壮下体乾，乾为寒，故寒气总至，兑秋金伤震春木，故寇戎来征。

仲春之月行冬令，则阳气不胜，麦乃不熟，民多相掠者：坎位正北，时冬至，行冬令，坎冬乘震春，坎，一阳陷二阴之中，故阳气不胜。仲冬息卦☳☷复，复乘二月息卦☳☰大壮，复阳爻在五阴之下，阳不能出地，《说卦》："震，于稼也为反生。"麦，芒谷也，故麦乃不熟。坎冬水害春木，故民多相掠。

仲春之月行夏令，则国乃大旱，暖气早来，虫螟为害者：离位正南，时夏至，仲春行夏令，火气胜，故国乃大旱。仲夏五月消卦☰☴姤，姤下体巽，为风，巽风动火，乘二月息卦☳☰大壮，故暖气早来。震于稼也为反生，仲夏火气伤震木，仲中也，《尔雅》："食苗心螟。"② 故虫螟为害。

3. 季春之月违令之灾异

季春之月行冬令，则寒气时发，草木皆肃，国有大恐者：冬春之交季冬艮用事，艮时止时行；春夏之交季春巽用事，巽为进退。季春行冬令，艮乘巽，故寒气时发。季冬十二月息卦☱☷临，冬阴乘季春息卦☱☰夬阳，故草木皆肃。冬水害春木，故国有大恐。

---

① 方向东：《大戴礼记汇校集解》，第 587 页。
② 《尔雅注疏》，第 164 页。

季春之月行夏令，则民多疾疫，时雨不降，山陵不收者：离位正南，坤位西南，未，离坤之交，季春行夏令，离夏乘震春，则所生乘之而木枯，肝属木，肝气泄；坤土乘巽春木，则所胜乘之而木衰，肝气弱，故民多疾疫。季夏六月消卦☷遯，阳气遯藏，故时雨不降。中央土夏秋之间，土旺害春木，故山陵不收。

季春之月行秋令，则天多沈阴，淫雨蚤降，兵革并起者：兑位西，时秋；乾西北，秋冬之交，春行秋令，乾乘巽，故天多沈阴。《易·小畜》卦辞曰："密云不雨，自我西郊。"乾巽交为☲小畜，云，山泽气也，二至四互兑为泽，泽气为云，不雨故沈阴。戌消卦☶剥为秋冬之交，乘季春三月息卦☱夬，春阳决秋阴，故淫雨蚤降。秋金胜春木，故兵革并起。

（二）《离》夏违令灾异

1. 孟夏之月违令之灾异

孟夏之月行秋令，则苦雨数来，五谷不滋，四鄙入保者：坤位西南在未申之交，申七月夏；兑位西，时为秋，兑为雨泽，孟夏行秋令，阴气胜，四月息卦☰乾阳决之，故苦雨数来。七月建申消卦☷否，上乾下坤，天气上腾，地气下降，天地不交，故五谷不滋。秋金乘夏火，火胜金，今金反乘火，火气弱，故四鄙入保。

孟夏之月行冬令，则草木蚤落，后乃大水，败其城郭者：乾位西北在戌亥之交，乾元藏于坤元，乾阳伏，行冬令，故草木蚤落（月令落作枯）。亥，消卦☷坤，坤乘☰乾，乾五之坤二，坤二之乾五，交而为☵坎，坎冬水王，故后乃大水，败其城郭。

孟夏之月行春令，则蝗虫为灾，暴风来格，秀草不实者：巽位东南，时立夏，艮位东北，时立春，立夏行春令，艮乘巽，成艮上巽下之☶蛊卦，下体巽为虫，故蝗虫为灾。立春息卦☱泰，坤上乾下，阴阳相薄，巽为风，故暴风来格。春木乘夏火，《说卦》："艮为果蓏、乾为木果、巽为不果。"故秀草不实。

2. 仲夏之月违令之灾异

仲夏之月行冬令，则雹冻伤谷，道路不通，暴兵来至者：《古微书》引《春秋说题辞》云："盛阳之气温暖为雨，阴气薄而胁之，则合而为雹。盛阴之气凝滞为雪，阳气薄而胁之，则散而为霰。"[1] 冬至坎用事，仲夏行冬令，

---

[1] 孙毂：《古微书》，第 223 页。

阴凝阳，故雹冻伤谷。立冬建子之月息卦复䷗，与仲夏建午之月消卦䷫姤旁通，复下体震，《说卦》："震为大涂。"《后汉书》鲁恭疏云："易五月姤卦用事，经曰：后以施令诂四方。言君以夏至之日，施命令，止四方行者，所以助微阴也。"① 复乘姤，闭关不行，故道路不通。《说卦》："坎为盗。""离为戈兵。"冬水乘夏火，故暴兵来至。

仲夏之月行春令，则五谷晚熟，百螣时起，其国乃饥者：仲春震用事，震于稼也为反生，行春令，震春木乘离夏火，故五谷晚熟。仲春息卦䷡大壮，候"蛰虫咸动"，故百螣时起。春木乘夏火，故其国乃饥，盖失其性，禾稼败也。

仲夏之月行秋令，则草木零落，果实早成，民殃于疫者：仲秋兑用事，兑秋金，秋主肃，行秋令，故草木零落。仲秋消卦䷓观，三至五互艮，《说卦》："艮为果。"物成于秋，仲秋䷓观，乘仲夏五月䷫消卦姤，故果实早成。秋金乘夏火，火胜金，金反乘火，心属火，肺属金，心气衰弱，肺气盛，故民殃于疫。

3. 季夏之月违令之灾异

季夏之月行春令，则谷实鲜落，国多风欬，民乃迁徙者：季春巽用事，《说卦》："巽为寡发、为不果。"仲春震用事，《说卦》："震其究为健、为蕃鲜。"季夏行春令，故谷实鲜落。鲜读如蕃鲜之鲜，震之究气也。季春息卦䷪夬，刚决柔，上体兑为金、为口，䷹兑象反䷸巽，季夏六月䷠消卦遯，二至四互巽，巽为风，䷪夬乘䷠遯，巽风入兑金肺，故国多风欬。巽木胜季夏土，其居不安，风以散之，故民乃迁徙。

季夏之月行秋令，则邱隰水潦，禾稼不熟，乃多女灾者：季秋，兑秋乾冬之交，兑为泽，乾元藏于坤元，行秋令，兑乘坤，坤为地，故邱隰水潦。季秋九月消卦䷖剥，季秋土，土爱稼穑，剥伤之，故禾稼不熟。兑金乘坤土，坤气泄，乾男坤女，故多女灾。

季夏之月行冬令，则风寒不时，鹰隼蚤鸷，四鄙入保者：季冬，坎冬艮春之交，坎冬水主寒，夏䷝离二至四互巽，巽为风，夏行冬令，坎乘离，故风寒不时。季冬十二月息卦䷒临，临下体兑，季夏六月䷠消卦遯，遯下体艮，兑金乘艮，季夏行冬令，季冬候"征鸟厉疾"，故鹰隼蚤鸷。冬水王，胜夏火，季夏坤未土不能制水，故四鄙入保。

---

① 王先谦：《汉书补注》，第 326 页。

（三）《兑》秋违令灾异

1. 孟秋之月违令之灾异

孟秋之月行冬令，则阴气大胜，介虫败谷，戎兵乃来者：乾位西北，于时孟冬十月用事，坤元藏乾元，乾伏坤下，阴薄于上。孟秋行冬令，故阴气大胜。孟冬消卦坤，坤为土，土爰稼穑，孟秋行冬令，坤冬乘夏七月消卦☷否，冬虫介，阴盛，故介虫败谷。冬水乘秋金，金，兵象也，故戎兵乃来。

孟秋之月行春令，则其国乃旱，阳气复还，五谷无实者：艮位东北，孟春艮用事，兑为秋、为泽，艮止也，秋行春令，泽止，故其国乃旱。孟春息卦☰泰，阳气复还，立秋消卦☷否，否，☰泰之反卦也。春木乘秋金，故五谷无实。

孟秋之月行夏令，则国多火灾，寒热不节，民多疟疾者：巽位东南，于时孟夏用事。行夏令，则夏火气不退。巽为风，风自火出，故国多火灾。孟夏息卦☰乾，乾纯阳，《说卦》："乾为寒、为冰。"孟秋四月息卦☰乾，乘夏七月消卦☷否，故寒热不节。夏火胜秋金，阳气郁金，不能制木，故民多疟疾。

2. 仲秋之月违令灾异

仲秋之月行春令，则秋雨不降，草木生荣，国乃有恐者：震位正西，于时仲春用事，☳震二至四互艮，艮为止，兑位正西，时仲秋，行春令，兑为泽，泽止，故秋雨不降。仲春息卦☳大壮，上体震，为雷、为木；下体乾，伏坤，坤为地。雷出地，木气胜，故草木生荣。木气胜，金不能制木，震为恐惧，故国乃有恐。

仲秋之月行夏令，则其国乃旱，蛰虫不藏，五谷复生者：离位正西，时仲夏用事，兑为秋、为泽，行夏令，离火乘兑泽，故其国乃旱。仲夏消卦☰姤，阴萌于下，阳盛于上，巽为风，风生虫，蛰虫随阳出入，故不藏。阳气胜，故五谷复生。

仲秋之月行冬令，则风灾数起，收雷先行，草木蚤死者：坎位正西，于时仲冬用事，虞氏逸象："坎为灾。"[1] 行冬令，坎冬乘兑秋，☱兑三至五互巽，巽为风，故风灾数起。仲冬息卦☳复，复，下体震，阳气回复，震为雷，故收雷先行。冬水乘秋金，金生水，而水反害金，金秋见害，故草木蚤死。

---

① 惠栋：《易汉学》，《皇清经解续编》，第 1841 页。

3. 季秋之月违令之灾异

季秋之月行夏令，则其国大水，冬藏殃败，民多鼽嚏者：坤位西南，时当季夏，乾位西北，时当季秋，乾坤交，乾元为坎，坤元为离，顺其时而坎离交，成坎上离下之☲☵既济，则风雨时。季秋行夏令，非其时故成离上坎下之☵☲未济，未济下体坎，高诱注云："秋金气，水之母也，夏阳布施，多淋雨，二气相并，故大水。"① 坎为水，故其国大水。季夏消卦☶☰遁，季秋消卦☶☷剥，遁乘剥，遁藏而剥蚀不能固，故冬藏殃败。夏火胜秋金，则肺金气郁，九家逸象："艮为鼻。"②《说卦》："山泽通气。"《乾凿度》郑注云："艮为山，泽山通气，其于人体则鼻。"③ 乾秋冬之交，气屈而欲信也。☶☷剥上体艮，为止，阴阳不通，故鼽。嚏者，《说文》云："鼽，病寒鼻窒也。"④ 又云："嚏，悟解气也。"⑤ 故鼽嚏也。

季秋之月行冬令，则国多盗贼，边竟不宁，土地分裂者，季冬，坎冬艮春之交，坎为盗，行冬令，冬水窃秋金之气，故国多盗贼。季冬息卦☷☱临，季秋息卦☶☷剥，临乘剥，剥上六："小人剥庐。"虞氏逸象："乾为野、坤为邑、为国。"☷☱临二至四互震，震，动也，故边竟不宁。冬水乘秋金，金生水，而水反乘金，☷☱临阳消阴，☶☷剥阴从内溃，故土多分裂。

季秋之月行春令，则暖风来至，民气解惰，师兴不居者：季春，春震夏巽之交，行春令，故暖风来至。季春息卦☰☱夬，季秋消卦☶☷剥。夬，刚决柔；剥，阴剥阳，阴阳气乱，故民气解惰。春木乘秋金，金胜木，而木反乘之，《说卦》："巽为进退。"《月令》郑云："巽为风，不居，象风行不休止也。"⑥ 故师兴不居。

（四）《坎》冬违令灾异

1. 孟冬之月违令之灾异

孟冬之月行春令，则冻闭不密，地气上泄，民多流亡者：艮位东北，于时孟春用事，东风解冻。孟冬行春令，故冻闭不密。孟春息卦☷☰泰，泰乾下坤上，天气下降，地气上腾。孟冬消卦☷☷坤，以气应言之，从五月☰☴姤地气

---

① 许维遹：《吕氏春秋集释》中册，第361页。
② 惠栋：《易汉学》，《皇清经解续编》，第1865页。
③ 《古经解汇函·易纬八种·易纬乾凿度》，第495页。
④ 段玉裁：《说文解字注》第139页。
⑤ 段玉裁：《说文解字注》第57页。
⑥ 《礼记注疏》，第340页。

上腾，至十月䷁坤地气六阴俱升，天气六阳并谢，天体在上。地气六阴用事，阴气下连于地，地体在下。如此则天气上腾，地气下降，天地不通，闭塞成冬。行春令，反其道而行，故地气上泄。春木干冬水，故民多流亡。

孟冬之月行夏令，则国多暴风，方冬不寒，蛰虫复出者：巽位东南，时孟夏用事，巽为风，行夏令，故国多暴风。孟夏息卦䷀乾，阳气尽泄，故方冬不寒。夏火胜冬水，阳泄，故蛰虫复出。

孟冬之月行秋令，则雪霜不时，小兵时起，土地侵削者：坤位西南，于时立秋用事，乾位西北，于时孟冬用事。行秋令，坤阴乾阳相干，二气不调，故雪霜不时。孟秋消卦䷋否，否，坤下乾上，坤阴剥乾阳，秋兵象，坤为地，故小兵时起，土地侵削。

2. 冬之月违令之灾异

仲冬之月行夏令，则其国乃旱，氛雾冥冥，雷乃发声者：离位正南，于时仲夏用事，仲冬水行夏火令，故其国乃旱。《尔雅》："天气下，地不应，曰雾。地气发，天不应，曰雾。"[1]《释名·释天》云："雾，冒也，气蒙乱，覆冒物也。"[2]《史记·宋微子世家》集解引郑玄云："雾者，气不释，郁冥冥者也。"[3]《说文》云："氛，祥气也。雾，氛或从雨。"[4] 则雾、氛本一字。《素问·六元正纪大论》："寒雾结为霜雪。"[5]《释名·释天》："氛，粉也，润气着草木，因寒冻，凝色白，若粉之形也。"[6] 仲夏消卦䷫姤，仲冬息卦䷗复，仲冬行夏令即复姤交，阴阳乱，故氛雾冥冥。䷗复，下体震，震为雷，夏火干冬水，阴阳薄，故雷乃发声。

仲冬之月行秋令，则天时雨汁，瓜瓠不成，国有大兵者：仲秋兑用事，仲冬坎用事，☵坎为雨，阴凝阳，雨转而为雪。仲冬行秋令，兑为泽，泽气干之，故天时雨汁。汁者，郑注："雪水杂下也。"[7] 仲秋消卦䷓观，四至五互艮，艮为果蓏，仲冬行秋令，即䷓观乘䷗复，由䷖剥而消，故瓜瓠不成。秋金干冬水，金生水则水益盛，《说卦》："坎为盗。"故国有大兵。

仲冬之月行春令，则蝗虫为败，水泉咸竭，民多疥疠者：仲春震用事，

① 《尔雅注疏》，第 97 页。
② 毕沅：《释名疏证》，台湾：广文书局，1987，第 28 页。
③ 泷川龟太郎：《史记会注考证》，第 612 页。
④ 段玉裁：《说文解字注》，第 20 页。
⑤ 《黄帝内经素问》，《四部丛刊》第 19 册，第 173 页。
⑥ 毕沅：《释名疏证》，第 28 页。
⑦ 《礼记注疏》，第 346 页。

候"蛰虫咸动",仲冬行春令,即震春乘坎冬,震,动也,隐伏者动,故蝗虫为败。仲春息卦☳☰大壮,大壮乘立冬息卦☷☳复,复初阳泄而不固,故水泉咸竭。疠疾者,"春其臭膻、冬其臭朽"之败,水木交郁之气也,春木干冬水,故民多疠疾。

3. 季冬之月违令之灾异

季冬之月行秋令,则白露蚤降,介虫为妖,四鄙入保者:乾位西北,时季秋用事,季冬行秋令,乾乘冬春之交季冬艮之气,阳气胜,故白露蚤降。季秋消卦☶☷剥,剥乘季冬息卦☷☱临,则"秋毛虫、冬介虫"乱,故介虫为妖。秋金气动,季冬艮,五行属土,艮土不固,故四鄙入保。

季冬之月行春令,则胎夭多伤,国多固疾,命之曰逆者:巽位东南,于时春夏之交季春用事,春气毕,行春令,则艮季冬之气弱而泄,故胎夭多伤。季春息卦☱☰夬,刚决柔,郑注云:"此月物甫萌芽,季春乃句者毕出,萌者尽达,胎夭多伤者,生气早至,不充其性,生不充性,有人疾也,众害莫大于此。"① 失其时则气愈塞而不通,故国多固疾,命之曰逆。

季冬之月行夏令,则水潦败国,时雪不降,冰冻消释者:坤位西南,于时夏秋之交季夏用事,季夏候:"大雨时行。"冬水涸,季冬行夏令,夏火气动,则水妄行,故水潦败国。季夏消卦☴☰遯,遯乘季冬息卦☷☱临,冬阴消于夏阳,故时雪不降。临上体坤,伏乾,《说卦》:"乾为冰。"时季冬艮用事,杂离夏及坤西南季夏之气,夏火干冬水,冰不能凝,故冰冻消释。

(五)未济终焉与违令灾异

《月令》十二月著违令灾异,已释之如上,姚氏谓:"著之乃所以戒之",盖灾异乃谴告人君觉悟其行,欲令其悔过修德深虑也。姚氏于注引《乾凿度》:"既济、未济为最终者,所以明戒慎而存王道。"② 之载文,复申其义曰:"著反令之戒,犹《易》之终未济,所以明戒慎以垂教于无穷""以成既济也"。《周易》六十四卦卦序,始乾、坤而终既济、未济,涵蕴反令明戒以垂教万世之至理。盖乾坤者,易之蕴也。乾元万物资以始,坤元万物资以生。《系辞传》曰"乾之策二百一十有六,坤之策一百四十有四,凡三百六十当朞之日,二篇之策,万有一千五百二十当万物之数也。"消息卦乾盈为息,坤虚为消,其实以乾坤十二爻周一岁十二月,二卦三百六十策周一朞之日,

---

① 《礼记注疏》,第349页。
② 《古经解汇函·易纬八种·易纬乾凿度》,第482页。

六十四卦万有一千五百二十策，当万物之数，消息盈虚，生生不息也。而始生者乾元，始成者坤元，乾元凝坤元以为元，合二为一，元者一也，一者《易》也，生生曰易，故物得一以生，一即物而存，合六十四卦三百八十四爻万千五百二十策而统称之曰《周易》，以其流行而无不周遍者皆易也。《易》以乾坤为首者，阴阳之元，万物之祖也。阴阳之义配日月，故易字从日月，离为日，坎为月；日月之道，阴阳之经，所以终始万物，故上经以坎、离终，下经以既济、未济终，盖既济坎上离下刚柔得位，未济离上坎下六爻皆失正也。天之道非日月不彰，易之道非坎离不着，阳来为坎，则阴去为离，坎离者，乾坤之中气，易之蕴也。日往月来，月往日来，一阴一阳，往来屈伸而易道周，终于既济、未济。未济六爻失正，穷也，穷则思所以济之，故又起首乾坤，周而复始矣。而每卦必成既济定者，不正之爻反之于正也，此即圣人作《易》拨乱反正之旨，亦《月令》着违令之戒所以谨明戒慎以垂教于无穷之谓也。故《月令》分明堂时令、天文星象、五行配属、节候叙述、违令灾异五项，无一非元之流行，《周易通论月令》具以"元"一以贯之，统言之则谓之元，析言之则阳为乾元，阴为坤元。坎离为乾坤之用，故坎者，乾元；离者，坤元，即体即用，体用合一。元者，一也，一者，易也。以造生万物名之者曰太一、太极；以王者建极言之者曰皇极；以化生万物言之者曰气、曰元气；以元之伏藏时言之者曰无；神生于无，神者元也；音状一时，音者元也；律写一月，九六皆元之用也；盛德在某，盛德为元；六宗，六气之所宗者乾元；帝出乎震，帝者乾元……，而落实于现象界则元为人间之天子，天子为天下之元。故"六官之属三百六十，君为之元；六十四卦三百八十四爻，元为之君。"① 诸如此类，备载于《周易通论月令》与《周易姚氏学》二书。

《周易》与《月令》绾合之文献，首见于《汉书·魏相传》。西汉宣帝时魏相数表采《易阴阳》及《明堂月令》上奏曰：

> 臣闻易曰：天地以顺动，故日月不过，四时不忒；圣王以顺动，故刑罚清而民服。天地变化，必繇阴阳，阴阳之分，以日为纪。日冬夏至，则八风之序立，万物之性成，各有常职，不得相干。东方之神太昊，乘震，执规，司春。南方之神炎帝，乘离，执衡，司夏。西方之神少昊，乘兑，执矩，司秋。北方之神颛顼，乘坎，执权，司冬。中央之神黄帝，乘坤艮，执绳，司下土。兹五帝所司，各有时也。②

---

① 《周易姚氏学·序·定名》，见《续修四库全书·经部·易类》第30册，第462页。
② 王先谦：《汉书补注》，第1389～1390页。

此以《周易·豫·象传》载文与八风，连及《月令》之四时、四方、五帝也。又曰：

> 东方之卦不可以治西方，南方之卦不可以治北方。春兴兑治则饥，秋兴震治则华，冬兴离治则泄，夏兴坎治则雹。①

此四正卦（或包括配八风之四隅卦）与《月令》结合，各言违令之不可行，兼及灾异也。又曰：

> 明王谨于尊天，慎于养人，故立羲和之官，以乘四时，节授民事，动静以道，奉顺阴阳，则日月光明，风雨时节，寒暑调和，三者得叙，则灾害不生，五谷熟，丝麻遂，草木茂，鸟兽蕃，民不夭疾，衣食有余，若是则君尊民说，上下无怨，政教不违，礼让可兴。夫风雨不时则伤农桑，农桑伤则民饥寒，饥寒在身则无廉耻，寇贼奸宄所繇生也。②

此将《月令》违天逆时之灾咎，与相对之顺天应时之休祥，系诸天子尊天养人，宜戒慎其事也。

姚氏引其文，总其义，而推论之曰："圣人戒慎之心则无时已也，是以推四正之气，案八卦之位，究十二消息之几，以明天地人之道，而着反令之戒。"③ 又曰："王者以一贯三，致中和以成既济，而天地人各得其叙，民和而天地之和应焉，灾眚奚自致哉？"④ 然则以一贯三，古之造文字者，三画而连其中谓之王，三者，天地人也；一者，元也，参通之者王也，故圣王体元出治，顺阴阳之消息，以赞化育，参天地，致中和而成既济，端赖此"元"，而"元"实《周易》与《月令》贯通联系之内核也。

六　结论

《月令》崇尚"顺天应时"，此天，非泛言之天；此时，亦非泛言之时，乃一有节度之天时。《周易》节卦《象传》曰："天地节而四时成。"革卦《象传》亦曰："天地革而四时成。"四时自节自革而有其寒暑之节度，日月

---

① 王先谦：《汉书补注》，第 1389～1390 页。
② 王先谦：《汉书补注》，第 1389～1390 页。
③ 《续修四库全书·经部·易类》第 30 册，第 716 页。
④ 《续修四库全书·经部·易类》第 30 册，第 716 页。

星辰亦有其运行之节度。《月令》以空间之日躔中星，位定天文；以时间之寒暑更迭，数定历法。于天上日月星辰之位移，见空间之节度；于四时十二月节候之迁变，见天时之节度。而于此天时之节度中，地上川原之盈亏，动植之盛衰，亦随之而自有其节度。人面对此天时万物之节度，亦自觉其所行亦应顺应天时万物之节度而不过。此《月令》与《周易》固有其相应相连之理者在也。姚氏深化其理论，以"元"贯通二者，有功于《易》，亦发明于《礼》。张寿荣《易学阐元·跋》曰："易中之元，自宣圣发之，汉儒明之，我朝东吴惠氏、武进张氏述之，已可得其端倪。嘉道以来，旌德姚君仲虞著易学，复为大畅其说，于卷首即列《赞元》《释数》《定名》三篇，以阐发易中微言精义，而一归于元。……明'元'之义，说甚碻凿精深，有裨学者不浅。"[1] 梁启超《清代学术概论》曰："清学自当以经学为中坚，其最有功于经学者，则诸经殆皆有新疏也。其在易，则有惠栋之《周易述》，张惠言之《周易虞氏易》，姚配中之《周易姚氏学》。"[2] 殆指姚氏承先启后，于"易元"之阐发与建构，厥功甚伟。然吴承仕批判《周易通论月令》一书曰："易家以十二辟卦之七十二爻主七十二候，不闻以六十卦主七十二候也；以八卦主八风十二辰，不闻以八卦与六十卦重复杂错而用之也；易家好以卦象解释经传，不闻假借互体取象之法以说七十二候也。"又曰："姚氏自命巧慧，左右采获，穿穴无所不通，加之博征古义，旁引马、郑、荀、虞，训辞深厚，似若深有典据，宋翔凤至以豪杰之士称之，其实乃汉学之末流，惠栋、张惠言之遗法，其违于皖南朴学之风远矣。"[3] 若自其书下卷以卦象参以卦气、互体、飞伏、旁通、反卦、升降、纳甲等象数条例，释全年之节气物候与违令灾异，多有穿凿附会，间或误用者观之，吴氏之驳，不为无因。若舍此而外，自其通贯以元，道尽《月令》与《易》之肯綮，零章碎句，勤心稽考，笔采字摘，以发明郑学，使人逡循而得圣王齐七政、调玉烛之旨，则吴氏之驳，未免过责也。吴氏又谓其书"上卷用七八九六之义，与月令之五神、五虫、五音、五味、五藏及干支十二律相比附，杂以群书以证之。"按：七八九六仅上载"五行配属"之"其数"一目而已，并非上卷或《周易通论月令》全书之核心，忽略"元"在书中之主导地位，及姚氏阐元之学术成果，有窥豹一斑之嫌，说诚可商也。

---

① 《续修四库全书·经部·易类》第 31 册，第 12 页。
② 梁启超：《清代学术概论》，台北：台湾商务印书馆，198，第 81 页。
③ 吴承仕《检斋读易提要·周易通论月令二卷》，《续修四库全书总目提要》，中华书局，1993，第 160 页。又见张善文等校理《尚氏易学存稿校理·附编》第 3 卷，中国大百科全书出版社，2005，第 31 ~ 32 页。

附：《礼记·月令》五行配当表

季	春 孟仲季	夏 孟仲季	中 央 土	秋 孟仲季	冬 孟仲季
日躔	营奎胃 室	毕东柳 井		翼角房	尾斗婺 女
昏中星	参弧七 星	翼亢火		建牵虚 星牛	危东娄 壁
旦中星	尾建牵 星牛	婺危奎 女		毕觜柳 觽	七轸氐 星
干	甲 乙	丙 丁	戊 己	庚 辛	壬 癸
帝	大皞	炎帝	黄帝	少皞	颛顼
神	句芒	祝融	后土	蓐收	玄冥
虫	鳞	羽	倮	毛	介
音	角	徵	宫	商	羽
律	大夹姑 蔟钟洗	中蕤林 吕宾钟	黄 钟 之 宫	夷南无 则吕射	应黄大 钟钟吕
数	八	七	五	九	六
味	酸	苦	甘	辛	咸
臭	膻	焦	香	腥	朽
祀	户	灶	中溜	门	行
脏	脾	肺	心	肝	肾
居	青 阳 左太右 个庙个	明 堂 左太右 个庙个	太 庙 太 室	总 章 左太右 个庙个	玄 堂 左太右 个庙个
色	青	赤	黄	白	黑
谷	麦	菽	稷	麻	黍
畜	羊	鸡	牛	犬	彘
器	疏以达	高以粗	圜以闳	廉以深	闳以奄
德	木	火	土	金	水
迎气	东 郊	南 郊		西 郊	北 郊

作者单位：台湾成功大学

吴焯《绣谷亭熏习录·经部易类》（点校）

左茹慧　邱居里

一　绣谷亭熏习录经部补目

1. 《焦氏易林》十六卷
2. 《京房易》三卷
3. 《陆氏易解》一卷
4. 《周易注》六卷
5. 《周易要义》十卷
6. 《周易举正》三卷
7. 《麻衣道者心法》一卷
8. 《易数钩隐图》三卷
9. 《周易口义》十四卷
10. 《了斋易说》
11. 《耿南仲易解义》
12. 《元包数义》一卷
13. 《周易经传集解》三十六卷
14. 《南轩先生张侍讲易说》
15. 《周易古占法》二卷
16. 《周易玩辞》十六卷
17. 《周易系辞精义》二卷
18. 《朱子周易本义》十二卷
19. 《周易本义》五卷
20. 《杨氏易传》二十卷
21. 《杨氏易传》二十卷
22. 《周易卦爻经传训解》二卷
23. 《周易总义》二十卷

24.《西溪易说》十二卷

25.《易通》六卷

26.《赵氏易序丛书》十卷

27.《方舟先生易学》

28.《易外别传》一卷

29.《易纂言》十卷

30.《周易集传》八卷

31.《法象通赞》

32.《周易折衷》三十三卷

33.《周易衍义》

34.《易源奥义》一卷、《周易原旨》六卷

35.《周易尚占》三卷

36.《读易考原》

37.《周易爻变易蕴》四卷

38.《钱氏周易图说》二卷

39.《周易象义图》

40.《大易钩玄》

41.《玩易意见》二卷

42.《周易蒙引》二十四卷

43.《周易说翼》三卷

44.《易学启蒙》四卷

45.《易经大旨》四卷

46.《古易考原》三卷

47.《易经存疑》十二卷

48.《古易世学》十五卷

49.《周易义丛纂畧》

50.《周易辨录》四卷

51.《周易古文羽义》二卷

52.《胡子易演》十八卷

53.《九正易因》四卷

54.《顾氏易解》

55.《周易古经》

56.《万氏易说》二卷

57. 《周易古今文大全》

58. 《周易集注》十六卷

59. 《读易纪闻》六卷

60. 《易十三传》十三卷

61. 《大象观》上下二卷

62. 《易象通》八卷

63. 《伏羲图赞》二卷

64. 《今易诠》二十四卷

65. 《周易儿说》四卷

66. 《读易钞》十四卷

67. 《易经纂注》四卷

68. 《像象管见》九卷

69. 《洗心斋读易述》十七卷

70. 《周易潜解》十二卷

71. 《广易通》二卷

72. 《易筌》六卷

73. 《王氏易筌》

74. 《周易旁注会通》十四卷

75. 《周易古本全书汇编意辞集》十七卷

76. 《易经澹窝因指》八卷

77. 《周易宗义》十二卷

78. 《读易大旨》五卷

79. 《易义古象》八卷

80. 《易芥》八卷

81. 《锲易林疑说》

82. 《易经勺解》三卷

83. 《易辞》

84. 《易窥》

85. 《周易会通》十二卷

86. 《易通》一卷

87. 《周易古本》

88. 《周易玩辞困学记》十二卷

89. 《易本象》四卷

90.《倪氏儿易外仪》十五卷

91.《雪园易义》

92.《周易辨疑》四卷

93.《读易搜》十二卷

94.《周易注疏大全合纂》六十八卷

95.《尺木堂学易志》

96.《易经说意》七卷

97.《易学指掌》六卷

98.《石镜山房周易说统》二十五卷

99.《澹斋内言》一卷

100.《易林元钥十则》

101.《周易训蒙辑要》四卷

102.《易辩》一卷

103.《逸亭易论》

104.《周易象辞》十九卷

右易类一百五种

昌绶案：此为原书弟一册，中有附记一纸，云"《易》一百二十九，四卷；《书》三十，一卷；《诗》三十一，一卷；《春秋》五十九，二卷；《周礼》十三，《仪礼》十，一卷；《礼记》二十三，一卷；三《礼》等六，《乐》八，一卷。"当是原分子卷之数。今《易》类尚阙二十余种，本未成之稿也。

二 绣谷亭熏习录·经部一

1.《焦氏易林》十六卷

汉天水焦延寿字赣著。汉世易学，京氏与施、孟、梁丘并称。京氏授于焦氏，班史于《京传》首叙之，第《易林》之名不见《艺文志》。至《隋·经籍志》始有《易林》《易林变占》各十六卷，而《易林变占》已佚，惟《易林》存焉。《文献通考》又谓此名《大易通变》。王俞序，此序见竹垞《经义考》，世行本无之。明新都唐琳刊本，又题《周易变卦》。古人传书后世，递变其名，殊不可解。

2.《京房易》三卷

汉京房著。按《汉书》京房有二：一焦延寿弟子，元帝时卒于魏郡太守；一杨何弟子，宣帝闻其为《易》明，求其门人，得梁丘贺，则京房已殁可知也。颜师古谓自别一京房，非延寿弟子。然考延寿之说，专述阴阳灾异，分六十卦更直日用事，今所传《京氏易传》亦然，是延寿弟子无疑。本传称其精于占验，受知元帝，凡奏对封事皆援之为证，至今术士尚宗之。刘向谓诸家《易》皆祖田何，惟京氏为异，则其书在当时原自成一家。祖田何者皆不传，京氏既传而又不全，惜哉！

3.《陆氏易解》一卷

吴陆绩公纪注，明姚士粦叔详辑。按《盐邑志林》："天启三年，海盐令黄冈樊维城刊行。"朱文恪公国祚序云："我年友神庙直臣樊端公仲子元宗辑修邑乘，遂有绅士胡德州震亨捉笔应之，别有姚太学士粦、郑茂才端允、刘太学祖钟各出秘本订辑。"据此，则钞自《盐邑志林》，非原书也。《隋·志》作十五卷，《旧唐书》作十三卷，《会通》一卷。曹侍郎秋岳曾见藏书家有存三卷者，迄今又五十余年矣，未知犹留天壤否！

4.《周易注》六卷

古《易》经、传各为一书，自费直以传解经，郑康成遂以《象》传连经文。至王弼乃自坤卦而始，每卦以《象》传移缀象辞之后，又加"象曰"二字冠之。盖古《易》全亡于弼手也。且弼以老氏之说，研寻洁净精微之旨，一扫汉学，更尚清虚。孔氏颖达谓其注独冠古今，其实与焦延寿、京房、孟喜辈高谈灾异同一流弊也。石祖徕称弼多取康成旧解训说，而李方舟称弼注《易》，刻木偶为康成像，见其所误，辄呼叱之。弼注经不注传，《系辞》则其门人韩康伯注也。弼字辅嗣，山阳高平人，魏尚书郎，年二十四卒。

5.《周易要义》十卷

《新唐书·孔颖达传》云："初，颖达与颜师古、司马才章、王恭、王琰受诏撰《五经义训》百余篇，其中不能无谬冗。博士马嘉运驳正其失，诏更令裁定，未就。永徽二年，诏中书、门下与国子三馆博士、宏文馆学士考正之，于是尚书左仆射于志宁、右仆射张行成、侍中高季辅就加增损，书始布下。"按简端有永徽四年二月长孙无忌等表，盖书成所上也。朱氏《经义考》云，《菉竹堂书目》有无忌《周易要义》五册，凡十八卷。无锡秦对严有其书，大略与《正义》同。考《正义》即系无忌刊定，非别一书也。是编卷一分上、中、下三卷，卷二至七俱分上、下二卷，惟卷八、九、十各为卷；核之朱氏所称十八卷，其数相符。此为曹氏倦圃旧藏钞本，可秘也。

6.《周易举正》三卷

唐苏州司户参军郭京撰。前有自序云："我唐御注《孝经》，删定《月令》，盖为前儒用意，未极精研。后汉大学刊石，撰集说文，虑其日月浸深，转写讹谬。京也历代传授五经为业，其于《易》道，讨核偏深。曾得王辅嗣、韩康伯手写注定传授真本，读诵比校，今世流行本及国学乡贡学人等本，或将经入注，用注作经，小象中间以下句反居其上，爻辞注内移后义却处于前，又兼有脱漏、两字颠倒、谬误、增省、义理不通。今并依定本举正其谬，仍于谬误之处以朱书异之，希好事君子、志学通儒详而观之，则经注通流，雅郑不紊。都计一部中差谬处总一百三节，列为一部，具述讹舛，因目为《周易举正》，分为上、中、下三卷，传诸志学者云。"《中兴书目》载其自序，称举正其讹一百三十五处，二百七十三字。细考是编举正者，实一百三节，与洪迈《容斋随笔》其说相同；《中兴书目》似误。晁氏《读书志》亦从《书目》所录。予故备录序文，以俟善本再校。李仁父称，京此书使经传不相混乱，残缺复为真全，颇有益于学者。据此，则古《易》创始于京，宋儒从而扩充之耳。京得王、韩真本，而不为其学所惑，斯亦卓然有识之儒矣。

7.《麻衣道者心法》一卷

首题云"希夷先生受并消息"。前有淳熙己亥三月迪功郎新婺州浦江县主簿程准序，复有崇宁三年三月庐峰隐者李潜几道序，并乾道元年冬十有一月玉溪戴师愈孔文跋。朱子称假守南康时，有前湘阴主簿戴师愈来谒，老且尫，坐语未久，即及《麻衣易说》。问其师传，曰："得之隐者。"问隐者谁氏，曰："彼不欲世人知其姓名，不敢言述。"既复问之，那人皆曰："书独出戴氏，莫知其所自来。"后至其家，见几间有杂著书一编，取而读之，其词语宛然《麻衣易》也。既归，亟取观之，最后跋语故其所为，而一书四人之文，体制规模乃出一手。陈振孙、王伯厚皆以为戴氏依托。此本明鄞县范钦刻，凡十七种，此其一也。钦字尧卿，嘉靖壬辰进士，官兵部侍郎，藏书极富，世称天一阁，至今卷帙无恙云。

8.《易数钩隐图》三卷

宋刘牧著。西安人，登进士，终屯田员外郎。受《易》数于穆修，著《易解》与《易数钩隐图》，王安石志其墓。有自序云："夫易者，阴阳气交之谓也。若夫阴阳未交，则四象未立，八卦未分，则万物安从而生哉！是故两仪变易而生四象，四象变易而生八卦，重卦六十四卦，于是乎天下之能事毕矣。今采摭天地奇偶之数，自'太极生两仪'而下，至于复卦，凡五十五位，点之成图，于逐图下各释其义，庶览之者易晓耳。"按朱震曰："种放以河图、洛书传李溉，溉传许坚，坚传范鄂昌，鄂昌传刘牧、张仲纯。仲纯，一作穆修。"《古今易学传授图》云："刘牧传黄黎献、吴秘。"晁说之曰：

"范鄂昌受《易》于种征君，以授彭城刘牧。"此牧受之源流也。若夫《河图》、《洛书》之说，则创自陈图南，定为一六二七三八四九五十之数、下上左右中之位为《河图》，又定为九宫奇正耦偶之状为《洛书》，以授种放。前儒惟欧阳永叔斥其怪妄，余子皆尊信焉。李泰伯谓刘牧《易数钩隐图》，可存者三，其五十二皆破碎，鲜可信用。吾又不知泰伯所存者果是、所删者果非邪？是本为宋椠，通志堂据此翻刻者。牧自署三衢，晁氏作彭城人，误。

9.《周易口义》十四卷

宋安定胡先生瑗著。分《周易》上、下经十卷，《系辞》三卷，《说》《序》《杂卦》一卷，总名曰《周易口义》。康熙丁卯吉水李振裕刊行，有序。谓之"口义"者，门人倪天隐所述，以其非师之亲笔，不敢称传，而名以《口义》云。据晁公武曰："安定《易》解甚详，门人倪天隐纂，无《系辞》。"公武相去，世不甚远，其言当必有据。则《系辞》《说》《序》《杂卦》四卷，疑出后人所撰，以补其阙。

10.《了斋易说》

右澹生堂钞本。卷尾载绍兴十二年子正同跋。按胡氏双湖云："正同，绍兴十二年知常州，刊于官舍。刊本止题《了翁易说》，初不分卷。"又《东都事略·列传》："陈瓘字莹中，南剑州人。章淳、蔡卞主绍述之论，追贬司马光上谤宣仁后，瓘因对，哲宗感悟。徽宗朝，迁右司谏，上疏论外戚向宗良兄弟与侍从交通，罢知无为军。方袖疏论蔡京而命下，于门外缴四奏。京罢，召还，迁右司员外郎。又以书抵曾布，布怒，除名，编管袁州。坐共子正汇上书，逮系开封狱，安置通州，移楚州。卒年八十五。瓘有词辨，通《易》，数言天下治忽，多验，自号了翁云。子正汇、正同。"是编题曰"了斋"，岂出自钞胥之讹耶？然焦氏《经籍志》亦作"《了斋易说》一卷"，则相沿已久矣。

11.《耿南仲易解义》

《宋史》本传："南仲，开封人。元丰五年进士，试太子詹事、徽猷阁学士，金宝文阁直学士，在东宫十年。钦宗即位，拜资政殿大学士，金书枢密院事。帝以南仲东宫旧臣，礼重之，赐宅一区，升尚书左丞、门下侍郎。金人再举，请割三镇以和，议者多主战守，惟南仲与吴开坚欲割地。高宗即位，薄南仲为人，因请老，罢为观文殿学士，提举杭州洞霄宫。帝曰：'南仲误渊圣，天下共知，朕尝欲手剑击之。'降授别驾，安置南雄，卒。"考《三朝北盟会编》，靖康元年十一月八日，集百官议三镇于延英殿。是日，各给笔札，分列廊庑。范宗尹乞予之以纾祸，至伏地流涕以请。谓不可割者，惟梅

执永等三十六人，余皆从宗尹议，孙觌亦有乞弃三镇之疏。则主割三镇者，似未可专罪吴开及南仲也。然南仲为东宫旧臣，素所亲信，因李纲首见柄用，遂力沮战守之说，以私憾而偾公议。其论《易》，所谓"吉凶悔吝不可知，要在无咎"之旨何在乎！董真卿曰："南仲字希道，有《周易讲义》十卷。"

12. 《元包数义》一卷

宋张行成字子饶著。按子饶又字文饶，临邛人。乾道间兵部郎中。其《进易书状》曰："臣自成都府路钤辖司干办公事丐祠而归，杜门十年，著成《述衍》十八卷，以明伏羲、文王、孔子之《易》；《翼元》十二卷，以明杨雄之《易》；《元包数义》三卷，以明卫元嵩之《易》；《潜虚衍义》十六卷，以明司马光之《易》；《皇极经世索隐》二卷，《观物外篇衍义》九卷，以明邵雍之《易》；《通变》四十卷，取自陈抟至邵雍所传先天卦数等十四图，敷演解释，以通诸《易》之变。"据此，则子饶所著《易》学凡七种，《元包数义》其一也。是书发明卫氏之学。考《困学纪闻》云："《馆阁书目》，《周易元包》十卷，唐卫元嵩撰。"今按杨楫序云："益州成都人，献策后周，赐爵持节蜀郡公。"《北史·艺术传》："蜀郡卫元嵩，好言将来事，不信释教。"《书目》以为唐人，误矣。晁公武《读书志》亦以为唐人者，承《书目》之误也。卫氏书已失传，赖子饶以传其说。然子饶《书状》称三卷，今止一卷，其非全书可知。而《敏求记》作四卷，焦氏《志》作二卷，岂世日远而卷日讹耶？卫氏《元包》十卷，《经义考》并不列其目，子饶《元包数义》三卷，亦不称其存佚，则人间无足本久矣。吉光片羽，我后人其宝之。

13. 《周易经传集解》三十六卷

福清林栗黄中著。是书淳熙十二年三月二十八日进付秘书省，首有表一、贴黄三、序一，又勅一道。按《宋史》，栗，绍兴十二年进士，除兵部侍郎。朱熹以江西提刑召为兵部郎官，既入国门，未就职。栗与相见，论《易》与《西铭》不合，栗遂论熹。太常博士叶适上封事辨之，侍御史胡晋臣劾栗，罢知泉州，又改明州，卒谥简肃。栗以讲经不合，遂欲挤排异己之人，当时紫阳门人因言其文字可毁。迨黄中既逝，勉斋为文祭之，议始息。胡氏一桂云，林氏于说象及文义多有可采。董氏真卿云，时杨敬仲有《易论》，黄中有《易解》。或曰：林黄中文字可毁，朱子曰：却是杨敬仲文字可毁。胡氏、董氏学宗紫阳，其传述若此。昆山徐尚书原一汇刻《经解》，黄中是书业开雕矣。或言黄中获罪朱子，若刊其书，是亦朱子罪人矣，乃斧以斯之。夫以栗攻晦庵，士君子在所必恶，并其书毁之，于情不已苛乎！

14. 《南轩先生张侍讲易说》

南轩先生《易说》，《文献通考》《续考》俱不载，惟《经义考》云十一卷，未见。又载董真卿曰："《南轩易说》十一卷，乾、坤阙。学出五峰胡氏，以周、程为宗。"是编曹氏慊圃旧藏钞本，不分卷帙。后跋云："廉使东泉王先生传授正本，赣州路总管府知事吴将仕樟董刊，后学胡顺父书。"所阙甚多，不止乾、坤二卦也。

15. 《周易古占法》二卷

宋沙随程迥字可久撰，绍兴三十年自序。《书录解题》云："《古法》一卷。"《宋志》从之，《经义考》亦从之。焦氏作二卷，与今本同。按沙随受经学于昆山王葆、嘉禾闻人茂德、严陵喻樗子才。陈氏振孙称其论有源流根据。吴草庐称其经学精深，朱子多取其说，以师礼事之。盖沙随著有《易章句》十卷、《外编》一卷、《古易考》一卷，又有《春秋显微例目》，不独是书也。董真卿曰："沙随，睢阳人。登隆兴元年第，尝为德兴丞。以女妻董煟，卒老女家，今墓在焉。外曾孙寿民初祠邑庠，朱子为书'沙随先生之祠'六字。"按《宋史·儒林传》："迥，宁陵人，家于沙随。靖康之乱，徙绍兴之余姚。历扬州泰兴尉，调德兴丞，卒于官。"子绚、孙仲熊亦有名。董氏之言殊误。

16. 《周易玩辞》十六卷

宋直龙图阁江陵项安世平父撰，庆元四年自序，嘉泰二年重题。平父学《易》于程子，此书自言无一字与之合。陈氏振孙谓："伊川专言理而略象数。此书未尝偏废，而于爻象尤贯通，遍考诸家，断以己意，精而博矣。"此论盖本之自序也。平父，括苍人，家于江陵，《宋史》有传。鄱阳马廷鸾校本，末有"咸淳己丑被命点举，以花朝日点毕于礼部贡院"，其地在今钱塘门外王家桥，临安府旧有刻也。元大德中，斡玉伦徒重刊，虞集、马端临、徐之祥并有序。又卷末有"子寅孙刊于建安书院"一条，嘉定辛未乐章跋其后，是为初刻，见赵氏《读书附志》。此明初钞本，以通志堂雕本校之，无讹。于此，见古人储藏旧籍，多手自钞录，校勘精详，非徒夸插架之富也。

17. 《周易系辞精义》二卷

宋著作郎东莱吕祖谦伯恭著。董真卿曰："《程传》正文只据王弼本，亦只有六十四卦，《系辞》传有及爻卦者，掇入传中，故无《系辞》。以后至东莱吕氏，始集周子、二程子、张子诸家经说语录及程子门人共十四家之说，为《精义》以补之。"董氏之言自是信而可征，然据陈振孙曰："东莱《系辞精义》，《馆阁书目》以为托伯恭之名。"按东莱《古易》自序云："自辅嗣

合《彖》《象》《文言》于经，学者遂不见古本。"其诋王氏，即所以讥伊川也。岂一旦降心相从，尽弃所学而学欤？且成公性命之学，关洛为宗，岂不知伊川一生用意之所在者，而必欲矫其说、补其阙欤？托名之说近是。其篇中皆汇诸儒之说，或成公平日讲论及此，而门弟子采葺之以成书耳。

18.《朱子本义》十二卷

右宋椠本，项氏墨林藏书也。分上、下经二卷，《彖》二卷，《象》二卷，《系辞》二卷，《文言》一卷，《说卦》《序卦》《杂卦》三卷，前述九图，后附五赞筮仪。有咸淳乙丑九江吴革序，曰："程子以义理为之传，朱子以象占本其义，革每合而读之。昨刊程《传》于赣郡斋，今敬刊《本义》于朱子故里，与同志共之。"据此，则程朱《传》《义》各自为书久矣，至天台董氏始合而为一。盖俾学者欲知义理则读《程传》，欲明象占则读《本义》，且有理则有象，因象以明理，体用一源，显微无间，互相发而不相悖，于此见两夫子平日之论说，固未尝专泥于一是也。讵料数百年后之成矩，既安削《程传》，又不从《本义》之旧，郢人燕语，不特为程朱罪人，亦董氏之罪人矣。

19.《周易本义》五卷

此成矩本也。按程子《易传》用王辅嗣本，朱子《本义》用吕伯恭本，故《通考》题《程传》为十卷，《宋志》题《本义》为十二卷。自董楷正夫著《传义附录》而始合。然楷仿节斋蔡氏例，以《彖》传、大小《象》《文言》各下经文一字，使不与正经紊乱，而《传》《义》又下一字，附录又下一字，此虽合而可分也。元董真卿季真又合《传》《义》而著《周易会通》，其例以为伏羲卦画、文王卦辞、周公爻辞谓之经，今于各经之首标以"经"字，至孔子大《象》《彖》、小《象》《文言》各传，有经可附，附各卦之后；无经可附，如《系辞》上、下传、《说卦》《序卦》《杂卦》各传，附于六十四卦之后，于篇题仍存传名，并作白字，不与正文相混，此又合而可分也。至《永乐大全》出，而《传》《义》始不可分矣。顾炎武云："永乐中修《大全》，乃取朱子卷次，割裂附之《程传》之后。后来士子厌弃《程传》之多，专用《本义》，遂即监板《传》《义》之本，刊去《程传》。"陈廷敬云："成化间，姑苏成矩叔度为奉化教谕，谓学者先《义》而后《传》，遂刊《本义》行世。今家传户诵者，成矩之本也。"明初以《本义》附《传》，已失朱子之意，然犹曰非专朱子之书。今矩所订，俨然朱子书矣。余以坊本校之，无不悉同。其凡例云，"《系辞》以下，《程传》既缺，则壹从《本义》章次，总釐为二十四卷。"书只五卷，空题旧目，此自相矛盾之尤也。又云，"《程传》据王弼本，《系辞》以后无传。今法天台董氏例，以东莱所集经说补之。"今书凡《程传》，皆已就删，其云补者，不知何所指也！又云，"合天台董氏、番阳董氏《附录》二本参互考订，分注其次。"考篇内并无分注。又云"经中文字有当音者，参考《吕氏音训》，直附其下。"考篇内并无《吕氏音训》。其他荒谬处不可胜数，则成矩乱经之罪，讵可逭哉！

20. 《杨氏易传》二十卷

《宋史》："杨简字敬仲，慈溪人。干道五年进士，授富阳主簿。会陆九渊道过富阳，问答有契，遂定师弟礼。为绍兴府司理，常平使者朱熹荐之，差浙西抚干。理宗即位，赐金带，以宝谟阁学士、大中大夫致仕，卒。所著有《冠记》《昏记》《丧礼家记》《家祭礼》《释菜礼记》《己易》等书。咸淳间，制置使刘黻即其居作慈湖书院。"《浙江通志》：简居太学循理斋，秋夜宴坐，忽觉天地万物通为一体。尝自云少读《易大传》，惟爱"无思也，无为也，寂然不动，感而遂通天下之故"，故其传《易》，则以善之不能为，过之难改，皆始于意，意本于我，知我本无体，复何迁而何改？传《震》又曰："人惟知恐惧修省，学者事耳，谓《易》道精微不在是。持是见者，不惟不知《易》，亦不知恐惧修省。夫曰不能为，曰难改，曰恐惧修省，则何尝不责人之致力！特其所以致者，在何思何虑，而不失其寂然者耳。盖用力其本，而不泛用者也。"其著书大旨，要不外于是矣。是编名《易传》，为卷二十，与钱氏遵王藏本同。《经义考》作《易解》十卷，误。

21. 《杨氏易传》二十卷

宋宝谟阁学士庐陵杨万里廷秀谥文节著。文节殁后，其子长儒申《送宣付秘阁状》云："先父自淳熙戊申八月下笔，至嘉泰甲子四月脱藁，阅十有七年，而后成书。"前、后有自序。其说本之伊川，而多引史传事证之。吴文正公澄跋曰："诚斋《易》解，初名《外传》，后去'外'字。余谓当从其初。盖以经之本旨未必如是，犹之人以《国语》为《春秋外传》耳。"健庵徐司寇跋宋椠云，"此为其门人张敬之校刻"，则宋时已绣版以行。是本刻于明嘉靖四十二年九月，兵部尚书张时彻序。

22. 《周易卦爻经传训解》二卷

节斋先生著。名渊，字伯静，建安人，西山蔡文节公长子也。大概训诂依《本义》，而逐字分析。前载开禧乙丑自序。《闽志》作四卷，竹垞翁题曰"止三卷"，并录其弟沈后序一首。按董氏真卿《经传历代因革》云："经二篇，以孔子大《象》置逐卦辞之上，《彖》传又置大《象》之后，小《象》置各爻辞之后，皆低一字，以别卦、爻辞。《系辞》《文言》《说卦》《序卦》

《杂卦》，亦低一字。又有《卦爻辞旨》，论六十四卦大义；《易象意言》，杂论卦爻；《十翼象数余论》，杂论《易》大义。"是据此，经文而外，当有诸论。兹惟上、下二篇，并失九峰后序，非完书也。

23.《周易总义》二十卷

长沙易祓彦章著，郗梦祥校正。山斋，其号也，潭州人。第进士，开禧官左司谏。《馆阁续录》云："淳熙十一年，上舍释褐出身。庆元六年八月，除著作郎。九月，知江州。"其不同如此。绍定戊子，门人朝议大夫知信州军仙居县开国男陈章序，又眉山李埴序。按章序云："山斋先生之学，其梗概见于乾、坤二卦，侍经筵日，尝以是经进讲。燕居之暇，复取而研究之，于是略训诂而明大义，合诸家之异归之于一。每卦各列爻义，总为一说，标于卦首。既又为《举隅》四卷，裒象与数，为之图说，盖与此书可以参考者。"埴序云："彦章问学该贯，为时闻人。乡守谢侯锓其所著《易总义》《举隅》二书，遗予使序之。"埴字季永，焘次子，绍熙元年进士，历官同知枢密事、四川宣抚使。盖《总义》《举隅》二书同时付梓，岂传钞者佚其《举隅》四卷耶？然竹垞翁跋称，山斋于《易》《周礼》皆有《总义》。二书储藏家著于录，予未之见耳。斯亦珊瑚木难也，谨什袭而藏之。

24.《西溪易说》十二卷

宋西溪先生《易说》，卷端无序。《经义考》："李氏过《西溪易说》十二卷，存。"过字季辨，兴化人，晚丧明，弃科举，授徒。其《易说》多有可采。书成时自序，今钞本失去。按是编上经六卷，下经六卷，无《系辞》。

25.《易通》六卷

此祁氏澹生堂旧钞本也。《福建通志》：赵以夫，字用甫，宋宗室，居长兴。嘉定十年进士，历知漳州邵武军。嘉熙初，为枢密副都承旨，会历官言是岁季冬之朔日当食，以夫预奏修德以应之，拜同知枢密院事，官终吏部尚书兼侍读。所著《易通》六卷，卷端有自序，大概论九六七八，变与不变，或静吉而动凶，则勿用；动吉而静凶，则不处；动静皆吉，则随寓而皆可；动静皆凶，则无所逃于天地之间。此圣人所以乐天知命而不忧也。书成，将以进于上，故每卷首行皆书"大中大夫试礼部尚书兼修玉牒官兼侍读臣赵以夫上进"云。

26.《赵氏易序丛书》十卷

宋户部侍郎开封赵汝楳著。汝楳者，高恭靖王元份七世孙，资政殿大学士、天水郡公善湘之子也。纳兰成德序云："《周易辑闻》六卷、《易雅》一卷、《筮宗》三卷，合名之曰《易序丛书》。"按是编十卷：卷一曰易雅，卷二曰筮宗，卷三曰深衣考，卷四曰律本义，卷五曰周尺记，卷六曰八阵通记，卷七曰如意城略，卷八曰六日七分论，卷九曰辨方图，卷十曰纳甲辨。汝楳自序曰："先君子服勤王事于江淮间，阅岁维多，征行必载书。汝楳侍焉，得所口授，于《易》尤详，下至律历数度之学，罔不研究。汝楳家居余二十稔，早夜习读，弗敢怠。今齿衰志荒，迄未见其进，愧先训多矣。惧终遗泯，因丛粹其说，用讨论于家，非可言著书云。"据此，则成德之说似误。盖成德既知为丛书，故《易雅》《筮宗》咸附于《辑闻》之后，而六日七分论、辨方图、纳甲图，皆专言《易》者，又何以遗欤？抑岂成德所见，别是一本欤？

27.《方舟先生易学》

朱氏《经义考》："昆山徐中允秉义家藏中有《易互体例》，不著撰人姓氏，但题门人刘伯熊编。"焦氏《经籍志》："李石《方舟集》，五十卷。"意者石之遗书欤？卷首自序曰："易者，以天地五行而生数，由数而生卦，因三而成六，正悔内外，以数通于天地五行，而八卦相资为用。以三而五，而五行互体；以六而八，而八卦互体。若非互体，则易之变化，内外上下不相应，数有所穷，数穷则生成之理或几乎熄矣。《易》之有互体，出汉人二郑。学《易》者以互体出刘牧，非也。因取说卦占象与卦爻相通者为互体，以应天行之数，作《互体例》。"按末附《象统》《明闻》二篇，有"惟我皇宋及淳熙"等字。《文献通考》："李石，绍兴末为学官，乾道中为郎，历夔节，以论罢。"其为南宋人无疑也。

28.《易外别传》一卷

元俞琰撰。前、后有自序。《苏州府志》："琰字玉吾，吴县林屋山人。生宋嘉祐间，以词赋称。宋亡，隐居著书，不复仕进。精于易学，尤好鼓琴。既老，自号石涧。卒于元贞间，年七十。所述诸家《易》说百余卷，名曰《大易会要》。自注上、下经并十翼，四十卷，名曰《周易集说》。"今惟《集说》独存。纳兰成德通志堂刻之《经解》中，而以《易图纂要》《易外别传》一卷附焉。其子仲温跋云："《易外别传》一卷，先君子所著，而附于《周易集说》之后。先君子尝遇隐者，以《先天图》指示邵子环中之极元，故是书所著，发明邵子之学为多。"按是编大概本之《参同契》，言《易》而及丹家之说，虽曰《别传》，误也。

29.《易纂言》十卷

《元史》："吴澄字幼清，抚州崇仁人。举进士不中。居布水谷。著《孝经章句》，校定《易》《书》《诗》《春秋》《仪礼》及大、小戴《记》。侍御

史程巨夫奉诏求贤江南，起澄至京师，以母病辞归。巨夫请置澄所著书于国子监，以资学者，朝廷命有司即其家录上。董士选荐澄有道，擢应奉翰林文字。至大元年，召为国子监丞。皇庆元年，升司业，俄拜集贤直学士。英宗即位，超迁翰林学士。请老，加资善大夫。澄于《易》《书》《春秋》《礼记》各有《纂言》，尽破传注穿凿，以发其蕴，条归纪叙，精明简洁，卓然成一家言。所居草屋数间，巨夫题曰草庐，故学者称草庐先生。卒年八十五，赠临川郡公，谥文正。"公自序曰："《周易》上、下经二篇，文王周公作；《彖》《象》《系辞》上下，《文言》《说卦》《序卦》《杂卦》，传十篇，夫子作。秦焚书，《周易》以占筮独存。《汉·志》'《易》十二篇'，盖经二传十也。自魏晋诸儒分《彖》《象》《文言》入经，而《易》非古注疏，传诵者苟且仍循，以逮于今。宋东莱先生始考之，以复其旧，而朱子因之，第其文字阙衍谬误，未尽正也。故今重加修订，视旧本颇为精善，惟于大义不能有所损益，而于羽翼遗经，亦不无小补云。"是本刻于明成化丁亥，有莆田翁世资序，曰："《易纂言》一书，草庐先生著。盖欲使人居则观象玩辞，动则观变玩占，不迷于是非得失之途，其有功于后学大矣。书成，先生年已七十有四，盖在至治二年冬十月也。然书虽成，未尝版行于世，荏苒于今，殆将二百年矣。天顺八年，天台林公鹗一按察使于江西，得是书于先生家塾，寿梓以传。"按《经义考》载观生跋曰："先生著是书几四十年，改易者凡数四。壬戌秋，书成，然未尝以示人。明年春，观生固请锓诸梓，以示学者。先生慨然许之，犹虑传写之或差，乃命钞写而自督视。因书之成，遂志年月于右。"据观生跋语，此编公于生前已手校付梓矣，乌得谓未尝版行于世欤！

30.《周易集传》八卷

元龙仁夫观复著，男阳寿校刊。按《元史·刘诜传》："仁夫，庐陵人，与刘诜、刘岳申齐名。所著《周易》，发前儒所未发。以荐为江浙儒学副提举，不就。"而《吉安府志》则云："永新人，官湖广儒学提举。著《周易》十八卷，学者称麟洲先生。"官爵里居，志与史互异。史不载其书之卷帙，志则称十八卷。按是编至未济而止，则上、下经虽全，而十传缺如，八卷断非完书。且董真卿称其经文用朱子《本义》，至治辛酉自序。今并其序失之，殊可惜也。

31.《法象通赞》

《元史·儒学传》："郑滁孙字景欧，处州人。宋景定间，登进士第，知温州乐清县，历宗正丞、礼部郎官。至元三十年，以荐召见，授集贤直学士。寻升侍讲学士，又升学士。乞致仕，归田里。"《经义考》云："郑氏滁孙

《大易法象通赞》七卷、《中天述考》一卷，俱存。"今按《中天述考》，即在《法象通赞》七卷之内，非别一编也。且《述考》之后，又有《中天述衍》二卷，卷分上、下，又《辨答附录》一卷，又有《中天述考续篇》，又《讲义》二篇，跋二。据此，则竹垞翁所见似非完本。予获是编，亟加详校，既有以补竹垞之阙，而先儒遗学，庶不等于烟云过眼云。

32.《周易折衷》三十三卷

潼川赵采德亮著。曹学佺曰："采号隆斋，其书以程朱《传》《义》为主，而附以己见，间采先儒象数，互相发明。"卷首自序。上经十六卷，下经十七卷，总三十三卷。《经义考》作二十三卷，误。考《四川通志》，无采名。据《经义考》序次，当是元初人。

33.《周易衍义》

元南康路儒学致仕教授深溪胡震撰。不分卷帙。有大德乙巳自序，云："少读《易》于国正何先生子举、编修刘先生均堂、长饶先生鲁之门，得于耳提面命之际，悟于心领意会之表，始知《易》之为《易》，大之为天地，幽之为鬼神，明之为人物，吉凶消息之理，进退存亡之道，修齐平治之本，皆不外乎此《易》也。"又其子光大序云："先子研心《周易》，述为《衍义》，几成书而下世。易篑之际，呼光大前曰：'《周易》一经，非特占筮之书，可施而正心修身，齐家治国之道备焉。身后，汝其为我辑次补阙，以成全书。'先子弃背殆将十载，甫克遂成先志，纂集成编，以俟当世先达品题者。"按《江西通志》，震名仅见《选举志》中，作南昌人，登咸淳乙丑阮登炳榜进士。岂震旧系宋臣而复仕于元耶？抑籍南昌而官南康耶？其或名姓偶同未敢定耶？

34.《易源奥义》一卷《周易原旨》六卷

元保八著。卷首有《进太子笺》，自署"太中大夫前黄州路总管兼管内劝农事臣保八上"。又牟巘序。黄虞稷曰："其书有方回、牟巘二序。称之曰普庵者，其号；曰公孟者，其字也。"是本方回序缺。又《经义考》载任士林序，亦缺。按太子者，疑即元仁宗。《元史·本纪》："武宗即位，立帝为皇太子，受金宝。遣使四方，旁求经籍，识以玉刻印章，命近侍掌之。有进《大学衍义》者，命詹事王约等节而译之，与《图像孝经》《列女传》并刊行，赐臣下。"意者普庵闻而兴起，遂以此书进之青宫欤？士林，字叔实，奉化人。授徒钱塘，至大初，以荐授安定书院山长，著有《中易》。

35.《周易尚占》三卷

元保八序曰："《尚占》者，学《易》之枢机也。其绪在于寂然应动之效，发端在于决疑，疑情顿释，惟变是通，皆由理正辞达而已。临疑取证，不滞胶扰杨、墨之间。今莹蟾子李清庵下一片工夫，分析爻辞，深得易理之趣。言虽朴素，不事浮华，若非闲中日月，静里乾坤，孰能臻此！联篇锓梓，以广其传。"按《千顷堂书目》称保八著，有《周易尚占》三卷，列之《原旨》之后。据序云云，盖出他人手笔，保八为之序以付梓。《千顷堂书目》以书名卷帙相同，遂误列之《原旨》之后，黄氏似未细阅其序耳。而《经义考》注曰"佚"，亦未见此本也。清庵未详何人，俟再考。

36.《读易考原》

萧氏《读易考原》下注云："此书成于泰定年间，吉之泰和萧汉中景元著。"朱枫林升序曰："《周易》卦序之义，自韩康伯、孔颖达以来，往往欲求之孔子序卦传之外。程朱诸儒，用意尤笃。至于临川吴氏，卦统之序述亦可谓求之至矣，而其中间精密比次之故，则犹有未当于人心者。愚求之半生，晚得豫章萧氏《读易考原》之书，以为二篇之卦，必先分而后序，闳奥精粹，贯通神圣，诚古今之绝学也。"按吉安萧氏，宋元间为最盛，而《江西通志》独不载景元。夫文献足征，要籍志乘以传不朽，顾往往失其名氏，不独景元为然。如胡震，亦江西人，而《通志》佚之；赵采，潼川人，而《四川志》佚之；李过，兴化人，而《福建志》佚之。皆宋元通于经学者。而明人失传，尤指不胜屈。幸劫灰之余，神鬼呵护，断简残编，犹存什一于千百。不然，白首穷经之士，不几与腐草流电消沈于一瞬哉。吁！可嘅也夫。

37.《周易爻变易蕴》四卷

元天台陈应润泽云著。有至正丙戌自序。又金华黄溍序曰："天台陈泽云，献肃公邦彦先生之后，《易》有家传。延祐间，余丞海宁，泽云由黄岩文学为郡曹掾。又数年，余为越上监运，泽云调明幕，谓余曰：'余欲著《爻变易蕴》，非二三年静坐工夫不能也。'三年春，余乞老金华，泽云以书来曰：'余近调桐江宾幕，时宰急于聚敛，落落不合，困守幕下。幸有余暇，《爻变易蕴》粗成，使二三十年勤苦之志一旦有成，未知果合于爻变之义、《易》之蕴否乎？子其为我订正之。'余焚香静坐，观泽云所注之《易》乾、坤二卦，已无余蕴。至于变爻三百八十有四，旁通他卦之义，爻爻有发挥，事事有考证，造理精微，立说洞彻。余如删正太极、八卦、爻法、逆顺等图，探赜索隐，自非灼然有见乎圣人之心者，不能也。"按《浙江通志》及《台州府志》皆佚其名氏，惟《天台县志》云："元陈泽云，号天台遗逸，以诗名，见《赤城诗集》。"而顾氏《元诗选》，亦以字作名。则泽云不独湛深经学，兼擅诗篇。惜乎邑志以字作名，以地作号，种种谬误，漫无考证，较之省、郡志之脱漏，其间不能以寸。

38.《钱氏周易图说》二卷

首载自序，序尾署曰："至正六年夏四月，前进士吴兴钱义方子宜父。"《经义考》："叶氏《菉竹堂书目》有篷钱氏《图说》。"当即义方别号。是编分上、下二卷，为图二十七。上卷《本旨图》凡七，下卷《后天演绎图》凡二十。《湖郡志》作一卷，误。

39.《周易象义图》

不著撰人名氏。简端凡例十二条，内称"卦象去取，或本虞仲翔、荀慈明，或本九家，或本李鼎祚、朱子发、郑东卿、林黄中、项平甫、冯仪之、徐古为、吕朴卿。"据此，则元末人撰也。立论独与朱子发为难，又讥张子饶之作，通变不知象数，自谓能究其象之所生，以求作《易》之初意。按子发名震，学者称汉上先生。朱子云："朱子发用互体。互体自左氏已言，亦有道理，只是今推不合处多。"冯椅亦称《汉上易传》。毛伯玉力诋其卦变、互体、伏卦、反卦之失，然则是书，岂伯玉之流所著欤？文饶著《易》凡七种，共九十九卷，魏了翁谓颇得《易》数之详。祝泌又云："康节起数之法，有所传十四图，文饶得于蜀中估籍吏人之家，因敷衍之为《通变》四十卷。发明固多，支蔓亦不少。"康节之于象数精矣，岂文饶得其图而犹不知耶？是编凡为图十八，内乾、坤、泰、否四图，则分注本体、互体、伏体以及三体之正变。焦氏《经籍志》、朱氏《经义考》均失载。世次莫稽，姑附之元儒之末，以俟考订。

40.《大易钩玄》

明鲍恂著。《浙江通志》："恂字仲孚，本崇德人，徙嘉兴西溪。元领乡荐。洪武初，礼部荐入京师。时年八十余，命为文华殿大学士，辅导东宫，固辞，放归。恂受《易》临川吴澄，得其所传，著《易传大义》，学者称西溪先生。"是编初名《学易举隅》，宁王朱权为之刊布国中，更其名曰《大易钩玄》，有序以冠卷端。所称"臞仙"者，宁藩晚年自号也。仲孚别有《西溪漫稿》。

41.《玩易意见》二卷

明王恕宗贯著。陕西三原人，正统十三年戊辰进士。按《明史稿》本传："仕至南京户部尚书，卒赠太子太保，谥康僖。"《经义考》作吏部尚书，卒赠太师，谥端毅。黄宗羲《明儒学案》亦作谥端毅。卷首有正德元年正月望自序，署云："奉敕存问宿望旧臣九十有一石渠老人。"据此，则书成于暮年，耄而好学，尤名臣之难也。史称康僖晚年著有《石渠意见》，多前贤未发。然玩其序文，若不足于程朱之学，而思有以增加之。明自《永乐大全》出后，甚至弃去程《传》，专用《本义》。康僖不为习俗所靡，且欲扩充《传》《义》之外，要不失为慕古深思之士。惜乎未能博览儒先经说，徒以臆见断之耳。

42.《周易蒙引》二十四卷

明蔡清介夫著。清，晋江人，成化甲辰进士，历官南国子祭酒，卒赠礼部侍郎。万历二年，以给事李熙请诏祀于乡，追谥文庄。嘉靖八年，文庄子存远为松江推官，以所著《蒙引》奏进。世宗下部议，部行福建提学订正，发刊书坊，今卷首所载奏刊勘合是已。同安林希元为之序，又谢廷赞序。是书发明朱子之学，捄偏补阙，盖《本义》之疏耳。虽皆出于诸儒经说，而捃拾无遗，谓为紫阳之功臣，洵无愧焉。且其官西江副使，忤宁藩而致仕，其有得乎履霜坚冰之义者矣。

43.《周易说翼》三卷

明吕柟仲木撰。《明史稿·儒林传》云："高陵人，学者称泾野先生。正德戊辰进士第一，初官修撰。刘瑾以同乡，欲致之，谢不往。又因西夏疏请帝入宫，忤瑾，引疾去。世宗嗣位，首诏上疏，劝勤学以为新政之助。大礼议兴，与张桂忤，以十三事自陈，上怒，谪解州判官。后用荐起，仕至南礼部侍郎。年六十四卒，高陵人为罢市三日，四方学者皆设位持心丧，帝辍朝一日，赐祭葬。"《明诗综》称赠尚书，谥文简云。泾野于易学，象、数兼收，皆与其门人问答之语，为马书林、常弯、满潮等所录。倦圃云，《说翼》三卷，歙人王献芳序，徽州守农城李遂作后序，今俱失之矣。其著述尚有《尚书说要》《毛诗说序》《礼问内篇》《四书因问》等书，俱未见。惟《春秋说志》五卷，插架有钞本。

44.《易学启蒙》四卷

明韩邦奇汝节撰。别号苑洛子，陕西朝邑人。正德戊辰进士，历官至南兵部尚书。以地震陷死。赠太子少保，谥恭简。按《明史稿·儒林传》，称公在部时，上疏陈时政得失，忤旨。后出为浙江佥事，格拒宁藩之逆谋，裁抑中官之横敛，不避权贵，屡起屡黜。弟邦靖病疚，公日夜持弟泣，不解衣者三月，乡人为立孝弟碑。性嗜学，自经史及天文、地理、乐律、术数、兵法之书，无不通究。所著《启蒙》，有正德癸酉河东七十三翁质庵序、正德甲戌平阳府同知李沧序，弘治十二年自序。质庵者，户部尚书，谥忠定，韩文别字也。其序云："予郡通守韩君著《易学本原》一编，迩者侍御昆山周公伯明按临河东，见而奇之，乃命贰守李君锓梓，推守东君跋正。"又云："通守适当妙龄之际，留心是书。则恭简不特成名之早，其力学亦早矣。"序称《易学本原》者，举其原名耳。竹垞翁称《易学疏原》，当别有所见。又考苏佑跋云："旧刻河东，原卦画缺焉。兹乃大备，刻诸上谷。"此则河东刊本也，核之信然。《明儒学案》云："先生著述，其大者为《志乐》一书。方其始刻之日，九鹤飞舞于庭。传其术者为杨椒山，手制十二律管，吹之而其声合，今不可得其详矣。"

45.《易经大旨》四卷

明唐龙虞佐著。号渔石，兰溪人。正德戊辰进士，吏部尚书，卒赠少保，谥文襄。天顺初，章枫山懋倡易道于金华，四方学者甚众。龙少受业其门，及提学关中，乃著此书，以示诸生。西安守赵伸梓以行世，有自序、杨秦、吕柟序，赵伸后序。陈卧子曰："渔石五言，本之少陵。已涉藩篱，渐窥堂奥。"盖不独以经学鸣也。

46.《古易考原》三卷

明梅鸷著。江南旌德人。简端有自序。考《旌德县志》："鸷号致斋，正德癸酉举人鹗之弟。研析经义，所著有《尚书谱》《尚书集莹》《尚书考异》《春秋指要》《周易集莹》《古易考原》《仪礼逸经》等书。"黄虞稷曰："鸷官南国子监助教，终盐课司提举。"

47.《易经存疑》十二卷

《福建通志》："林希元字茂贞，号次崖，同安人。明正德丁丑进士，授大理评事，以议狱事被论，弃官归。大臣交荐之，起广东按察佥事。时剧寇王畿作乱，希元讨平之。嘉靖十二年，大同军叛，杀主帅，希元疏请诛之，而廷议竟从抚。辽东兵又告变，希元言朝廷过为姑息，故悍卒咸生轻侮。疏入，谪知钦州。会安南不贡，方议征讨，擢希元备兵海北。希元主议以征为是，与督臣互异，罢归。"夫自古治政失而莠民起，其始也雀苟草窃，时聚时散，而其后流漫浸淫，顿成江河之势。有明二百余年，自永乐年间唐赛儿以一妖尼倡乱，卒未授首，迁延狌猎至闯、献，而明社墟矣。盖由朝廷姑息为政，而大臣身任讨贼者无人耳。次崖两疏，殆有得于"开国承家，小人勿用"之旨乎！

48.《古易世学》十五卷

明鄞丰坊存礼著。嘉靖癸未进士，授礼部主事，以吏议免官家居，坐法，窜吴中，改名道生，字人翁，别号南禺外史。黄宗羲《丰南禺别传》："坊之怪诞，其大者在伪造六经。或托之石经，或托之别传，而訾毁先儒，放言无

忌。谓朱子食贫无计，卖书糊口，掠取新说，其价易增。所言'子见南子'，为卫灵公之继室，是挤于宋朝之伦；'猎较为夺禽兽'，是拟于御门之盗。其卦变图，真牧童之陋戏。"又曰：晦翁果生于混沌初辟之时，真为伏羲受业之师，手授卦变图，亲见伏羲据之以画卦，而演为先天四图。历寿数万余岁，至宋庆元庚申为始卒也。杨荣纂修《大全》，以其妻是朱氏，故尽用朱子之说。其于《书经》，则谓其祖庆正统六年官京师，朝鲜使臣妠文卿、日本使臣徐睿入贡，以《尚书》质之。文卿曰：'吾先王箕子所传，起神农《政典》，至《洪范》而止。'睿曰：'吾先王徐市所传，起《虞书》帝典，至《秦誓》而止。'笑中国官本错误甚多。其中国所无者，令严不敢传，而正其错误者一二。故坊之《世学》，一依外国本。文卿言其国《商书》有四十一篇，睿言其国《周书》有八十二篇，而《周书》第七十八，为《孔子之命》，敬王命仲尼为大司寇相鲁而作，其八十二方为《秦誓》。书依年而次，《秦誓》之作，在鲁僖公三十三年，孔子生于襄公二十二年，相去七十六年，焉得以《孔子之命》先之乎？其伪不待辨矣。"万斯大《古书世学》跋云："吾乡丰礼部废弃于家，穷愁著书而伪托者，名为世学，其实一手所为。五经皆有伪撰，不独古书也。"是本篆书，为礼部真迹，体势诘曲，终卷若一。其著述未免欺人，其翰墨洵可传世也。今藏赵氏小山堂。

49.《周易义丛纂略》

右不题氏名，又无序。所引历代著《易》家，自汉魏至宋儒而止。按明叶氏良佩有《周易义丛》十六卷，其自序云："自汉至今，专门易学不啻百有余家，或传象数，或明义理，或推之互体、卦变、五行。求其真有以见天下之赜之动，得四圣人所不传之秘者，十无二三焉。乃于百有余家，摘取精要者，汇为是编，仍以朱子《本义》冠之端首，以其兼明象占故也。至若程《传》，则备书而不敢有所删节。"今兹编所引大略相同，惟程朱之说不载，岂出后儒改窜，故题曰《纂略》欤？良佩字敬之，浙江太平人，嘉靖癸未进士，仕至刑部尚书。

50.《周易辨录》四卷

明赠光禄寺少卿山东道监察御史富平斛山杨爵著，门人张志道、张承光校录。卷端有自序，又梦山杨巍序。《明史稿·列传》："爵字伯珍，富平人。年二十，始读书，家贫，燃薪代烛，耕陇上，辄挟册以诵。举嘉靖八年进士，授行人，擢御史，以母老乞归养。母丧，庐墓冬月生笋。推车粪田，妻馌于旁，见者不知其御史也。服阕，起故官。时帝好祥瑞，爵抗疏极谏，帝震怒，立下诏狱，榜掠，血肉狼籍，关以五木，一夕复苏，命严锢之。狱卒以帝意不测，屏其家人，不得纳食饮，屡濒于死，处之泰然。至二十四年八月，有神降于乩，帝感其言，立出之。未逾月，尚书熊浃疏言乩仙之妄，帝怒曰："我固知！"释爵，诸妄言归过者纷至矣。复令东厂追执之。爵抵家甫十日，见校尉复至，与共麦饭，饭毕即就道。比至，复系镇抚狱，桎梏加严，饮食屡绝，适有天幸，得不死。二十六年十一月，大高玄殿灾，遂释之。家居二年，一日晨起，大鸟集于舍，爵曰："杨某之祥至矣。"果三日而卒。谥忠介。所著《周易辨录》《中庸解》，则狱中作也。"按斛山论文云："文以理为主，以气为辅。不以偏邪之见乱其心，本诸圣贤之言以充养之，则造语皆胸中流出，其吐词立论，愈出愈新而无穷。如日月在天，穷居深谷，花石草木之微，青者自青，白者自白，仰之以生辉，触之而成色矣。"观此数语，公严气正性，百折不回，其肯见狱吏则头抢地，以求苟活于须臾耶！宜当时有韩门二杨之称，与忠愍公并垂不朽也。

51.《周易古文羽义》二卷

《金华先民传》明童品，字廷式，兰溪人，以易学知名。年逾五十登进士，或劝之减年通籍，却之。授兵部主事，陈《治安》一策，多见采行。升员外郎，致仕。著《周易羽义》《春秋经传辨疑》《礼记大旨》《学庸大义》《辩义》《孟子篇类》《正蒙发微》《含章子集》，皆版行。是编有正德戊辰自序，云："太宗文皇帝《周易大全》之作，惜乎上有大圣之君，下无真儒之臣。以《本义》从程《传》，仍宗王弼之《易》，经乱道晦，儒者所耻，此品《羽义》之所由作也。"按程朱《传》《义》各有指归，本不可合而为一。合之自两董氏始。至永乐中，胡广等奉召纂修，《易》取董本稍加增损，上之，刊赐天下，著为令甲，于是两大儒之旨尽失矣。然永乐四年，命礼部遣使购求遗书，帝曰："士人稍有余资，犹欲积书，况朝廷，可阙乎！"遂召尚书郑赐，令择通知典籍者，四出购求，且曰："书籍不可较价直，惟其所欲与之，庶奇书可得也。"使当日纂修者，得一二如东山、环谷、枫林诸公，必能上承诏旨，昌明经学，何至草率完事，贻讥后世乎！此品所以有"上有大圣之君，下无真儒之臣"之慨也。

52.《胡子易演》十八卷

明胡经，号莎冈，庐陵人，嘉靖己丑进士。所著《易演》，上、下经十六卷，《系辞》二卷，附《说》《序》《杂卦》，总十八卷。无序。其说好与朱子异。

53.《九正易因》四卷

明李载挚卓吾著。晋江人，嘉靖壬子举人。初名挚，后更名载挚。与耿

天台讲学京师，一时知名之士皆从游焉。周柳塘曰："天台重名教，卓吾识真机。"盖其学尚玄远，机锋迅利，焦弱侯、陶石篑之流也。渔洋《居易录》："卓吾寓通州马诚所经纶别业，多嫚骂，缙绅辈相接，或终日不与语。有袁住者，通州人，日为马侍御家佣水。一见辄曰：'好男子！好男子！'或一日不见，辄曰：'目中何无袁住？'卓吾死诏狱，方暑，尸腐，马氏诸仆亡敢近者。独住直前，抱持痛哭，殓唅曲尽其事。今墓在通州，当时葬之者马御史，表之者某中丞，而书者麻城丘坦，迄今岿然无恙。"据此，则卓吾身后之事皆能豫知，而三尺孤坟，保全至今，岂得学佛之报欤？

54.《顾氏易解》

明松陵顾曾唯鲁斋注。传是楼钞本，楷法，皆摹版样，疑徐氏初欲付梓之本。前有鲁斋自序。不分卷帙，首题《易旨》，引仁山金氏之说，以明著是书之由。其《考原》三卷，第一原上下经分卦，第二原上下经合卦，第三原上下经卦序，乃元儒萧汉中景元著，世传《读易考原》是也。全载其说而削其名，亦失之疏漏已。至解经，皆依卦次序，以《象传》、《象传》、《系辞》《文言》《说卦》《序卦》《杂卦》附于后，而标之以己说焉。按《经义考》有顾氏曾唯《周易详蕴》十三卷，而不载是编，何耶？曾唯，字一贯，吴江人。嘉靖癸丑进士，除金华知县，擢浙江道御史，巡按广西，引疾归。诗有《闽越杂咏》。

55.《周易古经》

明建安雷乐著，癸卯乡举雷金科校。其大指，以东莱吕氏所定古《易》十二篇为主，而群儒之说与吕氏相合者，亦采辑焉。考《建安邑志》，无乐名。金科字润溪，嘉靖癸丑进士，礼部主事，终宁波守。作者失传而校者尚可考，千佛明经之不可忽也，如是夫！

56.《万氏易说》二卷

明万廷言以忠著。号思默，江西南昌人。嘉靖壬戌进士，官云南提举金事，罢归。有万历庚寅自序，而邓元锡、杨起元、管志道与其门人李杜四序皆失。当时讥其语涉禅玄，比之杨敬仲《己易》。惟黄氏梨洲云："先生深于《易》，三百八十四爻，无非心体之流行，不著爻象而又不离爻象，程《传》而外，未之或见也。"夫自辅嗣以老庄之理言《易》，而《易》旨几晦，虽后之名儒皆不免此弊。朱子曰："考《象辞》者，泥于术数，而不得其宏通简易之法；论义理者，沦于空寂，而不适乎仁义中正之归。"予窃谓穷象数则穿凿附会，其失为灾异；谈性命则支离放荡，其失为虚无。历世著述，千有余家，卓然不倚者固不乏人，然而免于此二失者，亦戞戞乎其难之。《经义考》作四卷，今本二卷。阅其文义，大抵撮举经传而说之，首尾已全，其中岂有缺卷耶？廷言又有《易原》四卷，万历丁亥自序。

57.《周易古今文大全》

《明史稿》本传："杨时乔字宜迁，上饶人。嘉靖乙丑进士，累官吏部侍郎，秉铨凡五年，卒于官。箧余一敝裘，同列赙禭以敛，诏赠吏部尚书，谥端洁。"是编《论例》二卷，《古文》二卷，《今文》九卷，《易学启蒙》五卷，《传易考》二卷，附《龟卜考》一卷，卷端各冠以序。按：王文成之学出，江西学者多宗之。时罗文庄钦顺力辨其非，书札往复几数千言。端洁继而辟之尤力，谓季本《易学四同》，任心为说，盖流而至于放者。其羽翼程朱之苦心，可云至矣。

58.《周易集注》十六卷

明来知德著。字矣鲜，号瞿塘，四川梁山人。嘉靖举人，翰林待诏。寿春谢开宠序云："先生性至孝。登贤书后，将赴礼闱，母送至门，泪盈盈欲下滴。先生跽而请曰：'公车喜事也，母何悲之甚耶？'母曰：'儿每他出，予必倚是闾而望。今远行，归不可定，是以悲耳。'先生遂终身不上春官，闭户著书，精研易理，历三十年而卒业。"著《错综图》，一左一右曰错，六爻相反，如乾、坤是也；一上一下曰综，反对，如屯、蒙是也：以观阴阳之变化。著《黑白图》，以验理欲之消长。此书万历时刻于蜀中，毁于兵燹。万历三十八年重刻于吾郡，南屏山黄汝亭序。国朝康熙戊辰，平山崔华官两淮盐法道，又梓以行世。

59.《读易纪闻》六卷

简端自题"祭酒诸生布衣长洲张献翼幼于纂集"。献翼后更名敉。《列朝诗集小传》："幼于入赀为国学生，姜祭酒宝停车造门。归而与皇甫子循暨黄姬水、徐纬刻意为歌诗，于是三张之名，独幼于籍甚。幼于好《易》，十年中笺注，凡三易其稿。"《静志居诗话》云："早擅才名，见赏于文征仲，读书上方山治平寺中。撰《周易约说》《杂说》《臆说》及《读易纪闻》《读易韵考》，不失为儒生。后乃狂易自肆，与所善张孝资为侪侣，或歌或哭，或紫衣挟妓，或白足行乞，放浪亦甚矣。晚携妓居荒圃中，为盗所杀。"献翼兄凤翼，字伯起，弟燕翼，字叔贻，俱嘉靖甲子举人，并以才名世，吴谚比于四皇甫云。献翼精于《韵考》一书，世多称之；其《约说》三卷、《杂说》二卷、《臆说》二卷与《纪闻》，并未著名，以故前辈俱未之见也。

60.《易十三传》十三卷

此竹垞翁娱志轩藏本也。其手跋云："《易十三传》，未详谁氏所撰，第

知为嘉靖间人。其云十三传者，乾上九传一、姤初六传二、姤九二传三、姤九三传四、姤九四传五、姤九五传六、姤上九传七、大过初六传八、大过九二传九、大过九三传十、大过九四传十一、大过九五传十二、大过上六传十三，证以历代纪年，盖仿邵氏《经世书》，而于《六十四卦相生图》，则又不主邵氏之说。是编诸藏书家目录无之，康熙己卯八月既望，得之西吴书估舟中。"时竹垞年七十一矣，始见此书，而不能考作者姓氏，盖其佚久已。至以为嘉靖间人者，则以作书者称嘉靖为今上耳。予通阅其书，穿凿附会，初不涉圣人作《易》之旨，恶得以污康节哉！

61.《大象观》上下二卷

《江西通志》："刘元卿字调父，吉安安福人。举隆庆庚午乡试，明年会试，对策极陈时弊，主者不敢录。张居正闻而大怒，下所司申饬，且令人密诇之，其人反以情告，乃获免。既归，师同邑刘阳，绝意科名。累被荐，召为国子博士，擢礼部主事，寻引疾归，肆力著述。"所著《大象观》二卷，自序云："耿忠子曰，《杂卦》序孔《易》也，首乾、坤，次比，次师，而终之夬。当因是而求之，益有味乎其言矣。夫乾，天也。坤，顺承天也。学以法天，必资师友，友聚而比则乐，师任裁成则忧。或相临而与，或相观而求，与也，求也，皆反其所自始者也。始生之机未畅，故曰屯。屯则蒙发。蒙者宜震，震，动也。动必有所止，艮，止也，止于道也。为道日损，损之所以益也，故受之大畜。大畜，畜天也，天则不妄矣。无妄，诚也，诚则萃，萃则德崇而升。升不可极，利用谦，升而能谦必豫，豫，逸豫也，德之间也。去间贵决，故受之噬嗑。间去则贲，贲则说，说则顺。顺之敝为随，至于随则蛊而剥。剥者，复之始也。始复则明，明夷则晦，晦而思通。如掘井求泉，不得不困，故受之困。困，师道也，教然后知困也。知困然后能虚，故继以咸。虚而为盈，难乎恒矣，故继以恒。恒，久也，久而易涣，故节。节之过则解，解则塞而睽合。睽者，其本在家，故受之以家人。家道穷必否，否极生泰。泰则壮，壮极而遯。遯则退也，大有众也。能退则得众，得众则同人。同人故示以革故鼎新，虽有小过而中孚，足以起信。信则居丰不盈，居旅不孤，居离而不察，居坎而知险。险则小畜，而不可大，非礼而不可履。履不苟也，需不进也，讼不成也，故可以无大过。无过必有遇，故受以姤。物相遇则进，故受以渐。进必有所养，故受以颐。得养必有所济，故受以既济。济者，合也，物不可苟合，故次归妹。苟合则终敝，故次未济。处未济者存乎夬，故终之以夬。夬，决也，刚决柔也，柔决而纯乎乾矣。乾，天也。始以天，终以合天，即孔子之学，可默识已。

《杂卦》之序，有以哉！万历己亥，予与邹生子尹玩《易》同人馆，每读大《象》，辄以数语释之，间取诸儒先言，亦不复识别。书成，取《杂卦》为序，盖有契乎仲子孔《易》之说云。或请其名，子尹曰：'可名《大象观》。'"卷后附门人邹匡明跋，又《杂卦序歌》。此书《经义考》注未见，故误作《大易观》。

62. 《易象通》八卷

明朱谋㙔明父著。又字郁仪，南昌人，宁献王七世孙，封镇国中尉。以先儒谭《易》多尚理而置象，谓说《易》者莫如孔子。孔子曰："八卦成列，象在其中"，此象之始也。书契兴而结绳远，后圣广为之象以开物。象有数，故曰极其数，遂定天下之象。象有辞，故曰象者，言乎其象。圣人设卦观象系辞焉，而明吉凶。吉凶者，得失之象也；晦吝者，忧虞之象也；变化者，进退之象也；刚柔者，昼夜之象也。《易》之为书，安往而非象。书不尽言，言不尽意，立象所以尽意，象之不明，意、言何有！即汉以来，诸儒各得其一察以自好，所不具论，孔子之学固在也，若之何忽之！按中尉著书等身，《易象通》而外，《书》《礼》《春秋》《鲁论》《大戴》各有笺疏，以及《水经》、律历、医卜等书靡不研究，而尤精于堪舆之术。尝言祖墓病水，以语族人，咸弗信。会群从暴卒者十余人，中尉竟自发之，墓中果积水若溪涧，族人始逊谢自咎焉。惜乎兵燹之余，其书不少概见也。是编利瓦伊桢、曹学佺皆有序。

63. 《伏羲图赞》二卷

张云章曰："明陈第字季立，连江人。初为学官弟子，俞大猷召致幕下，劝以武功自见，言之谭襄毅，官游击将军。寻弃去，著书自喜。焦状元竑见之，深叹服焉。"是书焦为之序，第亦有先、后自序，盖继《毛诗古音考》而作也。其为图不用奇耦，以黑白为阴阳，而两仪、四象、八卦皆规方而为圆。论者谓其学从禅门证入，率由心得，与诸儒异。

64. 《今易诠》二十四卷

明邓伯羔字儒孝纂。是本只有凡例，史孟麟序及自序二篇皆阙，从《经义考》钞补之，以弁卷端。其凡例末条云："予师凤阿先生作《补疑》，外族诸父方麓先生作《私录》，窃尝受读，多所凭借。"按凤阿先生即姜宝，字廷善，丹阳人，明嘉靖癸丑进士，南京礼部尚书，撰《周易传义补疑》。方麓先生即王樵，字明逸，金坛人，嘉靖丁未进士，南京右都御史，撰《周易私录》。则儒孝之研究易学，渊源盖有所自也。《经义考》云："儒孝，常州布衣。"据自序曰："予少为诸生，攻《尚书》。"则儒孝少时已列胶庠，从事帖

括，不幸一第维艰，著书终老。朱氏录其序，而仍作布衣，何欤？儒孝又有《古易注》二十九卷，亦存。

65.《周易儿说》四卷

晋江苏浚君禹著。号紫溪，万历丁丑进士，浙江督学使。卷端有万历甲申门人王道显序。其说以蔡虚斋清、陈紫峰琛为宗，而参以己见焉，学者称晋江三家。别有《周易冥冥篇》，存。

66.《读易钞》十四卷

明钟化民著。字维仁，仁和人。万历庚辰进士，由惠安知县累官右佥都御史。巡抚河南，讨平矿盗，徧历八府，延父老问疾苦，以劳瘁卒。吏民皆走哭失声，罢市，复请祠于朝，赐祠曰"忠惠"。袁年曰："钟公《读易钞》，一宗程朱《传》《义》，而于诸家之说摘而录之，精约简核，洵学者之指南也。"乡贤遗籍，流传绝少，藏弆者其宝诸。

67.《易经纂注》四卷

明东阁大学士赠少保谥文节李廷机尔张著。廷机，晋江人，登万历癸未进士第，仕至大学士。按仁和钱谦受益之前序云："五经皆有《纂》，出自神庙，时词馆诸臣所汇定。当时人授一经，专裁互证，自是一段玉堂佳话。"盖帖括之学也。是编绣梓时，文节未赞纶扆，故犹称太史云。考文节入相，为党议所辱，力求避位，至屏居荒寺，人迹都绝。虽系阁籍六年，而秉政止九月，兢兢以折足覆餗为虞，其志良可哀已。受谦，天启乙丑进士，詹事府詹事，卒赠礼部侍郎。

68.《像象管见》九卷

《常州府志》：钱一本，字国瑞，武进人。万历癸未进士，令庐陵，以倡明理学为己任。擢御史，首疏斜按臣钩取库镪。及巡按广西，一洗供亿之费。上《建储》《论相》二疏，语多触忌，削籍归。顾宪成倡东林书院，一本相与讲论不辍。尤精易学，所著《像象管见》《象钞》《续钞》。卒前几日，预令营兆域，自作《寄窝逋客志》，翛然而逝。学者称启新先生。里居二十五年。天启初，赠太仆寺少卿。是编上下经四卷、《系辞》二卷、《说》《序》《杂》三卦三卷，总九卷。《经义考》作七卷，似误。有自序、邹元标序。按先生又著《象钞》《续钞》，演九畴为四千六百八爻，有辞有象，占验吉凶，惜未见。先生高弟吴桂森，字叔美，有《像象述》八卷，盖述师说也。

69.《洗心斋读易述》十七卷

明潘士藻去华著。号雪松，婺源人。万历癸未进士，司理温州，官至尚宝司少卿，卒年六十四。卷首有自序，自署"玉笥山人"。万历丙午焦竑序云："大抵主理莫备于房审权，主象莫备于李鼎祚。去华衷而择之，补不足，表未明，以指南来学，可不谓勤乎。"没后，其子师鲁辈梓行。

70.《周易潜解》十二卷

明李光缙衷一著。号独醒遽人，晋江人。万历乙酉乡荐第一，十上公车不售，遂绝意进取，坐卧一榻，图书数卷，泊如也。所著有《四书臆说》《易经潜解》《景璧集》诸书。是编，门人林一柱序。

71.《广易通》二卷

明琼山许子伟宗一撰。《广东通志》："万历丙戌进士，授行人。擢给事中，抗颜谏诤，以劾权贵，忤旨，谪铜仁经历，遂归养母。内使开探，派琼珠以万计，子伟力言，得减其数。中外疏荐，未报，卒。"所著《广易通》二卷，知儋州赵存豫授梓并序，又万历壬寅邹元标序。其自序称："《广易通》者，广濂溪子之《易通》也。"又云："《广易通》成，小泊梁山，夜梦长顶寿星初见，天门划开，帷帐环启，五老序列，欢祝有声。因作诗纪其事，附集后。"子伟生丘文庄、海忠介之乡，而以直声著闻。放逐之后，潜心易学，则彰往察来，微显阐幽，以通神明之德，其言殆不诬也。

72.《易筌》六卷

明焦竑弱侯撰。江宁人。万历己丑殿试第一，官修撰。时议修国史，欲竑专领，竑乃撰《经籍志》。皇长子出阁，为讲官。尝讲次群鸟飞鸣，皇长子仰视，竑辄肃立辍讲，皇长子为之敛容。既负重名，性复疏直，政府恶之，被劾谪福宁州同知。竑博极群书，自经史至稗官杂说，无不淹贯。家居无日不讲学，以罗汝芳为宗，而善耿天台兄弟及李贽，时颇以禅学讥之。卒年八十，后追谥文端，事见《明史稿·文苑传》。考竑自序，虽兢兢于二氏之辨，然以佛学即为圣学，而明道辟佛之语，皆一一绌之，其说经之旨，岂能外所学哉！

73.《易筌》

王述古著。《经义考》："述古字信甫，号钟嵩，禹州人。万历丁丑进士，官常州知府，迁山西按察副使，进布政。"

74.《周易旁注会通》十四卷

明姚文蔚元素辑。钱塘人，号养谷，又号廓然居士。有万历戊午乌程沈灌序，万历丁巳自序。按休宁朱升游陈朴、黄泽之门，至正中，以乡进士授池州学政，学者多从问业，称枫林先生。升诸经皆有《旁注》，而《易》有《前图》。文蔚以其书《易古经》为今经《易》，旁行而直下，不增不损，取便于读。然枫林《旁注》从考亭之《本义》，是古经也。而文蔚易以今经，

此何异《永乐大全》以《本义》从程《传》乎！岂枫林作书之本意哉！文蔚，万历壬辰进士，仕至南太仆寺卿，乌程同年友也。

75.《周易古本全书汇编意辞集》十七卷

明李本固著。临清州人。万历壬辰进士，官至太仆少卿。万历壬子自序。又李利瓦伊桢序云："其大纲三：曰意辞，曰象数，曰变占。而意辞之目八：曰古易，曰辞会，曰明意，曰释名，曰详易，曰玩辞，曰误异，曰易派；象数之目八：曰图书象，曰图书数，曰总论，曰画象，曰三易，曰广象，曰观象，曰衍数；变占之目十：曰著变，曰之变，曰反对，曰变例，曰小成，曰观变，曰不卜，曰玩占，曰卜筮，曰断法：广大悉备矣。"按维宁谓："自古言《易》家，或分经合传者，或以《彖》《象》传附各卦经文者，或多改《象》传入《文言》、改《象》传入《系辞》、改《系辞》入《说卦》者，皆非古也。于是分别经传为《古易》，而内改居室七条、佑助一条、何思十一条入《文言》。"自以为古《易》已复矣，不知以居室各条仍入《文言》，既失古《易》之旧，且非今《易》之旨矣。其视成矩、沈爌诸人，所谓直不百步耳。

76.《易经澹窝因指》八卷

明张汝霖字雨若著。山阴人。万历乙未进士，江西布政司参议。有自序，浙江左布政使平陵史继辰序以付梓，太常寺少卿山阴朱敬循后序。其书名以"澹窝因指"者，盖参议读书龙山之澹窝，取《圆觉经》"因指见月"之语也。

77.《周易宗义》十二卷

明程汝继敬承著。婺源人。万历辛丑进士，官袁州知府。卷首有万历己酉朱之蕃、汪怀德序，又门人钱时、姚星吴序。其说专宗朱子《本义》，故名"宗义"云。按敬承初宰余杭，日进士民讲明孝悌廉让之理，一时民风淳正。卒于袁州任所，一棺之外无余资。所著《周易宗义》，当居丧，伏枢旁，忘寝食而属稿者三年。自后博稽古今之说，有当于《易》者，咸采择之。

78.《读易大旨》五卷

孙奇逢著。汤斌《墓志》曰："康熙十有四年四月，明万历庚子举人征君孙先生卒于辉县夏峰之居，年九十有二。其冬十月。葬于夏峰之东原。先生幼当梁溪、吉水讲学都门之日，与鹿忠节公交修默证，以圣贤相期许。忠节既殁，独肩斯道者四十载。两朝征聘十一次，坚卧不起，故天下称为征君云。"黄宗羲《志魏学濂子一墓》曰："闯贼陷京师，子一与容城孙钟元密结义旅，劫其不备，贼中亦颇有愿内应者。久之，音尘断绝，贼党劝进矣。"征君字启泰，号钟元，容城人。耿极序曰："征君夫子与鹿忠节公倡道北方，固久已默契，画前不卜筮而知吉凶。迨避地苏门，乃更受《易》于三无道人，而得其大旨，于是有《读易大旨》一编。"按征君讲学则主阳明而近于禅，讲《易》则似玉吾而近于老，选佛期仙，殆欲一身兼之欤？

79.《易义古象》八卷

明魏濬著。《福建通志》："濬，字禹钦，松溪人。万历甲辰进士，出为湖广按察使。时黔蜀交讧，苗蛮、矿徒表里为患。濬论以德意，矿徒解散，焚其巢千七百余所。累官都察院右佥都御史，巡抚湖广。病卒，年七十二。"卷端无序，有明象论八篇：一原古象，二理传象，三卦正象，四六爻象，五卦爻画，六卦变，七互体，八反对动爻。经术以经世务，禹钦可云无愧矣。《经义考》作"字苍水"，《明诗综》作"字禹钦"，苍水岂其号欤？

80.《易芥》八卷

明陆振奇著。字庸成，仁和人。万历丙午举人。郑之惠序云："庸成举孝廉，未及上公车，即世。所著《易芥》，其子昌允刻之，以序属惠。世之言《易》者，逢掖进取业也，非理非象非数，大都饾饤五百字，以幸一日之知，而《易》道衰。庸成故工逢掖，而不为逢掖言，言理言象言数，大都自会其说，不必古今有，而投之无勿合也。"据郑序"孝廉"，故明人也。考《仁和县志·选举门》，万历丙午已列其名，注"有传"。及阅其传，则入之国朝文苑，且作"康熙丙午"，其自相矛盾如此。之惠字孔肩，仁和人，副榜，官平乐知县。著有《易臆》，惜未见。

81.《锲易林疑说》

明杨瞿崃，字稚实，晋江人。万历丁未进士。历官江西提学副使。此书大概以朱、蔡为宗，间采胡玉斋、陈潜室诸儒之论，为说三十六条，河洛先后天八卦图六。末附《易经蒙筌小引》，谓："先君既纂集《易说》，未成即世。用力考订，稍加删补。"则稚实易学，殆得之过庭之训欤。是编上、下二卷，《经义考》作十卷，误。

82.《易经勺解》三卷

晋江林欲楫平庵著。明万历丁未进士。累迁礼部尚书，掌詹事府事，力请乞休归，卒于康熙壬寅。卷首有自序云，"时年八十有七撰"。殁后，歙汪薇督学闽中，为序而刻之。

83.《易解》□卷

高弘图著。《明史稿》："弘图，字研文，胶州人。"

84.《易窥》

明程玉涧铉吉著。常熟人，万历癸丑进士，官易州知州，伊川先生裔也。

淡于禄仕,潜心易学,取程氏《传》而推广之,可谓数典而不忘其祖者矣。别有《周易演旨》六十五卷。

85.《周易会通》十二卷

明汪邦柱、江柟同辑。邦柱字砥之,万历己未进士,武昌参议。柟字楚余。俱休宁人。缪昌期序云:"余嘉美是集,因书以授梓人。砥之谢曰:'小子不敏,不能独观遍览,所赖友人江楚余纂辑多焉。'"《经义考》只作砥之著,似未见缪序也。按砥之受业缪文贞公之门,文贞著有《周易会通》,系弟子饶秉鉴等所述。砥之此书,殆有师承欤!

86.《易通》一卷

明徐𤊹著。《福建通志》:"𤊹字惟起,一字兴公,闽县布衣,与兄孝廉熥俱擅才名。神宗时与曹学佺同主闽中诗坛。著有《徐氏笔精》等书。"按《易通》为《笔精》首卷,黄居中、邵捷春序。《千顷堂书目》《经义考》俱作《易旁通》,似误。

87.《周易古本》

明无锡华兆登若时编。前有万历庚申晋陵孙慎行序,后有万历四十七年自著《古本辨》,又《记疑》六条。按古《易》变自汉费长翁,以《彖》《象》《系辞》《文言》解说上、下经。经则将象辞、爻辞逐一卦类聚,而象、爻合;传则将《象》传、《彖》传、《爻》传逐一卦类聚,而《象》《彖》《爻》三传合。至康成止存卦画,削去六爻之画,混以爻辞,连缀象辞之后,而爻画亡;则非费之象、爻附合,犹卦画、爻画并存也。移《象》传上下体于卦画之下,移《爻》传自初九至上九六爻位之文于爻辞之上,又裂《象》《彖》《爻》三传逐卦分附于经,而传与经合;则非费之逐卦类聚,犹经与经相附,传与传相附也。此再变也。然郑虽经传附合,犹爻辞自爻辞,《爻》传自《爻》传。至辅嗣裂爻传,逐爻分附于爻辞,各加"象曰",谓之小象,而爻辞与《爻》传合,此又变也。此说始于王氏应麟,而钱氏一本又加辨焉。又按《古易》十二卷,见于汉《艺文志》。隋、唐《志》皆无其目,至宋儒始复《古易》,请得而数之。考《宋志》有王洙原叔《古易》十二卷。陈振孙曰:"《古易》出王原叔家,上、下经惟载爻辞,外《卦辞》一,《彖辞》二,《大象》三,《小象》四,《文言》五,《上系》六,《下系》七,《说卦》八,《序卦》九,《杂卦》十。胡双湖以为《古易》之复始于汲公者,非也。"又邵尧夫《古易》八卷,邵博曰:"《卦爻》一,《彖》二,《象》三,《文言》四,《系辞》五,《说卦》六,《序卦》七,《杂卦》八,即百源《易》也。"董季真以为景迂生本与之同。又吕微仲《古易》自序云："凡经二篇，《彖》《象》《系辞》各二篇，《文言》《说卦》《序卦》《杂卦》各一篇，总一十有二篇。"双湖以为吕伯恭本与之同。又晁以道录《古周易》八卷，按以道自序，所分卷帙诚与康节本同。晦翁以为晁氏、吕氏大同小异，互有得失。又薛季萱士龙有《古文周易》十二卷，自序曰："《古易》经二篇，《彖》《象》《文言》《系辞》《说卦》《序卦》《杂卦》总十卷，以参较别异同，定著十二篇。"又程迥可久有《古易考》一卷，胡双湖曰："康节《百源易》《古易》，沙随盖本诸此，而篇次与二吕氏合，只以《文言》在《系辞》之前为不同耳。"又李寿仁父有《周易古经》八卷，自序云："微仲始厘析辅嗣篇第，定为十有二，刻置成都学宫，句读初无增损。景迁生辑诸异同，或断以己意，有增有减，篇第则效费长翁未解、辅嗣未注以前，旧本并十二为八。"又云："吕氏于卦、爻、彖、系辞并分上下，自咸以后为下经、下象、下象，自'八卦成列'以后为下系，而文言次下系。晁氏俱不分上下，更以《文言》先《系辞》，余同吕氏。今八篇次第从晁氏，总名《周易古经》，从吕氏。"又吕伯恭《古易》一卷，自序云："近世嵩山晁氏编《古周易》，将以复于旧，而其刊补离合之际，览者或以为未安。谨因晁氏书，参考传记，复定为十二篇，篇目卷帙一以古为断，其说具于《音训》云。"陈振孙以为与吕微仲本同，《音训》则其门人王莘叟笔受者也。又朱子《本义》十二卷，董季真曰："上、下经二篇，十翼十篇。凡分经异传，尽从东莱吕氏所定，非但取其章句之近。至若正文，亦多从《古易》。《系辞》诸篇分章，亦不尽从吕氏也。"他若已成书，缺而不全者，则有洪兴祖《古易考义》十卷、周燔《九江易传》、吴仁杰《古周易》十二卷、王应麟《古易考》、税与权《较正古易》十二卷。按兆登《辨》曰："宋儒治《易》称复古者，如吕氏微仲、晁氏以道、程氏沙随、吕氏东莱、朱子晦翁，凡五家，何见之不广耶？至云考其经传篇目次第，于费本，虽辨其《象》传之附合，而经中象、爻与传中象、爻之合未辨也；于郑本，虽辨经与传之附合，而经中爻画之亡，及传中上下体与初九至上九六爻位之移置未辨也；于王本，辨其爻辞与爻传之附合，而加立小象之名未辨也。则经传之文仍自混合，实祖长翁、康成本，非古本也。今双湖《周易翼传》载《费氏易》，止载一乾卦，为全经之例，此志变经之始也。爰得推复《周易》古本，不敢一毫附合增减其间，但就费本，类聚者分之，分裂者合之，则郑本之削亡者复存，而移置者复正矣。经首六十四卦系《彖辞》，次三百八十四爻系爻辞。传首《彖》传，次《象》传，次《爻》传，次《文言》传，次《系辞》传，次《说卦》传，次《序卦》传，次《杂卦》传。"据所辨，亦小有异于古人处。

然一云祖长翁本非古，一云就费本分之合之，何其自相斜驳耶？且《古易》失传，自汉末至明季，千有五百年。中经宋儒考订，虽小有得失，总之，不离古文者近是。其有知其非而不更定者，如辅嗣加立小象之名，宋儒何尝不论，特以事隔千载，未可臆断，此宋儒之善于阙疑也。今兆登之意，若概不足信，而欲以己说信天下后世，不亦难乎？

88.《周易玩辞困学记》十二卷

张氏次仲元岵著。海宁人。天启辛酉举人。私淑王文成公，穷经好学，自表读书处曰待轩，学者称待轩先生。生有至性，童时母病，刲股进之，愈，以孝闻。久困公车，晚年绝迹人事，自号浙汜遗农。顺治中举贤良方正，以病辞。康熙十五年卒，年八十有八，邑人私谥曰文介。卷端有自序，又钱谦益序。待轩，虞山典试浙江所取士也。黄宗羲志墓曰："海昌有穷经之士二人，曰朱康流、张元岵。康流于《易》，研寻图像，尽拔赵帜。元岵宗主王、程，以玩辞为本，至于指归日用，不离当下。因孔子而求文、周，因文、周而求義《易》，则两家一也。"康流名朝瑛，旌德令，出黄公石斋之门，尽得其传，以理学经术为己任。次仲皋比谭经，每遇之，辄为避席。有《十经疏注》，惜不传。

89.《易本象》四卷

明黄道周著。字幼平，漳浦人。天启壬戌进士，改庶吉士，再迁右中允，以劾周延儒、温体仁，斥为民。崇祯丙子，召复故官，升少詹。时廷推阁臣，公得与名，帝不用，而用杨嗣昌等。公乃草三疏，劾杨嗣昌、陈新甲、方一藻，同日上之。帝疑之，召对平台，公语言不逊，遂发怒，拟戍广西。寻复故官，以病归。唐王聿键监国，命以本官兼大学士，参赞军务。自请督师，死于难。初，公居铜山，在孤岛中，有石室，自幼坐卧其中，故学者称为石斋先生。精天文、历数、《皇极》诸书。没后，家人得其小册，自推终于丙戌，年六十有二。夫人蔡氏，名润石，字玉卿，工书画。公学贯天人，尤精易理，立朝刚正，就义从容，具载史传。《易》曰"王臣蹇蹇，匪躬之故"，又曰"神以知来"，公之谓矣。

90.《倪氏兒易外仪》十五卷

明倪元潞玉汝撰。《明史稿·忠义传》云："上虞人。天启壬戌进士，改庶吉士，授编修。庄烈帝践祚，魏奄伏诛，遗党杨维垣辈护持旧局，力扼东林。公于元年正月，抗疏极论之。其年四月，请毁《三朝要典》。黄道周贬官，乞留之，并荐刘宗周。累官户部尚书兼翰林学士。闯贼陷京师，自缢而绝。本朝赐谥文正公。著《兒易内仪》六卷、《外仪》十五卷。插架乃《外仪》耳。有崇祯辛巳自序。"蒋雯阶曰："兒者，姓也，其义孩，言童蒙也。"与漳浦黄公道周角立成家，而通权达变，殆又过之。

91.《雪园易义》

《浙江通志·儒林传》："李奇玉，字符美，嘉善人。明天启壬戌进士，累迁汝宁守。值中原寇炽，至则劫愍城守，寇随遁去。数月，引疾归。发箧中所笺注，研晰疑义，凡十年而《雪园易义》成。学者称荆扬先生。"是编四卷，终六十四卦，另列首卷，有《增补四易图说》《参订图说》《进退变化图》《对待流行图》《生生竖图》《卦变图》《纳甲图说》。宋赵汝楳有《纳甲图》，以元美说参之，大同小异，而元美之说为明。卷首有曹勋、王宣、赵元社序。书刻于其子公柱，末有跋。

92.《周易辨疑》四卷

李开先著。《四川通志》："开先，明天启举人，长寿县人。"余询之蜀人，云：传一李先生，为明季名孝廉，少壮即冠进贤。旋遭流逆之变，绝意进取，读书麟潜山中。所著《周易辨疑》，多所心得。爱来氏瞿塘卦变错综之说，惜其择不精，语不详，因为折中定是，且欲证向者说《易》家之诬且凿，以解后学之惑。而不自知其说之凿，更甚矣！

93.《读易搜》十二卷

缙云郑赓唐著。字宝水，号禅复居士，明天启丁卯举人。有自序，又张玉书序。其大指以程朱为宗，间参以他说而已，亦无所发明焉。《经义考》："赓唐，官福建按察使佥事。"《缙云县志·吏科》："特荐不就。"二说未知孰是。

94.《周易注疏大全合纂》六十八卷

《明史稿》："张溥，字天如，太仓人。崇祯四年进士。溥幼嗜学，所读书必手钞，钞已，朗诵一过，即焚之，又钞，如是者六七始已。右手握管处，指掌成茧，数日辄割去。冬月手龟，日沃汤数次。后名读书之斋曰七录，以此也。为诸生时，招同里张采共学，益肆力经史，名藉甚，号娄东二张。以葬乞假归，读书若经生，无间寒暑。四方啖名者争走其门，名其文社曰复社，声气通于朝右，所品题甲乙，颇能为荣辱，大吏多承其謦欬。里人陆文声者求入社，不许，采又尝以事挟之，于是诣阙，言溥、采主盟，倡复社，乱天下。温体仁下其事，二人皆贬斥，严者穷究不已。至十四年，溥已卒，而事犹未竟。周延儒当国，溥座主也，始得解。御史刘熙、给事中姜采交章言溥、采砥行博闻，所纂述经史，有功圣学，宜取备乙夜观。帝以问延儒，延儒亦称之，遂有诏征溥遗书。有司先后录上三千余卷，悉留览焉。"是编上、下经六十四卷，《系辞》《说卦》《序卦》《杂卦》四卷，总六十八卷。以《注》

《疏》序《本义》为主，末附诸儒之说，故名《合纂》云。侯方域《挽天如诗》注云："乌程相讦公复社朋党，引诸生倪襄，慷慨就讯，坚不肯承。"襄，亦义士也。附记于此。

95.《尺木堂学易志》

《尺木堂学易志》，上、下经二卷，《系辞》一卷，总三卷，明会稽马权奇翼倩著。《浙江通志》："权奇，崇祯辛未进士，工部主事，司琉璃厂，与阉忤，为所中。事白归，不事家人生产，饮酒读书，手丹铅不辍。避兵死于田间。著有《易经解》《诗经志》《麟经志》《老子解》《名臣言行录》。"是编有王思任、王瓒、孟称舜序，男如金订。

96.《易经说意》七卷

明临川陈际泰大士撰，有古吴沈国元飞仲序。崇祯辛未进士，时年六十有八矣。又三年，除行人。居四年，南行，卒于道。少流寓汀州，家贫不能从师，又无书，时取旁舍儿书屏人窃诵。十岁，于外家药笼中见《诗经》，取而疾走，携至田所，踞高阜而哦，毕身不忘。与艾南英辈以时艺名天下，为文一日可二三十首，先后所作至万首，举业之富，无若际泰者。事附见《明史稿·文苑传》。具敏悟之资，以帖括终，惜哉！《经义考》作《易经大意》，所载卷帙悉同，当即是书也。

97.《易学指掌》六卷

赵凤翔羽伯茸。雄县人。顺治四年刊于范箕生蚬斗斋。以己跋冠其首，有范士楫、鹿化麟二序。一卷《图说》，二卷《文王易经上下篇说附》，三卷《孔子十传》，四卷《卦变图说》，五卷《占法》，六卷《总论》。其经文特用古本，允称有识。

98.《石镜山房周易说统》二十五卷

仁和张振渊彦陵著，子懋忠、师拭、孙竞光等校。振渊，明万历中贡生，读书石镜山房，终岁不归。事父母，内行淳笃。徐刚振曰："俞叔纯《周易读》，近仁和张氏振渊辑《说统》，颇采用其说。余家旧藏《说统》，总十二卷。"兹据子师拭跋云："《经统》业已布之四方矣，辛酉火龙煽虐，尽燔焉。窃与伯兄议，益以诸子百家，删者什之四，增订者什之六。"则刚振所见者，当是彦陵原本，而非师拭兄弟续广之书也。别有《四书说统》三十七卷。懋忠，崇祯甲戌进士，礼部郎中。师拭，天启举人，袁州守。竞光老而能诗，著有《宠寿堂集》。

99.《澹斋内言》一卷

明西蜀蛮府参军云间杨继益茂谦著，陈继儒跋。其论《河》《洛》，独采临川王氏之说，谓"《洛》不谓之图，《河》不谓之书，余窃意图、书各有别。古人称图者画也，书者字也，象形之谓图，成文之谓书，凿凿乎不相侔也。如后世之所谓《洛书》者，亦图也，非书矣。王氏能疑之，而不能辨也。"

100.《易林元钥》十则

右钞本。明常州盛如林茂卿纂。不分卷帙，题曰十测：一、易钥渊源；二、九六用变；三、占法异同；四、卦按四时八方；五、京房分爻直日；六、卦气消长；七、象义合一；八、起卦捷法；九、八卦各属卦爻分直二十四气；十、节气盈虚。起卦图式，各有小引，以申明之。大概以焦氏《易林》原本久逸，爻象变法占法皆残阙失次，因广为编注，附以十测，加以卦之直日用爻合之，得二十五万九千八百四十之数句章。冯元飙为之序。按焦氏《易林》，每卦不变者一，而变者六十有三。有一爻变者，有二爻俱变者，有三爻俱变者，有四爻俱变者，有五爻俱变者，有六爻俱变者。一爻与五爻变者各六，二爻与四爻变者各十有五，三爻变者二十六。爻变者，一皆自下而上，逐爻相推，故每卦可变为六十四卦，合之得四千九十六卦，似亦理数之自然，毋庸损益于其间也。若自此而加之，何所底止乎？至焦氏占法，以初变为直日之用爻，于所变之爻起甲子数，至当年太岁干支，为太岁之用爻。又从太岁用爻，起甲子数，至本月干支为月将。又从直日用爻，起甲子数，至筮时为时神。于此推究五行之生克，以定吉凶，而诸所变与不变之爻，皆自为繇辞。其辞正诡离合，多在可解不可解之间，恐更非末学浅见者，所能窃取其意以补之也。

101.《周易训蒙辑要》四卷

怀晋著。字丽明，历城人。明末诸生，隐居南山，不入城市数十年。自序曰："圣人立言以教天下万世，原非示人艰深繁难也。故《易》之为书，六十四卦，伏羲仅以象告。文、周虑人之弗明，而系辞以明之。孔子虑人之弗明，而作十《传》以反复申明之，既详且尽，盖欲学者于此居安乐玩，以为日用饮食之书。至于因理测数，教人卦筮，则又示人进退存亡之道，而未尝有趋吉避凶之方也。术数者流，专言吉凶，既失圣人立教之旨；谭理之家，深刻其说，希新后学厌常之目。迨夫数学失传，讲义迭出，父师之训，子弟之学，苦传注之不明，而欲熟读讲义以求明。乃讲义愈不能明，一遗忘而展卷，仍茫然矣。呜呼！四圣人忧世觉民之意，不几熄乎！余不敏，合朱子讲义，采而辑之，亦窃附己意焉。"

102.《易辩》一卷

右不题撰人名氏。所辩者，上、下经一，十翼二，筮法三，《河图》《洛书》四，太极五，凡六篇，而太极之辨为尤详。引儒先经说，至明而止。玩其修辞，好逞己见，习为大言。故其辨上、下经也，谓"晦翁独取晁氏之说，绌孔子之明传，而曰以其简袠重大，故分为上、下经两篇。然则曷不以乾、坤之咸、恒为上经，遯、大壮至既济、未济为下经，各三十二以平分之，岂不匀正整齐，而乃参差之若此耶！"其辨太极也，谓"濂溪之学本于释氏，至紫阳则丑诋其说，以其言无极也。"且谓"晦翁酷好修炼之术，与方士葛长庚友善，得其《太极图说》，又得高禅之偈于道谦。惟恐此图之不传，为之解矣，又为之说；为之说矣，又强辨于象山，强答于南轩，强语于门人，极文饰掉阖之巧，而卒无以反之于其实"。凡他辨亦类是。幸生古儒之后，得其绪论亦足多已。其有不合者，为之补正可也，何必陷为轻薄之论，能免后人所讥哉！

103.《逸亭易论》

徐继恩世臣著。钱唐人，贡生，晚为僧，名静挺，字俍亭。其《易说》八篇，《河图说》一，《洛书说》一，先、后天《八卦图说》二，《卦序说》三，《策数说》一，共为一卷。别有《测庄》一卷，颇多玄旨，则逸亭不特熟精内典，而道藏亦博览几尽也。

104.《周易象辞》十九卷

明黄忠端公尊素有子五，其仲则所谓鹧鸪先生者也。讳宗炎，字晦木，一字立溪。以明经贡太学，其学术大略与伯子梨洲先生等，而暴岸几过之。性好奇任侠，友朋有以急难相投者，虽倾囊橐助之无吝色。用是贫日甚，提药笼游于海昌石门之间以自给；不足，则以古篆为大镌花乳石；又不足，则以李思训、赵伯驹二家画法为人作画；又不足，则为人制砚，其贾值皆有定也。生平殚心易学，年至五十，始有所得，笔之于书。雅不喜先天太极之说，故于先天八卦方位及横图、圆图、方图、《皇极经世》《太极图说》皆有辨焉。所著《周易象辞》外，又《寻门余论》二卷、《图学辨惑》一卷，其友会稽姜垚苍崖醵资刻以行世。自故居失火，悉不存。

（据民国七年（1918）仁和吴氏双照楼《松邻丛书》刊本点校）

作者单位：北京师范大学

甘肃历代易学类古籍文献解题

漆子扬

摘　要：据有关文献著录，历史上古代甘肃曾诞生了两千多位作家、学者，其著述达三千余种。由于科举的推动，学子普遍研习经学，尤其在《易经》方面论著较多，论文之外，有文献记述的《易》类著作有近六十种，它们反映了不同时期甘肃地区学术文化的发展状况。

关键词：甘肃　古代　易经　古籍　解题

自汉以来，甘肃地区学者普遍研习经学。据历代正史艺文志和传记、地方志及目录学著作等文献记载（如清乾隆《甘肃通志》、清代学者邢澍《关右经籍考》、清安维峻《甘肃全省新通志》和民国张维《陇右著作录》、民国王烜《历代甘肃文献录》、民国郭汉儒《陇右文献录》《中国古籍总目》《中国古籍善本书目》等），甘肃《周易》著作达五十六种，著者三十八人，其中包括著名学者晋皇甫谧，五凉张轨、阚骃、刘昞，唐代李隆基、李翱，元代余阙，明代的彭泽，清代李南晖、刘一明等。我们按作者先后年代考述如下。

《易八卦》，缺卷，天水伏羲氏作。《周易·系辞》：伏羲氏始作《八卦》。传说伏羲出生于古成纪，病逝于今河南淮阳。伏羲部族生活在以今甘肃天水为中心的渭河地区。在古代经部文献中，伏羲有虑牺、宓羲、包牺、庖牺、炮牺等近三十个不同名称。《周易》《楚辞》中的伏羲是一个画八卦，织网罟，教民渔猎的部族领袖，而到了西晋初年皇甫谧《帝王世纪》和东晋郭璞的《山海经注》，伏羲已成为"龙身人首"的神异形象。

《连山易》十卷，天水伏羲氏作。《新唐书·艺文志》有《连山》十卷，南宋理学家朱元升《三易备遗》曰：《连山》作于伏羲。又杜子春、阮籍诸家皆以《连山》为伏羲氏著。《陇右著作录》同。《隋书·经籍志》《旧唐书·经籍志》著录：《连山》三十卷，梁元帝撰。

《乾坤凿度》二卷，天水伏羲氏作。南宋晁公武《郡斋读书志》、元马端临《文献通考》、清朱彝尊《经义考》《甘肃新通志》均著录：《乾坤凿度》二卷，伏羲氏作。南宋晁公武《郡斋读书志》经部易类著录《坤凿度》二卷，解题云："右题曰包义氏先文，轩辕氏演古籀文，苍颉修。按隋唐志及《崇文总目》皆无之，至元祐《田氏书目》始载焉，当是国朝人依托为之。"①

《易解》，缺卷，西晋朝那皇甫谧著。唐孔颖达《周易正义》引有皇甫谧《易解》。清朱彝尊《经义考》卷十一著录"皇甫氏谧《易解》，佚。"《关右经籍考》《陇右著作录》同。清丁国钧《补晋书艺文志》著录"皇甫谧《周易解》"，《陇右文献录》同。今佚。皇甫谧（215～282），字士安，幼名静，自号玄晏先生，安定郡朝那县（今平凉）人，终身不仕，潜心著述。著有《针灸甲乙经》《帝王世纪》《高士传》《列女传》《玄晏春秋》《年历》等。

《易义》八卷，西晋皇甫谧撰。《陇右著作录》皇甫谧条："清秦荣光补《晋书·艺文志》据郑樵《通志》著录《易义》八卷，晋皇甫佖著。"按"佖"即"谧"之伪。

《易义补注》三卷，西晋皇甫谧撰。《陇右著作录》：皇甫谧著《义补》三卷。

《周易经微》三卷，西晋皇甫谧撰。《陇右著作录》：皇甫谧著《周易经微》三卷。

《周易张氏义》，缺卷，东晋安定乌氏张轨著。清丁国钧《补晋书艺文志》著录张轨有《周易张氏义》。《陇右著作录》引《经典释文》云："张轨为《易义》，张璠《周易集解》引有《易义》。"《陇右文献录》卷四引文廷式《补晋书艺文志》作："《易义》十卷，今佚。"《中国古籍总目》经部著录有清马国翰辑《周易张氏义》一卷。张轨（255～314），字士彦，安定郡乌氏县（治今甘肃平凉市西）人。西汉常山王张耳十七世孙，晋朝时任凉州牧，在今武威创立前凉政权。

《周易集解》十卷，东晋安定乌氏张璠著。《隋书·经籍志》易类著录："《周易》八卷，晋著作郎张璠注，残缺。梁有十卷。"②《旧唐书·经籍志》《新唐书·艺文志》易类、《陇右著作录》著录同。《清史稿·艺文志》：张璠《周易集解》一卷，孙堂辑。据《中国古籍善本书目》，此书有孙堂辑本，

① 晁公武撰，孙猛校证《郡斋读书志》卷一，上海古籍出版社，1990，第8页。
② 魏征：《隋书》卷三十二《经籍一》，中华书局，1973，第909页。

嘉庆四年孙氏映雪草堂刻，收入《汉魏二十一家易注》。又有清马国翰辑本《周易张氏集解》一卷。张璠，安定郡乌氏县（治今甘肃平凉市西）人，任东晋秘书郎。南朝裴松之注《三国志·三少帝纪》云："张璠，晋之令史，撰《后汉纪》，虽似未成，辞藻可观。"

《周易略论》一卷，东晋安定乌氏张璠著。《旧唐书·经籍志》①《新唐书·艺文志》易类著录：《周易略论》一卷，张璠撰。清丁国钧《补晋书艺文志》同。《陇右著作录》著录十卷。张璠又有《经义考略论作》一卷，今佚。

《王朗易传注》，缺卷，后魏敦煌阚骃著。《甘肃新通志》著录：《王朗易传注》，后魏敦煌阚骃。《历代甘肃文献录》同。阚骃，敦煌人，生卒年不详。博通经传，过目成诵，深得北凉王沮渠蒙逊赏识，任命为秘书考课郎中，典校经籍，刊定诸子三千余卷。后迁京师，家境贫寒。著有《十三州志》。

《周易注》一卷，北魏敦煌刘昞著。据《魏书》卷五十二《刘昞列传》，刘昞有《周易注》一卷。《甘肃通志·刘昞传》《清史稿·艺文志》《陇右著作录》同。《隋书·经籍志》、新旧《唐书》均未著录。大概佚失于北朝后期。清朱彝尊《经义考》卷十三著录"刘昞《周易注》，佚。"清马国翰《玉函山房辑佚书·补遗·经编易类》收录《周易刘氏注》一卷。孙启治、陈建华《中国古佚书辑本目录解题》：《刘昞易注》，后魏刘昞撰，清黄奭辑，收于《黄氏逸书考·汉学堂经解·易杂家注》。刘昞，字延明，前凉敦煌人。十四岁时随博士郭瑀习经，聘为女婿。隐居酒泉，授徒著书，受业弟子达五百余人。著有《方言》《托跋凉录》《敦煌实录》，曾注《周易》《韩子》《人物志》《黄石公三略》等。仕西凉时，删订《史记》《汉书》《东观汉纪》《三史略记》。

《周易新论》十卷，南朝陈武威阴弘道著。《旧唐书·经籍志》著录为《周易新论》十卷，②《新唐书·艺文志》作《周易新传疏》十卷。阴弘道，祖籍武威，南朝陈阴颢之子，阴子春曾孙。另著《春秋左氏传叙》一卷。后人将唐代益州人阴宏道与陈朝武威人阴弘道混为一人。《陇右著作录》附有马国翰辑《周易新论传疏序》。

《周易大衍论》三卷，唐陇西李隆基著。《旧唐书·经籍志》著录"《周易大衍论》三卷，玄宗撰"。③《甘肃新通志》《陇右文献录》《历代甘肃文献

① 刘昫：《旧唐书》卷四十六《经籍上》，中华书局，1975，第 1968 页。
② 刘昫：《旧唐书》卷四十六《经籍上》，第 1968 页。
③ 刘昫：《旧唐书》卷四十六《经籍上》，第 1968 页。

录》皆同。今佚。李隆基（685～762），祖籍陇西狄道（今甘肃临洮县），庙号玄宗。开创"开元盛世"，又荒淫误国，导致"安史之乱"。

《易诠》七卷，唐陇西李翱著。《宋史·艺文志》易类著录："李翱《易诠》七卷。"①清朱彝尊《经义考》《陇右文献录》卷八同。李翱（774～836），字习之，唐陇西成纪（今甘肃秦安县）人。唐德宗贞元年间进士，历任礼部郎中、山南东道节度使等职。主张人的言行应以儒家"中道"为标准，竭力维护儒家伦理。

《周易卜筮断》三十卷，西夏文，西夏灵武斡道冲著。清许容、李迪《甘肃通志·人物》著录：斡道冲著《周易卜筮断》三十卷，与清钱大昕《元史艺文志》易类著录同。斡道冲（？～1183），字宗圣。先世灵武（今宁夏灵武）人，从夏主迁居兴庆府（今宁夏银川），世代掌修夏国史。精通五经，用西夏文译《论语注》，作《论语小义》《周易卜筮断》。天盛三年（1151年）为蕃汉教授。乾祐二年（1171）擢为中书令。为相十数年，家无私蓄，从祀孔庙。

《易说》五十卷，元武威余阙著。清朱彝尊《经义考》著录：《易说》五十卷，武威余阙著。清钱大昕《元史艺文志》易类著录同。余阙（1300～1358），字廷心，唐兀氏（党项族），凉州（今武威）人，生于庐州（今合肥市）。元顺帝元统元年（1333）进士，任刑部主事，遭受排挤，后担任翰林院修撰，参加《金史》《辽史》《宋史》的修订。

《读易日得》，缺卷，明两当郑文禄著。清道光《两当新县志》卷十《人物》记载，两当郑文禄著《读易日得》。《甘肃新通志》《陇右著作录》《历代甘肃文献录》《陇右文献录》同。郑文禄，号北园，明嘉靖末岁贡，任山西永和县知县。精通《易》《春秋》，著有《春秋阐微》等。

《易钥》，缺卷，明狄道潘光祖著。据清乾隆间《狄道州志》卷十四《艺文志·经籍》经部类：潘光祖著有《易钥》《四书秘》《四书九丹》等。《甘肃新通志·艺文》《历代甘肃文献录》《陇右文献录》同。潘光祖，字义绳，狄道（今临洮）人。天启五年（1625）进士，历官吏、户二部，执法严格，被诬下狱，仰药而死。山西百姓立祠以祀。

《先天图解》百余卷，明宁州赵凤著。《甘肃新通志·艺文志》著录："《先天图解》百余卷，宁州赵凤著。"《陇右著作录》《历代甘肃文献录》《陇右文献录》卷十三同，今佚。赵凤，宁州（今甘肃宁县）人，生卒年不

---

① 脱脱等：《宋史》卷二百二《艺文一》，中华书局，1977，第5035页。

详，倾心理学，精通天文舆地。

《易经述古》，缺卷，明宁州赵诚著。《甘肃新通志·艺文志》著录：《易经述古》，宁州赵诚著。《历代甘肃文献录》同。诚为诚之误。张维《陇右著作录》："《易经述古》，灵州赵诚著"。赵诚，宁州（今甘肃宁县）人。张维误作灵州人。

《读易纷纷稿》，缺卷，明皋兰彭泽著。光绪张国常《皋兰县志》著录：皋兰彭泽著《读易纷纷稿》。彭泽自拟《墓志》《陇右文献录》卷十一同，佚。《甘肃新通志》作《读书纷纷稿》。彭泽（1459～1530），名郿，改名泽，字济物，号敬修子，晚年号幸庵，兰州西园人。成化十九年（1483）举人，弘治三年（1490）进士。曾任安徽徽州知府，修建紫阳书院。九年，总督陕西、甘肃军务，平定吐鲁番、哈密之乱。嘉靖即位，出任兵部尚书。七年（1528），被诬革职。著作有《诗文余稿》《时雨亭集》《幸庵文稿》《读史目录》《八行图说》《重修兰州志》《段可久年谱》等二十多部。

《易经别解》，缺卷，明镇番王元著。《甘肃新通志·艺文》著录：镇番王元《易经别解》。《陇右著作录》《历代甘肃文献录》《陇右文献录》同，今佚。王元，镇番（今甘肃民勤）人，崇祯八年（1635）功贡。任山东武成县丞、江苏沭阳县知县。后以战功升江南副总兵，引疾归里。

《易占发蒙说略》，缺卷，明甘州张鉴著。民国张骥《关学综传》（陕西教育图书社排印本）著录：甘州张鉴著《易占发蒙说略》行世。张鉴，字孔昭，自泾阳（今陕西泾阳）移居甘州（今甘肃张掖市），研精易理，任赵城知县（治今山西洪洞县赵城镇）。

《读易心得》四卷，清秦安路坦然著。《甘肃新通志》著录：《读易心得》，秦安路坦然著。《陇右著作录》《历代甘肃文献录》《陇右文献录》卷十四同，今佚。路坦然，字居易，秦安人，明末乡试副榜。清顺治中授湖北襄阳县丞，后任真定府（今河北正定县）同知、延平府（治所在今福建南平市延平区）知府，倡导修葺当地宋代著名理学家杨时、李延平、廖德明、朱熹祠堂，并寻求四子后人主祀。

《周易指象》五卷，清陇西杜翰著。《陇右著作录》杜翰条引《陇西乡彦传》：杜翰，陇西人，监生，明万历五年（1587）进士杜和春曾孙。杜翰好读书，精于《易》，历时三十年成《周易指象》五卷。《陇右文献录》卷十五同，佚。

《易学讲解》，缺卷，清秦安徐世节著。据乾隆间费廷珍所纂《直隶秦州新志》卷十《人物》，秦安徐世节著有《易学讲解》。《甘肃新通志》

《历代甘肃文献录》《陇右文献录》卷十五、清王权、任其昌所纂《重纂秦州直隶州新志·人物》同，佚。徐世节，字心白，秦安人，清顺治十四年（1657）举人。任江西石城知县，勤于恤民，深受百姓爱戴。著有《四书释》等。

《易经汇解》十五卷，清灵州许体元著。《甘肃新通志》著录：《易经汇解》十五卷，许体元著。《清史稿·艺文志》《陇右文献录》卷十七作《周易汇解》，《陇右著作录》作《周易汇解衷翼》，应该是同一部书，今佚。许体元，字御万，灵州（今宁夏灵武县）人。乾隆十一年（1746）优贡，任安定县（今甘肃定西市）训导，不久休归，精于《易》。著有《春秋传叙》等。

《易象图说》十卷，清通渭李南晖著。《清史稿》《光绪重修通渭县志》均著录，李南晖著有《易象图说》十卷。《历代甘肃文献录》同。《甘肃新通志》作《易象图说绪论》十卷。该书图文并茂，是重订《周易》的巨著。李南晖（1709～1784），字仲晦，号青峰山人，通渭县人。博览群书，钻研医术。任四川威远县知县十余年，政绩卓著。历时三十多年，潜心《周易》，撰成数十万言《读易观象惺惺录》。著《憨云集》《天水问答》等。

《读易观象惺惺录》二十二卷，清通渭李南晖著。《甘肃新通志·艺文》著录：《读易观象惺惺录》二十二卷，李南晖著。《历代甘肃文献录》《光绪重修通渭县志》《陇右文献录》卷十七同，慕寿祺作序。《陇右著作录》著录：《读易观象惺惺录》十六卷、《读易观象图说》二卷、《太极图说》二卷、《周易原始》一卷、《天水问答》一卷、《羲皇易象》二卷、《羲皇易象新补》二卷。《中国古籍总目》著录：《读易观象惺惺录》二卷，清抄本，民国二十一年（1932）刻本、二十五年甘肃通渭县教育会印本。

《易经理数互参》二十卷，清武威张宗孟著。《甘肃新通志》著录：《易经理数互参》二十卷，清武威张宗孟著。《历代甘肃文献录》《陇右文献录》卷十六同。张宗孟，武威人，生卒年不详，读书过目成诵，年十二为秀才，不愿科举，肆力经籍，精于天文算术。著有《算法简易》二卷，散佚。

《周易汇参》十卷，清皋兰杨维仁著。据清张国常《皋兰县志》著录，杨维仁著有《周易汇参》十卷。《陇右著作录》《历代甘肃文献录》《陇右文献录》卷十七同。杨维仁，字伯廉，生卒年不详。医术高明，诊病无不应期奏效。著有《伤寒体注》《医学阶梯》等。

《周易集解》，缺卷，清西宁府祁维藩著。《甘肃新通志》著录：《周易集解》一部，清西宁祁维藩著。《历代甘肃文献录》同。祁维藩，字拱辰，西宁府（今青海省西宁市）人。乾隆间以西宁土司身份，世袭指挥使。喜好程朱性理。

《周易卦爻错综辨》，缺卷，清西宁府祁维藩著。《甘肃新通志》著录：《周易卦爻错综辨》，祁维藩著。《历代甘肃文献录》"辨"作"变"。

《三易注略》二十五卷，清金县刘一明著。《陇右著作录》引清恩福修纂的《金县志》，著录该书为二十五卷，刻本。《中国古籍善本书目》著录，现存清抄本。清吴鼎新修、黄建中纂乾隆《皋兰县志》作《周易三义》（《羲易》《文易》《孔易》）。刘一明（1736～1820），号悟元子，祖籍山西平阳府曲沃县（今山西闻喜县东北），今榆中人。龙门派第十一代传人，二十二岁在今榆中兴隆山遇龛谷老人，授以内丹秘诀，于是隐居兴隆山，著书立说。著有《周易阐真》《孔易阐真》《参同直指》。

《周易阐真》五卷，清金县刘一明著。《陇右著作录》引清恩福修纂的《金县志》著录：《周易阐真》五卷，清道士刘一明著。卷首为卦图，每段经文开头附录卦图及名称，注字释音，阐发大意。

《孔易阐真》二卷，清金县刘一明著，附于《周易阐真》之后，甘肃省图书馆藏有清嘉庆四年（1799）刻本。中国中医药出版社1990年影印本《道书十二种》收录了《周易阐真》《孔易阐真》《悟真直指》等。《历代甘肃文献录》作《孔易注略》，缺卷。

《参同直指》八卷，清金县刘一明著。《陇右著作录》引《金县志》著录：《参同直指》八卷，清刘一明著，经文三卷、相类解二卷、笺注解三卷，是注解东汉魏伯阳《周易参同契》的著作。甘肃省图书馆藏有清嘉庆五年（1800）榆中栖云山刻本，中国中医药出版社《道书十二种》影印有《参同直指》。

《悟真直指》三卷，清金县刘一明著。《陇右著作录》引《金县志》著录：《参同直指》八卷，清刘一明著。张维按云：《悟真直指》与《参同直指》当为同一部书。

《周易参断》二卷。清金县刘一明撰。《三易注略》已著录。《中国古籍总目》经部著录有《周易参断》二卷，刘一明撰，有清刻本和清谢祥刻本。

《梦雪草堂读易录》（《读易录》）五卷，清武威郭楷著。《陇右著作录》引清《武威县志稿》著录：《梦雪草堂读易录》，郭楷著。《中国古籍总目》同。甘肃省图书馆现藏《梦雪草堂读易录》五卷为清嘉庆二十四年（1819）刻本。《陇右文献录》卷十七作《读易录》。郭楷，字仲仪，号雪庄，武威人，乾隆六十年（1795）进士。任河南原武县知县，因不媚上官，辞职回家，教授学生。著有《读诗录》等。

《卦爻解》，缺卷，清礼县王元卿著。《甘肃新通志》著录：《卦爻解》，王元卿著。《陇右著作录》《历代甘肃文献录》《陇右文献录》卷十九同。疑散佚。王元卿（1770～1845），字特衡，号文曲，礼县城关镇石岭村人。道光五年（1825）贡生，喜好理学，热心山水。著有《四书摘义》《四书疑问》等。

《周易注》，缺卷，清伏羌李懋学著。清同治十一年（1872 年）方承宣所纂《续伏羌县志》著录：《周易注》，李懋学著。《陇右文献录》卷十九同。李懋学，伏羌（今甘谷）人，道光年间贡生。著有《大学注》《中庸注》《南华经注》等。

《大易贯解》，缺卷，清秦州王尚概著。《甘肃新通志》著录：《大易贯解》，清秦州王尚概著，张澍作序。《陇右著作录》《历代甘肃文献录》《陇右文献录》卷十九同。《中国古籍总目》著录：《大易贯解》，民国二十一年（1932）王汝翼铅印王羲川先生遗书本。雷梦水《贩书偶记续编》经部著录同。王尚概，字季平，号羲川，今天水三阳川人。就学兰山书院，道光十七年（1837）乡试，首场"三艺"皆以通俗语言解释五经古意，仅中副榜，从此绝意科场，在家著书。著有《春秋贯解》《十三经管见》等。

《易经精义》一卷，清皋兰王怀玉著。《甘肃新通志》著录：《易经精义》一卷，清皋兰王怀玉著。《陇右著作录》《陇右文献录》卷十九同。王怀玉，字玉如，今兰州人，生卒年不详，庠生。精于易学，潜心理学。著有《纠心集》等。

《易爻近征》，缺卷，清武威宋柏著。《甘肃新通志》著录：《易爻近征》，清武威宋柏著。有清刊本。《陇右著作录》《历代甘肃文献录》《陇右文献录》卷十九同。宋柏，字古青，武威人。自幼喜欢程朱理学，清同治年间贡生，精通《周易》。

《河图洛书辨》，缺卷，清武威宋柏著。《陇右著作录》引《甘肃新通志》著录：《河图洛书辨》，清武威宋柏著。疑已散佚。

《周易窥象集略》，缺卷，清武威宋柏著。《陇右著作录》引《甘肃新通志》著录：《周易窥象集略》，清武威宋柏著。《陇右文献录》卷十九同。疑已散佚。

《读爻随笔集解》，缺卷，清武威宋柏著。《陇右著作录》引《甘肃新通志》著录：《读爻随笔集解》，清武威宋柏著。《陇右文献录》卷十九同。疑已散佚。

《彖象各传浅解》，缺卷，清武威宋柏著。《陇右著作录》引《甘肃新通志》著录：《彖象各传浅解》，清武威宋柏著。《陇右文献录》卷十九：《彖传浅解》《象传浅解》各一卷。疑已散佚。

《易经数》，缺卷，清静宁王汝藩著。《甘肃新通志》著录：《易经数》，王汝藩著。《历代甘肃文献录》《陇右文献录》卷十九同。疑已散佚。王汝藩，字价人，静宁县人，庠生。工诗善琴，精于岐黄。著有《诗韵摘艳》等。

《周易管窥》一卷，清陇西张卫阶著。《甘肃新通志》著录：《周易管窥》，清陇西张卫阶著。《陇右文献录》卷二十同。疑已散佚。张卫阶，字拱枢，陇西县人，庠生。大约生活在同治、光绪年间。设教里塾，人称张夫子。著有《诗经集锦》等。

《易翼贯解》七卷，清皋兰佘德楷著，甘肃省图书馆有清光绪十八年（1892）刻本。《陇右著作录》《历代甘肃文献录》《陇右文献录》卷二十一同。《中国古籍总目》同，有清光绪十八年（1892）刻本，甘肃省图书馆藏。历时八年完成，卷一到卷六为注解，卷七收集《太极图》《八卦六体》等数十种象图，每图下附解释。佘德楷，字务斋，皋兰县（今兰州）人。原籍湖南，同治举人，曾任甘肃武备学堂教习。著有《诗经古训》等。

《周易幼学便读》，缺卷，清伏羌魏诗著。《陇右著作录》引《伏羌采访录》：魏诗著有《周易幼学便读》。魏诗，字理斋，伏羌（今甘谷）人，清同治贡生，历任镇番县（今民勤县）教谕、泾州（今泾川县）训导。

《周易卦歌》，缺卷，清宁远王鸿绪著。《甘肃新通志》著录：《周易卦歌》，清王鸿绪著。《陇右著作录》、李克明《民国武山县志稿·人物·耆旧》同。[①] 王鸿绪，字瓒臣，宁远县（今武山县）滩歌镇人。聪明颖异，博学好问。光绪十四年（1888），在兰州考中举人。为人宽厚仁孝，精于风水堪舆岐黄，其解譬常常言语诙谐，吉凶灵验。历任渭源县渭川书院、陇西襄武书院讲席。著有《礼经类编》《孝经经传疏证》《梯坪山人文集》等，皆佚。

《周易四卦解》，一卷，清平番周应澧著。《陇右文献录》卷二十一著录：《周易四卦解》一卷，永登周应澧著。张令瑄《陇右著作录续补》同。周应澧，字伯清，平番县（今永登县）人，光绪十四年（1888）举人，历任静宁、秦安、岷州（今岷县）教谕。

作者单位：西北师范大学

---

① 《民国武山县志稿》，甘肃人民出版社，2005，第30页。

北京大学图书馆藏易学善本
叙录——抄本（一）

李雄飞　郭　琼

　　笔者此前已分三辑，分别介绍了北京大学图书馆馆藏易学善本中的日本版本和燕京大学图书馆的旧藏。本馆所藏的易学善本，绝大多数还是老北大的旧藏，占易学善本总藏量的百分之九十。从本辑开始，笔者将按版本类型和版本年代，分别介绍这部分易学善本。

一　《易图通变》五卷

　　经部易类图说之属。元雷思齐撰。明抄本。一函一册。书高二十九点七厘米，广十七点二厘米。半叶八行，每行二十字，无版框直栏。该本为李盛铎旧藏，书前空白叶钤"子坚所见"阴文朱印、"实获我心"椭圆形龙纹饰阳文朱印。卷首至元丙戌（二十三年，1286）张宗演序端钤"子坚书画""金城之印"阴文朱印。

　　雷思齐字齐贤，宋末元初高士，临川人。宋亡后去儒服，称黄冠，独居空山之中，学者称"空山先生"。元世祖既定江南，礼请雷氏入朝，为玄学讲师。雷氏精通易学，深谙老庄，著有《易图通变》《易筮通变》《老子本义》《庄子旨义》，凡数十卷。《易图通变》《易筮通变》后被分别收入《正统道藏·太玄部》和《四库全书》中。工诗，著有《和陶诗》三卷等。元初名士曾子良、吴澄、袁桷与之相友善，袁桷称其所著书"援据切至，感厉奋发，合神以穷变，尽变以翼道"①。吴澄称其诗"精深工致，豪健奇杰，有杜韩风"②。"四方名士大夫慕其人，往往以书疏自通。或闻其讲学，莫不爽然。"③ 约卒于元大德

---

① 卷首元至顺三年（1332）揭徯斯所撰《易图通变》序。
② 卷首元至顺三年（1332）揭徯斯所撰《易图通变》序。
③ 卷首元至顺三年（1332）揭徯斯所撰《易图通变》序。

六年（1302）前后。①

卷首依次为：1. 元至元丙戌（二十三年，1286）张宗演撰《空山先生易图通变序》；2. 元至顺三年（1332）揭傒斯序；3. 元至顺三年（1332）吴全节序；4. 元大德庚子（四年，1300）雷思齐自序；5. 河图。河图依次为：1. 河图四十征误之图；2. 参天两地倚数之图；3. 参伍以变错综数图；4. 参两错综会变总图。正文内容依次为：卷一，河图传上；卷二，河图传中；卷三，河图传下；卷四，河图辨征；卷五，河图遗论。

雷思齐之易学自成体系，既有别于清儒，又与陈抟弟子范谔昌、刘牧不同。刘牧以"五十五数"为"洛书"，雷氏则反之以为"河图"，谓圣人作《易》本于河图，并称河图四方、四维四十之数为"本数"。其"图说"合于"筮法"；其"筮法"亦合于"图说"。图中有筮，筮中有图，图筮合一。图为象，象为图，象中有数，数中有象，象之于数如同形之于影，形影相随，构成整体，为宋元道教象数学派的代表人物之一。

本书以道家学说解释《周易》原理，力图将道家、道教的观点同易学结合起来，阐发宋易以来的象数之学。如张宗演序云："是书探核本旨，为之传释，合儒、老之所同，历诋其所异，条分绪别，终始一贯，不翅入老氏之室，避之席以相授受也。"②

白绵纸，书中"玄""弦"等清讳均不避。从用纸、讳字和长枪大戟的字体综合判断，应为明抄本。各卷笔迹不同，非成于一人之手。有校改和挖改。书遭轻微虫蛀。

除我馆所藏抄本外，该书还有上海图书馆藏明范氏天一阁抄本、道藏本（明正统间刻本、民国影印本）、通志堂经解本（清康熙刻本、同治刻本、日本文化刻本）、四库荟要本和四库全书本。

二 《系辞讲义》二卷

经部易类传说之属。著者不详，据李滂云或为明人。明抄本。一函四册。书高二十七点七厘米，广十七点三厘米。半叶九行二十一字。白口，双对鱼尾，四周单边。框高十九点六厘米，宽十四点五厘米。版框、直栏为蓝印。该本为李盛铎旧藏，书中钤有"少微"阳文朱印、"李滂之印"阴文朱印、

① 卷首元至顺三年（1332）吴全节序云："先生之殁迨三十年矣。"
② 卷首元至元丙戌（二十三年，1286）张宗演撰《空山先生易图通变序》。

"木犀轩藏书"阳文朱印、"德化李氏凡将阁珍藏"阳文朱印。

无序跋。卷前空白叶有李滂①墨笔题跋："庚午②在春江偶作书肆之游，于冷市摊头见有是书，以银泉七饼易得之。携归详阅，惜无撰人姓氏，前后又缺序跋。按宋吕氏有《系辞精义》二卷，予收是书也，以其为明人所书，又备易类之一种云尔。小满日德化李滂记，即收书之日也。"下钤"李滂"阴文朱印。

卷上两册为上传，共十二章，依次为："天尊地卑，乾坤定矣""圣人设卦观象，系辞焉而明吉凶""象者，言乎象者也""《易》与天地准，故能弥纶天地之道""一阴一阳之谓道""夫《易》，广矣！大矣！""《易》其至矣乎？夫《易》，圣人之所以崇德而广业也""圣人有以见天下赜，而拟诸其形容，象其物宜""天一地二，天三地四，天五地六，天七地八，天九地十""《易》有圣人之道四焉，以言者尚其辞""夫《易》，何为者也？夫《易》，开物成务，冒天下之道""《易》曰：'自天祐之，吉无不利。'"卷下两册为下传，共二十四章，依次为："昔者，圣人之作《易》也，幽赞于神明而生蓍""昔者，圣人之作《易》也，将以顺性命之理""天地定位，山泽通气""雷以动之，风以散之""帝出乎震，齐乎巽""神也者，妙万物而为言者也""乾健也，坤顺也""乾为马，坤为牛""乾为首，坤为腹""乾，天也，故称乎父""乾为天、为圜；坤为地、为母；震为雷、为龙；巽为木、为风；坎为水、为沟渎；离为火、为日；艮为山、为径路；兑为泽、为少女""有天地，然后万物生焉；有天地，然后有万物""八卦成列，象在其中矣""古者，包牺氏之王天下也""是故《易》者，象也""阳卦多阴，阴卦多阳""《易》曰：'憧憧往来，朋从尔思'""乾坤，其《易》之门耶""《易》之兴也，其于中古乎""《易》之为书也，不可远""《易》之为书也，原始要终以为质也""《易》之为书也，广大悉备""《易》之兴也，其当殷之末世，周之盛德耶""夫乾，天下之至健也，德行恒易以知险"。

书中"玄""颛"等清讳皆不避。字迹较工整。书似曾遭水浸，白绵纸已变为暗色，卷下有多处残破，后以白绵纸作衬；浅蓝色的版框、直栏也变为浅灰色。偶有朱笔句读。该书《中国古籍总目》中未著录。

---

① 李盛铎第十子，字少微，江西九江人。近现代著名藏书家、学者。
② 民国十九年，即 1930 年。

三 《易简图说》不分卷

经部易类图说之属。未著录责任者。清嘉庆间抄本。一函四册。书高二十九厘米，广十七点八厘米。半叶九行二十字。白口，单黑鱼尾，四周双边。框高二十四点二厘米，宽十六点六厘米。版心上抄书名，下抄叶次。该本为李盛铎旧藏，卷首"仝参姓氏"下端钤"赵氏鉴藏"阳文朱印。

卷首有序，字大如钱，但序末既不署年，也不署作序作者。序后抄"仝参姓氏"，列何天衢、高模、高枢、曾纪龄、金继武、孟景韩、何淦等七人。领衔者何天衢，字复斋，号卧雪子，浙江绍兴府余姚县人。雍正年间曾主修《安南县志》；乾隆间诠释过范曰俊所撰《易庸会通》三卷①，应该是康、雍、乾间人。书中又有"静专②云""怀真③云""复初④云""陀尼⑤云""可一⑥云""一纯⑦云""朱子云""先儒曰"等语，唯独不见"卧雪子⑧"。可见，此书乃辑历代先儒对易图的解说，"仝参姓氏"中的高模、高枢、曾纪龄、金继武、孟景韩、何淦等六人，实际上也是本书的作者；而何天衢大概是此书的辑者。"仝参姓氏"后有全书目录，记其内容依次为：太一图；河图附洛书；连山图；悬象图；辟卦图；鼎象图；大元图；正心图；太一图说附性命说、性命即太极太一说；河图说附伏羲则图画卦文王则书变卦说、河洛总说、参伍错综解、理气说；连山图说附连山考、性情说；悬象图说附养心篇、养精篇；辟卦图说附日月说；大元图说；鼎象图说附践形说；正心图说附无咎说（篇）。《无咎篇》末有墨笔题："梅阳和谨校"。后附《屯蒙图》，目录中无。

该本字大行疏，字体工整隽秀，一笔不苟，观之令人赏心悦目。书眉有墨笔注。该本本馆原著录为清抄本。检书中"弦""炫""铉""绚"均缺末笔，"历律"作"歷律"，"颙"字缺末两笔，"宁""贮"字皆不讳，应为清嘉庆间抄本。

---

① 清乾隆三十九年（1774）古虞范氏贯一堂刻本。
② 曾纪龄号。
③ 金继武号。
④ 孟景韩号。
⑤ 高模号。
⑥ 何淦号。
⑦ 高枢号。
⑧ 何天衢号。

该书《中国古籍总目》中未著录。

四 《易学识余》 不分卷

经部易类传说之属。责任者不详。清乾隆间抄本。一函十一册。书高二十六点四厘米，广十六点七厘米。半叶十二行二十二字，小字双行同，无版框直栏。与《易简图说》的大字不同，该本由工整的小楷精抄而成，字比黄豆粒略大。该本为李盛铎旧藏，书衣有墨笔题："易学识余/共拾壹册/钞本/麐嘉馆藏"。"总论目录"端钤"仪封大宗伯赐礼乐名臣加太子太保谥清恪张公正谊堂藏书"阴文朱印，为清初名臣、著名理学家张伯行的藏书印。张伯行（1651～1725）字孝先，号恕斋，又号敬庵，河南仪封①人。康熙二十四年（1685）进士，官至礼部尚书，以清廉刚直称。康熙帝曾称誉他为"天下清官第一"。学宗程、朱，从其学者数千人。他还是清初著名藏书家，藏书处名正谊堂。卒谥清恪，赠太子太保。卷端钤"麐嘉馆印"阳文朱印。

该书无序跋。内容依次为：论易；作易；象数；卜筮（蓍法、蓍数、占法）；河洛；太极（阴阳、五行）；卦位（先天、后天、统论先天后天）；卦变；互体；卦气；源流（古易）；诸家传授。征引历代文献中先儒之易说，从易理到卦象，再到源流、授受，靡所不备。末尾均注出处。

该本本馆原著录为清抄本。检书中讳字："玄"字或讳或不讳，"眩"字缺末笔；"曆法"作"厤法"，"律曆"作"律歷"；"颙"字不讳。由此断定，该本应抄于乾隆年间。

该本用竹纸，纸张颜色已发暗，并已开始脆化。该书《中国古籍总目》未著录。

五 《易家法表》 不分卷

经部易类传说之属。清罗长裿撰。清末抄本。一函一册。书高二十七点八厘米，广十五点一厘米。半叶七行二十五字，无版框直栏。表为朱丝栏。该本为李盛铎旧藏。

罗长裿（1865～1911），字退斋，号申田，湖南湘乡人。天资聪颖，勤

---

① 今河南兰考东。

奋好学，十八岁中秀才，二十二岁中举人，二十九岁中进士。授翰林院庶吉士，旋擢编修。光绪三十三年（1907）任江苏参谋处督办，主持编练新军。后自请改调四川，入赵尔丰幕府。宣统二年（1910），简驻藏左参赞，驻藏大臣联豫以兵备任之。时西藏在英国殖民者的怂恿下发动叛乱，罗长裿奉命平叛。他奉行"安民和众"宗旨，力主抚绥，并身体力行，约束部属，抚恤民情，从而获得藏族同胞的爱戴，称其为"活佛再世"。武昌起义后，其部属钟颖借机在拉萨发动兵乱，

罗长裿率部平乱，被钟颖设计惨杀。民国四年（1915），袁世凯亲自过问罗长裿被害案，彰公道而慰英魂。罗长裿身后倍享哀荣，入忠烈祠，《清史稿》也将其收入《忠义传》。著有《寄傲轩诗草》《思兄楼文稿》《江南将弁学堂学案》等书。

该本无序跋。卷首附《诸经家法表》，亦即《五经博士表》。正文内容依次为：表一：《圣神授受表》，无表格。由伏羲（画易八卦）而神农（重易卦）、而周文王（画《易》六十四卦，作《易经》）、而孔子（作《易传》）；表二：《孔门授受表》；表三：《丁氏授受表》，丁氏即丁宽；表四：《费氏授受表》，费氏即费直；表五：《京氏授受表》，京氏即京房。卷末附《余论》，依次为：连山归藏；子夏；高相；韩氏（即韩婴）。书衣题签墨笔题"七卷"，即将卷首《五经博士表》、正文五表、卷末附《余论》各计为一卷。该书各部分首以表格为统，详列古代易学各系统的传承和授受源流，条分缕析，脉络清楚。表后又详述该系统中代表性人物在易学方面的主要思想和贡献。

全书以工楷抄成，有校改。该本本馆原著录为清抄本。书中"玄""絃""晔""弘""宁"等字均缺末笔；"丘"字缺倒数第二笔；"淳"字不讳。据罗长裿生卒年推断，该本应抄于光绪末年至宣统间。

六 《大易要览》 四卷

经部易类传说之属。清金周熊撰著，清倪应靖参订。清乾隆间抄本。一函四册。书高二十九点九厘米，广十八点九厘米。半叶八行二十字，小字双行同大字，无版框直栏。该本为李盛铎旧藏，卷端钤"西堂藏书画印"阳文朱印、"抱经楼"阴文朱印、"麐嘉馆印"阳文朱印。

金周熊，字太占，康熙时兰江（今属浙江兰溪市）人。著有《大易要览》。余无考。

本书从"天道""地道""君道""王道""臣道""治道""同贤治道""交道""谦道""与人谦道""相道""家道""友道""节道""气化""物理""圣学""性理""爻理""学问""出处""功业""道德""君德""教法""为学""事业""学业""任将""赏功""仕进""朝廷""君臣""治道谦德""操守""任贤""去小人""去恶""君道用贤""君道成化""君子教化""治狱""文治""纯学""造化""用兵""泛言（论）""人事""人品""化原""赦过""感应""盛治""祭享""荐贤""卦义""历法""心学""高节""性情""节用""泰交""宠遇属君臣"等数十个方面解读六十四卦，赋予各卦更多的"现实意义"。

该本本馆原著录为清抄本。书中"弘"字或讳或不讳，"颙"字不讳，应为乾隆间抄本。书中有大量的简体字。首册天头有霉蚀，破损。银（白绵纸）裹金（竹纸），原为上、下两册，衬纸后析为四册。该本原著录为三卷，前两册为上、下经，后两册为系辞上、下传，故改为四卷。

该书《中国古籍总目》未著录。

七 《易例》二卷

经部易类传说之属。清惠栋撰辑。清抄本。一函一册。书高十七点八厘米，广十二点七厘米。半叶十一行二十四字，小字双行同大字，无版框直栏。该本为李盛铎旧藏，卷端钤"南涧藏书""廖嘉馆印"阳文朱印。

卷下末有李文藻（1730~1778）题记："惠定宇先生言《易》之书，予所见《周易述》《郑氏易》先有刻本。《周易古义》为九经①中一种，癸巳岁（乾隆三十八年，1773）予刻于潮阳。《易汉学》尝录副而复失之。甲午（乾隆三十九年，1774）十月，予自潮来羊城，周校书永年寄《易例》一册，亦先生所辑，中多有目无说，盖未成之书。然读先生之《易》者，非此无以发其凡。予以意厘为二卷，属顺德张明经锦芳校刊。乙未（乾隆四十年，1775）夏再至，已藏事。而《易汉学》一书，予座主少詹事钱公有写本，当求而刻之。先生又有《左传补注》《尚书古文考》，亦予所刻也。是年五月五日益都李文藻记"。末钤"南涧藏书""李文藻印"阴文朱印、"廖嘉馆印"阳文朱印。

---

① 《九经古义》。《周易古义》为其中之一种。

惠栋（1697~1758），字定宇，号松崖，学者称"小红豆先生"，江苏元和（今江苏吴县）人。清代著名学者、乾嘉学派中吴派的领军人物。家学渊源，祖周惕、父士奇，皆治易学，三代传经，被传为佳话。终身不仕，以课徒著述为业。其学宗顾炎武，一生治经以汉儒为宗，以昌明汉学为己任，尤精于汉代易学。一生著述宏富，有《九经古义》《易汉学》《周易述》《易例》《郑氏易》《古文尚书考》《左传补注》《禘说》《明堂大道录》《松崖笔记》《松崖文钞》《王士禛精华录训纂》等。

卷上内容依次为："太极生次""太易""易""伏羲作易大义""伏羲作八卦之法"等篇，另有数篇有目无说。卷下内容依次为："飞伏""贵贱""爻等""贞悔""消息"等篇，亦有数篇有目无说。旁征博引，也有己说。

末篇《易例》云："《坤·文言》述坤六三之义云，妇道也，妻道也，臣道也。盖坤于乾有妇道，有妻道，有臣道，独不云有子道。子道属之六子也，圣人易例之分明如是。《公羊传》曰：'臣子一例，乃《春秋》之例，非易例也。'治易者所当治耳！"

该本本馆原著录为清抄本。书中"玄""弘"缺末笔，"暦"作"歷"，应抄于乾隆以后。有朱笔句读、校改。

该书版本较多，另有贷园丛书初集本（乾隆间刻本）、乾隆四十年（1775）张锦芳校刻本、四库本、指海本（道光间刻本、民国间影印本）、皇清经解续编本（光绪间刻本、光绪间石印本）、清木活字印本（中科院图书馆、山东省图书馆藏）、借月山房汇钞本（嘉庆间刻本、博古斋影印本）、泽古斋重钞本（道光间重编）、式古居汇钞本（道光间重编）。

八 《易卦劄记》 不分卷

经部易类传说之属。清夏宗澜记；清潘永季评点；清董沽参阅。清乾隆间抄本。一函四册。书高二十二点七厘米，广十四点五厘米。半叶七行二十字，无版框直栏。该本为李盛铎旧藏，卷首序端钤"焦氏藏书""半九书塾"阴文朱印①、"麐嘉馆印"阳文朱印。

夏宗澜（1699~1764）②，字起八，号震轩，江苏江阴人。雅好经学，不

---

① 均为焦循藏印。

② 《江阴夏氏宗谱》。

远万里赴滇南，从杨名时学。雍正间诸生，以经学荐授国子监丞。曾主上谷书院、莲池书院讲席。性刚直。诗文雄健，尤善擘窠书。① 着有《易卦札记》，另记有杨名时讲授的《诗义记讲》和《易义随记》。

潘永季，字方陵，江苏宜兴人。乾隆时期学者、诗人。自幼聪颖好学，被当时名士杨名时所器重，收为门下弟子。雍正七年（1729）举于乡，北游京师，请益于诸公之门，学问精进。乾隆初元，授国子监助教。转兵曹主政。丁母忧归，绝意仕进。年六十余卒。邃于经学，尤精字学，工古文词。著有《易辑义》《易精义》《诗辑义》《诗精义笔述》《读史札记》等书。

董沾字雨若，江苏赣榆（今属江苏连云港市）人。康熙六十年（1721）任周至县令，后调富平。雍正二年（1724）曾主修《周至县志》。

卷首有乾隆八年（1743）尹会一序，中云："读震轩先生《易卦札记》一书，实获我心矣！曩者，震轩尝以《诗》《易》讲授示予，予既微窥其渊源之自兹书之成。则主教莲池书院，与诸生问辨所及，随笔以志，不忘者也。有择焉而精者，有语焉而详者。有贯而通之，可以发前古后今之蒙者；有引而申之，触类而长之，总不离乎性命、身心、家国、天下之实理。而可与好学深思之士相印证者，良由震轩之学。无时不以检身克己为心，以此体《易》，以此用《易》，即以此讲《易》夫。是以率其辞而揆其方，钩其元而并提其要也。彼《易》于近者，读此能无废然，返悠然，思憬然。于《易》之为书，诚不可远也哉。"

该书后被收入《四库全书存目丛书》②。《四库全书总目》提要云："是书惟解上、下二经，不及系辞以下。前列《易例举要》一篇、《读易指要》一篇。其《指要》有曰：'要明易理，须先将伏羲画卦次序方位、文王八卦方位及先后天方圆诸图反复记看，令其晓然，再《说卦传》记得极熟，然后读《易》，方有入手处。'其宗旨不外是矣。"《四库全书》的底本是江苏巡抚采进本，全书共四卷。而我馆所藏抄本不分卷。该本原著录为清抄本。书中"颙"字不讳，又有乾隆八年（1743）序，故该本应抄于乾隆年间。《四库全书存目丛书》所用底本是中国国家图书馆所藏清抄本，著录为四卷。与我馆抄本核对，内容略同，其实也不分卷。另外就是国图本卷首多了一篇乾隆九年（1744）秦蕙田的序。

该本笔迹不同，非成于一人之手。书经修补并重新装订过。

---

① 《清朝书画家笔录》。

② 《四库全书存目丛书》，齐鲁书社，1997 年影印出版。

九 《翁山易外》七十一卷

经部易类传说之属。清屈大均撰；清屈明洪等编。清乾隆间抄本。两函八册。书高二十八点一厘米，广十八厘米。半叶十一行十九字，无版框直栏。该本为李盛铎旧藏，首叶钤"文选楼"阳文朱印。

屈大均（1630～1696）[①]，清初著名诗人。初名绍隆，字翁山，又字介子，广东番禺人。明末诸生，清初曾参与反清活动。后避祸为僧，名今种，字一灵，一字骚余，号三外野人。中年返儒服，更名大均。其诗有屈原、李白遗风，与陈恭尹、梁佩兰并称"岭南三大家"。因语多触忤，其著述多被禁毁，后人辑有《翁山诗外》《翁山文外》《翁山易外》《广东新语》和《四朝成仁录》，合称"屈沱五书"。编者屈明洪、屈明泳、屈明治、屈明渲，为屈大均之子。

卷首有《翁山易外自序》，中云："古者，经、传各为一书。先儒谓西汉时，六经与传皆别行。予《易外》不载经文，盖遵古也，亦不敢以为《易》传而曰外。外之者，自外乎《易》也，亦取《韩诗外传》之义，为《易》之外篇也。""《易》之内，太极是也。内不可见，以外之画之象爻象之，欲人从外以见内也。画者，无文之言，羲之《易》外也；象爻、十翼者，有文之言，文周、孔子之《易》外也。故《易》无内也，凡有言皆《易》之外也。"

本书前六十四卷为每卦一卷；卷六十五为系辞上传一；卷六十六为系辞上传二；卷六十七为系辞下传一；卷六十八为系辞下传二；卷六十九为说卦传；卷七十为序卦传；卷七十一为杂卦传。

该本本馆原著录为清抄本。"弘"缺末笔，"顒"字不讳，应抄于乾隆年间。工楷精抄。

由于文字狱的原因，屈大均的著述不论是品种还是版本，流传都较少。《翁山易外》另有康熙间刻本，该本上海市图书馆、广东省图书馆有藏。台湾也藏有一部抄本，仅存 6 卷。

作者单位：北京大学
农业部

---

① 邬时庆编《屈翁山年谱》。

《易经》与当代社会

——《易经》哲学国际学术研讨会综述

杨小军　　陈继丽

摘　要：《易经》是"群经之首，大道之源"。近几年，国内外对《易经》的研究不断深化。2014 年 4 月召开的《易经》哲学国际学术研讨会，无疑是对《易经》研究的进一步推进。与会的国内外专家学者经过深入探讨，使大会在经传与易学史、易学哲学以及传统易学的当代价值等方面取得了丰硕成果。为期三天的学术活动，与会者既有宏观把握，也有微观研读；既有易理研讨，也有易学应用到实践的经验交流，充分体现了当今国际学术界对《易经》研究的重视。

关键词：《易经》　经传与哲学史　《易经》哲学

由湘潭大学哲学系和湘潭大学毛泽东思想研究中心联合主办的《易经》哲学国际学术研讨会于 2014 年 4 月 19～21 日在中国湘潭市召开。参加大会的有来自美国、加拿大、澳大利亚、新加坡、中国台湾地区以及中国大陆 30 余所高校、科研院所的易学专家学者 80 余人。大会主题是"《易经》与当代社会"。从大会提交的论文和相关研讨中，我们可得出以下三个方面的成果：

一　《周易》经传与易学史方面

山东大学李尚信教授以《周易》古经丰卦卦爻辞的解读为例，力求在传统"乘、承、比、应"的思路之上，更加强调卦象、爻象与卦辞、爻辞间的整体关联性，以及内在"显与隐"的理论逻辑性运动。山东大学李秋丽老师对宋末元初俞琰的治易思想进行了完整、系统而深入的研究。李老师指出：俞琰援《易》入道，为道教内丹修炼学体系建构提供了营养。一是引入了太极之道，为内丹修炼学找到了本体的根据。二是将易理、易图运用于道教内丹修炼，借易道来推明内丹修炼学。俞琰借助了《周易》的象数形式，融易理入道理，通过形象的卦象变化来符示言语难以准确表达的道教内丹修炼中的体悟。俞琰的义理易学不仅有功于易学的发展，还推动了道教理论的完善。中国社科院哲学研究所任蜜林老师对《易纬·乾坤凿度》的真伪问题进行了考证，对乾坤、四门、四正、象数观等问题与《周易》经传做了对比，挖掘了其内在的联系性。经过任老师的分析，得出《乾坤凿度》在《周易》的源流、作者、结构等方面都有着自己独特的看法，其中有些思想不乏真知灼见。因此，它在汉代易学史乃至整个中国易学史上有着不容忽视的作用和地位。天津师范大学杨效雷教授、德州学院张金平老师在充分吸收前人已有成果的基础上，对殷墟"易卦卜甲"，提出了两种新的解读方案，即一是可以"八宫说"、"综卦说"和"文王八卦方位说"为视角，加以解读的方案；二是可从方位、八卦类象个实占的角度来解读的方案。这两种解读方案的提出对易学溯源研究有启发意义。西华师范大学金生杨教授比较系统地梳理了巴蜀易学的成就及其在中国学术发展史的影响。湖南师范大学陈仁仁老师从伦理学的视角，以"人心相感"为切入点探讨了《易经》中言行与荣辱的关系问题。他强调《易经》中谈到的言行与荣辱之间的关系问题，其核心观点是言行决定荣辱。其理论中介是"人心相感"。"人心相感"就是两个道德主体之间的心灵"相感"。这是善恶荣辱之道德判断的理论前提。他还指出了这种言行荣辱观理论架构的弊端。湖南工程学院刘军安老师论述了易道与《文心雕龙》之间的关联性。湖南大学蓝甲云教授首次评述了清代岳麓书院山长罗典的易学贡献。罗典易学的成就主要有：罗典解释乾坤二卦辞时，抓住"元亨利贞"这个卦辞核心，联系乾坤二卦象辞，具体落实到乾坤二卦之中来解释元亨利贞的具体内涵。另外，蓝教授指出从罗典解释师卦九二爻辞、同人卦象辞、豫卦、归妹卦、丰卦九三爻辞来看，罗典阐释卦爻辞，注重义理，侧重人情物理，往往从人事实践角度结合卦爻相互之间尤其是阴阳关系来讨论卦爻辞义旨意蕴。西南大学王化平教授和山东大学张克宾老师都对2013年底新近公布的"清华简"中的《筮法》篇进行了较为深入的研究，如深入探讨了《筮法》中的"坎离易经""四季之数"问题。张老师指出只论乾坤之外六卦的四时吉凶而不论乾坤，虽然有其理由，但在理论上终有不完整之嫌。《筮法》将八、五、九、四之爻数与四时相对应，也与先秦五行说之常例相左，在爻象上也存在前后内容不相应的问题。《筮法》篇极有可能是战国中期糅合《归藏》《周易》以及某些占验之术的产物，其占断方法有些杂乱，理论上不够成熟、完善。贵州财经大学文平老师探讨了汉代象数学体系中的伦理思想。他指出汉代象数易学的伦理目的和义理易学是一致的；从孟喜到京房，其伦理方法论变得理性化，京房易学构筑了一个天人合一的象数系统；《易纬》将数理抬到新的高度，本身也陷入象数的神学目的论；从荀爽到虞翻，展现了新的象数体系，其伦理方法论更加圆熟，象数也开始变得烦琐；两汉象数伦理方法论基本上遵循了天人互证的学理思路。济南大学王毅老师从语言学的角度，对夬卦三处卦辞进行了探讨，给予了新的解释。她认为，"夬夬"应训作"动作不连贯之貌"；"遇雨若濡"的意思是"遇到轻细的小雨"；"苋陆"通"见陆"，是"看到高平之地"的意思。台湾成功大学林金泉教授对《四库全书·六经天文编》中的"纳甲说"和"卦气说"条文，逐一释义，深入、详细地探讨其天文学上的含义，说明天文历法与医学象数密切相关。贵州民族大学崔朝辅老师分析了《易纬》中与《易经》相关的六十四卦，有关帝国享国与遭厄运的占术部分内容。武汉大学丁四新详细深入分析了西汉易学中，诸如《易经》立经，"从师法到家法"的转变，"从筮书到经书"的转变等难题，西汉易学在思想解释上的转变，以及《易林》《太玄》的仿经之作问题，从而说明自西汉时起确立易为中国文化源头的地位。北京师范大学张涛教授认为《易经》思想的成熟，既以儒家思想为主，又是综合百家、超越百家的结果，认为兵家与《易经》存在密切的关系。当时的各家各派并非以派自封，就是从各种不同角度探讨世界，现在的学术之争很多都是为了维护各自利益，应该破除学术壁垒。

二　易学哲学方面

华夏国际易道研究院院长马宝善先生做了"《易经》象数逻辑"的报告，从《易经》哲学主、客体相互关系的立体生成角度，对《易经》所包含的天、地、人、思等诸方面的内在生成关系、内在逻辑关系进行了独特而深入的探讨，并以"法式公式"来做印证，向与会者展示了其数十年来研《易》的独特成果。美国夏威夷大学成中英教授做了《论易学中的五个"三个一"之说》的报告，从本体用、天地人、象数理、德知行、精气神等五个相关层面展开深入探讨，从象数理相互贯通的角度，探索人之所本、人之所体、人之所用天地人本体学与宇宙论，对马宝善先生易学象数逻辑理论中的宇宙论层次、知识论层次、天人感应的修持之论、德行论等方面的内容进行互动、印证和发明。加拿大多伦多大学的 Richard John Lynn（林理彰教授）的报告指出郭象与王弼虽然在哲学基本立场上存在冲突，但是郭象哲学依然深受王弼《周易注》与《老子道德经注》深刻影响的事实。湘潭大学陈代湘教授指出周敦颐哲学思想的核心部分是以易学为基础建立起来的。他发现在篇幅上，周敦颐哲学纲领《太极图说》有很大一部分内容直接来自《周易》。他指出周敦颐的宇宙论（包括宇宙本体论和宇宙生成论）直接来源于《周易》。在善恶论和性论中，周敦颐认为"诚"的特性是"纯粹至善"的，他接受《系辞》中的"几"的观念，作了创造性发挥，强调"几"的道德意义，用来说明人性中恶的来源。周敦颐认为"中"之性指本然之性，使人修养止于"中"，把中看成是成德的最高境界。周敦颐运用《周易》哲学思想，阐述他的工夫论，核心观念有三："乾乾不息于诚""惩忿窒欲""迁善改过"。湖北社会科学院哲学所梅珍生教授深入探讨了"二程""主敬"工夫的易学哲学意蕴。湘潭大学王丽梅、魏后宾老师探讨了《易传》中的"生生"范畴，认为《易传》构造了一个以"生生"为本、阴阳为用的易学体系和宇宙生成论体系。山东财经大学苏晓晗探讨了王船山以易学为体，塑造"延天佑人"儒家理想人格为用的思想。美国华盛顿大学李晨阳教授从儒家环境伦理基本构架的角度生发，认为应该将中国学术界长期以来流行的"天人合一"观点回归到《易经》的"天、地、人"三才统一的思想上来。湘潭大学方红姣老师从现代新儒学角度切入，认为朱伯崑对船山易学的研究非常重要，因为朱伯崑重新定位了船山易学的思想源流。她认可朱伯崑所总结的船山易学乾坤并建、象爻一致、占义不占利的三个特点。

三 传统易学的当代价值方面

南开大学廖墨香教授论述了《周易》原理与管理决策的关系，发挥了《周易》中"德行"的当代意义。东南大学李仕澂教授深入探讨了"太极图"等古代《周易》在现代物理学、计算机科学上的重大意义与哲学启示。南开大学吴克峰教授介绍了中国逻辑史中易学逻辑研究的新进展，向国外介绍以往的研究成果是目前组建的中国逻辑史的研究团队的主要目标。浙江工商大学何丽野教授以八字易象所提供的由天干地支组成的阴阳五行之气模型，在解释八字系统平衡与和谐的时候使用了"用神"与"忌神"的概念，它们体现了一种边际分析方法，用神和忌神同时也可以看作系统中主要矛盾的体现。它们作为一对矛盾范畴，为唯物辩证法和系统论提供了新的内容。上海立信会计学院季晓峰老师探讨了《周易》中的"与时偕行"的时间观与西方哲学的时间观的关系，说明了其时代价值。东南大学郭文成老师探讨了《周易》中的天人合一精神对构建当代天地人和谐的精神家园的意义。湖南理工职业技术学院罗先进教授认为《易经》是传统主体教育的源头，并阐释了《易经》对当代教育三个启示：一是要强调学生的主体作用，发挥学生的主动性；二是重视道德修养，尤其是教育者要重视自身建设；三是要教导学生多行善举。湘潭市国学研究会杨斌老师从中西文化对比的角度，简析了《易经》哲学思想在现代中华家文化传播中的价值。在参悟《易经》哲学思想对中华家文化启示的基础上，湘潭市国学研究会正在尝试运作一些亲子互动项目。澳大利亚 Body - Fix Healing Centre 曾筱丽老师分享了中医在澳洲的现状和影响，开拓了医易学的新视野。她还呼吁国内有志于传播中国传统文化尤其是医易学的同仁们共同搭建国际平台，将祖国的智慧推广到国际上。

作者单位：湘潭大学

编者按：

本刊所载如下论文为本次会议论文（以编目为序）：王丽梅、魏后宾《以"生生"为本论〈易传〉的哲学思想》，陈仁仁《言行荣辱与人心相感——〈易传〉言行荣辱观的伦理学辨析》，季晓峰《〈周易〉时间观的当代价值》，崔朝辅《〈易纬〉占术——帝王享国及遭厄占》，任蜜林《论〈易纬·乾坤凿度〉的易学思想》，文平《魏相易学政治思想论略》，李仕澂《〈太极图〉的哲学思辨》，陈代湘《周敦颐哲学思想的易学基础》，兰甲云《略论罗典〈凝园读易管见〉的学术成就与教育功效》，金生杨《巴蜀易学与中国学术的转型》，林理彰《王弼〈周易注〉与〈老子道德经注〉对郭象〈庄子注〉的影响》，刘军安《易道与〈文心雕龙〉辩证关系研究——试论〈文心雕龙〉中"文、心、道"三者辩证模式》，郭文成《论〈周易〉精神对于中国梦的当代意义》，王毅《〈周易〉夬卦疑难词释义三则》。

《康雍乾三朝易学研究》读后

王舟舟

梁启超先生曾说："中国学术以研究人类现世生活之理法为中心，以今语道之，即人生哲学及政治哲学所包含之诸问题也。"[①] 即中国学术是一门包含了哲学与政治学等若干领域、在表现形式上又以个人为基础而兼顾人的社会性的综合性学说。《周易》为大道之源，居群经之首，在中国传统文化中渊源甚深，历代注释《周易》经传的著作可谓汗牛充栋，其中所包含的哲学、政治等思想更是现今学者研究的重点。北京师范大学中国易学文化研究院院长张涛教授多年来致力于易学研究，并取得了卓越成就。多年前，袁江玉博士在张涛教授指导下完成了《康乾易学研究》的学位论文，受到答辩委员会的充分肯定，顺利通过答辩。《康雍乾三朝易学研究》一书就是作者在其博士学位论文的基础上，在长期的研究实践中不断充实、完善而成的。

《周易》和易学研究现已成为学术研究的显学，尤其是清代的易学研究，成就更为突出，学术影响更为深远。清代易学研究的主体特征，实际上是与汉易的兴起及流行有着很重要的关系，而这一重要变化便发生在康乾之时。清代康雍乾三朝，易学名家辈出，相关研究成果甚多，系统梳理和准确把握，是一项很不容易的学术工作。袁江玉博士将主要精力放在易学与明清文化的研究上，辛苦耕耘，勤于深思；工作之后，继续致力于明清史研究，加深了对清代易学文化的认识和理解。《康雍乾三朝易学研究》在大量占有和系统梳理相关文献资料的基础上，充分借鉴前人研究成果，对清代康熙、雍正、乾隆时期易学的演变、发展的轨迹和规律进行了全面、深入的研究和探讨，其中不乏独到的学术创见，体现了可贵的创新意识。通览全书，主要有以下三个显著特点。

第一，宏观把握和微观剖析相结合，视野开阔，角度新颖。《康雍乾三朝易学研究》一书抓住了康雍乾时期学术和文化特点，从整体的角度对这一

---

① 梁启超：《先秦政治思想史》，东方出版社，1996，第 1 页。

时期的易学进行系统梳理。书中不仅对康熙、雍正、乾隆三帝在易学影响下的文化政策、学术旨趣、哲学思想、政治理论和社会实践等进行了研究和探讨，而且还选取一些重要的人物和著作为重点研究对象：陈梦雷、李光地、《周易折中》、胡渭、惠栋、《四库全书总目》、纪昀，这些人物和著作在清代易学史上具有举足轻重的学术地位，影响既深且巨，代表了康雍乾易学的主流。在研究方法上，一是以时间为线索，在充分占有大量文献资料的基础上，以客观的眼光，将官修易学著作与个人易学分别对待。二是历时性与共时性相结合，注重考察易学与社会史、学术史的互动关系，力求从微观和宏观的角度来揭示康雍乾易学发展的线索和轨迹。作者立足于宏观的社会历史背景，探究微观易学思想。

第二，注重将易学家置于当时的社会文化大背景下进行研究，并且强调易学思想与社会史互动的整体性研究。刘泽华先生说："思想与社会互动的过程，不是一般的既研究思想又研究社会，也不是思想研究与社会研究的机械相加，而是说主要是两者的互动和混成现象。更具体地说，主要是研究如下两方面的问题，一是思想的社会化和社会的思想化过程的问题；二是思想（观念）的社会和社会的思想（观念）。"① 这一学术思想对中国古代政治思想史、学术史研究具有重要指导意义。作者对此段论述有深刻而贴切的理解，可以说《康雍乾三朝易学研究》是这种学术理念的一次成功实践。对于康雍乾三朝，梁启超曾说："试一检康雍乾三朝诸文字之狱，则知其所以箝吾先民之口而夺之气者，其凶悍为何如。"② 在君主专制时代，政治与学术的关联在很大程度上与最高统治者的观念与举措是密不可分的，对于君主专制极盛的康雍乾三朝尤其如此。这种政治对学术的干扰，是我们在进行学术研究中不容忽视、无法避免的问题。作者在对帝王易学研究的基础上对个别重要易学家进行探究，并且非常注重易学与社会、政治的互动与实践，如对《周易》和易学思想影响下的康熙、雍正、乾隆的政治思想实践的探讨，对易学影响下的陈梦雷、李光地的政治观念的研究，在这种研究理念的指导下更能准确把握其易学思想和易学在当时社会的全貌。

第三，书中学术观点基于大量的文献资料和严密的逻辑推理，客观公允，令人信服。如作者认为康乾易学经历了由宋易向汉易的转型的发展过程，康乾易学重视经世致用，康乾易学是康乾学术的重要组成部分之一。作者从字

---

① 刘泽华：《开展思想与社会互动和整体研究》，《历史教学》2001 年第 8 期。

② 梁启超：《中国历史研究法·过去之中国史学界》，岳麓书社，2010。

宙观、人生观和社会政治观三个方面进行分析，揭示了易学思想对康雍乾三朝重要易学家的濡染，彰显了易学在康乾思想史中的重要地位和深远影响，并进而指出易学思想是康乾思想史的主潮、主旋律。

在现代的相关研究中，人们更多地着眼于对宋易或汉易的单独探讨，并以之为界限选择学术研究的时间断限，而对跨越宋易与汉易的学术转化期关注较少，有关的研究比较缺乏。但事实上，要更为清晰地了解清代易学发展的整体脉络，更为准确地把握清代易学演化的深层次的原因，对转化时期易学状况的研究无疑是十分重要的。正是基于这种认识，《康雍乾三朝易学研究》将康熙、雍正、乾隆三朝的易学作为一个整体进行系统考察研究，这对于清代易学史研究的深入无疑是一个有益的推动。

总的来说，《康雍乾三朝易学研究》一书比较注重用新的视角、新的学术理念进行研究，重视发现和运用文集、笔记、奏折、实录、起居注等新史料；在对前人研究成果进行梳理总结的基础上，又不拘泥于成见，大胆创新。全书立论精道而行文朴实，于平常之处发精深之语，是清代易学研究的优秀著作。

作者单位：中国政法大学

《易藏》古籍数字化项目启动

段同生

据悉，中央财政支持的《易藏》古籍数字化项目近日启动，主持人为王志轩博士。2014 年底即将建成启用的《易藏》古籍数字化基地是服务于世界上第一部《易藏》编纂工作而建设的科研平台，也是其核心部门之一。

中国历史上曾编纂过道家经典总集《道藏》、佛学经典总集《大藏经》，并屡有续修。我国正在进行大型文化工程《儒藏》的编纂工作。但是，历史上从来没有编纂过《易藏》。《易藏》的内容为我国历代易学论著总集，以及汉字文化圈日本、韩国、越南等国家与地区的易学论著、海外汉学有关论著等。

一　《易藏》古籍数字化研究的价值

《易经》一书，被视为中国的众学之源。中国古代最具影响力的两大学派，儒家奉之为"六经"之首，道家尊之为"三玄"之冠，而阴阳家、天文家、兵家、数家、医家等，在构建其理论体系时，亦无不言《易》，其崇高地位不言而喻。

《易经》对后世的影响，首先在哲学意义上。举凡中国历史上有影响的思想家，无不读《易》研《易》，通过解《易》阐发其哲学思想，建立其哲学体系。易的价值更多在于明义理，正是思想之易、形而上之易，才使《易经》焕发出如此灼耀千古的光辉。

《易经》还是中华文明的原始基因。《庄子·天下》曰"《易》以道阴阳"，可谓道尽《易》之真谛。中华文明是建立在阴阳和合的基础上的，《易经》所提倡的刚强之美、阴柔之美、中和之美，是中华民族价值取向的源头，决定了整个中华民族在各个领域的审美趣味。

《易经》的核心思想，以宇宙人生森罗万象，总汇归于生生之一义。而表现在运用上，则以唯变所适为宗旨。故易又有诸多应用价值，如《系辞》

所谓："《易》有圣人之道四焉,以言者尚其辞,以动者尚其变,以制器者尚其象,以卜筮者尚其占。"正是《易经》广泛的实用价值,使易学研究在当今亦是大热之学,新著作层出不穷,可谓"苟日新,日日新"。

《易经》不但对中华民族影响深远,在世界文化史上也占有重要地位。《易经》早在汉代就传播于朝鲜半岛,又经朝鲜传入日本,对日韩文化产生了重大影响。后又经越南传至整个东南亚地区。《易经》在17世纪末由传教士传播到西方各国,随即引起西方科学家的极大兴趣,被译成德、法、英、西班牙等语言。特别是近几十年来,随着中国经济的崛起,以《易经》为代表的东方文化越来越引起国际社会的重视,20世纪80年代以来的国际易学研究热潮正是在这一历史背景下产生的。

二 《易藏》古籍数字化研究的现实意义

如上所述,《易》之为学,可谓深矣奥矣;《易》之为用,可谓广矣大!易学研究,代有其人,研《易》之作,难缕指数。然而与《易经》地位及易学研究状况不相称的是,中国历史上曾陆续编纂过多种《道藏》,但迄今为止尚无一部与《道藏》相似的、可视为易学经文及研究总集的大型丛书。张之洞《书目答问》尝云:"丛书最便学者,为其一部之中可该群籍,搜残存佚,为功尤巨,欲多读古书,非买丛书不可。"是知搜罗遗著,掇拾残丛,汇刊成书,承前修之坠绪,启先进之慧命,不惟表彰当代文化之盛事,兼具保存文献之史料。编纂《易藏》这一历史使命,看来注定要落在当代人的身上。

盛世修典,是中国历史上带有规律性的文化现象。改革开放给中国经济带来了大繁荣、大发展。进入新世纪以来,党中央也一直格外强调文化建设。文化是民族凝聚力和创造力的重要源泉,是综合国力竞争的重要因素,是经济社会发展的重要支撑。当前和今后一个时期,要重点抓好的几项工作之一就是要精心打造中华民族文化品牌,提高我国文化产业国际竞争力,推动中华文化走向世界。

近年来政府不断加大文化投入,推进重点文化惠民工程,加强公共文化基础设施建设,促进基本公共文化服务均等化。体现在古籍整理上,则是加大了对具有重大文化传承价值的文化典籍的整理和出版项目的资助。近一两年来,对古籍整理出版资助力度最大的,无疑是国家出版基金重点资助项目了。国家出版基金资助方向归纳为:一是国家出版基金必须体现国家意志。

对于申报项目，必须首先衡量和判断其是否体现了国家意志，是否具有自己的文化特色，对国家文化建设是否具有重大价值，是否具有国际影响力。二是必须坚持国家水平，必须扶持那些能够体现这个时代思想文化最高成就和出版最高水平的项目。三是办好国家工程。《易藏》的整理、数字化与出版无疑是对这三个原则的最好诠释，带着强烈的"盛世修典"的特点。

三　《易藏》古籍数字化项目的可行性

历代易学流派，凡经数变，有关易学著作，洎乎今兹，难以计数，可谓漪欤盛矣。所幸诸史《艺文志》《经籍志》，及历代公私藏书目录与经书类均设"易类"。以《四库全书总目》为例，所收易学著作计：著录凡百五十八部，千七百五十七卷。存目凡三百十七部，二千三百七十一卷。

历代有关易学研究，汇编成书出版者，如《四库全书》《通志堂经解》《皇清经解》《皇清经解》易类汇编、《皇清经解续编》《续皇清经解》易类汇编、《清儒易经汇解》《无求备斋易经集成》《大易类聚初集》等，都为《易藏》的编纂提供了基础条件。

1993 年，山东省图书馆所编《易学书目》，统计存世易著约两千八百种，亦可为《易藏》的编纂提供方便。

当前，学科交叉研究已成为一种潮流。加快文献数字化、推动研究型资料库建设的重要性、紧迫性也已成为共识，学界迫切需要建设一个相应的《易藏》资料数据库，以提高研究效率。"河南省中原文化研究中心《易藏》古籍数字化基地"建设项目，其目的就是全面收集《易经》文献，加以数字化、建立专门资料库，以方便国学、东方学、历史学、考古学、古文字学、哲学等领域的学者使用，促进对中华文明的起源与发展等问题进行深入研究。

在数据库建设方面，目前世界上著名中文古籍数据库主要有：香港中文大学的"汉达文库"，包括甲骨文、竹简帛书、金文、先秦两汉文献资料等；台湾"中央研究院"的"简帛金石数据库"，收录了六十余种简帛金石资料及研究书目的数据；华东师范大学的"古文字资料库"，包括商周金文、战国楚文字、花园庄东地甲骨检索等数据库内容；海外类似的数据库有日本早稻田大学的"楚简数据库"、奈良文化财研究所的"木简数据库"等；此外，国内有些博物馆开通了馆藏精品数据库查询。

虽然这些数据库的规模已经相当可观，但是它们的不足之处是内容博而不专，资源的剧增必然导致资源查找不便和难以系统呈现的问题，因此可以进一步向专业化方向发展。建设专门的"《易藏》古籍数据库"条件已经成熟，也是形势发展的要求。

四 《易藏》古籍数字化项目建设规划

（一）《易藏》古籍数字化研究计划

数字化是古籍再生性保护的重要手段；古籍数字化属于古籍整理的范畴，代表着古籍整理的未来方向。《易藏》古籍数字化是指利用现代信息技术对易类古籍文献进行加工处理，使其转化为电子数据形式，通过光盘、网络等介质保存和传播。古籍数字化经历了数据库版、光盘版、网络版三个建设阶段。数据库版古籍包括书目数据库和全文数据库两种形式。光盘版古籍一般有图像版、全文版和图文版三种类型。网络版古籍主要是将数字化的古籍资源在网络上有偿或无偿发布，供互联网用户使用，这是目前古籍数字化的主要目标。

本项目是社会科学和自然科学交叉、分工协同、共同研究的一个综合课题，基本思路是文史专业专家对《易藏》古籍文献进行分类、整理、校对等工作；计算机学者负责设计完成《易藏》古籍文献的图片扫描与数字化、完成相关古文字字库、编码、输入法的设计制作，并把图形文件与释文关联，从而形成一个大型的《易藏》古籍数字化资料库，同时为使用者提供一个形象、快速、便捷的查询方法。《易藏》古籍数字化资料库为国内外汉学、东方学、国学、历史学、古文字、考古学、思想史、中国哲学等领域的学者提供服务平台。

本基地的研究充分借鉴国内外有关甲骨文、金文、石刻、陶文、简帛文献、国学、文史资料数据库的优点，整个系统以《易经》卦为基本结构，以年代、载体等类别把各种《易经》相关资料联结在一起，做到字、图、文三位一体。a. 对字的处理：充分吸取古文字研究的最新与权威成果，采用学术界普遍认同的字，汉字采用国家语委规定的标准简体字和繁体字表达，对学术界还在讨论的字或不能识读的字，根据构字法，分析部首、字形，用隶定字或原字字型表达。b. 对图的处理：采用扫描、数字摄影等技术把各种材质载体的《易经》文献输入计算机，按照国际统一的标准和规范，使用通用压缩比较高的文件格式保存（如 jpg 和 tif 等），按照学界公认的编号进行编号。c. 对文的处理：使用专用输入法，把原文和释文都输入计算机，并建立不同层次的多级索引，以便于检索。d. 软件界面设计为一个类似 Google 网站的简

洁图形窗口，可根据文献载体、年代、所属卦的卦符、卦名、简体字、繁体字、古文字等查询项进行单项条件或多项条件检索。

（二）《易藏》古籍数字化研究计划进程

《易藏》经典古籍整理与数字化研究计划进行步骤，及执行进度预拟如下：

第一，检索历代有关易学书目，冀能"竭泽而渔"，以为《易藏》编纂之基础。

第二，调查有关文献，搜集海内、外有关易学著作，期能全方位掌握《易藏》之书目，作有系统之整编。

第三，广搜博览期刊杂志、学术论著、会议论文集所载近人有关易学研究著作，以为撰写解题、提要之参考。

《易藏》数字化基地硬件建设周期为一年。

在进行《易藏》古籍搜集、整理的同时，开展古籍的数字化与校对工作：

第一，整理《易藏》资料汇编。对《易藏》文献进行搜集、整理与分类，完成《易藏》汇编。该汇编按照文献资料载体的不同，以甲骨、金文、石刻、简帛、纸质等为类别，对相关资料进行分类，并附加基本信息，包括名称、作者、出版地、出土地、现藏地、流传、著录、年代、释文、载体等信息。目前我们正在收集的资料有：a. 甲骨文中所见易卦；b. 金文中所见易卦；c. 竹书中所见易卦与《周易》，包括：《包山楚简》中所见易卦、《新蔡葛陵楚墓竹简》中所见易卦、《江陵天星观一号墓》竹简中所见易卦、《郭店楚墓竹简》中所见易卦、阜阳汉简《周易》、上博藏楚竹书《周易》；d. 马王堆汉墓帛书《周易》；e. 汉石经中所见《周易》；f. 王家台秦简《归藏》所见易卦；g. 其他器物中所见易卦。

第二，对文献进行数字化。《易藏》古籍的数字化，主要有三方面工作，a. 对原始文献进行扫描与拍照，把文献原貌存储到图像文件；b. 对古文字进行分类归纳，并对字形进行矢量化和编码处理，建立甲骨文、金文、竹书、帛书、石刻、纸质手写、纸质印刷等《易经》文献古文字字库，并设计输入法；c. 把文献释文以 Unicode 编码方式输入文本文件。

目前已经数字化扫描、正在校对整理的《易藏》书目有：马王堆汉墓帛书《周易》、阜阳汉简《周易》、上海博物馆藏战国楚竹书《周易》《四库全书·经部·易类》《续修四库全书·经部·易类》《通志堂经解·易类》等，各项工作正在有序进行。

古籍数字化处理流程与体系结构如下图：

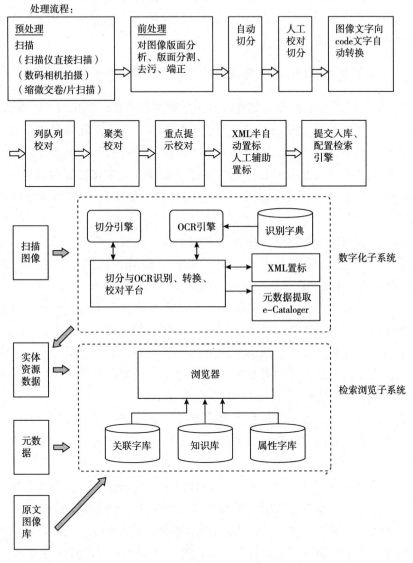

第三，完成数据库的设计与分类录入工作。a. 设计分类清晰、结构合理的数据库。《易》本身就有一个符号系统，项目组初步计划以卦符号为核心，组织有关文献资源，所有的文献内容都依附符号而存在。b. 分别录入有关文献的图片、矢量字库、文本等内容，录入文献附加的基本信息。

第四，设计数据查询与调用软件。查询与调用软件是数据库必不可少的重要组成部分，它是"《易藏》"古籍数字化资料库的"门户""入口"。数据库的性能如何，与查询调用软件的关系很大。因此，要围绕"功能强大、使用简单、界面友好、信息安全"的目标，协调处理计算机软件与硬件的关系，严谨而审慎地设计这一软件。项目组拟使用 Asp 程序与 SQL Server 数据库软件进行相关开发。

（三）坚持高标准、严要求与特色发展之路

"《易藏》古籍数据库"是在计算机数据库和多媒体信息技术的支撑下，对传世两千余种易类文献以及 20 世纪以来新出土、新发现的甲骨卜辞、金文、简帛、碑刻、陶文等资料中的《易经》文献进行数字化处理、结构化存储、网络化共享的数据库平台，它实现基于互联网的多媒体资源共享，可为全球汉学、东方学、国学、历史学、中国哲学、易学研究等领域提供科研平台。

第一，权威性。数据库要保证资料的全面、真实、严谨、可靠，要把所有传世与新出土易学文献全部扫描、拍照、整理、校对、数字化，录入"《易藏》古籍数据库"，并配以对应释文文本。

第二，可检索。建立合理的数据关系，实现数据库资料的快捷、准确检索。使用者可以按照年代、载体、符号、文本等关键词进行数据检索。

第三，资源共享。要建成基于网络信息技术的、可为远程专家和学习者同时提供多层次信息服务的开放式公共数据库，可提供文献阅读、检索与文献分析服务，并能随时与网上其他相关资源建立链接。

第四，可扩充。数据库与相关程序预留扩充功能，可以方便、及时地更新数据库内容，升级软件版本，为"《易藏》古籍数据库"进一步扩充打好基础。

第五，易使用。把"《易藏》古籍数据库"建设成为功能强大、使用简单、界面友好、信息安全，便于学者与广大群众使用的网络数据库。

综上所述，笔者以为：《易藏》古籍数字化项目的启动，标志着易类文献的整理研究工作进入了更加深入和全面数字化的新时代。另外要说明的是，本文借鉴了《易藏》项目有关文件，特致感谢。

作者单位：澳门方明国际有限公司

附 录
《续修四库全书总目提要·经部·易类》（三）

《周易文化研究》编委会　整理

　　编者按：《周易文化研究》第四辑、第五辑已刊载经过整理的《续修四库全书总目·经部·易类》的部分内容，受到读者欢迎，因此本辑仍继续刊载该书的部分内容，以续接第五辑。此次整理，以中华书局 1993 年出版的《续修四库全书总目提要》为底本，并改为横排简体字，以方便读者阅读使用。一般不出校记，遇有明显的讹误衍脱之处，一律径改。（执笔：陈婉莹）

《易义选参》二卷（翠微峰易堂刊本）

　　清宁都三魏著，邱维屏评选。三魏者，魏伯子际瑞、叔子禧、季子礼是也。际瑞初名祥，字善伯，明诸生，有《伯子文集》及《杂俎》。禧字冰叔，号裕斋，又号勺庭，明末弃诸生，结庐翠微峰下。与兄际瑞、弟礼皆以文章称，而禧才学尤高。康熙中举博学鸿词，以疾辞。有诗文集及《左传经世》。礼字和公，性慷慨，工诗文，有《季子文集》。维屏字邦士，亦宁都诸生，为易堂九子之一，而三魏之姊婿也。精泰西算法，有《周易剿说》《易数》及文集。初，三魏于《易》各有论著，维屏因综合采辑而为是书，且加评点，稿未刊行。至光绪二年，魏氏之孙吉谦字松园者，始为锓版行世。其书仅上下二卷，只释六十四卦卦辞，而十翼之辞则阙焉。其注颇留心《易》象，惜未能根据《说卦》及汉魏诸儒所传逸象，往往以臆推测，致漫衍无经。如伯子释"履虎尾"云：互离为虎。《解》上六"公用射隼于高墉之上"云，互离为公为墉。《萃》初六"若号"云，变震故号。《丰》上六"丰其屋"云，离为宫。又叔子释《屯》六三"即丽，无虞"云，坎象鹿。《讼》上九"或锡之鞶带"云，乾圜为带。《比》九五"失前禽"云，坎为禽。《大畜》六五"豮豕之牙"云，震为决躁，故有豕象。《解》九二"田获三狐"云，震为获。《困》九二"朱绂方来"云，离为朱。《井》"改邑不

改井"云，离为市邑。《未济》六三"利涉大川"云，互离为舟。以及季子释《讼》九二"三百户无眚"，谓离户象。释《噬嗑》初九"屦校，灭趾"，谓震木校象。上九"何校，灭耳"，又谓离木科稿校象。《困》六三"困于石"，谓兑刚有石象。皆不言根据，信口臆造。不惟与《说卦》违，与汉魏诸儒所言逸象，亦无一能合。又每因求象不得，而使当位之爻变，以成其象，蹈虞翻之故辙。斯皆于易义为未审者。盖《易》自元明以来，皆空谈心，循至流于狂禅。其能钩稽象学者，自吴澄、熊过、陈士元、来知德、魏浚数家外，鲜知穷究。三魏兄弟，极知其弊，而思有以匡正之，其用意则可嘉惜其用力太浅耳。至若叔子释"发蒙，利用刑人"为利用可仪型之人，伯子释"剥床以足，蔑贞凶"，以贞为桢幹之桢，斯虽偶出新义，要无悖于故训。又其于损益否泰之际，吉凶悔吝之词，往往阐发义理，抒其忧勤之意，忠爱之诚。斯盖志士之用心，抑亦文家之能事也已。

（尚秉和）

《易本义质》四卷（原刊本）

明王介之撰。介之有《春秋四传质》，《四库全书》已著录。邹汉勋曰，按，此书篇帙无多，而多所发明。如元亨利贞，则不以为大亨而利于正，而以为四德不违《文言》，亦合《子夏传》。进元咎也。以为大舜之若时登庸，神禹之天赐元圭，汤之始征自葛，文之受命专征，武之观师牧野，皆当此爻，与干令升"武王举兵孟津观衅而退"之说近，盖言顺也。以为顺宜如字，言阴道之顺也，所谓驯致其道也。与荀慈"明臣顺君命而成之"之说同。利执言，以为言非语词，盖师中文告之言，与虞仲翔"震为言之注"合。《易》而无备也，以为"易"，坦易也，"无备"言非作威也，柔顺得中，则和积英发，不假安排。而丰采自是凛然，故吉。所谓威而不猛也，原本侯果"有威不用，惟行易简，无所防备，物感其德，翻更畏威"之说。与地之宜，以为观法于地，谓地之理所指者广，故与天对。观地之宜，谓土宜也。如宜凉、宜燠、宜黍、宜稻之类，所指者小，故与鸟兽之文同，不必增入天字。原本九家注以地有水、火、五行、八卦之形，释"观法于地"；以四方四维之位，山泽高卑，五土之宜，释"与地之宜"。凡此皆能引申古义。如不言所利，以《本义》后说为当。其驳前说曰，若曰"利于正"，则言所利矣。深得经意。"承以德也"，以德为父之德，春亦父之誉。盖以柔中乾父，深得几谏之道，不特父之蛊可治。父将日引月新，渐进于德，而闻誉集厥躬矣。此舜尽事亲之道，而瞽瞍底豫之义也。《本义》云，以此幹蛊，可致闻誉。近以父为名。则此义为精。《贲》：亨，小，利有攸往。于"小"绝句。《彖传》于

"故小"绝句，以"利有攸往，天文也"为句。且曰文义自明，原无讹脱。周易未经秦火，原本相承，应无衍文错简之误。而古文或多奥折，不必以臆割裂增删，求如今人之便读，而合式也。其言诚越出，可以守宗庙社稷为祭主也。以为惊远具迩，威望丕著，自可承祧而亢宗，言为祭主而不丧匕鬯之义自著矣。与经传意不违，而不增字。以此谥本义，不背古本，不徇曲说，协于训诂，精于义理，当非党同伐异矣。

（叶启勋）

《周易大象解》一卷（船山遗书本）

清王夫之撰。夫之自序曰，《象》与《彖》爻自别为一义，取《大象》以释《彖》爻，必龃龉不合。强欲合之，此《易》学之所繇晦也。《易》以筮而学存焉，唯大象则纯乎《易》之理，而不与于筮。按，《象》与《彖》爻有别为一义者，亦有同义者，不尽龃龉不合。《易》本卜筮之书，谓《大象》不与于筮，亦非通论。夫之撰《易内传》，诠释《大象》之义已详尽矣。此书作于《易内传》之前，词义与《内传》间涉复重。然谓否而可以俭德避难，剥而可以厚下安宅，归妹而可以永终知敝，垢而可以施命告四方，略其德之凶危，而反诸诚之通复，则深切著明，有裨于反身之学，不当以义有复重而废之矣。夫之自序，其文又见于《易内传》发例，不应重出。此则刊书者之失检也。

（柯劭忞）

《周易内传》六卷《发例》一卷（船山遗书本）

清王夫之撰。夫之有《周易稗疏》，前《提要》已著录。其易学，以乾坤并建为宗；错综合一为象；象爻一致，四圣一揆为释；占学一理，得失吉凶一道为义。辟京房、陈抟、日者、黄冠之图说，即朱子之《易本义》，亦以专言象占，摈之于《火珠林》之列，谓与孔子穷理尽性之言，显相抵牾。夫之服膺宋五子之学，然于朱子不肯瞻徇如此，盖独抱遗经，发抒心得，视剿说雷同，依托前贤之门户者，不可同日语矣。夫之前明遗逸，志节皎然，自称志无可酬，业无可广，惟《易》之为道，则未尝旦夕敢忘于心。而拟议之难，又未敢轻言也。曾文正公序其书，谓其著述太繁，不免醇驳互见。按，夫之说《易》之大纲，以乾坤并建为第一义，夫地道无成，而代有终。阴顺从于阳，恶有所谓乾坤并建者乎，是亦姜斋之驳义也。《发例》谓□□丙戌始有志于读《易》，又云亡国遗臣□□□□□，盖刊书者以有所忌讳而阙之，前《提要》不收此书，及《周易大象解》《周易外传》，并不列三书于存目，殆亦为有忌讳之辞欤！

（柯劭忞）

《周易发例》一卷（船山遗书本）

清王夫之撰。夫之说《易》，不信陈抟之学，亦不信京房之术。于先天诸图，及纬书杂说，排之甚力。而亦不空谈玄妙，附会老庄之旨。故言必征实，义必切理。此书作于《外传》以后，其说间有不同者。盖夫之学《易》几四十年，先后进境有不同，非故意有以求异也。《外传》以推广于象数之变通，极酬酢之大用。而此编则守象爻立诚之辞，以体天人之理，不容有毫厘之逾越，皆极笃实，无支离恍惚之谈。二书固可相为表里也。惟此书立说主于坦易，不务艰深，故解爻之义，无不尽于象中云。昔者夫子既释象爻之辞，而虑天下之未审其归趣，故《系传》作焉。求象爻之义者，必遵《系传》之旨，舍此无以见《易》。盖以经释经，一扫纷纭穆转之见，大旨具是矣。《汉书·儒林传》称费直惟以《彖》《象》《系辞》十篇、《文言》解说上、下经，知汉代专门，不矜繁说。夫之其亦此志欤！

（叶启勋）

《周易外传》七卷（船山遗书本）

清王夫之撰。夫之《周易内传·发例》称乙未于晋宁山寺始为《外传》。按，乙未为顺治十二年，明永历九年，在夫之喀血解职之后。夫之自谓《外传》以推广于象数之变通，极酬酢之大用。其寔夫之从永明王于广西，其时权臣恣肆，朋党交讧，谏不行而言不听，愤而丐去，假学《易》以明其忠悃。如说屯卦之义曰，二虽正以违时，四虽吉而近利。违时者以难告，近利者以智闻，挟震主之威者。乃引天时征人事，曰识时务者为俊杰，则二安得不以顽民自处邪。此子家羁所以消心于返国，司空图所以仅托于岩栖也。说随卦之义，曰初不吝出门之交，则二不恤丈夫之失，三乃决策于丈夫之系，而不恋小子之朋，五亦嘉与上，而不能不为维系。然则昔之否塞晦蒙，绝天地之通理者，岂非阳之恝于弃世，而可咎阴之方长也乎。孔甲之抱器归陈涉，有苦心焉，而无其德。鲁两生之谢汉高而需百年，抑恃其德而失其时。然后知君子之托身于否极之世者，非流俗之所能测。而体天为德，则知我者天乎。其言感慨淋漓，虽不必为经义之所应有，尚论者亦可以悲其志事矣。

（柯劭忞）

《观象居易傅笺》十二卷（汪氏七种本）

清汪师韩撰。师韩字韩门，钱塘人。雍正十一年进士，官翰林院编修。师韩自序。此书谓学汉儒之学，窃欲以证汉儒之支离穿凿，因以补朱子之未及详言者。盖师韩本为汉儒之学，后乃返于程朱，故排诋荀虞。谓李鼎祚

《集解》所载者，违义背道，指不胜屈。然其发挥经义，则仍用十二辟卦，用互体，依然汉儒家法。其曰《易传》笺者，仿郑笺《毛诗》，致敬于朱子之辞也。师韩谓辞与象分，则占变俱无所据。龙，乾也，而《说卦》何以独谓震为龙。乾之冰，震之玄黄，何以象皆见于坤。天何以与火为同人，与水违行为讼。阳进至四为大壮，何以阴在初即为女壮。妄谓一女当五男，何解于大壮四男当一一女。互体王氏非之，而若师曰长子，涣曰有丘，泰五曰归妹，此非先儒强合也。至于中爻同功异位，何以不曰二至四，三至五，而曰二与四，三与五。阴阳往来，取象一端。而睽之火泽，何以有动而上下之异。过二、五杨生梯华，曾不知初、二皆为枯杨，上为梯而五为华也。象不明，则《易》不可见矣。其辨析亦殊为精审。然自序引《路史》，谓《易》《彖》《象》俱以三物取名。《易》乃庐蛏，《彖》是茅犀，《象》取其身形相象，望文生义，浅陋可嗤，则不通训诂小学之过也。

（柯劭忞）

《易象授蒙》一卷（家刻本）

清胡翔瀛撰。翔瀛字峄阳，即墨人。岁贡生。自序此书。谓《周易》六十四卦，皆切于日用之实，修己治人之道备。爰抽而编之，发以洛闽。间附所闻，以授童子，使知辨志之年，学有指归云云。盖家塾训蒙之本，仅取六十四象，以示《易》学之门径而已。

（柯劭忞）

《易经征实解》无卷数（排印本）

清胡翔瀛撰。翔瀛字峄阳，即墨人，康熙间岁贡生。所著有《易象授蒙》，已著录。此书原稿存胡氏家，历二百六十余年，未经锓版，故世人知者绝少。至民国六年，其裔孙鹏昌字海云者，始以活字印行。沈菹抑郁，久而后彰，亦云幸矣。其书取全《易》卦爻辞之为吉、为凶、为悔、为吝者，征以事实，溯其成败，部列而条比之，故曰《征实解》。按，《易经》原文中，如"帝乙归妹，以祉元吉"，"康侯用锡马蕃庶，昼日三接"，"箕子之明夷，利贞"，"高宗伐鬼方，三年克之"之属，原与史事相涉；传文中如"文王以之"，"箕子以之"，"颜氏之子，其庶几乎"诸条，已开引史证经之先河。汉晋古注今可考见者，如郑玄、干宝之徒，亦时以史事比附经文。论者谓"至宋李光、杨万里，参证史事，《易》遂日启其论端"，实则启论端者，非自李、杨，特李、杨为甚耳。然李、杨之引史证经，亦未卦卦爻爻悉如是也。至翔瀛此书，则六十四卦三百八十四爻，几无一不引史事以实之，则又本李、杨之术而加厉者也。夫《易》之为书，天道人事，古往今来，一切万

事万物之理，无所不赅，无所不包，故能成其大。若徒以史事证之，则《易》辞与史例无异，而《易》小矣。况乎翔瀛之比附，尽有不切者。如释《坤》上六"龙战于野，其血玄黄"，引王莽杀何武、鲍宣，王甫杀李膺、范滂。释《小畜》上九"既雨既处，尚德载妇，贞厉"，引秦桧怀奸。释《泰》九二"包荒，用冯河，不遐遗，朋亡，得尚于中行"，引辛壬癸甲而弗子呱呱。释《蛊》之"先甲后甲"，谓"先甲"如武之反商由旧，"后甲"如成之制治保邦。释《贲》六二"贲其须"，引黄霸受经于夏侯胜，茅容从学于郭林宗。释《大畜》上九"何天之衢"，引傅说举版筑，胶鬲举鱼盐。释《坎》六四"樽酒，簋贰，用缶，纳约自牖"，引触左师及田千秋事。释《睽》六五"悔亡，厥宗噬肤，往何咎"，引先主三顾草庐。释《鼎》九三"鼎耳革，其行塞"，引马援、王猛事。释《归妹》九四"归妹愆期"，引费贻、尹和靖事。凡此诸条，经文之义，与所引史事，均渺不相涉，而胡氏必欲强合之，故终不免于傅会矣。

（黄寿祺）

《周易汇统》四卷（康熙壬午刊本）

清佟国维撰。佟国维，满洲镶黄旗人，襄勤公佟图赖之子，忠勇公佟国纲之弟。初任一等侍卫，康熙九年，授大臣。廿一年，授领侍卫大臣。寻列议政大臣。廿八年，封一等公。五十八年薨。雍正元年，赠太傅，予谥端纯。是书自序于康熙壬午。有云，予少习武事，未尝读书，偶于《周易传义大全》，采取伊川先生及宋诸儒说中精粹而易明者稍加融贯，汇集成峡。故此书一以程朱为主，卷首仍列本义九图，及四六八卦取象等歌。经文注释，全取程传者十之四，全取本义者十之二，传义参合者十之二，其余十之二，多采建安丘氏之说。按，丘氏名富国，字行可，朱子门人。著《周易辑解》《经世补遗》《易学说约》等书，皆发明朱子之旨。于丘氏之外，惟大有卦取诚斋杨氏说一条，无妄卦取云峰胡氏说一条，睽卦取缙云冯氏说一条。自序所谓采取宋诸儒说者，如是而已。书名所谓汇统者，实只程、朱、丘三家义合参而已。若缙云冯氏与云峰胡氏，固与三家义毫无异撰。即诚斋杨氏，最喜引史证经。而此书所引，亦意不在彼。故此书可谓纯乎墨守程朱之说，而略撮抄《周易大全》以成者。夫《程传》《朱义》，在明初即已为功令所必习，家弦户诵。《大全》所辑宋元儒者之说，虽云未备，然此书以言精要，不如程、朱、丘氏原书；以言详备，则不及《大全》。而己又毫无所发明，复何贵乎。

（尚秉和）

《河图洛书同异考》一卷（昭代丛书本）

清冉觐祖撰。觐祖字永光，号蟫庵，中牟人。康熙辛未进士，官翰林院检讨。觐祖之学以朱子为宗，其论《河图》《洛书》，皆本之《易启蒙》，而以刘牧九为《河图》、十为《洛书》为沿误。然又谓《图》《书》之精蕴，不可泥于一端，亦未免有骑墙之见也。其自胁之新义，谓《河图》主互，《洛书》主对。河图下右之一与九，四与六互为十，上左之二与八、三与七互为十。火金不互者以相克，水木不互者，以岁功言之，冬春易岁也。按，《易》之有互体者，以上下二卦中四爻，又互为二卦也。若《河图》之一与九、四与六，俱为十，是合其数言之，非互也。觐祖殆失之矣。至谓伏羲心有全《易》，触《河图》而为卦，不必先禹而为《范》。大禹心有《洪范》，触《洛书》而为畴，不必继羲而为《易》。则想象之词，尤不可为训也。

（柯劭忞）

《大易象数钩深图》三卷（康熙刊本）

清纳兰成德原著，张文炳重订。文炳字明德，山西绛县人。顺治三年进士，官安徽泗州知州。据其自序，是书得诸成大人《五经讲义》中，检出付梓，以广其传。末更附以来氏易说。其上卷共四十图，中卷五十图，下卷四十余图，共一百三十余图。有有说者，有无说者。文炳或加按语，以申其义。其《河》《洛》等图，盖杂取宋刘牧者居多。于数之原理，颇能钩深阐幽。然有不当者，如《天地数图》。其天数一三五七九，七为五圈。外加二圈。合为七。九为五圈，外加四圈，合为九。明数至五而穷，五加二为七，加四为九。六、七、八、九，仍一、二、三、四。特以五为枢纽耳，甚当也。乃于地数，二、四、六、八、十，皆平列黑点。于五加一为六，加三为八，加五为十之意不显，则前后不一律也。至其诂经之图，有不必图者，如《乾坤策数图》。于乾卦每爻下注三十六，坤卦每爻下注二十四。以见乾策二百一十六，坤策一百四十四之数。此童稚皆可算。又如《八卦取象图》，以乾首、坤腹、乾马、坤牛等象，分列八卦之下，以见近取诸身，远取诸物之义，则皆不必图也。有非图可见者，如《观国之光图》《震动心迹图》《遯象图》《归妹君娣之袂图》，此焉能以图显。强为造作，后学益惑。有图而误者，如《无妄中孚图》。以"无妄"为信，夫两汉之人，皆以"无妄"为无望，以为凶卦。至三国虞翻，始以为信。然《彖》曰"不利有攸往"，《象传》明曰"天命不祐"。世岂有忠信之人，不利有攸往，而天不右者，是误解也。至卷末所附来知德《易说》。按，来氏《易》在明代已风行，并非罕见，殊无重轻。总之此书，除于易数有取外，于象皆不切无关，且有误者。名曰

《象数钩深》，不副其实。

（尚秉和）

《周易本义注》六卷（粤雅堂本）

清胡方撰。方字大灵，番禺人。岁贡生。是书据伍崇曜跋，经刻书者窜乱，分注《本义》中，名曰《周易本义阐指》，厘为四卷，卷帙厚薄参差。崇曜得方手写稿本，无阐指名，又实分六卷。乃重为编订，改题《周易本义注》。按，方虽服膺朱子，至说经则自抒己见，不尽与《本义》相比附。名曰《周易本义阐指》，固名不副实，然尤非《本义》注也。其释卦例，有直言之者，有指卦名义外别见之义言之者，有指卦名义外以卦后之义言之者。释爻象例，有注释之例，有提撕之例，有因爻而决之例。皆泛滥于《易本义》之外，而无裨于经说。其间有发挥《本义》者，如《乾·彖传》"大哉乾元"，《本义》又析元、亨、利、贞为四德以发明之。方注谓著一析字，便见非释《彖词》之元亨利贞，今乃析之以当四德。《象传》"君子以自强不息"《本义》：不以人欲害其天德之刚。方注：不以人欲害，是以字实际，省察克治。《文言传》"利者义之和也"，《本义》：利者生物之遂，于人则为义，而得其分之和。方注：其分其字，承人言。凡此之类，皆体会语气，一挑半剔，犹未脱讲章之习者也。李文藻《南涧集》称方讲求义理之学，敦崇实行。学使惠士奇疏荐之，谓其教人从日用酬酢处求义理，从寻常应对处见文章，则方坐言起行，不愧醇儒。因人而重其书，亦可备学人之采择也。

（柯劭忞）

《周易本义阐旨》八卷（嘉庆十七年兰桂堂刻本）

清胡方著。方字信天，一字大灵，新会人。岁贡生。方殁后数十年，其玄孙捷登，始以家藏钞本，示同里观察使卢观恒，观恒为编校刊行之。书分上下经计卷。上经由卷一至卷四，下经亦然，故凡八卷。马其昶《周易费氏学》叙录，作《本义注》六卷者，盖未见原书而误也。是书先列经文，次列《本义》，皆大字。后列阐旨，小字双行，夹注、眉目尚为清晰。卷首除列朱子九图、八卦取象歌、八宫次序、卦名卦变歌、筮仪之外，萃荟朱子平日论《易》之说，为《易说纲领》一篇，次筮仪后。又录朱子《周易五赞》《易图说》及《启蒙补略》诸书，次纲领后。是颇足以窥朱子《易》说之全体，补《本义》所未备，有益于读者。独惜其于书中之阐旨，则墨守本义，句梳字枇，无所征引，无所参证。故用力虽勤，而毫无发明。有时浅俗，且类坊间之高头讲章。如释《大象》云，此"《象》曰"是周公言卦之象，"若曰"是记述之词。《小象》之"《象》曰"，是象词之意，"若曰"是论议之词。

释"先迷失道，后顺得常"云，此节与《论语》"仁甚于水火，未见蹈仁而死"同义。释《说卦》"坤为文、为众"云，色繁而整为文，形繁而整为众，不繁非文众，不整则繁不可辨，亦不成文众也。此皆支离无当。又如将六十四卦三百八十四爻，自定为注释之例、提撕之例、因象词而决之之例、因爻词而决之之例、释爻词正含之例、释爻词所以然之例、释爻词所以未及之例等，亦皆强分支配，不协经旨。盖方生居穷僻，潦倒棘围，既不获与通人达士交游，又罕觏汉魏易说，故孤陋如是也。

（尚秉和）

《周易本义正解》二十二卷卷首一卷（康熙癸酉赐书堂刊本）

清丁鼎时、吴瑞麟撰。鼎时字九畴，号柯亭，丹阳人。廪贡生。文名噪一时，为吴伟业所识拔，又与魏禧、陈维嵩、汪琬、姜宸英等为友。有文在之选，著《新硎》《骊珠》等集。瑞麟字南聪，亦丹阳人。诸生。考是书前有瑞麟自序，言学者但究心《本义》，而《易》之理已无余蕴。又云，余悉屏众说，一以《本义》为宗，故书名《本义正解》。又考瑞麟所作凡例，则此书宴系瑞麟一人所著，兼采鼎时之说，因题其名同撰。卷首先载序例，序例之后，次之以《周易》类句辨异，又次列程子原序、上下经篇义、朱子易说纲领、五赞。又为图一十有八，发明先后天、《河》《洛》之义。并录筮仪，启蒙明占法，《易》学源流总论，卦歌等。卷之一至八，释上经。卷之九至十六，释下经。卷之十七至二十一，释《系辞》。末卷则释《说卦》《序卦》《杂卦》。其注释之法，首疏解《本义》注文，杂采胡广《大全》、蔡虚斋《蒙引》、林次崖《存疑》、潘友硕《广义》、萧山来《会解》诸书之说，以疏证朱子之义。次列衍义，以串讲经传之辞，敷畅其文义。又次列发明，推求经文逐字逐句之意义。前后照应之脉络，以发明经旨，若乾坤诸卦，尚有六爻合旨，《象传》合旨，《文言传》合旨等名目。疏释似为详尽，然空泛敷衍，辞多枝叶，仍不脱讲章习气。又易学源流论，有云李鼎祚《集解》取郑舍王，陆德明《释文》宗京尚数。夫鼎祚自谓刊辅嗣之野文，补康成之遗象，崇郑黜王，事诚有之。若德明《释文》，兼载诸儒之训诂，证各本之异同。若以其卦首列某宫某世卦，概慨其全书为宗京尚数，有是理乎？瑞麟取此，其于考据之疏，可概见矣。

（尚秉和）

《周义本义引蒙》十二卷（康熙刊本）

清贡生姚章撰。章字青崖，山东潍县人。据刘演序及自序，书梓于康熙乙亥。自序云，自幼学《易》，以朱子《本义》为正宗。然本义之妙，未能

407

尽悉。后得蔡虚斋《蒙引》证之，始悉《本义》象占之说，无不自卦画中来。乃以《蒙引》为主，并采辑众家，为书十二卷。今观其注，如解"品物流行"云，品物得云雨，形形色色如水之流而不息，以流形为形容辞。说"先迷后得主，利"云，务本以浚利之源，节流以宏利之流，则财可致而用不穷。以主利连文，且以利为财货。说"武人为于大君，志刚"云，志刚则好自用，以志刚为刚暴，不知其为承阳。他若说"《讼》六三，或从王事，无成"云，"阴柔质弱，苟或出而从王事，亦无有成功"，则袭朱子之惧解。以成为成败，若是者尤多，皆无觉察。盖自明初学者，以胡广之《周易大全》为正宗，而《大全》以程朱为主体，不知象数为何物。而乡曲之士，见闻孤陋，几不知《程传》《本义》《大全》以外，尚有其他《易》解。虚伪支离，无足怪也。

（尚秉和）

《逸亭易论》无卷数（檀几丛书二集本）

清徐继恩著。继恩字世臣，钱塘人。逸亭，其号也。是书凡八篇。首曰《河图说》，明作《易》昉于《河图》之义也。次曰《洛书说》，明作《易》则于洛书之义也。三曰《先天八卦图说》，明乾南、坤北、离东、坎西之方位，乃卦象之自然者也。四曰《后天八卦图说》，明后天八卦准《河图》者也。自第五篇以下至七篇止，则皆《卦序说》，明六十四卦相次之序也。末曰《策数说》，明策数有体有用也。大旨在阐明邵子之学，而颇多穿凿臆说。如云作《易》者取则于《河图》，其说安在？孔子不云乎《易》有太极是主两仪，两仪生四象，四象生八卦，两仪、四象、八卦，夫人而知者也。太极则茫乎不知所指。尝览《河图》而得之，夫太极者中五也。依徐氏之说，是以《河图》中五为太极。圣人则《河图》，即则其中五之太极，圣人果如是乎。徐氏又言《洛书》，阳尝处于四正，阴尝处于四隅，明以八方者，示八卦之义。圣人作《易》，因而图之，此取则者也，是徐氏之意。又以圣人作八卦，乃则洛书之八方也，亦有是理乎。他如论卦序，谓天地定位，故首乾坤。天一生水，坎宜继者也，屯以水雷，蒙以山水，皆水也云云。说虽巧合，仍无当于经旨。盖圣人作《易》，仰观俯察，近取远取，极深研几，幽赞神明，而后作卦爻，垂象数。《河图》《洛书》，亦其取则之一耳，至其所以取则之方，殆不可知。后儒必欲纷纷推测，要之非诬则妄。如徐氏者，亦其一也。至如六十四卦相比次之义，《序卦》言之已详，而徐氏又欲文饰傅会，以神其说，不亦索隐行怪，为夫子所弗为者乎。是不可以不辨也。

（尚秉和）

《增订周易本义补》不分卷（清康熙间刊本）

清苏了心撰，刘祈谷增订。祈谷字俶载，署其居为洮村，并不审其籍贯仕履。刘氏序称了心之书，有讲之未详者，有极精当而与制举未合者，增订之说所由来也。了心大约取之乎《衷旨》，间参以《蒙引》。圣朝取士，《易》尚《本义》，而以《衷旨》为一定之解。今删其不合《衷旨》者，增其未达《衷旨》者，以为场屋之利器云耳。寻康熙五十四年，《御纂周易折衷》一依《朱义》《程传》为宗，以为经义程序。刘序作于康熙三十七年戊寅，在颁行《折衷》前。其所谓《衷旨》《蒙引》，疑亦敷衍本邃为举业而设者，故不见于各家著录也。是书略依坊间通行本，非复朱子所定上下经、十翼之次。钞撮原注，颇有增损。去取之间，似无深意，亦有不明经义而妄为说者。如"用九，见群龙无首"注云，其象犹龙之刚猛在首，而今见其无，如是则不吐不茹，既畏其威，又怀其德矣。龙首刚猛，既成野言，吐刚茹柔，尤无义据。又不知用九为揲蓍变卦之例，故聊为空言以应塞耳。"七日来复"，注云，于卦为七爻，于时为七日。案，本义称自五月垢卦，一阴始生，至此七爻而一阳来复，盖据十二消息卦言之。此乃妄有删节，则七爻云云。不几于空发乎。《谦·象传》注云：尝观之天地矣。又云：尝博观夫天地鬼神，以推于于人矣。其下即以骈偶肤末之辞，分释传义，尤未能脱然于故八比时义气息。卷首依坊本列《河》《洛》、先后天图，而于《洛书》附注九畴，于六十四卦圆卦附注二十四气。虽亦有本，然又自为《八卦小方图》，与先后天卦位皆异。自注云，《小方图》不见于经，今以《大方图》约之也。夫《本义》附图，已非朱氏之旧，更非经本所宜有，乃云《小方图》不见于经，抑何陋乎。

（吴承仕）

《周易图说述》四卷（康熙刊本）

清王弘撰著。弘撰字无畏，一号山史，华阴人。监生。康熙中举博学鸿辞，以病辞不赴。工书能文，精金石之学。居华山下，著有《华山志》《砥斋集》《周易图说述》。汪琬称其文驰骋今古，悉有依据，非苟作者。其《易说》凡四卷。其第一卷首言"易"之本义，云《乾凿度》所谓简易、不易、变易三说，其简易、不易、皆于易无当。《秘书》云，日月为易，日月变易者也，故《易》特取变易之义。若有取于不易，岂尚以易为名乎。今按《史记·大宛传》，天子发书《易》，谓发书筮也。又武帝《轮台诏》，《易》之卦得大过，易之筮之也。然则"易"字本诂为卜筮，简易、不易、变易，皆"易"后来之用，非"易"之本诂。王氏必以变易为是，简易、不易为非，

似仍未得。次论《河图》，伏羲既则以画卦，而未必即今所传之《河图》。今之《河图》，疑为后人所作，特其数有妙理，故以当之。按今所传之《河图》数，见于《墨子》，见于《月令》，及《大戴礼》。而《太玄》与郑注，生数成数，言之尤详，但皆未举其名，然墨子在春秋时已言之，王氏疑为后人所作，亦不然也。又谓圣人既明言则《河图》《洛书》以画卦，画卦者伏羲，则《洛书》不得为大禹时物。《洪范》言天乃锡禹洪范九畴，不言洛之龟，与《大传》言圣人仰观俯察，近取远取以查卦，不言河之马同。按王氏此言，可谓善疑。特又谓天一地二节文，即《河图》，参伍以变，即言《洛书》。不能画一其说。又所绘《河图》必使象马旋文，《洛书》必使象龟坼文，尤迂拘可笑。其第二卷则为邵子所传《伏羲先天八卦图》，及《六十四卦方圆各图》，而加以说明。又将《六十四卦大圆图》，自初爻至上爻析为六图。其初爻西方全阴，东方全阳，则子午以西为阴仪，以东为阳仪。其第二爻自卯酉线以南为阳，以北为阴，合初爻而四象成。由是而八而六十四，其神妙皆显。而先天一、二、三、四、五、六、七、八之数，丝毫不紊。然则是图是否为伏羲不敢言，然非圣于《易》者不能为也，则斯图以显之也。其第三卷则《太极图》《卦气图》，及邵子《元会运世之图》，纯述旧说。第四卷纯论卦变及卦变图，皆宗述旧说，无甚阐发。

（尚秉和）

《身易》一卷（昭代丛书本）

清唐彪撰。彪字翼修，兰溪人。彪为《河》《洛》、先天之学，名其书为《身易》者，谓知乎此，体乎此，深造而实诣乎此，则不必玩索《河》《洛》，而身内之《图》《书》见。不必求合八卦，而身中之八卦形。性光如日，命光如月，心光如斗。吾身之天地位，吾身之万物育。持论愈高，与经义愈远。盖空谈性命之流弊，至此书而极矣。

（柯劭忞）

《周易兼两》不分卷（钞本）

清钱塘倪璠撰。璠别有《庾子山集注》十六卷，已著录《四库》，入集部别集类。本书分十篇，卷首曰《论三古易》，次曰《易含三义》，附录《周易本义八论》，三曰《总论二十九卦》，四曰《论易律度》，五曰《论易历》，六曰《正易正法辨误》，七曰《反说成艮说》，八曰《筮仪》，九曰《广师春》，十曰《广说卦》。大抵发明占筮之义，为汉学之支流。题曰"兼两"者，以《易》虽占人事，兼仰视俯察为义，盖取《系辞》语也。据序，尚有《周易大象赋》一篇，此本无之，殆传写脱佚。本书于占筮之义，推阐详明，惟杂用伪书谶纬，不加别择，根本汉儒之说，不分家法。此在清初诸儒往往有之，固不独墦为然也。然由此书以读汉儒《易》注，亦不无裨益云。

（刘启瑞）

《古易汇余》无卷数分四册（雍正刊本）

清刘文龙撰。文龙字体先，闽宁化人。雍正间诸生。其第一册复古《易》十二篇之旧，以上下经为二篇，十翼为十篇，而附以伏羲六十四卦之方圆图。第二册诠上经，第三册诠下经，第四册诠《象辞》《大传》《说卦》《文言》《序卦》《杂卦》。其十翼谓《大象》乃为象传，至《小象》乃释爻之辞，不得谓之《象》，直名曰释爻。其释爻之辞，亦加以"《象》曰"，乃后儒之误。按"《象》曰"二字，为经本无，故汉儒无释者，更无所谓大小。至唐孔颖达作《正义》，乃有大小《象》之分别，而王注亦未言。兹谓为释爻，不谓为《象》，能发前人所未发，可谓善疑。又云圣人观象系辞，辞原以明象，故朱子云不先见得象数，则事无实证，虚理易差。盖有是象，然后有是辞，不得其象，焉能犯辞。辞不明则任意牵附，岂复成理云云，可谓中《程传》之大弊。及后来言义理者之浮伪无当，真知《易》之所以然。又云高谈性命之家，率卑训诂章句，为不足道。予谓沿训诂章句，而不能得其大意者有之矣，未有训诂不明，而能得其大意者。训诂章句，譬则门户也，《易》理，堂室也。今欲登堂而不由门户，则文理尚不通，而空演义理，乌乎其可。按，不训诂章句而衍空理，自王弼开其端，然尚及易理。至《程传》则专以演其圣功王道之学，不惟舍象数不谈，并易理不顾。此风一开，宋人除朱震等数人外，无不以义理言《易》。至明清八比盛兴，又杂以高头讲章之滥语。凡事宋《易》者，皆不识《易》为何物矣。刘氏僻处山邑，独能静悟其非，则卓识独优也。又《易》之异同文，皆罗列眉上，无或遗漏，尤征赅洽。惜其诠解经文及传语，太为简略，未足以副其所主张耳。

（尚秉和）

《易卦变图说》无卷数（咸丰刊述史楼丛书本）

不著撰人姓氏。据武林沈映钤后跋，谓是书为其曾王父赓堂先生，丙辰在京寓，借全谢山处本钞。或疑即谢山所著，然考《经史问答》，于《易》变颇斥来知德，以为繁溷，而是编谓来氏错综之法，最为纲要，则非全氏之书也。映钤以世无传本，于咸丰间刊入《述史楼丛书》中。今阅其书，自汉儒宋儒以讫于清，凡言卦变者，皆录入而论列其是非。按，卦变之说，后人往往托始于《象传》，岂知《象传》所谓《随》"刚来而下柔"，《蛊》"上而柔下等辞"，乃所以发明卦义，并刚柔往来反复之理，以见《易》道之通变

不穷。非以此卦生彼卦，更非以此爻换彼爻。后儒误会传义，便谓某卦自某卦来，持某卦之象，以为此卦之象。如虞翻不知艮龟象，则谓颐从晋来，晋离为龟。不知震鹤象，则谓中孚从讼来，讼互离为鹤。害义乱经，莫此为甚。后儒如朱子，不知其穷窘而为此，乃所以便其私，更加甚焉。曰某卦从甲卦来，又从乙卦来。夫一卦可变为六十四卦，循例而变，尚何求而不得。后来焦循以变求解，每卦皆然。每变必至于不可穷诘，皆此等阶之厉也。此书于各家卦变之弊，指摘无遗。又历引王辅嗣、孔颖达、徂徕石氏、安定胡氏、童溪王氏、黄中林氏、南溪王氏等，辟卦变之说以为证。而黄中林氏谓圣人以八卦重为六十四，未闻以复、姤、泰、否、临、遯变为六十四。南溪王氏谓《象传》如刚柔、上下、往来字样，《本义》类以卦变言，审看只是现在一个卦体。其论尤确切难破。末又谓《仲氏易》推《易》之法，其所谓聚卦者，乃本之京氏。子母卦者，本之朱子。而且窃来氏反对相综之义，而隐其名。蹈朱子十辟二生出之失，而掩其迹。此不过腰缠十万贯，骑鹤上扬州之故智，有何神奇，而张皇至此。议论尤为透辟，乃竟不知著者之名，殊可惜也。

（尚秉和）

《周易遵述》十一卷附《剩义》一卷（道光十年信芳阁刊木活字本）

清蒋本撰。案，本字根庵，江苏省昆陵郡人，即今江苏武进县地也。此书序谓根庵自写其书，取正不取奇，取精不取多，取大不取巧。宗宋儒之理，而不废汉儒之象。以近人之注较之，如叶氏佩荪，以移易为宗旨，而不取变易；苏氏秉国，以变易为宗旨，而不取爻位；连氏斗山，兼取交易、移易、变易，而于不易之义则失；黎氏世序，本日月为易之义，专取爻位为坎离，而于周流之义则失；晏氏斯盛，不取《图》《书》之说，并互体而废之；任氏启运，则以河图之十五，为全《易》之要；李氏垙，则全删卦气之类，而专主互体；孙氏宗彝，引《易》归礼于《易》之中，无所专主，转专主于《易》之外焉。噫！根庵盖苦心好学之士也，计其成书之日，至今垂六十年，计其人殁世久矣。不知其书何以落于淮阴，乃竟为惜庵春堂所遇，寿诸梨枣。然则是书也，亦蒋本精心采取，流布无穷之善本也欤。

（高润生）

《易卦私笺》二卷（嘉庚元年刊本）

清蒋衡撰。衡原名振生，字湘帆，一字拙存，晚号江南拙叟，又号函潭老布衣，江苏金坛人。康熙贡生。善书法，尝以楷书写十三经，凡八十余万言，阅十二年而成。乾隆时奉旨刻石列太学。选英山教谕，举博学鸿词不赴。古文师大兴王源，有《拙存堂诗文集》。是书之作，盖因其阅《周易》，疑先儒谓四圣人各为己说，恶有舍六画而自发论之理，遂作此书。会《象传》、爻辞、大小《象》之旨，归于一致，为前贤所未道。如豫卦云：愚反复豫卦之辞，而窃疑三圣人之言，何其不同也。观《象传》曰"豫，顺以动，故天地如之，而况建侯行师乎？"似建侯行师，不足以尽卦义也。下又发出天地圣人大义，《象》又言作乐崇德荐上帝，配祖考，果非"建侯行师"之足以尽也。而六爻止于二称吉，九四为成卦之主，不言吉凶。初凶，三悔亡，五贞疾，上渝而无咎，何其与《象传》《大象辞》故相反，而且绝不见"建侯行师"之意哉？遂为明确之解释，以贯通之。全书若此之类甚多，亦可见其钻研入微矣。此书当时仅刻上卷，故修《四库全书》之际未能进上以备采撷云。

（刘白村）

《易卦私笺》上下二卷（拙存堂刊本）

清蒋衡撰。案，衡字湘帆，一字拙存，晚号江南拙叟。康熙时，以国恩为贡生。江苏省金坛县人。善读书，工书法。时铨选广文，制府檄试鸿博，皆不赴。西入秦，摩挲碑洞诸石刻，慨然曰，十三经皆当时经生书，非欧虞笔也，中有舛谬，且多残缺。遂矢志键关，历一纪书成，适遇知爱者，为图装潢，奏呈御览，藏之内府，因作《易卦私笺》。是书盖会《象传》、爻辞、大小《象》之旨，归于一致云云。然则太学之石刻十三经，即衡进呈之原本。宝玺褒扬，崇经实学，具见于是书矣。今拙存堂刊本巍然仍存，亦流行无尽之善本也矣。

（高润生）

《大易札记》五卷（濠上存古堂刊本）

清范尔梅撰。尔梅字梅臣，号雪庵，洪洞人。雍正间贡生。尝著《读书小记》三十一卷，前《四库·列子部·儒家类》存目。是书凡五卷，实系《读书小记》之一种。卷一论朱子本义九图及八卦取象、上下经卦名次序、上下经卦变等歌。大体虽崇朱子旧说，而颇不尽以为然。如《卦变图》条下注云，朱子此图，令人目迷，窃以《象》言卦变，乃《序卦》反对，其理至易至简，眼前便是，何事外求，明儒亦多不取此图。似此尚能决绝依附，不阿所好。自卷二以下，皆系经注。然其注不全列经文，不字解句释，只举某卦某爻某节，总论其大义，意在推阐心性理气之学，而多引史事以相参证。其间比附颇多不切。如释《比》初六"有孚盈缶，终来有它吉"云：春秋萧鱼之衾，东汉萧王之推心置腹，羊叔子之不酖人，郭汾阳之单骑责回纥，皆"盈缶""它吉"之实效也。说《泰》六四"翩翩不富以其邻"云：宋高太

413

后谓官家别用一番人，而杨畏果疏章吕等，真"翩翩"矣。若此之类甚多，实皆与经义相去甚远，而强引以为说，已不足取。其最僭妄者，则莫若仿《系辞》《说卦》之文，而作诸论说。如《先天小圆图论》云："阳卦四，阴卦四，四位相得，而各有合，三变而三合。"《先天大圆图论》云："阳卦三十二，阴卦三十二，三十二位相得，而各有合，六合而六变，此所以神变化而行鬼神也。"全仿《系辞》"天数五，地数五，五位相得而各有合"之文。又作《先天说》云："帝出乎离，齐乎兑，相见乎乾，致役乎巽，悦言乎坎，战乎艮，劳乎坤，成言乎震，此则顺往逆来之义也。"全仿"帝出乎震"一节之文。凡此皆师心自用，故无知妄作若是，而尔梅犹诩诩然自鸣得意，吁可怪也。

（尚秉和）

《易卦考》一卷（濠上存古堂刊本）

清范尔梅撰。尔梅有《大易札记》五卷，已著录。此书亦是尔梅读书札记之一种。首论《河》《洛》，谓《河》《洛》四位之相合，与羲卦四象之相合，其数历历不爽，故圣人因《图》《书》而作《易》。次考先天卦变，谓京氏之八卦分宫次序，乃后天之卦变，临尾二卦，游魂、归魂之术为补凑不安。因改定八宫次序，纵横皆按乾一兑二之次排列。首乾宫，次兑宫，次离宫，次震宫，次巽宫，次坎宫，次艮宫，最后坤宫。本宫中亦首乾，次兑，次离，次震，次巽，次坎，次坤。例如"乾为天，天风姤，天山遯，天地否，风地观，山地剥，火地晋，火天大有"之文，则改为"乾为天，泽天夬，火天大有，雷天大壮，风天小畜，水天需，山天大畜，地天泰"。地天泰之后，则接兑宫，其文为"天泽履，兑为泽，火泽睽，雷泽归妹，风泽中孚，水泽节，山泽损，地泽临"云云。其余依此类推。夫古者《河图》之篇有九，《洛书》之篇有六。既有其篇，当有其文，盖不徒一二三四之数而已。若宋儒所谓《河》《洛》，则天地生成数与太乙下行九宫数耳，非真《河图》《洛书》也。而尔梅不察，恣意牵合，以为羲皇画卦必出于是，谬已。又京氏八纪分宫次序，乃所以求世应之爻，便占筮推断，夫何预乎先天后天。而尔梅强名之曰后天卦变，而又自作先天卦变以补之，用力愈勤，亦愈见其愚诬而已。末后尚附有《象传卦变考》一首，祇述经文，无所发明。其他若《八卦变六十四卦图》《八卦之交又成八卦图》《在人之易图》《乾坤六子联珠图》《生生图》《先天六画卦变图》《羲文错综全图》《卦变相得有合图》《卦变十二轮周流六虚反对图》《先天洛数错综全图》《先天生数错综全图》等，皆缴绕于《河》《洛》先后天之数位，为说愈繁，而愈不可究诘。尔梅讥朱子《本义》所载卦变图令人目迷，若观彼自所为图，岂但目迷，是真所谓谬妄无识之尤已。

（尚秉和）

《娄山易轮》一卷（濠上存古堂刊本）

清范尔梅撰。尔梅有《大易札记》五卷，《易卦考》一卷，已著录。此书亦系《读书小记》之一种，实系撮抄未定之书。故与《易卦考》之文颇多重复，宗旨亦大同小异。所以谓之《易轮》者，据其自序，余为此图，其法止于一辟一阖，而惟变所适，足以拨转六十四卦，使之周流六虚，往来不穷，而旋转如轮，则是所谓《易轮》者，乃取《易》道周转不息之意。书中最要者为前四图，一曰《小生生图》，明先天易八卦生卦之序。自下而上，有经有纬，有合有分，凡三变而成卦也。二曰《小卦变图》，明卦变图之用，与《生生图》同一经纬变化之用。第卦画未生，则见为生。卦画既成，则见为变。三变之后，周而复始也。三曰《大生生图》，明八卦以变而生。因而重之，六十四卦亦以变而生也。四曰《大卦变图》，明八卦六爻合而生六变也。凡此四图，皆以《河图》相得有合之义，与《洛书》旋转之法，衍出阴阳之交，以明《易》之神变化而行鬼神。其支离无当，与《易卦考》诸图同。又末后所附《卦变错综图》《卦变十二轮图》《卦变三百八十四爻相得有合图》及六合说，或与《易卦考》图复，或无深奥之意义，均在可有可无之列。最后有八卦变六十四卦说，改京氏所传八卦分宫次序，盖即《易卦考》中之《先天卦变图》，尤无意义。前已具论其妄，兹不复赘。

（尚秉和）

《周易补注》十一卷（自刻本）

清宗室德沛撰。德沛字济亭，父镇国公福存。德沛应袭父爵，让其兄德普。官吏部尚书，后袭封简亲王。卒谥曰仪。德沛讲求义理之学，甘汝来称其主敬存诚，言动不苟。方苞称其以养大体为宗而实践之，盖笃实之儒，非空谈性命者比。故其书发挥经义，简切无枝蔓。虽曰辑古人以补古人，然实自抒心得，非剿说雷同者比也。惟《乾》九四，或跃在渊。补注曰："俨然物矣，何亦不龙，去之以避嫌也。"按，或灌即谓龙跃，何嫌之可避。《屯》初九，盘桓。补注："盘大石，桓大柱。"按，盘桓不进貌，以声为义，何谓柱石。《蒙》初六："利用刑人，用说桎梏，以往吝。"补注："读说为悦怿。用说句，桎梏以往句。"按，用说桎梏，读说为脱，义自明之。若改读用说句，桎梏以往句，则桔鞠不辞矣。《需》补注，以卦德释卦名，以卦综释卦

415

辞。《讼》补注，以卦德、卦综、卦体、卦象、释卦名。按，卦德、卦体、卦象先儒固言之矣，错综则主乎爻者，何得有卦综之名。凡此之类，皆不合于经义。虽以名儒之著作，亦不敢曲为袒护也。德沛又著《易图解》，笃信《六十四卦方圆图》出于伏羲，谓不敢强图以合经，亦不敢蔑经以叛图，不知图非经之比也，实不及此书之切实有用矣。

（柯劲态）

《易图解》一卷（自刻本）

清宗室德沛撰。德沛自序云："以宋儒诸子之贤，犹多未详之语，益知斯理之难明也。乃掇拾补遗，别为一书，以待识者就正。其羲文诸图，先儒略载，故倍加摩究。积三十年之久，仅有一得之愚。然是非当否，不敢称焉。"是德沛先撰《易补注》，积三十年之久。而后成《易图解》之书。特此书刊于乾隆元年，至乾隆六年始刊《易补注》。晏斯盛《易补注》序谓德沛先有方员之《图解》，而《补注》复出，尤足与《图解》相发明，殊为舛误。德沛于《易》图用力甚深，研究细密，多先儒所未发。惟体会语气，犹蹈讲章之习。如谓始作八卦，以通神明之德，以类万物之情。曰于是始作，曰以通，曰以类，岂非先此不可以形求，而八卦始有形乎？又诣观其语气，其曰定矣、位矣，皆是一俯仰间见得道理。在在如是也。以《易》蕴之宏深，而求诸语气，其于周孔微言，岂有当乎。然研究先后天、《河》《洛》诸图。自李安溪外，无如德沛功力之深者。李绂称其纵横贯穿，亹亹数千言，与紫阳以下天台董氏、玉斋胡氏诸说，互相发明，要不为过誉也。

（柯劲态）

《理象解原》四卷（乾隆刻本）

清宗室胤图撰。胤图有《一学三贯清文鉴》，已著录。《理象解原》系诠解《周易》之书，成于乾隆六年。其从兄德沛为之撰序，言"《易》之为书，广大悉备。圣人设卦观象系辞，而天地万物之理，于是焉具。羲皇以图示，周王以辞显，孔子赞以十翼。《程传》《朱义》，士人奉为指归。脱即其义而绅绎扩充之，当必有更相发明者。吾少闲居，尝观图考象作《图解》，玩辞释意为《补注》，而吾从弟溥仁亦同时寻绎《易》理而著述之。虽各具心思，要之悉求合夫四圣矩镬，志勤性笃，崇阐微言，爰于吾弟得之矣。吾故乐得而序之"。署乾隆十三年二月，结衔吏部尚书，镇国将军，兼管国子监祭酒事务，教习庶吉士，愚兄德沛撰。胤图自序略，谓"愚不敏，因我圣祖详明开释之旨，反复玩索，用力九年，纂辑成编。颜之曰《理象解原》，以求不倍于夫子之十翼，以少见文王周公系《象》系《辞》之情，伏羲画卦立象之意"云。署乾隆六年三月。钤章曰长白紫竹。本书体裁，与现列学官之国子监本相同，其目首为《周易卦歌》，分卦象、卦歌、八卦取象歌三项。次《易图目》，凡为《河图图》《伏羲八卦次序图》《伏羲六十四卦次序图》《伏羲八卦方位图》《伏羲六十四卦方圆图》《洛书图》《文王八卦方位图》《文王八卦次序图》八项。图各系说，惟其说与监本异。次《周易》本经总目。次《说卦》论。凡六条。监本之《卦变图》及《筮仪》，此本不著。本经《乾》卦，乾，元、亨、利、贞。解曰："乾纲至健无息，为统制之主宰，大化之纲领。元者，乾道生发之始，而为万善之长。亨者，从元之流行，而衍资始之生。利者，致役乎坤，使阴付万物之形，以合阴阳之和义。贞者，辅成万物归根之本以养贞，而复元之全德焉。"窃以肃慎民族，擅弧矢之利，染翰固非所长。即有一二占毕生涯，从事著作者，亦以诗词为多。肮图解经，盖不数见。有足存矣。

（奉宽）

《读易别录》三卷（知不足斋本）

清全祖望撰。祖望字绍衣，一字谢山，鄞县人。乾隆元年进士，改翰林院庶吉士。散馆以知县选用，卒于家。祖望谓旧史《艺文志》，《周易》类自传义章句而外，或归之蓍龟家、五行家、天文家、兵家、道家、释家、神仙家以见其名，是旧史卫经之深意。朱彝尊《经义考》，椠取而列之于《易》，所以乱经者，莫甚于此，乃作是书以订正之。列图纬于篇首，而以诸书附之，疏其门户异同，以见其必不可以言经，为第一卷。图纬之学，以老庄为体。老庄之学，又以图纬为用。图纬候气直日之法，流为神仙。老庄元兆谷神之旨，亦流为神仙。是丹灶之学，亦兼二家之体用。祖望别其源流，为第二卷。古者龟之重甚于蓍，蓍学盛，龟学始不传。《经义考》于易部录蓍去龟，虽失之，然后世之龟书，则皆溺于壬遁之说者，故旧史不登于经部，而别录之。今亦载于别录之末，附以蓍书蓍法，为第三卷。祖望学殖淹通，文章尔雅，持之有故，言之成理，足以纠经义考之舛疏。然《淮南九师道训》，刘向《七略别录》云：淮南王聘善《易》者九人，从之采获。前书《艺文志》亦云：聘明《易》者九人。今《淮南鸿烈》所引之《易》说，皆九师所述也，此岂涉于丹灶之学乎。谢山乃摈之为丹灶家，误矣。

（柯劭忞）

《易大义》一卷（海山仙馆本）

清惠栋撰。栋有《周易述》，前《提要》已著录。按，《周易述》目录凡四十卷，自二十四卷至四十卷为《易大义》《易例》《易法》《易正讹》

《明堂大道录》《禘说》皆有目无书。栋弟子江藩序此书曰："惠征君《周易述》三十八卷，其《易大义》三卷，目录云《中庸》二卷，《礼运》一卷，缺。乾隆中叶以后，惠学大行，未刻之《易例》《明堂大道录》《禘说》《易汉学》，好事者皆刊行之，惟《易大义》世无传本。阳城张子絜出此见示，为艮庭师手写本，藩手录一帙。知非《易大义》，乃《中庸注》也。盖征君先作此注，其后欲著《易大义》，以推广其说。当时著于目，而实无其书。嗣君汉光先生，即以此为《易大义》耳。是书虽先生少作，然七十子之微言，亦具在是矣。"按，惠氏说《中庸》曰："此仲尼微言，子思传其家学，非明《易》不能通此书。"是惠氏之《中庸》注本，为发明易义而作。藩谓先作此注，复欲著《易大义》，推广其说，殆失之矣。

（柯劭忞）

《周易本义辩正》五卷（蒋氏省吾堂本）

清惠栋撰。栋有《周易述》，前《提要》已著录。朱子作《易本义》，依吕祖谦所定之古本，分为经二卷，传十卷，删《象》，曰《象》，曰《文言》，曰后增之文。程子《易传》则仍依王弼本。明人修《周易大全》，取朱子卷次，割裂附于程传。坊本《易本义》，遂以程之次第为朱之次第，沿讹袭缪，占毕之士莫喻其非，栋著此书以更正之。《本义》向无音释，栋采吕祖谦之《古易音训》附之，又据《说文》《玉篇》《广韵》诸书，以补《音训》之未备。朱子依古本，与程子依王弼本字句不同，栋据李公传、胡一桂、董楷、胡炳文诸家之说，悉为改正（按朱子原书，有宋吴革刊本，康熙时内府重刊，栋未见）。故据诸家所引者改正其坊刻之讹字，亦一一勘订之。至《本义》有未备者，间以《语类》《程传》补之，并广以汉儒之说，洵为读《易本义》之善本。惟不全刻经文，仅标举经文及《本义》之一二语，附加辩正于后，则以坊本沿袭已久，限于当时功令，不敢擅改原书也。

（柯劭忞）

《经言拾遗》十四卷（自刻本）

清徐文靖撰。文靖有《禹贡会笺》，前《提要》已著录。文靖撰是书，年已九十，盖用力至深，终身以学《易》者。凡卷一二释卦爻，卷三四释《彖传》，卷五六释《象传》，卷七八释《系辞》，卷九释《文言》，卷十释《说卦传》，卷十一释《序卦传》，卷十二释《杂卦》，卷十三为易学补遗，卷十四为易学源流，则其门人毛大鹏所辑也。其书不全载经文，遇有疑难之义，标举经文以释之。先引诸家之说，后附加案语。其略例云："此编主程子之说为多，然考其所征引者，则博采诸家，不拘拘于《程传》也。"又文靖自序推崇周子《太极图说》，其略例亦以无极太极之说为专条。然《系辞传》"易有太极"，下则云"无极即太极"，盖注疏中语。自宋儒讳言古注，以为不由师传，默契道体，或谓得之陈抟穆修，或谓得之少林寺僧，殊可叹。则文靖亦不肯坚持门户之成见矣。

（柯劭忞）

《易经如话》十二卷（活字印本）

清汪绂撰。案，绂字灿人，别字双池，婺源人。初能言，母江氏授四书五经。八岁悉成诵，未尝从师。母殉，父淹滞金陵，往迎父。父曰："吾无家。安归？"叱之返。绂无以自活，为景德镇画盌佣，且佣且读，旋馆枫岭浦城。补邑诸生。父卒，恸几绝，扶榇归。二十岁后，著书十余万言，旁及百氏九流。至壮，尽焚之。自后凡有述作，皆从反身切己而出。博极两汉六代诸儒疏义，而一以宋五子之学为归。所著《易》，有《易经诠义》十五卷，及此如话十二卷。婺源为朱子故里，士多治朴学，而以绂与江永为最著云。

（高润生）

《周易诠义》十五卷（敷文书局刊本）

清汪绂撰。绂一名烜，字灿人，号双池，婺源人。诸生。乾隆二十四年卒。五经、四子书、宋明理学、律吕、医方、壬遁、小数皆有撰述。清《四库》仅收其《参读礼志疑》二卷，余并不见著录，盖网罗所不及也。是编，卷首为《易学源流》《周子太极图说》《程子易传序》上下篇、《义本义》《图说》《筮仪说》《易大凡》。卷一至卷十二为经传十二篇。卷十三、十四，为《易学启蒙》，而以五赞置《启蒙》书首，以复其旧。汪氏以谓明初《程传》《朱义》并行，习《易者》因劙《朱义》以附《程传》，其后专行《朱义》，而经传犹用程本，是并《程传》《朱义》而两失之，故一依吕祖谦所定古《易》旧次，全录《本义》正文。朱用吕本，《系辞》在《文言》前。汪氏乃移《文言》于《系辞》前，不知其以意为之邪，抑参用晁以道、程沙随本也。《程传》有精粹不可移易者，摘录于《本义》之后，其与朱异或见谓不可从者，则悉与辨正。次引宋元明清诸儒《易》说足以申释朱学者百有余家，要以胡炳文、蔡清、林希元三家说为最多。所采汉唐旧义，不过十之一二，盖胡之《通释》、蔡之《蒙引》，皆为《本义》作疏。林之《存疑》，则又继《蒙引》而作，其体用与是编同，故引之独悉也。次又自下己意。近本经义，旁及史书，推而至于理欲消长之几，佛老邪正之辨，家国兴衰之故，终以为礼乐可兴，井田可行，封建可复。盖汪氏之学，一以朱子为归，束修

儒行，存养有得，故不觉其言之亲切而有味也。（是书体例与董楷《传义附录》略同。董书全录《程传》与《本义》，此则闲录《程传》、全录《本义》，以示宗朱祧程之旨。）是书前序作于雍正甲寅，后序作于乾隆丙子，中间相去廿余年，用力积久，固可概见。然其先时辨《图》《书》者，若黄宗羲、宗炎、毛奇龄、胡渭，辨《本义》九图者若王懋竑等，向来沿袭之谬，皆已发正。汪氏于此，似皆不甚措意。唯过信《河》《洛》、先天、无极诸图说，谓《先天图》是作《易》之祖，自汉而后，秘于方外，儒者不见此数，故于《系辞》《说卦》、太衍、太极、天地定位诸章，皆不得确解。邵子、朱子，得先天而反之于《易》，而后其说，乃坦然明白。所谓八卦成列者，列须是横排，横排非先天横图而何。案，列，犹云行次等比耳。方圆横直，皆得为列，且传只言八卦成列，不言太极、两仪、四象成列也，以列为横排之据，其浅陋为何如乎。又自汉儒始言《河图》为八卦，《洛书》为九畴。自刘牧、朱震以来。以九为河图（即明堂九宫数），十为《洛书》（即天地生成数）。唯蔡氏、朱氏依伪书《关朗传》，以十为《河图》，九为《洛书》，实混八卦五行为一，汪氏尊朱至矣。乃云，《河图》位数，分明是五行。圣人欲因之画八卦，此在人看得不同耳。殆亦知朱蔡之未可悉从，故为是说以调停其间乎。今谓河洛先天之学本近迷妄，为纯儒所不道，疏《本义》者，随应释之可矣，不必曲为附会也。且《语类》所记，亦有率尔之言。如谓咸卦上一画象口，中三画象背，腹下有人脚之象。汪氏引此条以说咸象，或未必悉如朱氏意也。此外援用《尚书》不辨真伪，说制度、训诂不应典据，称引儒先则名字谥号杂出，为疏证之文则故为语录体，皆足诒人以口实。然彼固自谓书以理义为主，名物细故，可勿深求也，今亦不烦征诘之矣。

（吴承仕）

《河洛精蕴》九卷（蕴真遵屋藏版）

清江永撰。案，永字慎修。安徽婺源人。少就外傅，见邱濬《大学衍义补》中多征引《周礼》，熟读之。为诸生数十年，楗户授徒，束修所入，尽以购书，遂博通古今，尤专心于十三经注疏。自壮至老，丹黄不去手。休宁戴震，少不誉于乡曲，永独重之，引为忘年交。震之学，得诸永者为多。乾隆二十七年三月卒，年八十有二。所著礼学、韵学、算学等书居多。此《河洛精蕴》，冒天地人之道于六十四卦之中，计内篇目录，为河洛之精。第一卷自《河图》起，至《图》《书》八卦余论止，共十三条。第二卷自论后天八卦未必始于文王，至图说附《六十四卦方图》说止，共十七条。第三卷自大衍之数五十说起，至变占余义说止，共九条。外篇为《河洛之蕴》。第四卷自《河》《洛》未分未变方图起，至总说（附八曜杀说）止，共二十五条。第五卷自变卦说起，至总论止，共二十四条。第六卷自句股原始起，至六乘方至十一乘方图止，共二十二条。第七卷自律吕声音本于《河图》《洛书》说起，至五十音应大衍之数图止，共十九条。第八卷自《河图》为物理根源图起，至紫白《洛书》说止，共三十条。第九卷自纳甲说起，至伤寒传足不传手说止，共十六条。此书凡卦画、次序、方位、蓍策、变占，一一说《河》《洛》而抉其精，以及天文、地理、人事，一一从《河》《洛》而阐其蕴。是编也，亦可以悟术数之所自始，而得万法之权舆。其有裨于后学，非浅鲜也。此《蕴》真书屋，所以特表而出之也欤。

（高润生）

《硕松堂赞易记》十六卷（乾隆刊本）

清邱仰文撰。仰文字襄周，号省斋，雍正进士，山东滋阳人。官四川定远县知县。有《省斋自存草》及《读易记》。其说《易》以宋人义理为主，故极力推崇《程传》。谓自汉费直独以名理传《易》，为马、郑之粉本。又曰王弼主持名理，不知前有马郑而廓清之。按，费直无章句，以十翼解《易》，十翼不只说理也，安见其独以名理传《易》。马、郑皆言象，而郑主爻辰，以星宿解易，又安见其本于费直。直既为马、郑粉本，是马、郑亦说理也，而又为王弼所廓清，似马、郑又不治费《易》，其让论莫能折中如是。又云王弼去互，朱子发用互。夫互卦之见于汉注者甚多，岂至朱子发而始用，似于汉注未尝寓目。又云孟喜别得《易家阴阳灾变书》，诈称田王孙死时，枕喜膝独传喜。按司马谈亲受《易》于田何，曰《易》以道阴阳。阴阳灾变，原孔门正传，故丁宽复从周王孙受古义。古义非十翼，即说阴阳。后高相言阴阳灾变，云受之丁将军，是其证。丁将军从田何受《易》，未及于是，因事归，故复从其同学补之。丁传田王孙，孟喜从田生受之，有何可疑。徒以梁丘贺不能，而喜又好自誉，故贺嫉之，谓喜言诈，岂知贺言尤诈乎。至焦延寿问《易》孟喜，自是实情。喜家传《齐诗》，今观其《易林》，尽《齐诗》。是不惟从孟喜传《易》，且传《齐诗》。兹云托之孟喜，以白生翟牧，不肯京氏为证。岂知白翟之所以不肯者，皆当时利禄嫉妒之私，故班氏穷形尽象以讥之。今认为实事，得毋馈史稍疏。至其说经之误者，如《临·九二·象》：未顺命也。云本爻并无此义。按，九二曰：咸临，吉无不利。谓阳遇阴，通行无阻也。《左传》云，不行之谓临。兹云"行无不利"，故曰"未顺命"，胡言无此义乎。又云三上之应多不吉。三应上为贰于君，上应三为失节。按《需》上六云，三人来敬之，终吉。《睽》上九云，遇雨则吉。

此皆三、上应，经明言吉，胡云不吉。又云天玄而地黄，与《春秋》"天王狩于河阳"同一书法，否则尊卑不分，天与地杂矣。此皆中末流义理之毒，而违经旨。又《下系》上古穴居而野处，取诸火壮一节，云卦无此象，直取卦名。岂知栋宇、风雨诸象，皆取之旁通观，胡云无此象乎。盖邱氏于易理甚疏浅，而自信颇坚，故其论说多浮泛不切也。

（尚秉和）

《易守》三十二卷（自刻本）

清叶佩荪撰。佩荪，字丹颖，号辛麓，归安人，乾隆甲戌进士，官湖南布政使。是书卷首为《易卦总论》，自卷一以下诠释经文，不及《系辞传》《文言传》《说卦》《杂卦传》。盖未成之稿，故《系辞传》以下阙如也。《易卦总论》仅撮举二十四卦，然于阴阳消长之理，顺逆往来之数，发挥详尽，不为影响之谈。惟《贲卦论》谓自汉司马相如、枚皋、东方朔之徒，皆经薄不修行谊，专以靡曼之词博取名高，继之扬雄、冯衍辈，转相仿效。迨其后曹氏兄弟专尚翰墨，沿及六朝，流风益炽，徒以一篇之侮、一语之丽辄相标榜，以为胜流。迄于唐韩氏昌黎始疾之，能反而求之于六经。宋则欧阳、苏、曾皆能变绮靡猥亵之习而究其趣，终不免沾沾以文自炫。故仿效之祗求学为文词，而于实学无与焉，极论八代文章之弊，与经义毫无干涉，此则支离已甚，徒骋浮词。佩荪自言之而自蹈之咎，其释经不依注疏本，亦不用古《易》本，先卦辞、爻辞，次《象传》，次《象传》。考《周易》古今诸本之异同，如周燔卦辞前列《大象》，卦辞后列《象传》。赵汝楳卦辞前列《大象》，卦辞后列《象传》，次《文言》，次爻辞。李遇、方逢辰于乾卦卦辞后列《象传》，次《文言》释《象》处，次《大象》，次爻辞。蔡渊卦辞后《大象》，次《象传》，《文言》别为一传，与佩荪为五。要皆割裂缀附，自逞胸臆。篇章之同异，固无与于微言大义也。惟佩荪之注，大抵条理贯通，不泥于考象，亦不迁于说理。较之标榜天人、高谈河洛者，犹为有取焉。

（柯劭忞）

《周易讲义》一卷（惺斋杂著本）

清王元启撰。元启，字宋贤，号惺斋，嘉兴人，乾隆十六年进士，官将乐县知县。有《惺斋杂著》十余种，未尽刊行。乾隆三十八年，年六十，掌教溧阳，曾携《周易》数册，避居鹊山寺中，研读有得，辄笔记之，都万余言。其子尚珏辑录成书，计经说七十余事，并附录其平时所为《易》义十余事，名之为《周易讲义》。盖笔语杂记之伦，非首尾条贯之作也。大旨专明义理，不涉象数，颇以人事得失、古今成败为玩辞玩占之征。其所援引，自程朱《传》《义》外，为王介甫、司马君实、苏氏父子、郭兼山、吕与叔、项平甫、杨廷秀、杨敬仲、王景孟、冯仪之、王伯厚、吴幼清、俞玉吾、熊任重、丘行可、胡庭芳父子、蔡介夫，下讫李晋卿等二十余家，择善而从，不专一说。即程朱旧义，亦颇有发正。而汉儒卦气、纳甲、爻辰之术，则一切无与焉。寻其体例，明以宋儒义理之学为宗，而先天太极、《河图》《洛书》之数，则绝口不谈，是愈于宋元以来好言方位、次第、九图、十书之纷纷者矣。其于《小畜》"舆脱蝮"引项安世曰："蝮，车轴转也。"王氏校云："转，盖即缚字之误。"按：蝮，训车轴缚，本于《说文》，陆氏《释文》略同，向无异义，作"转"为传写之误甚明。又大过卦引《尚书》"知之匪艰，行之惟艰"，不知《说命》为晚出伪书。又以坎卦"簋""贰"与"酒缶"相叶，为古韵如此，不知贰在脂部，缶在幽部。韵部绝不相近。此等疏失，殆专治宋学者所难免。至其征引儒先成说，如王伯厚、王应麟、吴草庐、吴澄、胡云峰、胡炳文、李安溪、李文贞等，名号错见，使读者疑，尤非著作之体。

（吴承仕）

《象传论》一卷《彖象论》一卷附《彖象传系辞传论》二卷《八卦观象解》一卷附《卦气解》（味经斋遗书本）

清庄存与撰。存与，字方耕，武进人，乾隆乙丑进士，官礼部左侍郎、乐部大臣、南书房上书房行走。是书统论《象传》《彖象系辞传》之大义，《八卦观象解》则考二仪之运行，以发明垂象吉凶之大义，贯串群经，不囿于一家之说。虽词多枝叶，间涉繁芜，究非空疏者所及也。如说《讼》九五之占曰："为天下君，奉公之法，必受天下之公言而为之主。能内自讼者，匹夫也。使天下讼其过者，天子也。进言者无所忌讳，若讼然，而莫之惮，则天下之情不达者鲜矣。"说《小过》六二之占曰："其为妾母，不附于天子之庙，诸侯祭于诸侯之庙、大夫之家，世世子孙祀以为先妣，此过其祖遇其妣之礼也。诸公之臣，相其国客，庙中将币三享，君行一，臣行二。及庙，惟君相入，君之上相与使君并行，而为左右。此不及其君遇其臣之礼也。"皆义蕴宏深，章句小儒，不足以望其项背。其《卦气解》一卷，李兆洛始为之校刊，以宋景昌习天官家言，使述其略例跋之，赣其宗旨。谓震、巽各进三，艮、离各进二，坎、坤各进一，而后四正四维，不惩于位，此奠卦之义。日躔有盈缩。春及秋日多而度少，列卦三十；秋及春日少而度多，列卦三十有四：此应乎天之义。中衡交地平于卯酉，中国地南距地少，北距地多。震、

兑以南，卦二十八；震、兑以北，卦三十六：此应乎地之义。可以得研究卦气者之向导矣。

（柯劭忞）

《周易尊翼》五卷（潘子全集本）

清潘相撰。相，字润章，号经峰，安乡人，乾隆二十五年顺天乡试举人，旋成进士，官濮州知州。《周礼》《礼记》《尚书》《毛诗》《春秋》皆有撰述。少时治《易》，读《本义》《启蒙》《程传》，已乃泛滥百家。年二十，辑群说附本义后，名曰《管窥》。游太学，始改名《尊翼》，谓以《大传》为绳准也。自序称岁科校试，例陈经解，以羲、文、周、孔及今《御纂周易折中》《周易述义》之书，圣明著作，囊括无遗。欲以风檐片晷，率尔拜献，无离畔之差，诚知其难，故随时札记，录为一编。然则是书本为场屋举业而作，卒乃绅绎诸《易》家说，演畅成编，更名《尊翼》，亦非专以说经为羔雁者也。书凡五卷，上下经传各二卷，《系辞》《说卦》《序卦》《杂卦》为一卷。相其体例，殆欲兼线义理象数二门，而以宋学为主，所引周、邵、程、朱、项氏、金氏、胡氏及张清子、来知德等十数家，家不过数事，贯穿旧义，织组陈言，虽无穿凿不根之谈，亦鲜发疑正读之益。独于先天、河、洛、太极图说深致研求，谓《河图》（指天地生成数）之中为太极，又有阴阳互根之象，有老少互藏其宅之象，有阴阳生五行之象，有包含先天八卦文王八卦之象，有黄帝八阵图之象。《洛书》（指九宫数所含）亦略相似。又改宋人所传《伏羲八卦次第方图》及《方位圆图》，穿穴牵引，缴绕不穷，彼宋元明以来所传诸图，本多迷妄，今更曲为之说，是治丝而棼之耳，于经义究何补乎？加之出身科举，涉猎未周，说义考事，不求本始。且如《易》含三义，本自纬书，述于郑《赞》，乃引吴曰慎之言，以为不易、变易、交易所自出。又《杂卦》自大过以下，失两两相从之次。郑《注》疑其错乱失正而弗敢改，宋儒若苏轼辈，始以意厘正之，今潘氏亦以协韵改定旧第，而云"管见如此，未知是否"，似全未见汉宋儒书者，诚疏漏之尤也。又以《坤》"《象》曰，用六，永贞"之"象曰"二字，《鼎》"元吉亨"之"吉"字，《涣》上九"去逖出"之"去"字为衍文，竟于《坤·象传》删"《象》曰"二字，专辄自用，尤违说经之法。

（吴承仕）

《重订周易二闾记》三卷（绍兴先哲遗书本）

清茹敦和撰。敦和，字逊来，号三樵，会稽人，乾隆十九年进士，官德安厅同知。是书玩辞考象，为二人问答之语。曰二闾记者，敦和自序一曰茶间，一曰姜间，皆在会稽城外，有二老儒为东西间师，尝以《易》义质之，而记其语，盖托于寓言。后李慈铭校定是书，以茶间、姜间名不雅驯，易为左间右间。今书中之"左间曰"，皆慈铭所改也。是书多主卦变、互体，贯穿群经，以为证据，不愧实事求是之学。亦间有涉于支离蔓衍者，慈铭重加删订，尤有功于乡献。慈铭，字悉伯，亦字越缦，会稽人，光绪六年进士，官山西道监察御史。惟敦和说《易》，以取坎填离为要指，其义实本于《参同契》。又论游魂为变，旁及佛氏地狱之不足信，皆无当于经义。慈铭过而存之，不免为全书之类矣。

（柯劭忞）

《周易二间记》（南菁书院丛书本）

清茹敦和著，分间上间下二篇。敦和，会稽人，字逊来，乾隆十九年进士，历官南乐大名知县、大理寺左评事、湖北德安府同知。平生邃于经学，尤善《易》，所著易学凡十一种，而以《二间记》为最精。其书设为二人问答相反覆之词，曰茶间，曰姜间。后李慈铭嫌其不雅，易为左右，故曰二间。据其自序，茶间居越城外二十里之紫洪山。姜间居城外十二里之栖凫山，尝以《易》义质之，而记其语，似是寓言。而《周易小义·自序》曰："有二老儒，为东西间师，敦和从之受《易》"辞，则又似实有其人者，盖仍为寓言也。今观其记，博引故训，贯穿经史，直抒胸臆，不蹈袭前人，而字必求其真实，诂必溯其源本，不惟可药宋儒空虚之病。即讲汉学，如惠栋、如张惠言、如江藩等之宗主虞氏，申述其义不敢违者，视之亦有愧色。盖所谓著书者，贵发抒己见，补前人所未言，方为有益。如前人已言之，而又覆述之，陈陈相因，又何取乎？此《二间记》之所以可贵也。然详于训诂，而不顾经义，如说"扐、谦"云，扐、挥、麾同字，《书》"右秉白旄以麾"，《淮南子》"瞋目而扐之"皆是。而以"扐"为却，曰扐之正所以为谦。夫谦六四，体震，震为征，为行。今以扐为却，却者，退也，于《易》象《易》义，皆不协洽。全书类此者甚多。又槌凿太甚，而不免于支离。如说《比》"原筮，元永贞"云：蒙，内坎，比，外坎。于蒙言初筮，于坎言原筮，则筮为坎象。夫坎为通，故为筮。此象除《易林》外，先儒无知者，兹独与《易林》暗合。服其褪凿之功。而以一爻变为初筮，两爻变为原筮。原者，再也，训原为再，先儒本有此训，而以再筮为两爻变，则支离无据。末又谓左氏以一爻变为占，其有两爻变、三爻变者，皆谓之不占。岂知《左传》之"艮之八"即艮之随，且五爻变，而穆姜述其占辞至详且悉。《国语》之"泰之八"，"贞屯、悔、豫皆八"，亦皆有详悉之占辞，能谓之不占乎？强词夺理，

则自是太过也。又笃信卦变，至理所不能释，则以卦变为解。如说《剥》五之"贯鱼"曰：卦自观来，观巽为鱼。岂知坤亦为鱼，重坤，故曰贯鱼。虞氏旧诂原误。说《丰》之"配主""夷主"，谓丰四，本小过之四，丰初，本明夷之初，全用卦变，以济其穷，颇与焦循相类，不可为法。至谓《解》之"甲坼"为雷雨之效，许慎曰，甲为东方之孟，阳气萌动，从木戴孚甲之象。一言甲而坼义具。谓"主"，郑者作宅，训宅为根，与解义不类，无汉学家盲从之习。谓"丽泽"之"丽"，同于"伉俪"之"俪"。引《周礼》："校人乘马，一师四圉，驽马、丽马一圉。"注云：丽，耦也。然则丽泽，直两泽尔。他若以"节"为"竹约"，以"中孚"为"孚卵"，与《易林》以震为卵之象合，其义皆绝精。而震之为卵，尤非他汉学家所能知其象。盖是书之精者，直抒己见，不蹈故常，望而知为宏博之士。而支蔓引申，又往往有漫衍无经之病，此其大略也。

（尚秉和）

图书在版编目（CIP）数据

周易文化研究. 第6辑/张涛主编.—北京：社会
科学文献出版社，2014.12
ISBN 978 - 7 - 5097 - 6994 - 2

Ⅰ.①周… Ⅱ.①张… Ⅲ.①《周易》- 文集
Ⅳ.①B221.5 - 53

中国版本图书馆 CIP 数据核字（2015）第 000166 号

周易文化研究 第六辑

主　　编/张　涛

出 版 人/谢寿光
项目统筹/宋月华　张倩郢
责任编辑/张倩郢

出　　版/社会科学文献出版社·人文分社（010）59367215
　　　　　地址：北京市北三环中路甲 29 号院华龙大厦　邮编：100029
　　　　　网址：www. ssap. com. cn
发　　行/市场营销中心（010）59367081　59367090
　　　　　读者服务中心（010）59367028
印　　装/三河市尚艺印装有限公司

规　　格/开　本：787mm×1092mm　1/16
　　　　　印　张：27.25　字　数：485 千字
版　　次/2014 年 12 月第 1 版　2014 年 12 月第 1 次印刷
书　　号/ISBN 978 - 7 - 5097 - 6994 - 2
定　　价/89.00 元